Rechtsschutz bei grenzüberschreitenden Verletzungen des Privatlebens durch die Presse in Frankreich

Europäische Hochschulschriften
Publications Universitaires Européennes
European University Studies

Reihe II
Rechtswissenschaft

Série II Series II
Droit
Law

Bd./Vol. 3415

PETER LANG
Frankfurt am Main · Berlin · Bern · Bruxelles · New York · Oxford · Wien

Nina Wernicke

Rechtsschutz bei grenzüberschreitenden Verletzungen des Privatlebens durch die Presse in Frankreich

Ein Vergleich mit deutschem Recht

PETER LANG
Europäischer Verlag der Wissenschaften

Die Deutsche Bibliothek - CIP-Einheitsaufnahme

Wernicke, Nina:

Rechtsschutz bei grenzüberschreitenden Verletzungen des Privatlebens durch die Presse in Frankreich : ein Vergleich mit deutschem Recht / Nina Wernicke. - Frankfurt am Main ; Berlin ; Bern ; Bruxelles ; New York ; Oxford ; Wien : Lang, 2002
(Europäische Hochschulschriften : Reihe 2, Rechtswissenschaft ; Bd. 3415)
Zugl.: Köln, Univ., Diss., 2001
ISBN 3-631-39221-4

D 38
ISSN 0531-7312
ISBN 3-631-39221-4

www.peterlang.de

Meiner Familie

Vorwort

Die vorliegende Arbeit wurde im Wintersemester 2000/2001 von der juristischen Fakultät der Universität Köln als Dissertation angenommen. Tag der mündlichen Prüfung war der 12. November 2001. Das Manuskript wurde im September 2000 abgeschlossen. Literatur und Rechtsprechung des französischen Rechts wurden bis Juni 2000 berücksichtigt.

Ganz herzlich möchte ich mich bei meinem verehrten Doktorvater, Herrn Professor Dr. Hanns Prütting für die Unterstützung bei dieser Arbeit und auch die Förderung der Idee, die Arbeit im Rahmen einer Cotutelle de Thése in Zusammenarbeit mit der Universität Paris I, La Sorbonne, zu schreiben, bedanken. Hier gilt mein Dank insbesondere Herrn Professor Loïc Cadiet, der mir bei dem französischen Teil der Arbeit mit Rat und Anregungen zur Seite gestanden hat. Danken möchte ich ferner Herrn Professor Dr. Heinz Peter Mansel für die zügige Erstellung des Zweitgutachtens.

Ich habe die Arbeit im Rahmen des Graduiertenkollegs „Europäischer Persönlichkeitsschutz" der Universität München unter der Leitung von Herrn Professor Dr. Dr. h.c. Hans-Jürgen Sonnenberger und Frau Professor Dr. Dagmar Coester-Waltjen geschrieben und wurde dabei von der Deutschen Forschungsgemeinschaft unterstützt. Interessante Diskussionen und Veranstaltungen in diesem Forum haben mir bei der Erstellung der Arbeit sehr geholfen, wofür ich dankbar bin.

Mein Dank gilt auch Frau Kathrin Lübbe, die mir immer zur Seite gestanden und die Arbeit Korrektur gelesen hat sowie Herrn wiss. Ang. Jean-Philippe Rageade, der mir bei der Erstellung der französischen Zusammenfassung der Arbeit sehr geholfen hat.

Köln, im Januar 2002 Nina Wernicke

INHALTSVERZEICHNIS

Literaturverzeichnis

Ader, Basile — La loi de 1881 à l'épreuve d'internet, LP 6/1997, n° 142, II, 65

Agostinelli, Xavier — Le droit à l'information face à la protection civile de la vie privée, Aix-en-Provence 1994

Agostini, Éric — Anmerkung CA Paris, Urt. v. 20.12.1976, D. 1978, 373

ders. — Anmerkung CA Paris, Urt. v. 1.2.1989, D. 1990, 48

Ancel, Bertrand/Lequette, Yves — Grands arrêts de la jurisprudence française de droit international privé, 3. Aufl. 1998

Ancel, Jean-Marie — La protection de la vie privée et le droit à l'image en France, Actes de Colloques de l' I.F.C., Colloques des 22 et 23 mars 1991, Supplément de la Gaz. Pal., 6

ders. — Protection de la personne: Image et vie privée, La protection judiciaire: La voie civile, Gaz. Pal. 1994, 988

Audit, Bernard — Droit international privé, 2. Aufl., Paris 1997

Auvret, Patrick — L'application du droit de la presse au réseau internet, JCP 1999, I, 108 *ders.* Anmerkung TGI Paris, Urt. v. 17.6.1987 und CA Paris, Urt. v. 19.6.1987, JCP 1988, II, 20957

ders. Droit du public à l'information et exploitation médiatique de la personnalité d'autrui, LP 4/2000, n° 170, II, 33

Bachmann, Birgit Der Gerichtsstand der unerlaubten Handlung im Internet, IPRax 1998, 179

Badinter, Robert Le droit au respect de la vie privée, JCP 1968, I, 2136

v. Bar, Christian Persönlichkeitsrechtsschutz im gegenwärtigen und zukünftigen deutschen internationalen Privatrecht, Recht in Ost und West, Festschrift zum 30jährigen Bestehen des Instituts für Rechtsvergleichung der Uni Waseda,Tokio, 1988, (zit. Waseda-FS)

v. Bar, Christian/Gotthardt, Peter Deliktsrecht in Europa, Landesberichte: Frankreich, Köln u.a. 1994

Barton, Dirk Pressefreiheit und Persönlichkeitsschutz, AfP 1995, 452

Batiffol, Henri Anmerkung Cass. civ., Urt. v. 25.5.1948, Rev. crit. DIP 1949, 89

Batiffol, Henri/Lagarde, Paul Droit international privé, Bd. 1, 8. Aufl., Paris 1993 Bd. 2, 7. Aufl., Paris 1983

Baumbach, Adolf/Lauterbach, Wolfgang Zivilprozeßordnung, 58. Aufl., München 2000

Bayon, Alain — Compétence territoriale,
Juris-Classeur, Procédure, Fasc. 211,
1994

Beignier, Bernard — Le droit de la personnaltité,
PUF coll. "Que sais-je?",
1. Aufl., Paris 1992

Beitzke, Günther — Les obligations délictuelles en droit international privé,
Recueil des Cours de la Haye 115, (1965 II), 63

Beraudo, Jean-Paul — Convention de Bruxelles du 27 septembre 1968,
Juris-Classeur, Procédure, Fasc. 52-3,
1988

Bertin, Ph. — Un trouble manifestement illicite:
La lutte contre la vie chère,
Gaz. Pal. 1983, 2, doc., 419

Bigot, Christophe — Protection des droits de la personnalité et liberté de l'information,
D. 1998, chron., 235

Bilger, Philippe/Prévost, Bernard — Le droit de la presse,
PUF coll. "Que sais-je?",
3. Aufl., Paris 1995

Bischoff, Jean-Marc — Anmerkung Cass. civ., Urt. v. 14.1.1997,
Rev. crit. DIP 86 (1997), 504

Bitan, Hubert — Acteurs et responsabilités sur l'internet,
Gaz. Pal. 1998, 1, 501

Blin, Henri/Chavanne, Albert/Drago, Roland/Boinet, Jean — Le juge des référés et la presse,
Traité de droit de la presse,
Paris 1997
(zit. *Blin/Chavanne/Drago/Robert/Bearbeiter*)

Brossolet, Luc — Droit au caprice ou droit à l'information, LP 10/1999, n° 165, II, 126

Bourel, Pierre — Les conflits de lois en matière d´obligations extracontractuelles, Paris 1961

ders. — Anmerkung TGI Paris, Urt. v. 18.4.1969, Rev. crit. DIP 1971, 281

ders. — Anmerkung Cass. civ., Urt. v. 13.4.1988, Rev. crit. DIP 1988, 546

ders. — Du rattachement de quelques délits spéciaux, Recueil des Cours de la Haye, 1989, II, 255

Cadiet, Loïc — Droit judiciaire privé, 2. Aufl., Paris 1998

Canaris, Claus Wilhelm — Gewinnabschöpfung bei Verletzungen des allgemeinen Persönlichkeitsrechts, Festschrift für Erwin Deutsch, Köln u.a. 1999, 85

Carbonnier, Jean — Droit civil, Les personnes, Band 1, 20. Aufl., Paris 1996

Chabas, François — La réforme d'astreinte, D. 1972, chron., 271

Chartier, Yves — Anmerkung TGI Paris, Urt. v. 14.5.1985, Gaz. Pal. 1985, 2, 608.

Coester-Waltjen, Dagmar — Internationale Zuständigkeit bei Persönlichkeitsverletzungen, in: Geimer, Reinhold (Hrsg.): Wege zur Globalisierung des Rechts, Festschrift für Rolf Schütze zum 65. Geburtstag, München 1999

Cornu, Gérard — Droit civil, Introduction, Les personnes, 9. Aufl., Paris 1999

Couchez, Gérard — Le référé-provision: Mesure ou démesure, Mélanges Pierre Raynaud, 1984, 161

Damm, Renate — Presserecht, 3. Aufl., Starnberg 1998

Damm, Renate/Kuner, Wolfdieter — Widerruf, Unterlassung und Schadensersatz in Presse und Rundfunk, München 1991

Debbasch, Charles (Hrsg.) — Droit des médias, Paris 1999

Derieux, Emmanuel — Anmerkung TGI Paris, ord. réf. v. 18.1.1996, JCP 1996, II, n° 22589

ders. — Référé et liberté d'expression, JCP 1997, I, n° 4053

ders. — Anmerkung TGI Paris, Urt. v. 23.10.1996, JCP 1997, II, n° 22844

ders. — Droit à la vie privée et liberté d'informer Forum Légipresse, LP 4/1998, n° 150, II, 39

Derieux, Emmanuel/Gras, Frédéric — Vie privée et liberté d'informer, Le rôle du juge, LP 1/2/1998, n° 148, II, 1

Dietze, Jan/Schnichels, Dominik — Die aktuelle Rechtsprechung des EuGH zum EuGVÜ, EuZW 1996, 457

Dunkl, Hans — Handbuch des vorläufigen Rechtsschutzes, 2. Aufl., München/Berlin 1991 (zit. *Dunkl/Bearb.*)

Edelmann, Bernard — Anmerkung Cass. civ., Urt. v. 13.4.1988, JDI 1988, 752

Ehlers, Wolfram/Baumann, Denise — Verletzungen des Persönlichkeitsrechts in der französischen Rechtsprechung - ein Vergleich mit deutschem Recht, ZVglRW 77 (1978), 241

Ehmann, Horst/Thorn, Karsten — Erfolgsort bei grenzüberschreitenden Persönlichkeitsverletzungen, AfP 1996, 20

Erman, Walter — Handkommentar zum Bürgerlichen Gesetzbuch, 2. Band, 9. Aufl., Münster 1993, (zit. *Erman/Bearbeiter*)

Estoup, Pierre — Le référé, Verdict de culpabilité, Gaz. Pal. 1988, chron., 203

ders. — La pratique des procédures rapides, Paris 1990

Ferid, Murad/Sonnenberger, Hans-Jürgen — Das französische Zivilrecht, Band 1/1, 2. Aufl., Heidelberg 1994

Firsching, Karl/v.Hoffmann, Bernd — Internationales Privatrecht, 4. Aufl., München 1995

Forkel, Hans — Zur systematischen Erfassung und Abgrenzung des Persönlichkeitsrecht auf Individualität, in ders. u. Alfons Kraft (Hrsg.), Festschrift für Heinrich Hubmann zum 70. Geburtstag, Frankfurt a.M. 1985, 93

Gaillard, Emmanuel — La double nature du droit à l'image et ses conséquences en droit positif français, D. 1984, chron., 161

Gaudemet-Tallon, Hélène — Anmerkung TGI Paris, Urt. v. 23.6.1976, Rev. crit. DIP 1978, 132

dies. — Anmerkung TGI Paris, Urt. v. 27.4.1983, Rev. crit. DIP 1983, 672

dies. — Anmerkung CA Paris, Urt. v. 19.3.1984 und TGI Paris, Urt.v. 30.6.1984, Rev. crit. DIP 1985, 141

dies. — Les conventions de Bruxelles et de Lugano, 2. Aufl., Paris 1996

dies. — Compétence internationale, Encyclopédie Dalloz, Procédure II, 2. Aufl., Paris 1998

Geimer, Reinhold — Anmerkung EuGH, Urt. v. 27.9.1988, NJW 1988, 3089

ders. — Internationales Zivilprozeßrecht, 3. Aufl., München 1997

Geimer, Reinhold/Schütze, Rolf — Europäisches Zivilverfahrensrecht, Kommentar zum EuGVÜ und zum Lugano-Übereinkommen, München 1997

v. Gerlach, Jürgen — Der Schutz der Privatsphäre von Personen des öffentlichen Lebens in rechtsvergleichender Sicht, JZ 1998, 741

ders. — Wie "stabil" sind die Rechte der Persönlichkeit?, ZRP 1999, 439

Giverdon, Claude — Référés, Juris-Classeur, Procédure civile, Fasc. 232, 1995

Gleichauf, Jürgen — Der postmortale Persönlichkeitsschutz im internationalen Privatrecht unter besonderer Berücksichtigung des französischen Rechts, 1999, zugl. Diss. Heidelberg 1998

Gottwald, Peter — Europäische Gerichtspflichtigkeit kraft Sachzusammenhangs, IPRax 1989, 272

Gounalakis, Georgios — Persönlichkeitsschutz und Geldersatz, AfP 1998, 10

Groß, Rolf — Presserecht, 3. Aufl., Heidelberg 1999

Hauser, Jean — Rechtsprechungsübersicht: Personnes et droits de la famille: RTDciv 1994, 73 RTDciv 1997, 631

Heisig, Carsten — Persönlichkeitsschutz in Deutschland und Frankreich, Hamburg 1999, zugl. Diss. München 1997

Heldrich, Andreas — Persönlichkeitsverletzungen im Internationalen Privatrecht, in v. Caemmerer, Vorschläge und Gutachten zur Reform des deutschen internationalen Privatrechts der außervertraglichen Schuldverhältnisse, Tübingen 1983

ders. Persönlichkeitsverletzungen im Internationalen Privatrecht,
in Fraveson, Ronald u.a. (Hrsg.):
Festschrift für Imre Zajtay,
Tübingen 1985, 215

ders. Persönlichkeitsschutz und Pressefreiheit,
in ders. u.a. (Hrsg.),
Festschrift für Helmut Heinrichs zum 70. Geburtstag,
München 1998, 319

ders. Privates Glück in der Medienwelt,
in: ders. (Hrsg.):
Medien zwischen Spruch und Informationsinteresse,
Festschrift für Robert Schweizer zum 60. Geburtstag,
Baden-Baden 1999, 29

Helle, Jürgen Besondere Persönlichkeitsrechte im Privatrecht,
Tübingen 1991

ders. Wirtschaftliche Aspekte zivilrechtlichen Persönlichkeitsschutzes,
RabelsZ 1996 (60), 448

Hillgenberg, Hartmut Der Verletzungsort im Internationalen Privatrecht,
NJW 1963, 2198

Hohloch, Gerhard Neue Medien und Individualrechtsschutz,
ZUM 1986, 165

ders. Erfolgsort und Schadensort - Abgrenzung bei Ansprüchen auf Ersatz von (primären und sonstigen) Vermögensschäden,
IPRax 1997, 312

Holl, Volker	Anmerkung EuGH Urt. v. 19.9.1995, EuZW 1995, 765
Holleaux, Dominique/Foyer, Jacques/Géraud de Geouffre de La Pradelle	Droit international privé, Paris 1987
Huber, Peter	Verleumdungsklagen und Art. 5 Nr. 3 EuGVÜ vor englischen Gerichten, IPRax 1992, 263
ders.	Persönlichkeitsschutz gegenüber Massenmedien im Rahmen des Europäischen Zivilprozeßrechts, ZEuP 1996, 295
Hubmann, Heinrich	Das Persönlichkeitsrecht, 2. Aufl., Köln/Graz 1967
Hübner, Ulrich/Constantinesco Vlad	Einführung in das französische Recht, 3. Aufl., München 1994
Huet, André	Compétence des Tribunaux Francais à l'égard des litiges internationaux, Juris-Classeur, Droit international, Fasc. 581-20, 1995
ders.	Anmerkung TGI Paris, Urt. v. 20.2.1992, JDI 1994, 168
ders.	Anmerkung EuGH, Urt. v. 7.3.1995, JDI 1996, 543
ders.	Anmerkung Cass. civ., Urt. v. 16. 7. 1997, JDI 1998, 136
Huet-Weiller, Danièle	La protection juridique de la voix humaine, RTDciv 1982, 497

Janisch, Wolfgang — Artikel 5 Abs. 1 GG und die legitime Neugier des Medienpublikums,
AfP 2000, 32

Jarrass, Hans D. — Das allgemeine Persönlichkeitsrecht im Grundgesetz,
NJW 1989, 857

Jayme, Erik — Entwurf eines EU-Übereinkommens über das auf außervertragliches Schuldverhältnisse anzuwendende Recht,
IPRax 1989, 140

Jayme, Erik/Hausmann, Rainer (Hrsg.) — Internationales Privat- und Verfahrensrecht,
9. Aufl., München 1998

Jourdain, Patrice — Anmerkung Cass. civ., Urt. v. 5.11.1996,
D. 1997, som. com., 289

Junker, Abbo — Internationales Privatrecht,
München, 1998

Kayser, Pierre — Les pouvoirs du juge des référés civils à l'égard de la liberté de communication et d'expression,
D. 1989, chron., 11

ders. — Anm. Cass. civ. Urt. v. 28.5.1991,
D. 1992, 213

ders. — La protection de la vie privée par le droit, Protection du secret de la vie privée,
3. Aufl., Aix-en-Provence/Paris 1995

Kegel, Gerhard/Schurig, Klaus — Internationales Privatrecht,
8. Aufl., München 2000

Koch, Birgit — Rechtsschutz durch Gegendarstellung in Frankreich und Deutschland,
Tübingen 1995, zugl. Diss. Freiburg 1994

Koebel, Ulrich — Einstweilige Verfügungen und Pressefreiheit, NJW 1967, 321

Kreuzer, Karl/Klötgen, Paul — Die Shevill-Entscheidung des EuGH: Abschaffung des Deliktsortsgerichtsstands des Art. 5 Nr. 3 EuGVÜ für ehrverletzende Streudelikte, IPRax 1997, 90

Kropholler, Jan — Europäisches Zivilprozeßrecht, 6. Aufl., Heidelberg 1998,

ders. — Internationales Privatrecht, 3. Aufl., Tübingen 1997

Kubis, Sebastian — Internationale Zuständigkeit bei Persönlichkeits- und Immaterialgüterrechtsverletzungen, Bielefeld 1999, zugl. Diss. Bielefeld 1997/98

Lagarde, Paul — Anmerkung TGI Paris, Urt. v. 19.6.1974, Rev. crit. DIP 1974, 700

Lagarde, Paul — Anmerkung EuGH, Urt. v. 7.3.1995, Rev. crit. DIP 85 (1996), 487

Larenz, Karl — Lehrbuch des Schuldrechts, Band 1, Allgemeiner Teil, 14. Aufl. München 1987

Laulom, Sylvaine — Anm. Cass. civ., Urt. v. 5.11.1996, D. 1997, jur., 403

Légier, Gérard — Sources extra-contractuelles des obligations, Juris-Classeur, Droit international privé francais, Fasc. 553-1, 1993

ders. — Anmerkung Cass. civ., Urt. v. 8.2.1983, JDI 1984, 123

Lerche, Peter — Einschränkung der Pressefreiheit durch Richterrecht, in: Heldrich (Hrsg.) Medien zwischen Spruch und Informationsinteresse, Festschrift für Robert Schweizer zum 60. Geburtstag, Baden-Baden 1999, 45

Lindon, Raymond — Dictionnaire juridique, Les droits de la personnalité, Paris 1983

ders. — Anmerkung TGI Paris, Urt. v. 2.6.1976, D. 1977, jur., 364

ders. — Anmerkung Cass. crim., Urt. v. 21.10.1981, D. 1981, jur., 72

ders. — Anmerkung TGI Paris, Urt. v. 27.2.1981, D. 1981, jur., 457

ders. — Anmerkung CA Paris, Urt. v. 3.11.1982, D. 1983, jur., 248

ders. — Anmerkung TGI Paris, Urt. v. 4.7.1984, D. 1985, som. com., 16

Linke, Hartmut — Internationales Zivilprozeßrecht, 2. Aufl., Köln 1995

Löffler, Martin/Sedelmeier, Klaus — Presserecht, 4. Aufl., München 1997

Löffler, Martin/Ricker, Reinhart — Handbuch des Presserechts 3. Aufl., München 1994

Looschelders, Dirk — Persönlichkeitsschutz in Fällen mit Auslandsberührung, ZVglRWiss 95 (1996), 48

Loussourarn, Yvon/Bourel, Pierre — Droit international privé, 6. Aufl., Paris 1999

Luciani, 'Na Maria — Les droits de la personnalité, Du droit interne au droit international privé, Thèse Paris I, 1996

Malaurie, Philippe/Aynès, Laurent — Droit civil, Les personnes, les incapacités, 3. Aufl., Paris 1994/1995

Mankowski, Peter — Das Internet im Internationalen Vertrags- und Deliktsrecht, RabelsZ 63 (1999), 203

Mansel, Heinz Peter — Besprechung Kropholler, Jan: Europäisches Zivilprozeßrecht, RabelsZ 61 (1997), 756

Massis, Thierry — Convictions, respect des croyances et liberté d'expression à travers la presse et les médias, LP 5/1996, n° 131. II. 41

Mauro, Jacques — Anmerkung CA Paris, Urt. v. 19.3.1984, Gaz. Pal. 1985, 7

Mayer, Pierre — Droit international privé, 5. Aufl., Paris 1998

Mestmäcker, Ernst-Joachim/Schulze, Erich — Kommentar zum deutschen Urheberrecht, Neuwied, Stand: 26. Lieferung, Nov. 1998

Mestre, Jacques — Les conflits des lois relatifs à la protection de la vie privée, Études offertes à Pierre Kayser, Bd. 2, Paris 1979, 239

Morbach, Bertram — Einstweiliger Rechtsschutz in Zivilsachen, Diss. Regensburg, 1988

Moreau-Bourles, Marie-Ange — Structure du rattachement et conflits de lois en matière de responsabilité civile délictuelle, Thèse Paris II, 1985

Münchener Kommentar zum Bürgerlichen Gesetzbuch — Bd. 10, Internationales Privatrecht, 3. Aufl., München 1998 (zit. *MünchKomm/Bearb.*)

Münchener Kommentar zur Zivilprozeßordnung — Bd. 1, §§ 1 – 354, 3. Aufl. München 1992 (zit. *MünchKomm/Bearb.*)

Muir-Watt, Horatia — Loi applicable au délit complexe: quel rôle pour le principe de proximité, JCP 1999, II, 10183

Neumann-Klang, Sybille — Das Recht am eigenen Bild aus rechtsvergleichender Sicht, Frankfurt 1999, zugleich Diss. Saarbrücken 1998

Nixdorf, Wolfgang — Presse ohne Grenzen: Probleme grenzüberschreitender Presseveröffentlichungen im europäischen Raum, GRUR 1996, 842

Normand, Jacques — Rechtsprechungsübersicht: Jurisprudence française en matière de droit judiciaire privé:
RTDciv 1981, 441,
RTDciv 1981, 673,
RTDciv 1983, 378,
RTDciv 1985, 434,
RTDciv 1988, 167,
RTDciv 1997, 216

Palandt — Kommentar zum Bürgerlichen Gesetzbuch 59. Aufl., München 2000 (zit. *Palandt/Bearb.*)

Parleani, Gilbert — Anmerkung EuGH, Urt v. 7.3.1995, D. 1996, jur., 61

Perdriau, André — Le contrôle de le Cour de Cassation en matiére de référé, JCP 1988, I, 3365

Petit, Cécile — Schlußantrag zu Cass. civ., Urt. v. 14.12.1999, JCP 2000, II, 10241

Pierchon, Michel — Presse, Juris-Classeur civil, Art. 1382 -1386, Fasc. 435, 1985

Prinz, Matthias — Geldentschädigung bei Persönlichkeitsrechtsverletzungen durch Medien, NJW 1996, 953

Prinz, Matthias/Peters, Butz — Medienrecht, Die zivilrechtlichen Ansprüche, München 1999

Quante, Frank — Das allgemeine Persönlichkeitsrecht juristischer Personen, 1999, zugl. Diss. Göttingen 1999

Rauscher, Thomas — Anmerkung EuGH, Urt. v. 7.3.1995, ZZP int. 1996, 145

Ravanas, Jacques — Jouissance des droits civils, Protection de la vie privée, Juris-Classeur Civil, Art. 9, Fasc. 10, Fasc. 20, 1996

ders. — Anmerkung Cass. civ., Urt. v. 20.11.1990, JCP 1992, II, n° 21908

ders. — Anmerkung CA Versailles, Urt. v. 17.5.1995, D. 1996, jur., 409 *ders.* — Anmerkung Cass. civ., Urt. v. 19.12.1995, D. 1997, jur., 158

ders. — Anmerkung Cass. civ., Urt. v. 5.11.1996, JCP 1997, II, 22805

ders. — Anmerkung Cass. civ., Urt. v. 10.10.1995, JCP 1997, II, n° 22765

ders. — Anmerkung Cass. civ., Urt. v. 25.2.1997, JCP 1997, II, 22873

Reinmüller, Bernd — Gesamtschaden und internationale Deliktszuständigkeit nach dem EuGVÜ, IPRax 1985, 233

Riegl, Werner — Streudelikte im Internationalen Privatrecht, München 1986, zugl. Diss. Augsburg 1986

Rigaux, François — La liberté de la vie privée, RIDC 1991, 539

Ringel, Françoise — Anmerkung Cass. civ., Urt. v. 20.11.1990, JCP, II, 21845

Robert, Jacques-Henri — Droit de la presse, Paris 1997 (zit. *Robert/Bearb.*)

Sainte-Rose, Jerry — Schlußantrag zu Cass. civ., Urt. v. 15.1.2000, JCP 2000, II, 10257

Santa-Croce, Muriel — Anmerkung Cass. civ., Urt. v. 14.1.1997, D. 1997, jur., 177

Schack, Haimo — Die grenzüberschreitende Verletzung allgemeiner und Urheberpersönlichkeitsrechte, UFITA 108, 51

Schlosser, Peter F. — Anmerkung EuGH, Urt. v. 27.9.1988, RIW 1988, 987

ders. — Kommentar zum EuGVÜ, München 1996

Schricker, Gerhard — Kommentar zum Urheberrecht, 2. Aufl., München 1999

Schwarz, Matthias — Der Gerichtsstand der unerlaubten Handlung nach deutschem und europäischen Zivilprozeßrecht, Diss. 1991

Schwiegel-Klein, Evelyn — Persönlichkeitsverletzungen durch Massenmedien im Internationalen Privatrecht, Diss. Münster 1983

Seitz, Walter — Prinz und Prinzessin - Wandlungen des Deliktsrechts durch Zwangskommerzialisierung der Persönlichkeit, NJW 1996, 2848

Soehring, Jörg — Die neuere Rechtsprechung zum Presserecht, NJW 1994, 16

ders. — Presserecht, Recherche, Berichterstattung, Ansprüche im Recht der Presse und des Rundfunks, 2. Aufl., Stuttgart 1995

ders. — Die Entwicklung des Presse- und Äußerungsrechts 1994-1996, NJW 1997, 360

Soergel — Kommentar zum Bürgerlichen Gesetzbuch mit Einführungsgesetz und Nebengesetzen, Siebert (Hrsg.), Band 10, Einführungsgesetz, 12. Aufl., Stuttgart 1996 (zit. *Soergel/Bearb.*)

Solus, Henry/Perrot, Roger — Droit judiciaire privé, Procédure de première instance, Band 3, Paris 1991

Sonnenberger, Hans-Jürgen/ Autexier, Christian — Einführung in das französische Recht, 3. Aufl., Heidelberg 2000

Spindler, Gerald — Deliktsrechtliche Haftung im Internet - nationale und internationale Rechtsprobleme -, ZUM 1996, 533

Stadler, Astrid — Die internationale Durchsetzung von Gegendarstellungsansprüchen, JZ 1994, 662

Starck, Boris/Roland, Henri/ Boyer, Laurent — Obligations, Responsabilité délictuelle, 5. Aufl., Paris 1996

v. Staudinger, Julius — Kommentar zum Bürgerlichen Gesetzbuch mit Einführungsgesetz und Nebengesetzen, Einführungsgesetz zum Bürgerlichen Gesetzbuch/ IPR, Art. 38 EGBGB, 13. Bearb., Berlin 1998 (zit. *Staudinger/Bearb.*)

Steffen, Erich — Schmerzensgeld bei Persönlichkeitsverletzung durch Medien, NJW 1997, 10

Stein, Friedrich/Jonas, Martin — Kommentar zur Zivilprozeßordnung, Band 1, §§ 1 - 90, 21. Aufl., Tübingen 1993 (zit. *Stein/Jonas/Bearb.*)

Stürner, Rolf — Persönlichkeitsschutz und Geldersatz, AfP 1998, 1

Tendler, Roland — Le juge des référés, une “procédure ordinaire”?, D. 1991, chron., 139

Thomas, Heinz/Putzo, Hans — Zivilprozeßordnung, 21. Aufl., München 1998

Thümmel, Hans/Schütze, Rolf — Zum Gegendarstellungsanspruch bei ausländischen Presseveröffentlichungen, JZ 1977, 786

Tilch, Horst — Deutsches Rechtslexikon, Bd. 2, G - Q, 2. Aufl., München 1992

Le Tourneau, Philippe/Cadiet, Loïc — Droit de la responsabilité, Paris 1998

Viatte, Jean — Les pouvoirs du juge des référés, Gaz. Pal. 1976, doc., 709

Vincent, Jean/Guinchard, Serge — Procédure civile, 24. Aufl., Paris 1996

Viney, Geneviève — Responsabilité civile:
JCP 1997, I, 147
JCP 1997, I, 4025
JCP 2000, I, 197

Wagner, Gerhard — Ehrenschutz und Pressefreiheit im europäischen Zivilverfahrens- und Internationalen Privatrecht, RabelsZ 62 (1998), 243

Wagner, Rolf — Das deutsche internationale Privatrecht bei Persönlichkeitsverletzungen, Frankfurt a.M. 1986, zugl. Diss. Konstanz 1986

ders. — Zur Anknüpfung der Frage nach dem Bestehen von Persönlichkeitsrechten im außervertraglichen Schuldrecht, JZ 1993, 1043

ders. — Der Regierungsentwurf eines Gesetzes zum IPR für außervertragliche Schuldverhältnisse und für Sachen,
IPRax 1998, 429

Wasserburg, Klaus — Der Schutz der Persönlichkeit im Recht der Medien,
Ein Handbuch über die Ansprüche auf Schadensersatz, Unterlassung, Widerruf und Gegendarstellung,
Heidelberg, 1988

Weber, Gordon — Die Verdrängung des Hauptsacheverfahrens durch den einstweiligen Rechtsschutz in Deutschland und Frankreich,
Bundesanzeiger 1993, zugl. Diss. Freiburg 1991

Weill, Alexandre — Un cas épineux de compétence législative en matière de responsabilité délictuelle: dissociation de l´acte générateur de responsabilité et du lieu du préjudice,
Mélanges Maury, Bd. 1,
Paris 1960, 545

Wenzel, Karl-Egbert — Das Recht der Wort- und Bildberichterstattung,
Handbuch des Äußerungsrechts,
4. Aufl., Köln 1994

Wenzel, Karl-Egbert/Gamer, Waldemar — Unterlassungsverfügungen in Medienangelegenheiten,
in: Heldrich (Hrsg.) Medien zwischen Spruch und Informationsinteresse,
Festschrift für Robert Schweizer zum 60. Geburtstag,
Baden-Baden 1999, 283
(zit. *Wenzel/Gamer*)

Wiezcorek, Bernhard/Schütze, Rolf — Zivilprozeßordnung und Nebengesetze Band 1, Einleitung §§ 1 - 49, EuGVÜ, 3. Aufl., Berlin/New York 1994 (zit. *Wieczorek/Schütze/Bearb.*)

Zöller, Richard — Zivilprozeßrecht, 21. Aufl., Köln 1999, (zit. *Zöller/Bearb.*)

Abkürzungsverzeichnis

a.A.	anderer Ansicht
a.F.	alte Fassung
AfP	Archiv für Presserecht
Anh.	Anhang
Anm.	Anmerkung
ArchPR	Archiv Presserechtlicher Entscheidungen (Archiv für Presserecht)
Art.(t)	Artikel (Plural)
Ass. nat.	Assemblée nationale
Ass. plén.	Assemblée plénière
Bd.	Band
Beschl.	Beschluß
BGB	Bürgerliches Gesetzbuch
BGH	Bundesgerichtshof
BGHZ	Entscheidungen des Bundesgerichtshofs in Zivilsachen
Bull. civ.	Bulletin civil
BVerfG	Bundesverfassungsgericht
BVerfGE	Entscheidungen des Bundesverfassungsgerichts
bzgl.	bezüglich
bzw.	beziehungsweise
CA	Cour d'appel
Cass. civ.	Cour de Cassation civile
CC	Code Civil
CP	Code Penal
D.	Dalloz
D. chron.	Dalloz chronique
D. inf. rap.	Dalloz information rapide
D. jur.	Dalloz jurisprudence
D. som. com.	Dalloz sommaires commentés
d.h.	das heißt

EMRK	Europäische Menschenrechtskonvention
EuGH	Europäischer Gerichtshof
EuGHE	Entscheidungen des Europäischen Gerichtshofs
EuGVÜ	Europäisches Gerichtsstands- und Vollstreckungsübereinkommen
EuZW	Europäische Zeitschrift für Wirtschaftsrecht
evl.	eventuell
f.	folgende
Fasc.	Fasciuile
ff.	fortfolgende
FF	Französische Francs
FS	Festschrift
Gaz. Pal.	Gazette du Palais
GG	Grundgesetz
gem.	gemäß
GRUR	Gewerblicher Rechtsschutz und Urheberrecht
GVG	Gerichtsverfassungsgesetz
i.d.F.	in der Form
i.d.R.	in der Regel
IPR	Internationales Privatrecht
IPRax	Praxis des Internationalen Privat- und Verfahrensrechts
i.V.m.	in Verbindung mit
JCP	Jurisclasseur Périodique (La semaine juridique)
J.-Cl.	Juris-Classeur
JDI	Journal du Droit International
J.O.	Journal officiel
JZ	Juristenzeitung
Kap.	Kapitel
KG	Kammergericht
krit.	kritisch
KUG	Kunsturhebergesetz
LG	Landgericht
LP	Légipresse

LPG	Landespressegesetz
MDR	Monatsschrift des Deutschen Rechts
m.w.N.	mit weiteren Nachweisen
NCP	Nouveau Code Pénal
NCPC	Nouveau Code de Procédure Civile
NJW	Neue Juristische Wochenschrift
NJW-RR	Neue Juristische Wochenschrift Rechtsprechungsreport
OLG	Oberlandesgericht
OLGZ	Entscheidungen des Oberlandesgerichts in Zivilsachen
ord. réf.	ordonnance de référé
RabelsZ	Rabelszeitschrift
Rec. de Cours de la Haye	Recueil de Cours de la Haye
Rev. crit. DIP	Revue critique de droit international privé
Rev. sc. crim.	Revue Sciences Criminelles
RIDC	Revue international de droit comparé
RIW	Recht der Internationalen Wirtschaft
Rn.	Randnummer
RTDciv.	Revue trimestrielle de droit civil
S.	Seite
TGI	Tribunal de grande instance
UFITA	Archiv für Urheber-, Film-, Funk- und Theaterrecht
UrhG	Urhebergesetz
Urt.	Urteil
u.U.	unter Umständen
vgl.	vergleiche
WM	Wertpapiermitteilungen
WRP	Wettbewerb in Recht und Praxis
z.B.	zum Beispiel
ZEuP	Zeitschrift für europäisches Privatrecht
ZPO	Zivilprozeßordnung
ZRP	Zeitschrift für Rechtspolitik

z.T.	zum Teil
ZUM	Zeitschrift für Urheber- und Medienrecht
ZVerglRW	Zeitschrift für vergleichende Rechtswissenschaft
ZZP	Zeitschrift für Zivilprozeß
ZZP int.	Zeitschrift für Zivilprozeß international

Einleitung

Das Verhältnis zwischen Privatleben und Presse ist nicht erst seit dem Unfalltod von Prinzessin Diana zu neuer Aktualität gelangt. Erst kürzlich hat die Fernsehsendung „*Big Brother*" eine neue Etappe der Entwicklung im Bereich der Kommerzialisierung des Privatlebens eingeläutet. Das Privatleben wird für gewisse Medien ein immer lukrativeres Gut. So muß sich auch Prinzessin *Caroline von Monaco* immer wieder gegen Eingriffe in ihr Privatleben zur Wehr setzen. Sie tut dies in Deutschland und Frankreich mit der gleichen Intensität und hat daher in beiden Ländern dazu beigetragen, daß sich die Rechtsprechung fortentwickeln konnte.

Die Parlamentarische Versammlung des Europarates hat im Jahre 1998 eine Resolution verfaßt, in der sie die Mitgliedsstaaten aufruft, gewisse Standards zum Schutz des Privatlebens einzuführen, soweit dies bislang noch nicht der Fall ist.[1]

Ziel dieser Arbeit ist es, den Stand der Entwicklung der Rechtsprechung im Hinblick auf grenzüberschreitende Persönlichkeitsverletzungen aufzuzeigen. Im Blickpunkt wird dabei immer das Projekt der Rechtsvereinheitlichung und -entwicklung in einem gemeinsamen europäischen Rechtsraum stehen. Die Arbeit versucht, einen umfassenden Überblick über die Rechte zu geben, die bei Verletzungen des Privatlebens durch die Presse bestehen. Es sollen daher nicht nur der Stand des materiellen Rechts, sondern auch das Verfahrensrecht, die Internationale Zuständigkeit sowie das Internationale Privatrecht beleuchtet werden. Nur so kann umfassend Aufschluß darüber gegeben werden, ob ein effizienter Rechtsschutz bei grenzüberschreitenden Verletzungen des Privatlebens existiert: Denn was hilft das günstige materielle Recht eines Staates, wenn das nationale Verfahrensrecht keine wirkungsvollen Mittel zur Verfügung stellt, um dieses durchzusetzen? Was hilft ein günstiges materielles Recht oder Verfahrensrecht, wenn in dem Staat kein Gerichtsstand eröffnet ist oder das Recht aufgrund der Vorschriften des Internationalen Privatrechts im Ergebnis nicht zur Anwendung kommt?

---

[1] Resolution 1165, verabschiedet am 26.6.1998 (Nr. 14. - 16.).

Aufgrund der Vielzahl der Fragestellungen konnten einige Bereiche des Persönlichkeitsrechts, wie das, mit der Privatsphäre eng verbundene Recht am eigenen Bild, nur am Rande erwähnt werden. Der Ehrschutz, der im Falle von Eingriffen in das Privatleben gelegentlich auch berührt sein kann, mußte völlig ausgeklammert werden, da dies den Rahmen der Arbeit gesprengt hätte. Das gleiche gilt für die strafrechtlichen Vorschriften zum Schutz des Privatlebens in Frankreich.

Die Verletzungen des Privatlebens durch das Internet spielen in der vorliegenden Arbeit ebenfalls keine wesentliche Rolle. Da die Lösungen von Rechtsproblemen im Bereich des Internet in der Regel auf dem Presserecht basieren, kann die Arbeit dennoch als Bestandsaufnahme zur Entwicklung neuer Lösungen im Internetbereich dienen. Ferner wurde versucht, für das Internet weiterführende Literaturhinweise zu geben.

Durch den rechtsvergleichenden Ansatz soll versucht werden, Rechtsschutz aus einem neuen Blickwinkel zu betrachten. Neue Lösungen im deutschen Recht beruhen oftmals auf Ideen, die sich in anderen Staaten bereits bewährt haben. Vielleicht hält auch das französische Recht Lösungsansätze bereit, die es wert wären, ins deutsche Recht übertragen zu werden.

1. Teil: Der Schutz des Privatlebens

Das Recht auf Achtung der Privatlebens ist in Frankreich Bestandteil der Persönlichkeitsrechte (*droits de la personnalité*), zu denen ferner u.a. das Recht am eigenen Bild, der Namens- und der Ehrschutz gehören. Die Persönlichkeitsrechte sind im Laufe der Jahre mehr und mehr einer Gefährdung durch die Presse ausgesetzt worden: Die Mittel der Informationsbeschaffung, z.B. durch Teleobjektive und Richtmikrophone und der Informations-verbreitung, z.B. durch grenzüberschreitende Presse- und Internetveröffent-lichungen haben eine bemerkenswerte Entwicklung erfahren, die einen besonderen Schutz des einzelnen erfordert.

Allerdings darf sich ein solcher Schutz nicht einseitig zu Gunsten des betroffenen Individuums auswirken, da sich das Rechtsgut Privatleben im Spannungsfeld mit der Presse- bzw. der Informationsfreiheit befindet. Das Privatleben ist in Frankreich in der Handlungsfreiheit (*liberté individuelle*), die Pressefreiheit in der Äußerungsfreiheit (*liberté d'expression*) verankert. Allerdings ist die Äußerungsfreiheit geradezu prädestiniert, das Recht des einzelnen auf Handlungsfreiheit und damit auch die Privatsphäre zu verletzen. Würde aber jede Verletzung sanktioniert, käme dies einer Zensur gleich und beschränkte wiederum die Äußerungsfreiheit unverhältnismäßig: Ein demokratischer Staat benötigt zur Information der Öffentlichkeit eine freie Presse, d.h. die Freiheit, sich öffentlich äußern zu können. Dem entspricht das Recht der Öffentlichkeit, informiert zu werden.

Die Handlungsfreiheit sowie die Äußerungsfreiheit haben in Frankreich den gleichen verfassungsmäßigen Wert[2]. Sie finden sich erstmals in Art. 4[3] und Art.

---

[2] *Ancel*, Actes de Colloques de l'I.F.C., Colloque des 22. et 23. 3.1991, Supplément de la Gaz. Pal., 6.

[3] Art. 4: *La liberté individuelle qui „consiste à pouvoir faire tout ce qui ne nuit pas á autrui". „L'exercice des droits naturels de chaque homme n'ayant pas des bornes que celles qui assurent aux autres membres de la société la jouissance de ces mêmes droits. Ces bornes ne peuvent être déterminées que par la loi.*"

11[4] der Erklärung der Menschen- und Bürgerrechte vom 26.8.1789 (*Déclaration des droits de l'homme et du citoyen*). In der Präambel der geltenden Verfassung vom 4.10.1958 sowie in der Präambel der Verfassung vom 13.10.1946 wird auf diese Erklärung Bezug genommen[5], so daß es sich bei den Artikeln um unmittelbar geltendes Recht handelt.
In der Allgemeinen Erklärung der Menschenrechte (*Déclaration universelle des droits de l'homme*) vom 10.12.1948 findet sich neben der Bestätigung des Grundsatzes der Freiheit der Meinungsäußerung mit Art. 12[6] erstmals eine Vorschrift, die ausdrücklich das Privatleben des einzelnen schützt. Endlich sind diese Grundrechte auch in der Europäischen Konvention zum Schutze der Menschenrechte und Grundfreiheiten (*Convention européenne de sauvegarde des droits de l'homme et des libertés fondamentales*) vom 4.11.1950 genannt. Im Ergebnis sind beide Grundrechte gleichermaßen verankert, so daß nicht das eine Recht das andere überwiegt. Dieser Konflikt der Rechte hat sich in der Vergangenheit von der Kollision der Pressefreiheit mit dem Persönlichkeitsrecht zu dem Konflikt des Informationsrechtes der Öffentlichkeit mit der Kommerzialisierung der Persönlichkeit entwickelt.[7]
Unabhängig von den in Deutschland geltenden Übereinkommen finden sowohl das Persönlichkeitsrecht als auch die Pressefreiheit im Grundgesetz ihre Grundlage. In den Artt. 2 Abs. 1 und 1 GG findet das Persönlichkeitsrecht des einzelnen Ausdruck, während die Pressefreiheit in Art. 5 Abs. 1 GG geschützt ist.
Im Vergleich zu Frankreich besteht damit in Deutschland eine wesentlich engere und offensichtlichere Verbindung zur Verfassung, mit der Folge, daß sich der Konflikt zweier gleichberechtigter Rechtspositionen in Deutschland geradezu aufdrängt.

---

[4] Art. 11: *La liberté d'expression: „La libre communication des pensées et des opinions est un des droits les plus précieux de l'homme, tout citoyen peut donc parler, écrire, imprimer librement, sauf à répondre des abus de cette liberté dans les cas déterminés par la loi."*
[5] Vgl. *Ancel*, Gaz. Pal. 1994, 988; näher dazu auch *Gleichauf*, S. 167 ff., wo sich auch Übersetzungen der Artikel der Erklärung der Menschen- und Bürgerrechte von 1789 finden.
[6] Art. 12: *Protection de l'individu contre les „immixtions arbitraires dans sa vie privée*".
[7] In diesem Sinne *Auvret*, LP 4/2000, n° 170, II, 33.

Wieweit in Frankreich und Deutschland der zivilrechtliche Schutz der Persönlichkeit bzw. des Privatlebens des einzelnen reicht, wo die Grenzen liegen, und wie der Konflikt mit der Pressefreiheit gelöst wird, soll im folgenden aufgezeigt werden.

1. Kapitel: Schutz des Privatlebens in Frankreich

Im Mittelpunkt der Untersuchung wird im folgenden die zivilrechtliche Norm des Art. 9 CC stehen, dessen Absatz 1 explizit das Privatleben des einzelnen schützt:

„Jeder hat das Recht auf Achtung seines Privatlebens.“[8]

Damit besteht in Frankreich eine gesetzliche Regelung, die in dieser Deutlichkeit in Deutschland kein Pendant besitzt. Zum besseren Verständnis der Zusammenhänge soll zuerst die historische Einbettung der Norm untersucht werden, im folgenden dann der Inhalt der Norm und deren Grenzen. Eine Abgrenzung findet dabei zu den Artt. 1382, 1383 CC statt, die als deliktische Generalklauseln ebenfalls Schutz vor Eingriffen in Persönlichkeitsrechte bieten.

A. Historische Entwicklung des Schutzes des Privatlebens

Wann genau der Begriff des Privatlebens in Frankreich entstand, ist bis heute nicht geklärt. Allerdings gibt es einen bekannten Ausspruch von *Royer-Collard*, der im Jahre 1819 während einer Diskussion um ein Pressegesetz sagte[9]:

„Hier ist also das ummauerte Privatleben.“[10]

Das Bild der Mauer um das Privatleben in Frankreich ist nicht nur Ausdruck des Sinnes der Franzosen für Eigentum, sondern auch für den Wunsch, sich vor indiskreten Blicken zu schützen.[11] So gibt es im *Code Civil* noch heute sechs Vorschriften in dem Kapitel „Dienstbarkeiten“ (*des servitudes ou services fonciers - Art. 675 ff. CC*) aus dem Jahre 1804, die betitelt sind mit den Worten : „Blicke auf das Eigentum des Nachbarn“[12] und die genau diesen Zweck erfüllen. All

[8] Übersetzung der Verfasserin: „*Chacun a droit au respect de sa vie privée.*“
[9] Vgl. *Lindon*, Dictionnaire juridique, S. 276, Rn. 1.
[10] Übersetzung der Verfasserin: „*Voilá donc la vie privée murée.*“
[11] Vgl. *Robert/Amson*, S. 2, Rn. 1.
[12] Ausführlich *Lindon*, Dictionnaire juridique, S. 276, Rn.1.

dies ist Ausdruck dafür, daß in Frankreich ein Sinn für das Private schon früh geweckt war.
Im Jahre 1858 fällte das *Tribunal de la Seine* die erste Entscheidung zum Schutz des Privatlebens[13]: Ein Maler porträtierte die damals berühmte Schauspielerin *Rachel* auf dem Sterbebett und wollte das Bild öffentlich zur Schau stellen. Um dies zu verhindern, wandte sich die Schwester der Künstlerin an das Gericht, welches entschied, daß es sich bei dem Recht am eigenen Bild um ein absolutes Recht handele und verbot die Ausstellung.
Am 11.5.1868 kam es zu dem ersten Gesetz, durch das das Privatleben geschützt werden sollte.[14] Allerdings verschwand diese Vorschrift, die anscheinend kaum zur Anwendung gekommen war, mit dem heute noch gültigen Pressegesetz vom 29.7.1881.[15] Jedoch widmet sich das Pressegesetz (*loi sur la liberté de la presse*) dem Schutz des Privatlebens nicht.[16] Vielmehr sind darin nur straf- und verwaltungsrechtliche Regelungen zum Schutze der Äußerungsfreiheit getroffen[17]. Das Gesetz ist seitdem zwar verschiedentlich geändert worden, es stellt aber noch heute den harten Kern der Regelungen der Presse- und Äußerungsfreiheit dar und verkörpert daher für Literatur und Rechtsprechung in Frankreich das eigentliche Presserecht.[18]
Es haben sich sodann die französischen Gerichte des Schutzes des Privatlebens angenommen, insbesondere in den Verfahren des einstweiligen Rechtsschutzes. Schutz wurde dabei über die deliktischen Generalklauseln der Artt. 1382, 1383 CC gewährt. Seit 1955 und insbesondere seit 1965 häuften sich die Verfahren zum Schutz des Privatlebens: So hat im Jahre 1965 ein Gericht im Rahmen des einstweiligen Rechtsschutzes die Beschlagnahme einer Zeitung angeordnet, in

---

13 Tribunal de la Seine, Urt. v. 16.6.1958, D.P. (D) 1858, 3, 62.
14 Art. II: *Toute publication dans un écrit périodique relative à un fait de la vie privée constitue une contravention punie d'une amende de 500 frs.*
15 Vgl. *Lindon*, Dictionnaire juridique, S. 277, Rn. 4.
16 *Ancel*, Actes de Colloques de l'I.F.C., Colloques des 22. et 23.3.1991, Supplément de la Gaz. Pal., 6, (7).
17 Vgl. *Bilger/Prévost*, S. 4; *Ader*, LP 6/1997, n° 142, II, 65.
18 *Bilger/Prévost*, S. 4, die in ihrem Buch einen Überblick über die Regelungen dieses Gesetzes geben, welches z.B. den Ehrschutz und andere Pressedelikte regelt, Mittel zur Bekämpfung von Rassismus und Diskriminierung zur Verfügung stellt, sowie staatliche Einrichtungen gegen Verunglimpfung etc. schützt. Ferner findet sich hier auch Regelungen des Gegendarstellungsrechts; zur Übertragung der Regelungen des Gesetzes auf das Internet, *Ader*, LP 6/1997, n° 142, II, 65.

der der Sohn des Schauspielers *Gérard Philippe* im Krankenhausbett abgebildet war[19].

Zu dieser Zeit fehlte an einer ausdrücklichen rechtlichen Grundlage für derlei Maßnahmen. Es stellte sich daher die Frage, ob der Richter durch die Beschlagnahme nicht seine Kompetenzen überschritten hatte, da er dadurch die Hauptsache vorwegnahm.[20] Aufgrund dieser juristischer Unsicherheit intervenierte der Gesetzgeber mit dem Gesetz vom 17.7.1970[21], durch das die Rechte des einzelnen gestärkt werden sollten.[22] Durch Art. 22[23] dieses Gesetzes wurde in den *Code Civil* Art. 9 eingeführt, dessen Absatz 1 den Schutz des Privatlebens festschreibt und inhaltlich dem Text des Art. 8 der Europäischen Menschenrechtskonvention entspricht. Durch die Einfügung von Absatz 2[24] wurde die Praxis des einstweiligen Rechtsschutzes (*Référé*-Verfahren) zum Schutz des Privatlebens legalisiert.[25]

Ferner fügte der Gesetzgeber durch das Gesetz vom 17.7.1970 die Artt. 368-372 in das Strafgesetzbuch (*Code Pénal*) ein[26], die den einzelnen vor Eingriffen durch die Presse in die Intimsphäre schützen sollten: Hier wird sowohl das in Privaträumen gesprochene Wort vor dem Belauschen oder der Aufnahme durch Dritte geschützt, als auch das Aufnehmen oder Übertragen eines Bildes von Personen in Privaträumen mit Strafe bedroht.

Mit der Einfügung des Art. 9 CC hat der Gesetzgeber die Probleme im Bereich des Schutzes des Privatleben aber noch nicht gelöst: Völlig offen waren nach wie vor der Umfang und die Grenzen des Schutzes sowie die Wechselwirkung mit dem Informationsrecht der Öffentlichkeit.

---

19 Dazu *Lindon*, Dictionnaire juridique, S. 278, Rn. 8; Ancel, Gaz. Pal. 1994, 988, (989).

20 Vgl. *Debbasch*, S. 940, Rn. 3055.

21 Gesetz Nr. 70-643 v. 17.7.1970.

22 Vgl. *Debbasch*, S. 913, Rn. 2979.

23 Art. 22: JO 19.7.1970.

24 Art. 9 Abs. 2 CC: „*Les juges peuvent, sans préjudice de la réparation du dommage subi, prescrire toutes mesures, telles que séquestre, saisi et autres, propres à empêcher ou faire cesser une atteinte à l'intimité de la vie privée; ces mesures peuvent, s'il y a urgence, être ordonnées en référé.*“

25 Vgl. *Debbasch*, S. 940, Rn. 3055.

26 Heute Art. 226-1 und 226-25 des neuen *Code Pénal* (NCP) von 1994.

B. Der Umfang des Schutzes durch Art. 9 CC

I. Abgrenzung von anderen Persönlichkeitsrechten

In Frankreich haben sich im Laufe der Zeit spezielle Persönlichkeitsrechte entwickelt, wie der Ehrenschutz, der Bildnisschutz, der Namensschutz und das Recht auf Achtung des Privatlebens. Grundsätzlich lassen sich diese Persönlichkeitsrechte folgendermaßen von einander abgrenzen:
Die meisten Ehrverletzungen erfüllen einen Straftatbestand[27], wie zum Beispiel die Beleidigung oder üble Nachrede (*diffamation*, Art. 29 des Gesetzes vom 29.7.1889[28]). In zivilrechtlicher Hinsicht kommt bei Ehrverletzungen eine Klage gem. Art. 1382 CC auf Schadensersatz in Betracht, die entweder vor den Zivil- oder vor den Strafgerichten angestrengt werden kann[29], da das französische Rechtssystem kein Nebeneinander dieser beiden Rechtswege kennt.
Für eine Ehrverletzung ist es, anders als bei der Verletzung der Privatsphäre, grundsätzlich notwendig, daß eine Schädigungsabsicht besteht.[30] Inhaltlich kann die Ehrverletzung mit der Verletzung des Privatlebens zusammenfallen[31].

Das Recht am eigenen Bild (*droit à l'image*) wird dagegen nicht durch spezielle Normen, sondern allein durch die Generalklauseln der Artt. 1382, 1383 CC geschützt. Dabei handelt es sich um das Recht, gegenüber einem Dritten die Aufnahme und / oder Publikation des eigenen Bildes zu verweigern, d.h., daß ohne Zustimmung des Abgebildeten eine Veröffentlichung nicht möglich ist. Allerdings besteht ein Recht am eigenen Bild einer Person wohl nicht, wenn es sich um eine öffentliche Szene, z.B. einen politischen Vorgang, ein kulturelles Ereignis usw. handelt, an denen die Person teilgenommen hat.[32] Dies heißt umge-

---

[27] Vgl. *Le Tourneau/Cadiet*, S. 261, Rn. 806.
[28] Ausführlich zur *diffamation* siehe *Robert/Chavanne, La Diffamation*, 140, Rn. 1 ff.
[29] *Pierchon*, J.-Cl. Civil, Art. 1382 à 1386, Fasc. 435, Rn.7; *Pierchon* behandelt das Verhältnis der Klagen zueinander und ihre Besonderheiten ausführlich; zur Abgrenzung vgl. auch CA Paris, Urt. v. 5.12.1997, LP 3/1998, n° 149, III, 41, (42).
[30] Vgl. *Badinter*, JCP 1968, I, 2136, Rn. 26; *Lindon*, Dictionnaire juridique, S. 247, Rn. 22; *Robert/Chavanne, La Diffamation*, 141, Rn. 99 ff.
[31] Vgl. dazu *Le Tourneau/Cadiet*, S. 261, Rn. 806 m.w.N.
[32] Vgl. *Ferid/Sonnenberger*, S. 357, Rn. 1 D. 248 m.w.N; nach *Le Tourneau/Cadiet*, S. 259, Rn. 801-1 bedarf es in dieser Situation der Zustimmung des Abgebildeten nicht.

kehrt aber nicht, daß aufgrund des Umstandes, daß eine Person von öffentlichem Interesse sich in der Öffentlichkeit aufhält, diese auf ihr Recht am eigenen Bild verzichtet hätte.[33] Für den Fall, daß neben dem Eingriff in das Recht am eigenen Bild ein Eingriff in das Privatleben vorliegt, ist Art. 9 CC mit seinen speziellen Rechtsfolgen zusätzlich anwendbar.[34]

Das Namensrecht ist ein nichtvermögenswertes Persönlichkeitsrecht und wird durch verstreute Regelungen im *Code Civil* geschützt. Durch dieses Recht werden dem berechtigten Namensträger bestimmte Nutzungs- und Abwehransprüche gegeben.[35] Die Abwehransprüche gleichen denen des § 12 BGB, Schadensersatzansprüche richten sich nach den Artt. 1382, 1383 CC.[36]

Das Recht auf Achtung des Privatlebens ist damit neben dem Namensrecht das einzige Persönlichkeitsrecht in Frankreich, das durch eine zivilrechtliche Norm ausdrücklich geschützt ist.

II. Fehlende Definition

Der Gesetzgeber hat mit der Schaffung von Art. 9 CC nichts Neues kreiert, sondern ein bereits von der Rechtsprechung entwickeltes Prinzip kodifiziert, das bis dahin durch die Artt. 1382, 1383 CC geschützt war. Nach herrschender Meinung handelt es sich bei Art. 9 CC um ein subjektives Recht[37], d.h. daß es jedermann das Recht gibt, sich gegen einen Eingriff in dieses Recht zu wehren, um Frieden und persönliche und familiäre Freiheit zu sichern[38]. Es ist daher mit dem Eigentumsrecht vergleichbar.

---

[33] Vgl. *Le Tourneau/Cadiet*, S. 259, Rn. 801.
[34] *Gleichauf*, S. 184; *Ferid/Sonnenberger*, S. 358, Rn. 1 D 250.
[35] Dazu *Ferid/Sonnenberger*, S. 347, Rn. 1 D 224.
[36] Vgl. *Ferid/Sonnenberger*, S. 349, Rn. 1 D 228.
[37] *Badinter*, JCP 1968, I, 2136, Rn. 8; *Ravanas*, J.-Cl. Civil, Art. 9, Fasc. 10, Rn. 6; *Kayser, La protection de la vie privée par le droit*, S. 339, Rn. 181; a.A. *Rigaux*, RIDC 1991, 539; allgemein zum Begriff des subjektiven Rechts *Ferid/Sonnenberger*, S. 204 ff., Rn. 1 C.
[38] In diesem Sinne *Kayser, La protection de la vie privée par le droit*, S. 339, Rn. 181.

Probleme bestehen bei der Bestimmung des Inhalts von Art. 9 CC: Der Gesetzgeber hat mit der Formulierung Privatleben (*vie privée*) einen juristischen Begriff geschaffen, diesen aber nicht definiert. Auch in der Literatur und Rechtsprechung sind Bemühungen gescheitert, eine Definition des Begriffs Privatleben zu finden. Der Versuch der negativen Abgrenzung zum Begriff des öffentlichen Lebens (*vie publique*)[39] - „das Privatleben umfaßt alles, was nicht zum öffentlichen Leben des einzelnen gehört“[40]- vermochte zwar etwas Licht in das Problem zu bringen, konnte es allerdings auch nicht lösen[41]: Es fehlte noch immer an einem einheitlichen Kriterium der Abgrenzung zwischen dem öffentlichen und dem privaten Leben.[42] Der Grund dafür ist, daß der Begriff des Privatlebens immer auch von der zu schützenden Person und ihrem sozialen Umfeld abhängt[43]: Was geschützt werden kann, bestimmt sich danach, wie sich das Individuum in der Gesellschaft bewegt. Eine Person des öffentlichen Lebens genießt weniger Schutz als eine unbekannte Privatperson.[44] Ferner ist das Recht der Öffentlichkeit auf Information ein Haupthindernis, eine klare Abgrenzung zwischen öffentlichem und privatem Leben zu finden[45]: Auch hier sind es wieder die Umstände des Einzelfalls, die entweder das eine oder das andere Recht überwiegen lassen.

Aufgrund der Unmöglichkeit, den Begriff des Privatlebens generell zu definieren, sind Rechtsprechung und Literatur dazu übergegangen, einzelne Fallgruppen des Privatlebens beispielhaft aufzuzeigen.

---

[39] *Badinter*, JCP 1968, I, 2136, Rn. 12.

[40] Übersetzung der Verfasserin: „*La vie privée, c'est tout ce qui n'est pas la vie publique de l'individu.*“

[41] Vgl. *Lindon, Dictionnaire juridique*, S. 257, Rn. 3; ausführlich zu der Abgrenzung *Ravanas*, J.-Cl. Civil, Art. 9, Fasc. 10, Rn. 12.

[42] Vgl. *Debbasch*, S. 915, Rn. 2987.

[43] Ausführlich *Lindon, Dictionnaire juridique*, S. 256, Rn. 1.

[44] Vgl. *Bigot*, D. 1998, chron., 235, Rn. 16 m.w.N.

[45] Dazu *Debbasch*, S. 915, Rn. 2988.

III. Einzelne Elemente des Privatlebens

Es gibt keinen eigenen Bereich des Privatlebens, sondern nur verschiedene Elemente, die geeignet sind, zum Privatleben dazuzugehören, wenn die Umstände (rechtlichen Rahmenbedingungen) es in dem Moment gebieten.[46] So haben sich im Laufe der Jahre in Rechtsprechung und Literatur einzelne Elemente herauskristallisiert, die diesem Begriff angehören können.

1. Die Gesundheit

Am Anfang der Rechtsprechung zum Schutz des Privatlebens stand ein Urteil zur Gesundheit: Journalisten waren im Jahre 1965 in ein Krankenhaus eingedrungen, in dem der Sohn des Schauspielers *Gérard Philippe* behandelt wurde und hatten diesen fotografiert.[47] Dieser Eingriff in das Privatleben wurde als unerträgliche Einmischung (*immixtion intolérable*) angesehen und die Beschlagnahme der Zeitschrift angeordnet.
Mittlerweile ist im Rahmen der Gesundheit durch konstante Rechtsprechung neben dem körperlichen auch der geistige Zustand eines Menschen geschützt.[48] Ferner fällt die Schönheitschirurgie in den Schutzbereich des Privatlebens.[49] Eine Offenbarung solcher Umstände durch die beteiligten Ärzte stellt einen besonders schweren Eingriff in das Privatleben dar, da diese neben dem Rechtsgut Privatleben zusätzlich die ärztliche Schweigepflicht verletzen.

---

[46] *Robert/Amson, La protection civile de la vie privée*, S. 6, Rn. 11.

[47] CA Paris, Urt. v. 13.3.1965, D. 1965, som. com., 114; JCP 1965, II, 19223 und zur Berufungsinstanz Cass. civ., Urt. v. 12.7.1966, D. 1967, jur., 181, Anm. *Mimin*.

[48] Z.B. TGI Paris, Urt. v. 11.9.1996, LP 1/2 1997, n° 138, I, 10 bezüglich der Offenbarung der Unterbringung eines Bürgermeisters aus psychatrischen Gründen; zur Berufungsinstanz vgl. CA Paris, Urt. v. 5.12.1997, LP 3/1998, n° 149, III, 41; den Fall der Berichterstattung über die Einlieferung in ein Krankenhaus wegen Drogenmißbrauchs behandelt TGI Paris, Urt. v. 13.5.1998, LP 3/1999, n° 159, I, 27.

[49] TGI Paris, Urt. v. 23.6.1973, D. 1974, jur., 766: Hier wurden einer Fernsehansagerin Schadensersatzansprüche dafür zugesprochen, daß in einem Artikel veröffentlicht wurde, daß ihre Nase Ergebnis einer Schönheitsoperation sei; im gleichen Sinne TGI Paris, Urt. v. 4.7.1984, D. 1985, inf. rap., 16.

2. Der Körper

Der menschliche Körper ist der Tempel der Intimität.[50] Seit der Mensch einen gewissen Grad an Zivilisation erreicht hat spürt er, was seinen Körper anbetrifft, ein Bedürfnis, das vom Gefühl des Stolzes und dem Sinn für Würde untrennbar ist.[51]

Der nackte Körper eines Menschen ist ohne Zweifel einer der intimsten Bereiche menschlichen Lebens. Obwohl er einen der wesentlichen Teile des Privatlebens darstellt[52], findet eine Verletzung meist durch eine Verletzung des Rechts am eigenen Bild, z.B. durch heimliche Fotoaufnahmen, statt[53].

Auch die Sexualität gehört zweifellos zu dem von Art. 9 CC geschützten Bereich. So reicht der Schutz von der Verbreitung sexueller Neigungen[54] bishin zur Veröffentlichung von Tatsachen, die nur eine Verbindung zum Begriff der Sexualität haben.

3. Familien- und Gefühlsleben

Der Schutz durch Art. 9 CC bezieht sich auch auf die Bestandteile des Familienlebens. Dazu gehören die Ehe und alles, was mögliche eheliche oder nichteheliche Kinder betrifft[55], z.B. deren Erziehung, aber auch normale Szenen, die sich im Haushalt abspielen. Schwieriger ist die Frage zu beantworten, ob auch die Ankündigung einer Hochzeit unter den Schutz von Art. 9 CC fällt. Denn gem. Art. 63 CC muß eine bevorstehende Hochzeit durch Anschlag an der Tür

---

[50] *Ravanas*, J.-Cl. Civil, Art. 9, Fasc. 10, Rn. 35.

[51] Vgl. *Ravanas*, J.-Cl. Civil, Art. 9, Fasc. 10, Rn. 35 unter Hinweis auf *T. Eh. Shaw*, *La liberté du secret*: Rev. sc. crim. 1950, 172.

[52] Vgl. *Debbasch*, S. 918, Rn. 3002.

[53] Den Fall von Fotos in einer Erotikzeitschrift, die einer bekannten Sportlerin zum Verwechseln ähnlich sehen, behandelt TGI Paris, Urt. v. 27.10.1988, D. 1989, som. com., 358; den Fall von heimlichen Nackaufnahmen mit intimen Szenen zwischen zwei bekannten Schauspielern behandelt TGI Paris, Urt. v. 25.6.1997, LP 11/1997, n° 146, I, 139; weitere Beispiele aus der Rechtsprechung bei *Lindon*, *Dictionnaire juridique*, S. 262, Rn. 19 ff.

[54] TGI Paris, Urt. v. 4.7.1984, D. 1985, inf. rap., 17: Hier ging es um einen Artikel mit Fotos von einem Kongress von Homosexuellen. Das Bild eines Beteiligten war dabei ohne Zustimmung abgebildet worden.

[55] Z.B. TGI Paris, Urt. v. 29.5.1996, LP 11/1996, n° 136, I, 139 - hierbei ging es um ein Kind aus einer möglichen Beziehung mit *Mitterrand*.

des Rathauses bekannt gemacht werden. Trotz dieser Vorschrift gewähren die französischen Gerichte Brautleuten Schutz vor der Bekanntmachung der Hochzeit durch die Presse.[56]

Schon früh haben die französischen Gerichte anerkannt, daß auch der Bereich der Mutterschaft zum Privatleben gehört.[57] Auch ist der Zustand der Schwangerschaft von Art. 9 CC geschützt.[58]

Einen besonders starken Schutz genießt die Scheidung[59]: Der Gesetzgeber hat mit der Schaffung von Art. 22 des Gesetzes vom 11.7.1975 festgelegt, daß die Veröffentlichung von Passagen des gerichtlichen Scheidungsurteils verboten ist. Ferner liegt auch bereits dann ein Eingriff in das Privatleben vor, wenn die Möglichkeit einer künftigen Scheidung verbreitet wird.[60]

Über den Schutz des Privatlebens hinaus wird von den französischen Gerichten ein Recht auf Familienprivatleben (*vie privée familiale*) anerkannt.[61] Dies hat eher einen verfahrensrechtlichen als einen materiellrechtlichen Hintergrund: So wird jedem Familienmitglied zugestanden, im Namen auch anderer Familienmitglieder das familiäre Privatleben vor Gericht zu verteidigen.[62] Die Rechtsprechung benutzt diese Figur insbesondere im Rahmen der Wahrnehmung der Rechte des Verstorbenen durch die Angehörigen[63], was jedoch im Hinblick auf die Geltung von Art. 9 CC nach dem Tode nicht unproblematisch ist[64].

Daß das Sterben von Art. 9 CC geschützt ist, wurde, wie bereits oben erwähnt, in der Entscheidung *Rachel* festgestellt. Zum Kernbereich des Privatlebens ge-

---

[56] Vgl. *Debbasch*, S. 921, Rn. 3008 mit Hinweis auf Cass. civ., Urt. v. 7.1.1976, D. 1976, som. com., 40.

[57] TGI Seine, Urt. v. 24.11.1965, JCP 1966, II, 14521 anläßlich der Abbildung von *Brigitte Bardot* mit ihrem Kind auf dem Arm im Garten; zur Geburt des Kindes einer Schauspielerin und eines Regisseurs vgl. CA Paris, Urt. v. 17.11.1987, D. 1985, som. com., 165; ferner TGI Paris, Urt. v. 22.6.1998, LP 3/1999, n° 159, I, 27.

[58] CA Paris, Urt. v. 27.2.1981, D. 1981, jur., 457, Anm. *Lindon.*

[59] Ausführlich *Lindon, Dictionnaire juridique*, S. 265, Rn. 30 ff.

[60] TGI Paris, Urt. v. 6.11.1996, LP 4/1997, n° 140, I, 41.

[61] Vgl. *Le Tourneau/Cadiet*, S. 260, Rn. 803.

[62] *Heisig*, S. 90 mit Hinweis auf *Lindon, Dictionnaire juridique*, S. 246, Rn. 18.

[63] Z.B. CA Paris, Urt. v. 3.11.1982, D. 1983, jur., 248 - *Matisse* -, Anm. *Lindon.*

[64] S. u. 1. Teil, 1. Kap., B., IV. - Postmortaler Schutz des Privatlebens.

hören auch die mit dem Tod einer Person verbundenen Gefühle von Angehörigen[65] sowie die Umstände des Begräbnisses[66].
Auch andere Bereiche des Gefühlslebens des einzelnen unterliegen vollständig einem Schutz durch Art. 9 CC.[67] Alles, was Beziehungen, auch in der Vergangenheit, Freundschaften und die damit verbundenen Gefühle betrifft, ist schutzwürdig.

4. Glaubensfreiheit

Bereits im Jahre 1874, bevor der Grundsatz der Trennung von Staat und Kirche im Jahre 1905 zum Verfassungsprinzip erhoben wurde, entschied der Kassationshof, daß auch die Gewissensfreiheit in den Bereich des Privatlebens gehöre.[68] In dem vom Kassationshof entschiedenen Fall ging es konkret um eine Wallfahrt, deren Teilnehmer namentlich von einem Journalisten genannt worden waren. Wenige Jahre später ließ ein Richter in einer anderen Entscheidung ein Buch mit der Auflistung von Namen von Personen jüdischen Glaubens beschlagnahmen.[69] Zur Begründung führte er das Namensrecht, das Intimleben sowie religiöse Überzeugungen der Betroffenen an.
In neuerer Zeit beschäftigten die Gerichte ein Antrag auf Beschlagnahme des Buches „Die satanischen Verse" von *Salman Rushdie*[70] oder die Veröffentlichung eines Bildes des Papstes *Johannes Paul dem Zweiten* mit dem Kommentar: „Dieser Papst ist ein Mörder"[71].

[65] TGI Paris, Urt. v. 3.2.1982, D. 1983, jur., 248 bzgl. des Todes des Kindes von *Romy Schneider*; TGI Paris, Urt. v. 2.12.1998, LP 3/1998, n° 149, I, 27 bzgl. der Veröffentlichung des Fotos eines ermordeten Präfekten.
[66] Dazu *Ravanas*, J.-Cl. Civil, Art. 9, Fasc. 10, Rn. 37.
[67] TGI Nanterre, Urt. v. 3.3.1999, LP 10/1999, n° 165, I, 123; TGI Nanterre, Urt. v. 8.4.1998, LP 10/1998, n° 155, I, 122; TGI Nanterre, Urt. v. 10.12.1997, LP 6/1998, n° 152, I, 75; TGI Paris, Urt. v. 10.6.1996, LP 6/1997, n° 142, I, 75; weitere Beispiele aus der Rechtsprechung auch bei *Lindon, Dictionnaire juridique*, S. 265, Rn. 33 ff.
[68] Vgl. *Lindon, Dictionnaire juridique*, S. 268, Rn. 45 ff.; weitere Nachweise zu dem Themenbereich bei *Massis*, LP 5/1996, n° 131, II, 41.
[69] Vgl. *Lindon, Dictionnaire juridique*, S. 269, Rn. 47 unter Bezugnahme auf ein Urteil (ord. réf.) v. 15.12.1896, D. P. 1897, 2, 174.
[70] TGI Paris, Urt. (ord. réf.) v. 29.7.1989, unveröffentlicht, zitiert bei *Massis*, LP 5/1996, n° 131, II, 41.
[71] Vgl. *Massis*, LP 5/1996, n° 131, II, 41, (42).

Im Bereich der Religion tritt der Konflikt zwischen Presse- und Glaubensfreiheit klar zu Tage: Denn auch hier bestehen Rechte mit gleichem Wert. Es ist daher Aufgabe des Richters, Maßnahmen anzuordnen, die einen gerechten Ausgleich schaffen.[72]

5. Vermögen

„Es gehört nicht zu unserer Gewohnheit zu sagen, (wen man wählt und) was man verdient".[73] So bestand lange Zeit Einigkeit in der französischen Literatur, daß das Vermögen des einzelnen in den Schutzbereich von Art. 9 CC fällt.[74] Ausgenommen davon waren Informationen über die Vermögensverhältnisse von Politikern[75] oder Persönlichkeiten der Wirtschaft[76].
Unsicherheit ist entstanden, als der Kassationshof im Jahre 1990 in einer Grundsatzentscheidung feststellte, daß „die dem Privatleben eines jeden geschuldete Achtung nicht durch eine Veröffentlichung von Informationen über das Vermögen verletzt werde, solange diese keine Anspielung auf das Leben oder die Persönlichkeit des Betroffenen beinhalten"[77]. Dies bedeutete, daß das Vermögen jedenfalls dann aus dem Schutzbereich des Art. 9 CC herausfiel, wenn es allein Gegenstand einer Veröffentlichung ist.
Allerdings ist die Rechtsprechung des Kassationshofes in Frankreich auf Kritik gestoßen[78] und die Literatur versuchte, ihr nicht die Bedeutung eines Grundsatzurteils beizumessen. Darauf ließ die vom Gericht gewählte Form des Urteils jedoch schließen.

---

[72] Cass. civ., Urt. v. 29.10.1990, D. 1990, inf. rap., 276.
[73] *Ravanas*, Anm. CA Versailles, Urt. v. 17.5.1995, D. 1996, jur., 409, (410).
[74] Vgl. *Ravanas*, Anm. CA Versailles, Urt. v. 17.5.1995, D. 1996, jur., 409, (410); in diesem Sinne auch *Debbasch*, S. 923, Rn. 3011.
[75] Verfassungsergänzungsgesetz Nr. 88-226 vom 11.3.1988, J.O. 12.3.1988, S. 3288 bezüglich der finanziellen Transparenz des politischen Lebens.
[76] Art. L-511 des *Livre des Procédures Fiscales*; vgl. z.B. Paris , Urt. v. 20.10.1987, D. 1988, som. com., 197, Anm. *Amson*.
[77] Cass. civ., Urt. v. 20.11.1990, Bull. civ. 1990, I, n° 257; im gleichen Sinne Cass. civ., Urt. v. 28.5.1991, D. 1992, jur., 213, Anm. *Kayser*.; Übersetzung der Verfasserin: *„Le respect dû à la vie privée de chacun n'est pas atteint par la publication de renseignements d'ordre purement patrimonial, ne comportant, comme en l'espèce, aucune allusion à la vie et à la personnalité de l'interessé."*
[78] Z.B. *Kayser, La protection de la vie privée par le droit*, S. 263, Rn. 146; *Kayser*, Anm. zu Cass. civ., Urt. v. 28.5.1991, D. 1992, jur., 213 ff.

Kayser [79]argumentierte, daß es in dem einen Fall um einen Politiker, in dem anderen um einen Geschäftsmann gegangen sei. Diese Personen müßten sich nach französischer Rechtslage die Offenlegung ihres Vermögens gefallen lassen. Aus diesem Grunde beziehe sich die Rechtsprechung möglicherweise nur auf diese Personen. Dagegen war jedoch einzuwenden, daß es in der Hauptaussage des Gerichts wörtlich heißt: „... das Privatleben eines *jeden* ist von der Veröffentlichung von Informationen nur über das Vermögen nicht verletzt...[80].
Mittlerweile hat der Kassationshof auf die Kritik reagiert: In einem Urteil aus dem Jahre 1995 stellte er fest, daß das Vermögen zum Intimleben gehört und daher zu schützen sei.[81] Der Kassationshof ist dabei unerwartet über das ursprüngliche Ziel hinausgeschossen, indem er das Vermögen nicht nur dem Privatleben, sondern sogar dem Intimleben zugeordnet hat[82]. Noch kurze Zeit vorher hatte eine Entscheidung anders gelautet: Dort hieß es, daß Äußerungen, die sich allein auf das Vermögen beziehen, ohne dabei Anspielungen auf das Leben die Persönlichkeit eines Menschen zu machen, jedenfalls keinen Angriff auf die Intimsphäre darstellten[83].

6. Elemente der Identifizierung einer Person

Zu den Elementen der Identifizierung einer Person gehören hauptsächlich deren Wohnsitz und deren Bildnis. Ferner sind aber auch Stimme und Geburtsname dazu geeignet, eine Person zu identifizieren. Letztere Elemente sollen hier nicht besonders behandelt werden, da sie außerhalb von Art. 9 CC einen besonderen Schutz genießen.[84]

---

[79] Vgl. Kayser, *La protection de la vie privée par le droit*, S. 263, Rn. 146.
[80] Übersetzung der Verfasserin: *„...le respect dû à la vie privée de chacun n'est pas atteint par la publication de renseignements purement patrimonial...*"
[81] Cass. civ., Urt. v. 19.12.1995, D. 1997, jur., 158, Anm. *Ravanas*.
[82] Vgl. *Ravanas*, Anm. Cass. civ., Urt. v. 19.12.1995, D. 1997, jur., 158, (159).
[83] Cass. civ., Urt. v. 20.10.1993, Bull. civ. 1993, I, n° 295; mit kritischer Anm. *Hauser*, RTDciv 1994, 77, Rn. 5.
[84] Vgl. *Debbasch*, S. 924, Rn. 3 unter Hinweis auf *Berchon*, J.-Cl. Civil, Art. 1382-1386, Fasc. 133-1; zum Schutz der Stimme *Huet-Weiller*, RTDciv 1982, S. 497 ff.; *Ravanas*, J.-Cl. Civil, Art. 9, Fasc. 10, Rn. 59; *Le Tourneau/Cadiet*, S. 260, Rn. 802.

Es besteht ein Recht auf „Inkognito".[85] So stellen die Veröffentlichung der Adresse oder des Wohnsitzes einer Person ohne deren Zustimmung einen Eingriff in das Privatleben dar.[86] Entschieden wurde dies im Fall des Sängers *Jean Ferrat*, der ein zurückgezogenes Leben führte und dessen Adresse und Geburtsname von der Presse veröffentlicht wurden.[87] Ähnlich lag es auch im Fall *Caroline v. Monacos*: Dort hatte die Presse einen bis dahin der Öffentlichkeit unbekannten Wohnsitz der Prinzessin bekanntgegeben.[88]
Natürlich gehört auch das Recht am eigenen Bild zu den durch Art. 9 CC geschützten Bereichen. Wie oben schon ausgeführt, können sich das Recht am eigenen Bild und das Recht auf Achtung des Privatlebens überlagern. Dies ist aber nicht zwangsläufig der Fall, so daß in Fällen, in denen es nicht um eine Abbildung des Privatlebens geht, Art. 9 CC nicht zur Anwendung kommt.[89]

7. Berufsleben und Freizeit

Das Berufsleben gehört im Prinzip nicht zu dem durch Art. 9 CC geschützten Bereich, denn es spielt sich in der Öffentlichkeit ab.[90] Dies betrifft insbesondere Personen des öffentlichen Lebens wie Politiker und Schauspieler.
Es mag trotzdem Situationen geben, in denen ausnahmsweise ein Schutz durch Art. 9 CC bestehen kann.[91] So kann es auch im Rahmen des Berufslebens Eingriffe in die Intimsphäre einer Person geben, z.B. wenn der Arbeitgeber den Arbeitnehmer einen Fragebogen zur Person ausfüllen läßt, oder wenn der Arbeitgeber dem Arbeitnehmer aufgrund eines familiären Ereignisses kündigt.[92] Hier kann sich das Opfer auf sein Recht auf Achtung des Privatlebens berufen, ob-

---

85 Vgl. *Ravanas*, J.-Cl. Civil, Art. 9, Fasc. 10, Rn. 34.
86 TGI Paris, 2.6.1976, D. 1977, jur., 364, (3. Sache), Anm. *Lindon*; für den Fall der Veröffentlichung einer Liste der Mieter der Gebäude der Ville de Paris vgl. TGI Paris, Urt. v. 26.6.1996, LP 4/1997, n° 140, I, 43.
87 CA Paris, Urt. v. 15.5.1970, D. 1970, jur., 466.
88 TGI Paris, Urt. v. 2.6.1976, D. 1977, jur., 364,(3. Sache), Anm. *Lindon*.
89 Zum Recht am eigenen Bild z.B. *Debbasch*, S. 925, Rn. 3014 mit weiteren Nachweisen aus der Rechtsprechung.
90 CA Paris, Urt. v. 17.3.1966, D. 1966, jur., 749; TGI Nanterre, Urt. v. 15.7.1999, LP 11/1999, n° 166, I, 139 bzgl. der Erscheinungsbildes eines Fernsehansagers.
91 Ausführlich zu diesem Komplex *Le Tourneau/Cadiet*, S. 256 ff., Rn. 795 ff.
92 Vgl. dazu ausführlich *Ravanas*, J.-Cl. Civil, Art. 9, Fasc. 10, Rn. 45, (49).

wohl es sich um Situationen handelt, die grundsätzlich das Berufsleben betreffen.
Die Freizeit wird in der Gesellschaft immer wichtiger. Regelmäßig besteht jedoch kein Interesse der Öffentlichkeit daran zu erfahren, wie der einzelne seine Freizeit gestaltet, selbst wenn dies in der Öffentlichkeit geschieht.[93] So handelt es sich unabhängig von dem Status einer Person als öffentliche oder private[94] Person in derartigen Situationen um den Bereich des Privatlebens[95].

IV. Postmortaler Schutz des Privatlebens

Eine Frage, die erst kürzlich Klärung erfahren hat, ist, ob Art. 9 CC nach dem Tod eines Menschen fortwirkt, oder ob der Schutz in diesem Zeitpunkt erlischt. Diese Frage hat sich im Fall der Veröffentlichung des Buches „Das große Geheimnis" (*Le grand secret*) über *Mitterrand* durch seinen Arzt gestellt. Nach dem Tod *Mitterrands* hat dessen Arzt die Tatsache enthüllt, daß *Mitterrand* schon kurz nach seiner ersten Wahl zum Präsidenten an einer schweren Krankheit litt. Gegen diese Veröffentlichung wollten die Erben u.a. auch wegen Eingriffs in das Recht auf Achtung des Privatlebens vorgehen.[96]
Nach dem Wortlaut des Art. 9 CC wirkt der Schutz jedoch nur gegenüber der Person, die einen Eingriff in das Persönlichkeitsrecht erleidet. Leiden kann aber nur derjenige, der lebt. D.h. in der Konsequenz, daß mit dem Tod des einzelnen der Schutz erlischt und auch nicht auf dessen Erben übergehen kann[97]. Die Erben können lediglich das Andenken des Verstorbenen vor Angriffen durch falsche Tatsachen verteidigen, die bösgläubig oder grob fahrlässig dargestellt werden.[98] Dies wird als Angelegenheit des Totenschutzes angesehen.[99] Diese Linie

---

[93] Vgl. *Ravanas*, J.-Cl. Civil, Art. 9, Fasc. 10, Rn. 44; in diesem Sinne auch *Debbasch*, S. 924, Rn. 3012.
[94] TGI Paris, Urt. v. 29.5.1996, LP 10/1996, n° 135, I, 122 - *Tapie*.
[95] TGI Nanterre, Urt. v. 10.9.1997, LP 1/2 1998, n° 148, I, 10; TGI Nanterre, Urt. v. 17.3.1998, LP 9/1998, n° 154, I, 107.
[96] TGI Paris, Urt. v. 23.10.1996, JCP 1997, II, 22844, Anm. *Derieux*.
[97] Vgl. dazu *Debbasch*, S. 920, Rn. 3006 unter Hinweis auf Cass. civ., Urt. v. 10.10.1995, JCP 1997, II, 22765, Anm. *Ravanas*; TGI Paris, Urt.v. 9.10.1996, LP 3/1997, n° 139, I, 27.
[98] Vgl. *Debbasch*, S. 920, Rn. 3006 mit Hinweis auf CA Paris, 3.11.1982, D. 1983, jur., 248; CA Paris, Urt. v. 19.5.1992, JCP 1992, IV, 2345.
[99] Vgl. *Ferid/Sonnenberger*, S. 354, Rn. 1 D 242.

scheint sich jedenfalls bei den Zivilgerichten durchzusetzen und wurde erst kürzlich vom Kassationshof bestätigt[100].

Anders ist es bei Verletzungen des Rechts am eigenen Bild. Hier scheinen die Zivilgerichte neuerdings eine Klage der Erben zuzulassen, wenn die Verletzung des Rechts einen Vermögensschaden verursacht hat.[101]

Hingegen ist im Bereich des Strafrechts Rechtsschutz durch die Erben möglich: Hier lassen die Gerichte die Klage der Erben wegen Verletzung des Privatlebens gem. Art. 226-6[102] NCP zu.[103]

V. Geschützter Personenkreis

In erster Linie sind von Art. 9 CC alle natürlichen Personen geschützt, unabhängig davon, ob diese geschäftsfähig sind oder nicht.[104] Die Rechte von Minderjährigen ohne Einsichtsfähigkeit üben die gesetzlichen Vertreter aus.[105] Sobald aber der Minderjährige eine natürliche Einsichtsfähigkeit erlangt, ist zur Ausübung der Rechte, die mit Art. 9 CC verbunden sind, auch seine Zustimmung erforderlich.[106] Insoweit werden die Rechte des Minderjährigen mit dem gesetzlichen Vertreter gemeinsam ausgeübt. Im Rahmen einer Schadensersatzklage zugesprochenes Geld gehört dem Minderjährigen, der im Alter der Volljährigkeit dieses Geld für sich beanspruchen kann (Art. 387 CC).[107]

---

[100] Cass. civ., Urt. v. 14.12.1999, LP 3/2000, n° 169, III, 27 = JCP 2000, II, 10241, Anm. *Petit*; in diesem Sinne auch *Bigot*, D. 1998, som.com., 88; TGI Paris, Urt. v. 2.12.1996 LP 6/1997, n° 142, I, 73; TGI Paris, Urt. v. 11.12.1996, LP 7/8/1997, n° 143, I, 89.

[101] Ausführlich *Bigot*, D. 1998, som. com., 88.

[102] Früher Art. 368 *Code Pénal*.

[103] Z.B. Cass. crim., Urt. v. 21.10.1980, D. 1981, jur., 72, - *Jean Gabin* -, Anm. *Lindon*; ausführlich dazu *Derieux/Gras*, LP 1/2/1998, n° 148, II, 1.

[104] Ausführlich zu diesem Bereich *Kayser, La protection de la vie privée par le droit*, S. 239, Rn. 137.

[105] Vgl. *Lindon*, S. 241, Rn. 3; *Ravanas*, J.-Cl. Civil, Art. 9, Fasc. 10, Rn. 83; TGI Paris, Urt. v. 22. 10.1997, LP 3/1998, n° 149, I, 26.

[106] Vgl. *Ravanas*, J.-Cl. Civil, Art. 9, Fasc. 10, Rn. 83.

[107] Dazu *Lindon, Dictionnaire juridique*, S. 242, Rn. 5; *Ravanans*, J.-Cl. Civil, Art. 9, Fasc. 10, Rn. 83.

Problematisch ist die Frage, ob auch juristischen Personen oder Personenvereinigungen die Rechte aus Art. 9 CC zustehen. Denn auch juristischen Personen können sich jedenfalls z.T. auf Persönlichkeitsrechte, wie z.B. das Namensrecht, berufen. Zwar besitzt die juristische Person kein Privatleben im engeren Sinne, dennoch gibt es Bereiche, die nicht jedermann zugänglich sein sollen, beispielsweise Geschäftsgeheimnisse, die insofern auch schutzwürdig sind. Ob dies die analoge Anwendung von Art. 9 CC auch auf juristische Personen rechtfertigt, wird in Frankreich diskutiert.[108] Die Tendenz geht jedoch wohl dahin, Art. 9 CC auf juristische Personen nicht analog anzuwenden. Möglich ist jedoch ein Schutz juristischer Personen über die Normen des allgemeinen Deliktsrechts, d.h. Artt. 1382, 1383 CC.

C. Begrenzung des Rechts auf Achtung des Privatlebens

Die Presse greift in das Recht auf Achtung der Privatlebens ein, indem sie einen Artikel mit Informationen zum Privatleben des Betroffenen veröffentlicht. In dieser Situation hat der Betroffene das Recht, sich gegen den Eingriff gerichtlich zu wehren. Allerdings besteht das Recht auf Achtung der Privatlebens nicht grenzenlos. Zum einen hat es der Inhaber des Rechtes selbst in der Hand, durch Einwilligung in den Eingriff auf Schutz durch Art. 9 CC zu verzichten, zum anderen muß das Recht auf Achtung des Privatlebens dem Informationsinteresse der Öffentlichkeit in bestimmten Fällen weichen.

I. Einwilligung

Grundsätzlich kann der einzelne in jede Verletzung seines Privatlebens einwilligen. Die Einwilligung wird grundsätzlich als eine Art Rechtfertigungsgrund

[108] *Kayser, La protection de la vie privée par le droit,* S. 274 ff., Rn. 148; *Ravanas*, J.-Cl. Civil, Art. 9 Fasc. 10, Rn. 86; für einen strafrechtlichen Schutz des Privatlebens einer juristischen Person vgl. CA Limoges, Urt. v. 4.3.1988, zitiert bei *Ravanas*, J.-Cl. Civil, Art. 9, Fasc. 10, Rn. 86.

verstanden.[109] Sie muß wirksam, bestimmt und eindeutig sein.[110] Dabei muß sie nicht ausdrücklich erklärt werden, eine stillschweigende Einwilligung ist ebenfalls möglich. Allerdings darf die Einwilligung weder vermutet werden[111], noch ist ein endgültiger Verzicht auf das Recht auf Achtung des Privatlebens möglich[112].

Der *Senat* wollte im Entwurf des Gesetzes vom 17.7.1970 in Art. 9 CC einen dritten Absatz mit dem Wortlaut einfügen[113]: „Personen, die durch ihr Verhalten die Verbreitung von intimen Tatsachen erlaubt haben, können sich auf die gesetzlichen Regeln, die ihr Privatleben schützen, nicht berufen". Dieser Teil ist jedoch von der *Assemblée Nationale* nicht angenommen worden.[114]

So sind auch Personen, die in früherer Zeit die Presse förmlich gesucht und Details aus ihrem Privatleben enthüllt haben oder sich gegen derartige Veröffentlichungen in der Vergangenheit nicht gewandt haben, geschützt. Eine Einwilligung ist daher immer erforderlich.[115]

Nicht unumstritten ist die Rechtslage in dem Fall, in dem die Presse bereits offenkundige Tatsachen ohne Einwilligung verbreitet. Die Gerichte scheinen in der Offenkundigkeit keine Rechtfertigung für eine Veröffentlichung zu sehen, so daß auch hier viel dafür spricht, daß eine Einwilligung erforderlich ist.[116]

Dagegen war die Rechtslage bislang eindeutig, wenn ein Presseunternehmen bereits veröffentlichte Tatsachen erneut verbreitet. Für eine sogenannte Wieder- oder Zweitverbreitung ist eine Einwilligung genauso erforderlich wie für die erste.[117] Das Verhalten des Opfers bei der Erstverbreitung kann jedoch Einfluß

---

[109] Im Rahmen der deliktischen Haftung nach Artt. 1382, 1383 CC entfällt durch eine Einwilligung die *faute*, also die Pflichtwidrigkeit des Handelns, vgl. dazu *Sonnenberger/Autexier*, S. 138, Rn. 89.

[110] *Ravanas*, J.-Cl. Civil, Art. 9, Fasc. 10, Rn. 90.

[111] Vgl. *Debbasch*, S. 931, Rn. 3028.

[112] *Kayser*, *La protection de la vie privée par le droit*, S. 238, Rn. 137.

[113] J.O. *Sénat, Débats parlamentaires*, 18.6.1970, S. 905.

[114] J.O. *Ass. nat., Débats parlementaires*, 25.6.1970, S. 3093.

[115] Dazu *Debbasch*, S. 931, Rn. 3031; weitere Beispiele aus der Rechtsprechung auch bei *Lindon*, *Dictionnaire juridique*, S. 284, Rn. 12.

[116] Vgl. zu diesem Fall *Ancel*, Gaz. Pal. 1994, 988, (991) mit Hinweis auf ein unveröffentlichtes Urteil vom *Tribunal de Paris* vom 16.1.1985.

[117] *Debbasch*, S. 932, Rn. 3032 mit Hinweis auf CA Paris, Urt. v. 5.9.1997, LP 5/1998, n° 151, I, 59; kritisch zu diesem Ansatz *Brossolet*, LP 10/1999, n° 165, II, 126; anders auch TGI Nanterre, Urt. v. 5.3.19997, LP n° 146, I, 139; TGI Paris, Urt. v. 2.7.1997, LP 7/8/1998, n° 153, I, 92; TGI Nanterre, Urt. v. 3.3.1999, LP 6/99, n° 162, I, 75, die eine erneute Einwilligung nicht für nötig halten, wenn das Opfer Initiator der Erstveröffentlichung war.

auf das Verfahren im einstweiligen Rechtsschutz gegen die Zweitverbreitung haben.[118]

II. Rechtmäßige Information

Auch ohne Einwilligung des Betroffenen kann die Veröffentlichung von Informationen aus dem Privatleben einer Person gerechtfertigt sein. Dies ist dann der Fall, wenn das Informationsrecht der Öffentlichkeit das Recht auf Achtung des Privatlebens überwiegt. Dies betrifft insbesondere zwei Bereiche: Den der geschichtlichen und den der aktuellen Ereignisse.

1. Geschichte

Zu Gunsten der Aufarbeitung von geschichtlichen Tatsachen und Persönlichkeiten muß das Recht auf Achtung des Privatlebens dann weichen, wenn die Person genügend lange verstorben ist.[119] D.h., daß Persönlichkeiten der Geschichte insoweit kein Recht auf Achtung des Privatlebens haben, wie dieses erlaubt, ihr öffentliches Leben zu erklären.[120] Ein Eingriff in das Privatleben ist in diesem Fall nicht rechtswidrig.[121] Zu beachten ist jedoch, daß die Darstellung möglichst objektiv erfolgt, und daß genügend sorgfältig recherchiert wird.[122] Andernfalls läuft der Autor Gefahr, sich gem. Art. 1382 CC deliktsrechtlich verantworten zu müssen.

Anders ist der Fall zu beurteilen, in dem die Person erst vor kurzem verstorben ist. Hier ist vor allem das Privatleben von Familienmitgliedern oder Freunden des Verstorbenen zu berücksichtigen, wenn Details aus dem Privatleben veröffentlicht werden. Denn die betroffenen Personen können gegebenenfalls ihr eigenes Recht aus Art. 9 CC geltend machen.[123] Wesentlich für die Möglichkeiten

---

[118] TGI Paris (ord. réf.), Urt. v. 10.11.1997, LP 10/1998, n° 155, I, 121 - Dringlichkeit des Rechtsschutzes entfällt.
[119] Vgl. *Ancel*, Gaz. Pal. 1994, 2, 988, (992).
[120] TGI Paris, Urt. v. 30.6.1971, (1. Sache), JCP 1971, II, 16857, Anm. *Lindon.*
[121] *Ravanas*, J.-Cl. Civil, Art. 9, Fasc. 10, Rn. 103.
[122] Vgl. *Debbasch*, S. 935, Rn. 3042 und ausführlich dazu S. 981, Rn. 3163 ff.; *Lindon, Dictionnaire juridique*, S. 289, Rn. 8.
[123] Dazu *Debbasch*, S. 937, Rn. 3048 mit Nachweisen aus der Rechtsprechung.

der Darstellung aus dem Privatleben von Personen der Geschichte ist daher das Zeitkriterium[124]: Je länger die betroffenen Person verstorben ist, desto größer sind die Freiheiten des Historikers. Wenn aber nur wenig Zeit verstrichen ist, so läuft er Gefahr, mit seinen Darstellungen in das Privatleben noch lebender Angehöriger oder Zeitgenossen einzugreifen.

2. Aktualität

Für die Tagespresse besonders relevant sind die Möglichkeiten der Veröffentlichung von Details aus dem Privatleben von Personen, soweit dies durch deren Stellung in der Gesellschaft oder durch aktuelle Ereignisse gerechtfertigt ist.

a) Personen des öffentlichen Lebens

Personen des öffentlichen Lebens ziehen naturgemäß mehr Aufmerksamkeit auf sich als Unbekannte. Ihre Bilder und Artikel über Aktivitäten finden sich jeden Tag in der Presse. Zwar steht auch ihnen ein Recht auf Achtung des Privatlebens zu, dieses ist jedoch eingeschränkt.[125]

Zu den Personen des öffentlichen Lebens gehören Politiker bzw. Kandidaten zur Wahl in ein Amt[126], Mitglieder der Königshäuser[127], wichtige Personen der Wirtschaft[128] aber auch andere Personen, die, meist aus beruflichen Gründen, auf Bekanntheit in den Medien angewiesen sind, wie Künstler oder Sportler[129]. Alle diese Personen haben ein Recht auf Schutz ihres Privatlebens, es sei denn,

---

[124] *Debbasch*, S. 937, Rn. 3049.

[125] *Debbasch*, S. 929, Rn. 3023; *Kayser*, *La protection de la vie privée par le droit*, S. 186, Rn. 153.

[126] Vgl. *Lindon*, *Dictionnaire juridique*, S. 291, Rn. 13; *Kayser*, *La protection de la vie privée par le droit*, S. 290, Rn. 154; dazu auch *Debbasch*, S. 928, Rn. 3021: Das Privatleben wird eingeschränkt, soweit durch eine Information über das Privatleben die Wahlentscheidung der Bürger betroffen sein kann.

[127] *Kayser*, *La protection de la vie privée par le droit*, S. 296, Rn. 155.

[128] Vgl. *Kayser*, *La protection de la vie privée par le droit*, S. 290, Rn. 154-1: Dies gilt aber nur, soweit es um eine Transparenz der Vermögensverhältnisse geht, um die Sicherheit des Geschäftslebens zu sichern.

[129] Ausführlich *Kayser*, *La protection de la vie privée par le droit*, S. 294, Rn. 155.

es besteht die Möglichkeit, daß dieses deren öffentliches Leben beeinflußt.[130] Dann überwiegt das Informationsrecht der Öffentlichkeit den Schutz des einzelnen. So ist z.B. die Hochzeit einer Prinzessin[131], die anstehende Geburt eines Nachkommens einer Fürstenfamilie[132] oder die Scheidung einer berühmten Persönlichkeit[133] ein aktuelles, öffentliches Ereignis, das nicht vom Schutz des Privatlebens umfaßt ist[134]. Bei Personen aus Politik und Wirtschaft ist ferner das Vermögen aus dem Schutz des Privatlebens ausgeklammert.

Eine Einschränkung des Informationsrechts der Öffentlichkeit besteht insoweit als die Information über das Privatleben notwendig (*nécessaire*) sein muß[135], d.h. sie muß der Pflicht des Journalisten entsprechen, die Öffentlichkeit über aktuelle Tatsachen zu informieren[136] oder auf sonstige Weise dem Informationsrecht der Öffentlichkeit gerecht werden. An einer solchen Notwendigkeit fehlt es z.B., wenn es allein darum geht, die Sensationslust der Leser zu befriedigen, da hier der Informationsgehalt für nicht ausreichend erachtet wird.

b) aktuelles Ereignis

Oftmals sind Menschen, die normalerweise nicht im Rampenlicht der Öffentlichkeit stehen, plötzlich im Mittelpunkt des Interesses, weil sie in ein aktuelles Ereignis, wie z.B. Überfälle[137], involviert sind. Dies trifft z.B. auf mutmaßliche

---

[130] Vgl. *Ravanas*, J.-Cl. Civil, Art. 9, Fasc. 10, Rn. 100 unter Bezug auf die *Résolution 428 de l'Assembée consultative du Conseil de l'Europe*; vgl. auch *Lindon*, *Dictionnaire juridique*, S. 290, Rn. 11.

[131] TGI Paris, Urt. v. 9.10.1996, LP 3/1997, n° 139, I, 26.

[132] TGI Nanterre, Urt. v. 17.6.1998, LP 9/1998, n° 154, I, 107.

[133] TGI Nanterre, Urt. v. 31.7. und 10.12.1997, unveröffentlicht, zitiert bei *Bigot*, D. 1998, chron., 235, Rn. 17.

[134] Weitere Beispiele bei *Bigot*, D. 1998, chron., 235, Rn. 17.

[135] Dazu z.B. TGI Nanterre, Urt. (ord.réf.) v. 13.1.1997, LP 9/1997, n° 144, I, 107; TGI Paris, Urt. v. 23.4.1997, LP 10/1997, n° 145, I, 123; TGI Nanterre, Urt. v. 10.9.1997, LP 1/2/1998, n° 148, I, 10.

[136] *Debbasch*, S. 930, Rn. 3025 unter Hinweis auf TGI Paris, Urt. v. 2. 6.1976, (1. Sache), D. 1977, jur., 365, Anm. *Lindon*, für den Fall einer Person des öffentliches Lebens aufgrund ihrer Funktion oder durch Geburt; für den Fall eines Sportlers vgl. Paris, Urt. v. 13.3.1986, D. 1986, som. com., 445, Anm. *Lindon* und *Amson*; Notwendigkeit verneint für den Fall der Information über die Schönheitsoperation eines bekannten Schauspielers vgl. TGI Paris, Urt. v. 4.7.1984, D. 1985, som. com., 16, Anm. *Lindon*.

[137] CA Paris, Urt. v. 5.3.1986, D. 1986, inf. rap., 189, Anm. *Lindon*.

Straftäter, deren Opfer oder in andere größere Prozesse verwickelte Personen zu. Hier darf die Presse auch Tatsachen enthüllen, die zum Privatleben der betroffenen Person gehören, soweit ein enger Zusammenhang zu dem aktuellen Ereignis besteht[138] und die Information vom Informationsrecht der Öffentlichkeit gedeckt ist[139].
Höchstrichterlich entschieden ist mittlerweile der nicht unumstrittene Fall, der erneuten Veröffentlichung von Tatsachen aus dem Privatleben einer Person, die im Zusammenhang mit ehemals aktuellen Ereignissen an die Öffentlichkeit gelangt sind. Hier stand lange in Frage, ob sich die betroffene Person auf ein sogenanntes „Recht auf Vergessen" *(droit à l'oublie)* berufen kann. Der Kassationshof hat zu dieser Frage entschieden, daß die Tatsachen des Privatlebens, die einmal rechtmäßig enthüllt worden sind, auch wieder veröffentlicht werden dürfen, daß also zugunsten des Betroffenen kein „Recht auf Vergessen" besteht.[140]

D. Ergebnis

Das Privatleben befindet sich im Spannungsbereich zwischen der Äußerungs- und der Handlungsfreiheit. Durch die Schaffung von Art. 9 CC hat der französische Gesetzgeber den Schutz des Individuums vor unzulässigen Eingriffen betonen wollen. Damit hat er dem Schutz des Privatlebens prinzipiell den Vorrang vor anderen schützenswerten Rechtsgütern wie der Presse- und Informationsfreiheit eingeräumt.
Da eine generelle und abstrakte Definition des Privatlebens nicht möglich ist, stellt sich der Schutzbereich von Art. 9 CC nur als Stückwerk dar. Die Anzahl der dazu ergangenen Entscheidungen läßt sich kaum überblicken, so daß hier nur die wesentlichen Elemente beispielhaft aufgezählt werden konnten.
Von großer Aktualität in der französischen Rechtsprechung und Literatur sind die Einbeziehung des Vermögens in den Schutzbereich von Art. 9 CC, der

---

[138] *Kayser, La protection de la vie privée par le droit*, S. 286, Rn. 153; vgl. *Debbasch*, S. 933, Rn. 3035 mit weiteren Hinweisen auf die Rechtsprechung.
[139] CA Paris, Urt. v. 5.3.1986, D. 1986, inf. rap., 189, Anm. *Lindon* - Veröffentlichung von Adresse und Foto des Opfers eines häuslichen Übergriffs.
[140] Cass. civ., Urt. v. 20.11.1990, Bull. civ. 1990, I, n° 256 = JCP 1992, II, 21908, mit krit. Anm. *Ravanas*; vgl. dazu auch *Ancel*, Gaz. Pal. 1994, 988, (991); ausführlich *Debbasch*, S. 938, Rn. 3050.

postmortale Persönlichkeitsschutz und der Schutz von juristischen Personen durch Art. 9 CC. Ob die Lösungen, die in diesen Bereichen bislang gefunden wurden, überdauern, ist noch nicht absehbar.
Beschränkt wird der Schutz des Privatlebens vor allem durch zwei Elemente: die Einwilligung des Betroffenen in die Verletzung und das Informationsinteresse der Öffentlichkeit: Hier müssen sich besonders Personen des öffentlichen Lebens Veröffentlichungen aus ihrem Privatleben gefallen lassen, allerdings nur sofern diese einen Bezug zu ihrer Tätigkeit im öffentlichen Leben haben. Ferner können auch Tatsachen aus der Privatsphäre enthüllt werden, sofern davon Personen betroffen sind, die in aktuelle Ereignisse, wie z.B. Prozesse oder Unglücke involviert sind.
Zuletzt rechtfertigen geschichtliche Ereignisse den Eingriff in das Privatleben. Auf der Suche nach der Wahrheit und zum Zwecke der Aufklärung kann der Historiker auch das Privatleben der dargestellten Person aufdecken.

2. Kapitel: Schutz des Privatlebens in Deutschland

A. Entwicklung des Persönlichkeitsschutzes

In Deutschland gibt es keine zivilrechtliche Norm, die explizit das Privatleben eines Menschen schützt. Das Bundesverfassungsgericht und der Bundesgerichtshof haben stattdessen ein allgemeines Persönlichkeitsrecht entwickelt, dessen Aufgabe es ist, die engere Lebenssphäre und die Erhaltung ihrer Grundbedingungen zu gewährleisten.[141] Dazu gehört auch die Sicherung des hier untersuchten Privatlebens. Das allgemeine Persönlichkeitsrecht wurde aus den Artt. 2 Abs. 1 und 1 Abs. 1 GG hergeleitet, d.h. aus den Komponenten der freien Entfaltung der Persönlichkeit und der Menschenwürde. Damit wird die Persönlichkeit in doppelter Hinsicht geschützt: Einmal in dynamischer Sicht in ihrem Recht auf freie Entfaltungsmöglichkeit und aktive Entschließungs- und Handlungsfreiheit, zum anderen in statischer Hinsicht, in ihrem Recht, in Ruhe gelassen zu werden.[142] Als Ausstrahlungswirkung des Grundrechts wird das allgemeine Persönlichkeitsrecht vom BGH in ständiger Rechtsprechung als privates Recht anerkannt, das den deliktischen Schutz absoluter Rechte nach § 823 Abs. 1 BGB genießt.[143] Dieses Recht wurde erstmals im Jahre 1954 in der *Leserbrief*-Entscheidung des BGH anerkannt.[144]

Allerdings handelt es sich beim allgemeinen Persönlichkeitsrecht um ein konturloses Gebilde[145], das einer Definition unzugänglich ist und nur von der Bildung von Fallgruppen oder Sphären lebt. Das allgemeine Persönlichkeitsrecht ist ein absolutes, d.h. gegenüber jedermann wirkendes, subjektives Recht.[146] Es besitzt jedoch einen sogenannten offenen Tatbestand, d.h., die Rechtswidrigkeit wird nicht indiziert, sondern muß in jedem Fall gesondert festgestellt werden.

---

[141] BVerG, Urt. v. 3.6.1980, BVerGE 54, 148, (153) - *Eppler*.
[142] Vgl. *Palandt/Thomas*, § 823 Rn. 177 unter Bezugnahme auf BGHZ 106, 229; NJW 1996, 1128; BGHZ 26, 349, (350) - *Herrenreiter*.
[143] Vgl. *Heldrich*, FS Heinrichs, 319, (321) unter Berufung auf *Jarass*, NJW 1989, 857 ff. (858), der zwischen dem verfassungsrechtlichen und dem zivilrechtlichen allgemeinen Persönlichkeitsschutz unterscheidet.
[144] BGH, Urt. v. 25.5.1954, BGHZ 13, 334 = NJW 1954, 1404 - *Leserbriefe*.
[145] Vgl. *Helle*, S. 6 .
[146] Vgl. *Wasserburg*, S. 48.

Die Bestimmung der Rechtmäßig- oder Rechtswidrigkeit geschieht durch Güter- und Interessenabwägung[147], wobei sich in dem Fall der Verletzung der Privatsphäre durch die Presse, die Pressefreiheit (Art. 5 Abs. 1 GG) bzw. die Informationsfreiheit auf der einen Seite und die freie Entfaltung der Persönlichkeit (Art. 2 Abs. 1 GG) und die Menschenwürde (Art. 1 Abs. 1 GG) auf der anderen Seite gegenüber stehen. Da die Schutzgüter gleichwertig sind, ist immer eine Einzelfallentscheidung nach den Interessen zu treffen, so daß sich in diesem Bereich eine erhebliche Unsicherheit findet.[148] Es ist zunächst zu prüfen, ob das von den Massenmedien jeweils verfolgte Interesse nach der Einzelfallgestaltung gegenüber dem Persönlichkeitsschutz Vorrang hat; es ist anschließend festzustellen, ob der Eingriff in die Privatsphäre nach Art und Reichweite durch dieses Interesse gefordert wird, und es ist abschließend zu überlegen, ob der Eingriff in angemessenem Verhältnis zur Bedeutung der Sache steht.[149]

Das allgemeine Persönlichkeitsrecht unterteilt sich nach *Hubmann* in die Felder „des Rechts an der Persönlichkeit"[150], „des Rechts auf freie Entfaltung der Persönlichkeit"[151] sowie „des Rechts auf Schutz der Individualität"[152]. Unter letzterem finden sich die Elemente des allgemeinen Persönlichkeitsrechts, die dem französischen *vie privée* am ehesten entsprechen: Dies sind die drei Schutzkreise Sozialsphäre, Privatsphäre und Intimsphäre. Es kann hier nur versucht werden, die entsprechenden Fallgruppen des allgemeinen Persönlichkeitsrechts dem *vie privée* gegenüberzustellen.

Abzugrenzen ist das allgemeine Persönlichkeitsrecht von den besonderen Persönlichkeitsrechten, die nach nicht unumstrittener aber wohl herrschender Mei-

---

[147] Dazu *Wenzel*, S. 271, Rn. 6.6.
[148] Ähnlich auch *Wasserburg*, S. 94.
[149] Vgl. *Wasserburg*, S. 98 f.
[150] Schutz des Lebens, der Existenz, der körperlichen Unversehrtheit, der Gesundheit, Rechte an der künstlerischen, erfinderischen und ästhetischen Leistung - soweit nicht Immaterialgüterrecht - sowie Recht auf Schutz des Willens, des Gefühls- und Seelenlebens und der persönlichen Beziehungen zu Personen und Sachen, vgl. *Hubmann*, S. 220 ff.
[151] Das Recht auf allgemeine Handlungsfreiheit, körperliche Bewegungsfreiheit, gewerbliche, berufliche, kulturelle, religiöse und sittliche Betätigung, sowie auf Ausbildung und Verwertung der Bildung, vgl. *Hubmann*, S. 175.
[152] Namensrecht, persönlichkeitsrechtliche Bestandteile des Firmenrechts und des Warenzeichenrechts, das Recht auf Ehre, am Erscheinungsbild, am Lebens- und Charakterbild, am gesprochenen und geschriebenen Wort sowie das Recht an der Privat- und Geheimsphäre, *Hubmann*, S. 268 ff.

nung diejenigen Persönlichkeitsrechte darstellen, die eine gesetzliche Regelung erfahren haben[153]. Dazu gehört das Recht am eigenen Bild (§ 22 KUG), das Urheberpersönlichkeitsrecht (§§ 12-14 UrhG)[154], das Namensrecht (§ 12 BGB) oder Rechte, die gewohnheitsrechtlich anerkannt sind, wie das Recht auf Ehre, das Lebensbild, das Recht auf Achtung des wirtschaftlichen Rufs oder der Geheimsphäre[155]. Von diesen besonderen Persönlichkeitsrechten interessiert hier nur das Recht am eigenen Bild, welches, je nach Inhalt der Abbildung, eine Überschneidung mit dem allgemeinen Persönlichkeitsrecht hervorrufen kann. Im Falle einer Überschneidung geht jedoch das Recht am eigenen Bild als spezialgesetzliche Regelung einem Schutz durch das allgemeine Persönlichkeitsrecht vor.[156] Da aber der Eingriff in das besondere Persönlichkeitsrecht stets zugleich eine Verletzung des allgemeinen Persönlichkeitsrechts ist, kann er auch Ansprüche auf immateriellen Schadensersatz auslösen.[157]

B. Die Fallgruppen

Durch das allgemeine Persönlichkeitsrecht werden im deutschen Recht u.a. einzelne Bereiche des (Privat-) Lebens geschützt, die, je nach Intensität des Grades an Privatheit, unterschiedlichen Schutz genießen.

I. Intimsphäre

Den weitestgehenden Schutz genießt die Intimsphäre.[158] Sie umfaßt die innere Gedanken- und Gefühlswelt mit ihren äußeren Erscheinungsformen wie vertraulichen Briefen, Tagebuchaufzeichnungen sowie den Angelegenheiten, für die

---

[153] *Helle*, S. 20, (21).
[154] Hier schlägt *Helle* die Zuordnung zu dem Begriff selbständige Persönlichkeitsrechte vor, da ein Zusammenhang mit dem allgemeinen Persönlichkeitsrechts fehle. Das gleiche gelte für das Recht der Erfinderehre und möglicherweise auch für das Namensrecht, vgl. *Helle*, S. 22.
[155] Vgl. *Wasserburg*, S. 53 f.
[156] Vgl. *Helle*, S. 43.
[157] *Helle*, S. 21.
[158] Die Intimsphäre wird oftmals auch als Geheimsphäre bezeichnet. Nach dem Vorschlag von *Ehlers*, WRP 1983, 187, (188), Fn. 16, sollte die Bezeichnung Geheimsphäre für die Intimsphäre von juristischen Personen gelten.

ihrer Natur nach Anspruch auf Geheimhaltung besteht.[159] Dazu gehört der Bereich der Sexualität, z.B. Nacktaufnahmen[160] oder verbale Äußerungen über Sexualität[161], sowie Bereiche, die durch die strafrechtlichen Bestimmungen über den Schutz von Privatgeheimnissen besonders geschützt sind[162], wie Details medizinischer Untersuchungen oder Äußerungen, die der anwaltlichen Schweigepflicht unterliegen. Die Intimsphäre genießt grundsätzlich absoluten Persönlichkeitsschutz, d.h., es gibt keine Rechtfertigung für eine Veröffentlichung, es sei denn, der Betroffene hat in die Publikation eingewilligt[163].

II. Privatsphäre

Der Schutz der Privatsphäre ist thematisch und räumlich bestimmt[164]: Die Privatsphäre umfaßt das Leben im häuslichen oder Familienkreis und das sonstige Privatleben und zwar nicht nur im eigenen häuslichen Bereich, sondern je nach den Umständen auch außerhalb[165]. Nach der *Caroline von Monaco-III-*Entscheidung[166] gilt der Schutz außerhalb des häuslichen Bereichs, wenn jemand sich in eine örtliche Abgeschiedenheit zurückgezogen hat, in der er objektiv für sich allein sein will und in der er sich in der konkreten Situation im Vertrauen auf Abgeschiedenheit so verhält, wie er es in der breiten Öffentlichkeit nicht tun würde.[167] Ob die Kriterien der Abgeschiedenheit erfüllt sind, läßt sich nur situativ beurteilen.[168] Plätzen, an denen sich der einzelne unter vielen Menschen befindet, fehlt es von vornherein an den Voraussetzungen des Privatsphärenschutzes, da sie das Rückzugsbedürfnis nicht erfüllen können.[169]

---

159 *Palandt/Thomas*, § 823, Rn. 178.
160 Ausführlich *Prinz/Peters*, S. 69 Rn. 54.
161 *Prinz/Peters*, S. 70, Rn. 55 ff.
162 Vgl. *Soehring*, S. 340, Rn. 19.7.
163 *Prinz/Peters*, S. 72, Rn. 60.
164 Vgl. BVerfG, Urt. v. 15.12.1999, AfP 2000, 76, (78).
165 *Palandt/Thomas*, § 823, Rn. 178; BVerfG, Urt. v. 15.12.1999, AfP 2000, 76, (78).
166 BGH, Urt. v. 19.2.1995, BGHZ 131, 332 = NJW 1996, 1128, (1130).
167 Als zu einschränkend empfinden diese Rechtsprechung *Prinz/Peters*, S. 76, Rn. 67; kritisch, was die Möglichkeit der praktischen Anwendung betrifft, *Heldrich*, FS Heinrichs, S. 319, (328).
168 BVerfG, Urt. v. 15.12.1999, AfP 2000, 76, (78).
169 Vgl. BVerfG, Urt. v. 15.12.1999, AfP 2000, 76, (78).

Unabhängig von der räumlichen Sphäre gehört zum Bereich der Privatsphäre jedenfalls nach der Rechtsprechung[170] die Gesundheit. Das kann anders sein, wenn sie sich auf Position und Funktion einer im öffentlichen Leben stehenden Person unmittelbar auswirkt.[171] Nach einer älteren Entscheidung des OLG Hamburg darf über gesundheitliche Probleme von prominenten Politikern und Angehörigen regierender Fürstenhäuser sogar stets berichtet werden.[172]
Ferner gehört - unabhängig von der räumlichen Umgebung - das Familienleben in allen seinen Ausprägungen, d.h. Auseinandersetzungen mit Familienmitgliedern[173], Ereignisse rund um die Ehe[174], wie Scheidung und Ehebruch zur Privatsphäre.
Geschützt sind ferner das religiöse Bekenntnis[175], die Adresse[176] sowie die Einkommensverhältnisse[177] einer Person. Bezüglich der Einkommensverhältnisse hat z.B. das OLG Hamburg angenommen, daß die Berichterstattung über die Vermögenslosigkeit eines Angehörigen des Hochadels nicht statthaft sei.[178] Gleiches soll nach *Soehring* auch für die Veröffentlichung von Listen über „Die reichsten Deutschen" unter Angabe des Namens und der Anschrift gelten.[179] Hier stehe in erster Linie der Gedanke im Vordergrund, daß durch solche Listen die Aufmerksamkeit Krimineller geweckt werde. Anders sei dies nur, wenn die

---

170 BGH, Urt. v. 12.12.1995, NJW 1996, 984, (985) - *Caroline von Monaco II*; BVerfG, NJW 1972, 1123, (1124) - *Krankenkartei*; a.A. in der Literatur *Wenzel*, Rn. 5.40; *Soehring*, S. 340, Rn. 19.7., der aber nur die Details medizinischer Untersuchungen der Intimsphäre zurechnet, nicht die Tatsache von gesundheitlichen Problemen - siehe dazu Rn. 19.16.
171 *Soehring*, S. 344, Rn. 19.16.; das Vorliegen von öffentlichem Informationsinteresse bei Personen der Zeitgeschichte bejahen auch *Löffler/Ricker*, S. 292, Rn. 18.
172 *Soehring*, S. 344, Rn. 19.16. unter Bezug auf OLG Hamburg, UFITA 78 (1977), 252 - *Gracia Patricia*.
173 BHG, GRUR 1965, 256, (258) - *Gretna Green*.
174 Ausführlich *Prinz/Peters*, S. 77, Rn. 68 (69 ff.).
175 Z.B. BVerfG, NJW 1997, 2669, (2670) - *Scientologen*; NJW 1990, 1980 - *Opus Dei;* dazu auch *Prinz/Peters*, S. 79, Rn. 71; ausführlich *Soehring*, S. 345, Rn. 19.19.
176 LG Hamburg, Urt. v. 29.9.1995, AfP 1996, 185 für den Fall einer Schauspielerin, die deswegen der Gefahr von ungebetenen Besuchen ausgesetzt ist; so schon früher OLG München, NJW-RR 1990, 1364 = AfP 1991, 435 allerdings wegen einer Gefährdung der Sicherheit.
177 Für den Fall der konkreten Einkommensverhältnisse eines Prominenten AG Berlin-Mitte, Urt. v. 22.3.1995, AfP 1996, 188; ausführlich *Prinz/Peters*, S. 80, Rn. 72.
178 OLG Hamburg, Urt. v. 20.5.1992, AfP 1992, 376 - *Deutschlands ärmster Prinz*.
179 Beispiel bei *Soehring*, S. 346, Rn. 1920; in diesem Sinne auch *Prinz/Peters*, S. 81, Rn. 72.

Vermögensverhältnisse der Betroffenen aufgrund ihrer beruflichen oder gesellschaftlichen Funktion einer breiteren Öffentlichkeit ohnehin bekannt seien. Ebenfalls berührt ist die Privatsphäre im Fall der Namensnennung von Straftätern. Im Interesse der Öffentlichkeit ist jedenfalls bei gravierenden Straftaten eine Identifizierung im Rahmen der Berichterstattung erlaubt[180], denn die Person ist dann relative Person der Zeitgeschichte. Problematisch ist aber, ob auch längere Zeit nach der Tat eine Namensnennung erfolgen darf. Hier steht insbesondere der Gesichtspunkt der Resozialisierung des Täters im Wege.[181] So kann jedenfalls nach Verbüßung einer Haftstrafe oder nach Tilgung der Tat aus dem Strafregister eine Identifizierung nicht mehr rechtens sein.[182]

Im Bereich der Privatsphäre ist der Schutz nicht absolut[183]: Diese Ausprägung des Persönlichkeitsschutzes tritt in ein Spannungsverhältnis zu der mit gleichem Rang durch das Grundgesetz gewährleisteten Presse- und Rundfunkfreiheit (Art. 5 Abs. 1 S. 2 GG)[184]. Sachgerechte Ergebnisse können nur als Folge einer an allen Besonderheiten des Einzelfalles orientierten Güterabwägung gewonnen werden[185]. Zwar ist eine Berichterstattung ohne Einwilligung des Verletzten grundsätzlich unzulässig, allerdings kann unter den Voraussetzungen, daß der Betroffene Person der Zeitgeschichte ist, und daß ein überwiegendes öffentliches Interesse an der Mitteilung privater Angelegenheiten besteht, eine Veröffentlichung gerechtfertigt sein.[186]

---

[180] Dazu *Soehring*, S. 349, Rn. 19.25; vgl. auch BGH, Urt. v. 7.12.1999, AfP 2000, 167 - danach kann eine Namensnennung in den Medien möglich sein, wenn es sich entweder um Schwerkriminalität handelt oder es um Straftaten geht, die die Öffentlichkeit besonders berühren.

[181] Dies gilt jedenfalls seit der *Lebach*-Entscheidung des BVerfG, Urt. v. 5.6.1973, BVerfGE 35, 202.

[182] Nach BVerfG, Beschl. v. 25.11.1999, AfP 2000, 160, ist jedoch eine reine Berichterstattung über die Tat später möglich, sofern dabei auf eine Bildwiedergabe des Täters und die Namensnennung verzichtet wird.

[183] *Prinz/Peters*, S. 72, Rn. 61.

[184] *Prinz/Peters*, S. 72, Rn. 61.

[185] *Soehring*, S. 343, Rn. 19.12.

[186] Vgl. *Löffler/Ricker*, S. 288, Rn. 8 unter Berufung auf BVerfGE 35, 202 ff., (220), - *Lebach*.

III. Sozialsphäre[187]

Hierher gehören Kontakte, die der einzelne mit einem weiteren gesellschaftlichen Umfeld unterhält und mit denen er sich, wenn auch vielleicht ungewollt, zumindest einem beschränktem Teil der Öffentlichkeit präsentiert.[188] Es geht um den Menschen als Teil der sozialen Gesellschaft - im Straßenverkehr, am Arbeitsplatz, im Bereich seiner gewerblichen oder politischen Betätigung[189]. Dazu gehört auch der Einkauf in Läden, der Besuch von Theatern, Museen, Restaurants und Badestränden[190], d.h. von eindeutig privaten Aktivitäten, die in den Bereich der Freizeit gehören. Im Rahmen der Sozialsphäre hat der Schutz der Persönlichkeit im Zweifel der Pressefreiheit zu weichen.[191] Dies betrifft jedoch vor allem absolute Personen der Zeitgeschichte. Allerdings überwiegt das Persönlichkeitsrecht des einzelnen in der Regel insoweit, als seine Aktivitäten und Funktionen nicht dazu bestimmt sind, Außenwirkungen zu entfalten.[192]

IV. Öffentlichkeitssphäre

Eine Abgrenzung der vorher genannten Sphären erfolgt zur Öffentlichkeitssphäre.[193] Hier handelt es sich gerade nicht um einen privaten Bereich, sondern um den Teil des Lebens, der bewußt der Öffentlichkeit zugewandt ist. Dies ist der Fall, wenn ein Politiker öffentlich eine Rede hält, ein Wissenschaftler, Künstler

---

[187] Sozial-und Öffentlichkeitssphäre werden auch zusammengefaßt unter dem Begriff der Individualsphäre, vgl. *Löffler/Ricker*, S. 288, Rn. 7; *Palandt/Thomas*, § 823, Rn. 178.
[188] *Heldrich*, FS Heinrichs, S. 319, (329).
[189] *Prinz/Peters*, S. 83, Rn. 76.
[190] *Heldrich*, FS Heinrichs, S. 319, (329); vgl. auch OLG Hamburg, Urt. v. 13.10.1998, AfP 1999, 175 - dort wurde ausgeführt, daß es sich bei Schwimmbädern oder Badeständen nicht um Rückzugsbereiche handele, in denen die Privatsphäre absoluten Vorrang hätte.
[191] *Heldrich*, FS Heinrichs, S. 319, (328).
[192] Vgl. *Soehring*, S. 357, Rn. 19.41.
[193] *Heisig*, S. 190, möchte die Öffentlichkeitssphäre nicht nur als Abgrenzung von der Privatsphäre betrachten, sondern verweist auf den auch in diesem Bereich bestehenden Schutz des Individuums (Menschenwürde).

oder Sportler bei einer Veranstaltung auftritt.[194] Aus diesem Bereich darf grundsätzlich berichtet werden.[195]

V. Postmortaler Schutz der Privatsphäre

Träger des Rechts auf Schutz der Privatsphäre sind in erster Linie natürliche Personen. Der Schutz der Privatsphäre ist zwangsläufig mit dem Leben verknüpft, so daß das Persönlichkeitsrecht erlischt[196], wenn der Rechtsträger verstirbt. D.h. aber nicht, daß nach dem Tod überhaupt kein Schutz mehr besteht. Denn jedenfalls die Würde des Menschen ist auch über den Tod hinaus schutzwürdig. So hat der BGH entschieden, daß der Schutz des Lebensbildes gegen grob ehrverletzende Entstellungen und der Schutz des Rechts am eigenen Bild gegen Herabwürdigung und Erniedrigung weiter bestehen.[197]
Das bedeutet jedoch nicht zugleich, daß auch die Privatsphäre des einzelnen nach dem Tode geschützt ist. Denn im Rahmen der Offenbarung von Informationen aus dem Privatleben geht es nicht um Schutz gegen Entstellungen, sondern um den Schutz vor der Wahrheit.
Der BGH hat zu dieser Frage in der *Mephisto*-Entscheidung ausgeführt, daß jedenfalls die Intimsphäre Schutz genießt, obwohl nunmehr nicht mehr die Empfindungen des Opfers berührt werden können.[198] Hier sei jedoch ein anderer Maßstab anzulegen als bei Lebenden, so daß im Ergebnis die Privatsphäre eines Verstorbenen nur einen stark verkürzten Schutz genießt.
Dieser Schutz wird von Personen, die vom Verstorbenen ausdrücklich dazu berufen wurden, in gewillkürter Prozeßstandschaft geltend gemacht oder, mangels Berufener, von den Angehörigen des Verstorbenen.[199] Diese können

---

[194] So *Prinz/Peters*, S. 84, Rn. 78.
[195] *Löffler/Ricker*, S. 288, Rn. 7; *Prinz/Peters*, S. 84, Rn. 79; *Heldrich*, FS Heinrichs, S. 319, (329).
[196] *Prinz/Peters*, S. 117, Rn. 131 mit Hinweis auf BVerfG, NJW 1971, 1645, (1647) - *Mephisto*.
[197] *Palandt/Thomas* § 823 Rn. 180 unter Berufung auf BGHZ 50, 133 - *Mephisto*.
[198] Vgl. BGH, Urt. v. 20.3.1968, BGHZ 50, 133, (136) - *Mephisto*.
[199] Vgl. dazu ausführlich *Prinz/Peters*, S. 121, Rn. 135 ff.; vgl. *Damm/Kuner*, S. 63, Rn. 121.

Unterlassungs- und Beseitigungsansprüche geltend machen.[200] Wie lange derartige Ansprüche geltend gemacht werden können, ist einzelfallabhängig. Neben der Intensität der Beeinträchtigung kommt es auf die Bekanntheit der Persönlichkeit an.[201] Je stärker also die Erinnerung an das Lebensbild des einzelnen abnimmt, desto geringer wird die Schutzwürdigkeit.[202]
Eine klare Regelung gibt es insoweit nur im Bildnisschutz (§ 22 Satz 3 KUG), wonach eine Einwilligung der Angehörigen noch bis zu 10 Jahren nach dem Tod des Abgebildeten erforderlich ist. Bei Personen der Zeitgeschichte ist bezüglich einer Einwilligung nach § 23 Abs. 2 KUG zu differenzieren, inwieweit ein überwiegendes Interesse des Verstorbenen besteht.

VI. Geschützter Personenkreis

Neben den natürlichen Personen sind jedenfalls teilweise auch juristische Personen oder Personengesellschaften des Handelsrechts geschützt. Anerkannt ist mittlerweile ein sogenanntes Unternehmenspersönlichkeitsrecht, das die Ausprägungen des Persönlichkeitsrechts von natürlichen Personen besitzt, soweit diese Ausprägungen bei einem Unternehmen bestehen können und eines Rechtsschutzes bedürfen.[203]
Danach soll ein Unternehmen sich zwar nicht auf eine Intimsphäre[204], aber auf eine Geheim-[205] und Privatsphäre[206] berufen können.

---

[200] *Prinz/Peters*, S. 118, Rn. 133, die ferner für die Zubilligung eines Geldentschädigungsanspruches plädieren, der bislang vom BGH abgelehnt wurde (BGH, NJW 1974, 1371 - *Fiete Schulze*, so auch KG Berlin, AfP 1997, 926, (928) - *Marlene*).
[201] BGH, Urt. v. 8.6.1989, ZUM 1990, 180, (181) - *Emil Nolde*; vgl. auch *Damm/Kuner*, S. 63, Rn. 121.
[202] Vgl. die Beispiele bei *Prinz/Peters*, S. 122, Rn. 137: Bei *Emil Nolde* hat der BGH einen Schutz noch nach 33 Jahren bejaht, dem Bürgermeister von Bremen wurde noch 15 Jahre nach seinem Tod Schutz zugesprochen.
[203] *Prinz/Peters*, S. 124, Rn. 139; *Löffler/Ricker*, S. 287, Rn. 4; umfassend zum allgemeinen Persönlichkeitsrecht juristischer Personen, *Quante*, S. 32 ff.
[204] Vgl. *Damm/Kuner*, S. 28, Rn. 59.
[205] BGH, Urt. v. 20.1.1981, NJW 1981, 1089, (1091) - *Der Aufmacher I*.
[206] BGH, Urt. v. 10.5.1957, NJW 1957, 1315, (1316) - *Spätheimkehrer*.

C. Begrenzung des Schutzes der Privatsphäre

Der Schutz der Privatsphäre steht in widerstreitenden Interessen zu anderen Rechtsgütern wie der Pressefreiheit. Dies hat zur Folge, daß ein Schutz nicht absolut bestehen kann, sondern gewissen Einschränkungen unterworfen ist.

I. Einwilligung

Oberstes Prinzip ist, daß Veröffentlichungen aus dem Bereich des allgemeinen Persönlichkeitsrechts grundsätzlich der Einwilligung des Betroffenen bedürfen. Nur dann, wenn das Informationsinteresse der Öffentlichkeit das private Interesse an der Geheimhaltung überwiegt, ist regelmäßig keine Einwilligung erforderlich.[207]

Eine Einwilligung kann ausdrücklich oder konkludent erfolgen[208] und ist in der Regel auf einen bestimmten Veröffentlichungszweck[209] begrenzt. D.h., wenn die Einwilligung für eine Veröffentlichung von Details aus dem Privatleben für ein bestimmtes Medium (z.B. Zeitung) gegeben wurde, wäre eine Veröffentlichung beispielsweise zu Werbezwecken davon nicht erfaßt. Die Einwilligung kann als Willenserklärung insbesondere unter dem Gesichtspunkt der Täuschung angefochten [210] oder aber widerrufen werden. Dabei kommt ein Widerruf regelmäßig nur dann in Betracht, wenn sich seit der erteilten Einwilligung die Umstände so gravierend verändert haben, daß eine weitere Veröffentlichung das allgemeine Persönlichkeitsrecht des Betroffenen verletzen würde.[211]

---

[207] *Prinz/Peters*, S. 222, Rn. 247.
[208] *Soehring*, S. 359, Rn. 19.44.
[209] Diese im Urheberrecht begründete sog. „Zweckübertragungslehre" findet ihre Grundlage in § 31 Abs. 5 UrhG - vgl. dazu z.B. *Schricker*, §§ 31/32 UrhG, Rn. 31 ff.; *Mestmäcker/Schulze*, § 31, Rn. 5.
[210] Ausführlich dazu *Prinz/Peters*, S. 224, Rn. 251.
[211] Vgl. *Wenzel*, S. 350, Rn. 7.45; *Soehring*, S. 362, Rn. 19.49.

II. Rechtmäßige Information

Eine Ausnahme vom Prinzip des Erfordernisses einer Einwilligung gilt für Personen der Zeitgeschichte. Diese Personen müssen sich in bestimmtem Umfang Veröffentlichungen betreffend ihr Leben und Wirken gefallen lassen, ohne daß dafür eine Einwilligung erforderlich ist.

Unterschieden wird dabei zwischen absoluten und relativen Personen der Zeitgeschichte: Absolute Personen der Zeitgeschichte ragen kraft politischer oder gesellschaftlicher Position oder kraft außergewöhnlicher persönlicher Leistung aus der Masse der Mitmenschen heraus und stehen deshalb im Blickpunkt der Öffentlichkeit.[212] Es handelt sich dabei meist um Politiker, Wissenschaftler, Sportler oder Künstler. Soweit diese Personen in der Öffentlichkeit wirken, darf darüber berichtet werden. Angehörige des Adels können zu dieser Personengruppe wohl mittlerweile nicht mehr gerechnet werden, solange sie sich nicht in der Öffentlichkeit profilieren.[213] Die Veröffentlichungsbefugnis bezüglich der absoluten Personen der Zeitgeschichte betrifft jedoch nur deren Leben in der Öffentlichkeit, nicht die Intimsphäre und grundsätzlich auch nicht die Privatsphäre, es sei denn, es besteht ein überwiegendes öffentliches Interesse an der Berichterstattung[214]. Die Sozialsphäre hingegen ist weniger schutzwürdig, so daß die Presse hier durchaus berichten kann, sofern nicht andere Rechtsgüter die Veröffentlichung beschränken.[215]

Nur begrenztem Schutz unterliegen auch die relativen Personen der Zeitgeschichte. Relative Personen der Zeitgeschichte sind Menschen, die erst aufgrund ihrer Verknüpfung mit einem Ereignis der Zeitgeschichte zum Gegenstand des Informationsinteresses der Öffentlichkeit werden.[216] Ohne Einwilligung darf daher über Ereignisse berichtet werden, die in engem sachlichen und

---

212 Vgl. *Damm/Kuner*, Rn. 81.

213 Vgl. *Soehring*, S. 378, Rn. 21.3; *Damm/Kuner*, Rn. 81, Fn. 281; OLG Hamburg, Urt. v. 20.5.1992, AFP 1992, 376, (377) - *Deutschlands ärmster Prinz.*

214 *Löffler/Ricker*, S. 288, Rn. 8.

215 Dazu BVerfG, Urt. v. 15.12.1999, AfP 2000, 76 - dort mußten Bildveröffentlichungen aus Bereichen der Sozialsphäre, die Prinzession *Caroline v. Monaco* mit ihren Kindern zeigten, erneut überprüft werden, weil die Instanzgerichte dem Umstand keine Beachtung geschenkt haben, daß die persönlichkeitsrechtliche Schutzposition der Beschwerdeführerin im Fall des familiären Umgangs mit ihren Kindern durch Art. 6 GG verstärkt wird.

216 *Soehring*, S. 380, Rn. 21.5.

räumlichen Zusammenhang mit dem Ereignis stehen. Relative Personen der Zeitgeschichte sind z.B. die Beteiligten an spektakulären Strafprozessen oder Partner oder Angehörige von absoluten Personen der Zeitgeschichte. Die Möglichkeit, über solche Personen zu berichten besteht solange, wie Interesse der Öffentlichkeit an dem Ereignis besteht, mit dem sie in Verbindung stehen.

D. Ergebnis

Auch im deutschen Recht ist das Privatleben weitgehend geschützt. Veröffentlichungen aus dem Privatleben einer Person bedürfen grundsätzlich deren Einwilligung. Andere Regeln gelten für Personen der Zeitgeschichte. Hier ist für die Presse nur das Intimleben dieser Personen tabu. Dagegen bedarf es im übrigen Bereich des Privatlebens einer Abwägung: Die Privatsphäre ist geschützt, soweit nicht ein überwiegendes Interesse der Öffentlichkeit an Veröffentlichung besteht. Die Sozialsphäre kann dagegen eher Objekt der Berichterstattung sein. Kein Schutz besteht in der Öffentlichkeitssphäre, allerdings handelt es sich hierbei um einen Bereich, der eindeutig nicht unter den Begriff des Privatlebens fällt.

3. Kapitel: Rechtsvergleich und Ausblick

Ziel der folgenden Untersuchung ist es, erst die allgemeine Konzeption des Schutzes des Privatlebens im Konflikt mit der Presse- und Informationsfreiheit aufzuzeigen und danach aktuelle Probleme der Rechtsprechung zu untersuchen, um den Stand der Entwicklung in diesem Bereich beleuchten zu können. Am Ende sollen die gefundenen Ergebnisse im Hinblick auf eine mögliche Harmonisierung des Rechts bewertet werden.

A. Vergleich der Konzeption des Schutzes des Privatlebens

Durch einen Vergleich der Schutzkonzeptionen soll erhellt werden, wieso in Frankreich das Privatleben scheinbar absoluten Schutz genießt und folglich die Pressefreiheit und das Informationsrecht der Öffentlichkeit nur einen geringen Stellenwert besitzen. Wo in dem Konflikt der Grundfreiheiten der Gesetzgeber bzw. die Rechtsprechung Prioritäten setzen, wird im folgenden aufgezeigt werden.

I. Regelung

In Frankreich hat bis zum Jahre 1970 das Deliktsrecht den Schutz der Privatsphäre dominiert. Im Rahmen der deliktischen Generalklausel (Artt. 1382, 1383 CC) ist jedes pflichtwidrige Verhalten, durch welches einem anderen ein Schaden verursacht wird, erfaßt. Anders als im deutschen Recht im Rahmen von § 823 Abs. 1 BGB sind keine speziellen Rechtsgüter geschützt, so daß eine Ausweitung des Schutzes auf das Privatleben problemlos möglich war. Durch die Generalklausel besitzt das französische Recht die größtmögliche Flexibilität, sich auf neue gesellschaftliche Situationen einzustellen. So bestand eigentlich keine Notwendigkeit zur Schaffung von Art. 9 CC, einem subjektiven

Recht, durch das nun explizit das Privatleben geschützt ist[217]. Als Erklärungsmodell könnte die Beobachtung dienen, daß schon im Rahmen einer Anwendung von Art. 1382 CC einige Eingriffe in den persönlichen Bereich ohne Zustimmung des Betroffenen automatisch als „*faute*" qualifiziert wurden[218]. Durch diese Typisierung der „*faute*" mit dem Ergebnis, daß bestimmte Eingriffe ohne weiteres als Delikt angesehen werden, ist die so geschützte Sphäre zum subjektiven Recht geworden[219]. Als weiterer Erklärungsversuch für die Schaffung von Art. 9 CC kann der Wunsch des Gesetzgebers angeführt werden, die Schutzwürdigkeit des Privatlebens unterstreichen zu wollen. So hat er im Ergebnis die Regelung der Europäischen Menschenrechtskonvention (Art. 8) ins französische Zivilrecht übertragen. Ferner wollte er damit eine Regelung treffen, mit der Eingriffe in das Privatleben legal sanktioniert werden können (vgl. Art. 9 Abs. 2 CC).

Ganz anders im deutschen Recht. Aufgrund der Rechtsgüter, die vom deliktischen Schutz in § 823 Abs. 1 BGB umfaßt sind, unter denen sich die Privatsphäre, bzw. der Persönlichkeitsschutz nicht befinden, bedurfte es erst einer Kreation der Literatur, die dann von den Gerichten übernommen wurde, um den allgemeinen Persönlichkeitsschutz als sonstiges Recht in § 823 Abs. 1 BGB einzufügen. Dieses allgemeine Persönlichkeitsrecht stützt sich, ganz anders als in Frankreich[220], direkt auf das Grundgesetz, also Verfassungsrecht. Es findet eine Verankerung in Art. 2 Abs. 1 und Art. 1 Abs. 1 GG, d.h. der Handlungsfreiheit und der Menschenwürde.
Durch diesen direkten Bezug zum Grundgesetz liegt der Konflikt mit der Presse- bzw. Informationsfreiheit ganz klar auf der Hand. In Art. 5 Abs. 1 GG ist ein Rechtsgut geschützt, das den gleichen Stellenwert besitzt, wie die Privatsphäre als ein Element des Persönlichkeitsrechts. Im Zentrum der Problematik um das

[217] In diesem Sinne auch *Heisig*, S. 157 f.
[218] Vgl. *Ferid/Sonnenberger*, S. 354, Rn. 1 D 240.
[219] Vgl. *Ferid/Sonnenberger*, S. 354, Rn. 1 D 240.
[220] In Frankreich sind die Persönlichkeitsrechte nicht ausdrücklich durch die Verfassung geschützt, sondern von der allgemeinen Handlungsfreiheit (*liberté individuelle*) erfaßt. Auch besteht in Frankreich keine „Ausstrahlungswirkung" der Grundfreiheiten wie in Deutschland, vgl. zu diesem Komplex ausführlich *Heisig*, S. 158 ff.

allgemeine Persönlichkeitsrecht steht daher die Abwägung zwischen Privatsphäre und Presse- bzw. Informationsfreiheit.
In Frankreich tritt diese Problematik nicht gleichermaßen zu Tage, obwohl auch hier, entgegen manchen Stimmen[221], eine Abwägung zwischen den divergierenden Rechtsgütern - allerdings erst auf einer Rechtfertigungsebene - stattfindet[222]. Durch die ausdrückliche zivilrechtliche Verankerung des Privatlebens, das als absolutes, subjektives Recht betrachtet wird, gewinnt man den Eindruck, daß hier zugunsten des Privatlebens ein eindeutiges Votum des Gesetzgebers gefällt wurde.[223] Daß auch in Frankreich Einschränkungen dieses Rechts zu Gunsten der Presse- und Informationsfreiheit bestehen, wird im folgenden aufgezeigt werden.

II. Definition

Beiden Ländern ist gemein, daß für den Begriff des Privatlebens keine allgemeingültige Definition existiert. Annäherungsversuche hat es in beiden Ländern insbesondere aus der Sicht des geschützten Rechtsguts gegeben, in Deutschland neuerdings auch aus der Perspektive des Eingriffes bzw. einer Kumulation beider Ansätze[224]. Befriedigende Lösungen wurden dabei nicht erzielt und sind vielleicht auch nicht unbedingt wünschenswert bei einem Rechtsgut, das von der Individualität des einzelnen geprägt ist und daher nach allen Seiten offen ist.[225] So bleibt im Ergebnis nur die praktische Annäherung über die Systematisierung von Fallgruppen.

In Deutschland wurde durch *Hubmann* die Einteilung des Privatlebens in Schutzsphären proklamiert. Diese Schutzsphären, d.h. Intimsphäre, Privatsphäre und Individualsphäre[226] mit unterschiedlichem Wirkungsgrad dienen im Falle

---

[221] Vgl. z.B. *Ferid/Sonnenberger*, S. 356, Rn. 1 D 245, die darauf hinweisen, daß die Pressefreiheit kein Recht gibt, in den Privatbereich einzudringen; das Stattfinden einer Abwägung verneint auch *v. Gerlach*, ZRP 1999, 439.
[222] Vgl. *Prinz*, ZRP 2000, 138, (140).
[223] In diesem Sinne wohl *v. Gerlach*, ZRP 1999, S. 439.
[224] Ausführlich *Forkel*, S. 93.
[225] Ähnlich auch *Heisig*, S. 162, der darauf hinweist, daß das Persönlichkeitsrecht geschützt, aber nicht begrenzt werden sollte.
[226] Die Individualsphäre entspricht in der dieser Arbeit zugrundegelegten Terminologie der Sozial- und Öffentlichkeitssphäre.

eines Eingriffs in das Rechtsgut der Bestimmung der Rechtswidrigkeit des Eingriffs im Rahmen einer Abwägung. Denn in Deutschland ist, anders als in Frankreich[227], die Rechtswidrigkeit eines Eingriffs in das allgemeine Persönlichkeitsrecht nicht indiziert, sondern gesondert festzustellen.
Allerdings findet auch in Frankreich eine Einzelfallabwägung statt[228]. Die Rechtfertigung eines Eingriffs in das Privatleben ist daher nicht ausgeschlossen[229]. Auch Frankreich erkennt natürlich die Presse- und Informationsfreiheit als schützenswerte Güter an.

III. Konflikt mit der Presse- und Informationsfreiheit

Grundsätzlich ist es der Presse nicht erlaubt, in das Privatleben von Personen einzudringen, es sei denn, diese haben dazu eine Einwilligung erteilt. Dieses Prinzip gilt gleichermaßen in Deutschland wie in Frankreich.

1. Schutz von Personen des öffentlichen Lebens

Unterschiede ergeben sich in der Behandlung von Personen, die im öffentlichen Interesse stehen: In Deutschland bedient sich die Rechtsprechung zur Bestimmung solcher Personen der Figuren der absoluten und der relativen Person der Zeitgeschichte. Frankreich kennt zwar die abstrakte Figur der Person der Zeitgeschichte nicht, läßt es aber ausreichen, daß die Person entweder aus beruflichen Gründen im öffentlichen Interesse steht, in ein aktuelles Ereignis involviert ist oder historisch eine interessante Persönlichkeit darstellt. Damit entsprechen diese Anlässe, die in Frankreich das öffentliche Interesse darstellen, im Prinzip der deutschen Figur der Person der Zeitgeschichte: Die absolute Person der Zeitgeschichte steht aufgrund ihrer beruflichen Funktion oder Stellung in der Gesellschaft im öffentlichen Interesse, die relative Person der Zeitgeschich-

---

[227] Vgl. *v. Gerlach*, ZRP 1999, 439.
[228] Vgl. z.B. *Heisig*, S. 169.
[229] *Heisig*, S. 170 widerspricht dem Gedanken, daß in Frankreich die Abwägung als eine Art Rechtfertigungsgrund angesehen wird, was jedoch von der französischen Rechtsprechung anders betrachtet wird.

te wird erst dadurch in den Mittelpunkt gerückt, daß sie mit einem aktuellen Ereignis in Verbindung steht.[230]

Um den latenten Konflikt zwischen der Privatsphäre von absoluten Personen der Zeitgeschichte und der Presse- und Informationsfreiheit aufzulösen, bedient sich die deutsche Rechtsprechung der Hilfe der Sphärentheorie. Absoluten Schutz genießt die Intimsphäre: Hier ist ein Eingriff ausnahmsweise nur möglich, wenn eine Verzahnung mit dem öffentlichen Leben, z.B. bei Staatsmännern, für die Öffentlichkeit von eklatanter Wichtigkeit ist. Die Privatsphäre ist ebenfalls stark geschützt: Ein Eingriff ist im Prinzip unzulässig, es sei denn, es bestehen gewichtige Interessen der Öffentlichkeit an einer Veröffentlichung.[231] In die Sozialsphäre hingegen kann die Presse eher eingreifen[232], es sei denn, es überwiegt ausnahmsweise der Persönlichkeitsschutz. Damit befindet sich hier ein Freiraum der deutschen Presse, in dem die Interessen der Persönlichkeit prinzipiell schwächer geschützt sind. Die Öffentlichkeitssphäre - ein Bereich der vom Privatleben nicht mehr umfaßt ist - genießt hingegen keinen Schutz. Dagegen sind Veröffentlichungen aus dem Privatleben relativer Personen der Zeitgeschichte nur in soweit zulässig, als sie das aktuelle Ereignis erhellen können[233], das diese Menschen zur relativen Person der Zeitgeschichte gemacht hat.

In Frankreich ist die Einteilung in Sphären ebenfalls nicht unbekannt - so gibt es z.B. bereits in Art. 9 Abs. 2 CC ausdrücklich die Möglichkeit, besondere Maßnahmen im Rahmen des einstweiligen Rechtsschutz zu treffen, wenn in das Intimleben eingegriffen wird[234]. Auch in Urteilsbegründungen wird z.T. angeführt, daß es sich um Eingriffe in das Intimleben handele. Relevant ist dies jedoch erst für die Art des möglichen Schutzes im Rahmen des einstweiligen Rechtsschutzes, nicht dafür zu bestimmen, ob ein Eingriff möglicherweise durch die Pressefreiheit bzw. das Informationsrecht der Öffentlichkeit gerechtfertigt ist.

---

[230] Ähnlich *Prinz*, ZRP 2000, 138, (140).
[231] *Löffler/Ricker*, S. 288, Rn. 8.
[232] Dazu *Palandt/Thomas*, § 823, Rn. 185 mit Bezug auf BVerfG 7, 198; BGH 45, 296; NJW-RR 95, 301.
[233] Vgl. *Heisig*, S. 211.
[234] Ähnlich *Heisig*, S. 200.

In Frankreich ist ein Eingriff in das Privatleben grundsätzlich nicht erlaubt, es sei denn, ein besonderes öffentliches Interesse spricht eindeutig für den Eingriff. Außerdem muß für die Veröffentlichung aus dem Bereich des Privatlebens eine Notwendigkeit bestehen.

2. Schutz im Rahmen der Sozialsphäre

Aus diesem Grunde kennt das französischen Recht den Bereich nicht, der in Deutschland unter dem Begriff Sozialsphäre zusammengefaßt wird und in dem die Privatsphäre nicht so stark geschützt ist, wie in anderen Bereichen. Das, was in Deutschland unter den Begriff der Sozialsphäre fällt, gehört in Frankreich ebenfalls zum Privatleben[235] und damit zum einheitlichen Schutz des Art. 9 CC. In diesem Punkt macht sich bemerkbar, daß Frankreich den Schutz des einzelnen ernster nimmt und gerade für Veröffentlichungen, die den Bereich der Unterhaltung betreffen (dies sind die Fälle der Sozialsphäre: Freizeit, Einkauf, Teilnahme am Straßenverkehr) der Öffentlichkeit nicht zugänglich macht. In Frankreich genießt damit nur das öffentliche Interesse Schutz, das in einer seriöse Information besteht und für den Bürger zur Meinungsbildung erforderlich ist.

Hier ist die deutsche Rechtsprechung bislang großzügiger: Das Bundesverfassungsgericht hat anerkannt, daß auch Unterhaltung ein legitimes Interesse der Öffentlichkeit darstellt[236]. Dieses Interesse reicht zwar nicht für Eingriffe in stärker geschützte Sphären wie die Privat- oder Intimsphäre[237], kann aber für einen Eingriff in die Sozialsphäre genügen[238].

Allerdings ist in neuerer Zeit eine Tendenz der Gerichte dahingehend festzustellen, die Privatsphäre auf Teile des Lebens auszudehnen, die bislang der Sozial-

---

[235] Dazu auch *Prinz*, ZRP 2000, 138 ff.

[236] BVerfG, Urt. v. 15.12.1999, AfP 2000, 76; zu diesem Urteil *Janisch*, AfP 2000, 32; ferner z.B. BGH, NJW 1999, 2893, (2894); *Wenzel*, S. 296, Rn. 6.62; kritisch *Prinz/Peters*, S. 84 ff., Rn. 81 ff., die in dem Interesse der Öffentlichkeit an Unterhaltung kein legitimes Interesse zum Eingriff in das Persönlichkeitsrecht sehen.

[237] Vgl. BGH, Urt. v. 19.12.1995, NJW 1996, 1128, (1130) - *Caroline v. Monaco III*.

[238] Vgl. BVerfG, Urt. v. 15.12.1999, AfP 2000, 76, wo es um verschiedene Bildveröffentlichungen geht, die beinahe sämtlich dem Bereich der Sozialsphäre zuzuordnen sind.

sphäre unterstellt waren.[239] Durch die Ausdehnung auf den Bereich außerhalb der eigenen vier Wände, hat der Bundesgerichtshof mit der Ausweitung der Privatsphäre begonnen.[240] Diese unterliegt zwar strengen, subjektiven Kriterien - es zählt neben den örtlichen Rahmenbedingungen auch die innere Einstellung des Betroffenen, d.h., ob er sich bewußt zurückgezogen hat - aber ein erster Schritt in diese Richtung ist eindeutig festzustellen.
Umgekehrt läßt sich bei den französischen Untergerichten eine Tendenz erkennen, das Kriterium der Notwendigkeit der Information zu lockern.[241] Dies betrifft insbesondere den Bereich der Bildberichterstattung, in dem zur Rechtfertigung der Veröffentlichung mittlerweile die Begriffe der Sachdienlichkeit und der Adäquanz zu finden sind.[242] D.h., selbst wenn ein Bild nicht direkt dem aktuellen Ereignis entspringt, sondern nur zur - sachdienlichen - Illustration eines aktuellen Ereignisses gedruckt wird, so kann diese Veröffentlichung ausnahmsweise gerechtfertigt sein.
Insgesamt ist trotz dieser ersten Lockerungstendenz des BGH festzustellen, daß in Frankreich ein strengerer Maßstab gilt, was die Bejahung des öffentlichen Interesses einer Berichterstattung angeht, und daß Eingriffe in den Bereich, der in Deutschland vom Begriff „Sozialsphäre" geprägt ist, nicht zulässig sind. Grund dafür sind die erhöhten Anforderungen an die Notwendigkeit einer Berichterstattung, die regelmäßig in Bereichen nicht anzunehmen sind, die eher der Neugier und Sensationslust angehören und weniger einem sogenannten Informationsbedürfnis dienen.

B. Vergleich von aktuellen Problemkreisen

Wie oben festgestellt wurde, ist die französische Rechtsprechung generell eher darauf bedacht, die Persönlichkeit und ihr Privatleben zu schützen. Ob dies auch bezüglich einzelner Fragestellungen gilt, die in beiden Ländern zur Zeit im Gespräch sind, ist Gegenstand der folgenden Untersuchung. Dabei werden kon-

---

[239] Vgl. *Heldrich*, FS Schweizer, S. 29, (40).
[240] BGH, Urt. v. 19.12.1995, NJW 1996, 1128, (1130) - *Caroline v. Monaco III.*
[241] Vgl. *Bigot*, D. 1998, chron., 235, Rn. 20 ff.
[242] Dazu *Bigot*, D. 1998, chron., 235, Rn. 20 ff; zum aktuellen Stand der Rechtsprechung im Bereich der Bildberichterstattung vgl. auch *Sainte-Rose*, JCP 2000, II, 10257.

krete Fragestellungen bezüglich des Inhalts des Schutzes des Privatlebens aber vor allem hinsichtlich der Begrenzung des Schutzes untersucht.

I. Vermögen als Bestandteil des Privatlebens

1. Vergleich

Früher war es in beiden Ländern unbestritten, daß auch das Vermögen des einzelnen vom Schutz der Privatsphäre umfaßt ist.[243] In Frankreich wurde diese Rechtsprechung jedoch durch zwei Urteile des Kassationshofes in Frage gestellt, in denen es heißt, daß „die dem Privatleben des einzelnen geschuldete Achtung durch die Veröffentlichung von Informationen nur über das Vermögen, die keine Anspielung auf das Leben und die Persönlichkeit des Betroffenen macht, nicht verletzt ist“[244]. Mittlerweile hat der Kassationshof jedoch entschieden, daß das Vermögen - jedenfalls sofern ein Eingriff den Normalbürger und nicht eine Person aus Wirtschaft oder Politik betrifft - zum Bereich des Intimlebens gehört.[245]
In Deutschland hingegen ist es einhellige Meinung in Rechtsprechung und Literatur, daß das Vermögen Bestandteil des Privatlebens ist.[246]

2. Stellungnahme

Die Entscheidung des Kassationshofes für eine neuerliche Eingliederung des Vermögens in Art. 9 CC ist richtig: Die Vermögensverhältnisse bestimmen in großem Maße die Gestaltung des Privatlebens, der Umstand der Vermögenslosigkeit ist oftmals mit Gefühlen von Scham sowie gesellschaftlichen Problemen

---

[243] Zusammenfassend zur Situation in Frankreich *Kayser*, Anm. Cass. civ., Urt. v. 28.5.1991, D. 1992, jur., 213, (214); *Ringel*, Anm. Cass. civ., Urt. v. 28.5.1991, JCP 1992, II, 21845, 147, (148).
[244] Cass. civ., Urt. v. 20.11.1990, Bull. civ. 1990, I, n° 257; sowie Urt. v. 28.5.1991, D. 1992, jur., 213, Anm. *Kayser*; JCP 1992, II, 21845, Anm. *Ringel*.
[245] Cass. civ., Urt. v. 19.12.1995, D. 1997, 158, Anm. *Ravanas;* vgl. dazu auch *Le Tourneau/Cadiet,* S. 254, Rn. 789.
[246] S.o. 1. Teil, 2. Kapitel, B., II.

verbunden, während vermögende Personen im Fall der Veröffentlichung ihrer Vermögensverhältnisse um ihre Sicherheit besorgt sind.[247]
Daß das Vermögen deswegen aber in den Bereich des Intimlebens fallen muß, ist nicht überzeugend. Qualitativ scheint doch ein Unterschied zwischen der Enthüllung des Liebeslebens einer Person und deren finanziellen Verhältnissen zu bestehen. Die Entscheidung des Kassationshofes[248] war vielleicht aber auch von praktischen Erwägungen geprägt: Möglicherweise sollte dem Kläger in dem konkreten Fall im Rahmen des einstweiligen Rechtsschutzes gem. Art. 9 Abs. 2 CC wirksam geholfen werden: Denn neben den Informationen über das Vermögen ging es in dem Fall auch um andere Informationen über die persönliche Situation des Klägers (Identität, Berufsleben).
Aufgrund der Geschwindigkeit der Änderung der höchstrichterlichen Rechtsprechung darf man jedoch gespannt sein, ob mit dieser Entscheidung das letzte Wort gesprochen ist. Dem Empfinden der Franzosen scheint die letzte Entscheidung des Kassationshofes (Vermögen als Bestandteil des Intimlebens) immerhin eher zu entsprechen, als eine Löschung des Vermögens aus dem Schutzbereich von Art. 9 CC.[249] Auf diese Weise hat sich die Rechtsprechung in Frankreich der in Deutschland vorherrschenden Meinung auch wieder angenähert.

II. Postmortaler Schutz des Privatlebens

1. Vergleich

Erst in neuerer Zeit wird in beiden Rechtsordnungen das Problem des postmortalen Persönlichkeitsschutzes ausführlich behandelt.[250] Seit der Kassationshof entschieden hat, daß das Recht aus Art. 9 CC nicht übertragbar ist[251], besteht in

---

[247] In diesem Sinne auch *Kayser*, Anm. Cass. civ., Urt. v. 28.5.1991, D. 1992, jur., 213, (215).
[248] Cass. civ., Urt. v. 19.12.1995, D. 1997, 158, Anm. *Ravanas*.
[249] Ähnlich auch *Ravanas*, Anm. Cass. civ., Urt. v. 19.12.1996, D. 1997, jur., 158.
[250] Ein ausführlicher Rechtsvergleich zum Persönlichkeitsrecht findet sich bei *Gleichauf*, S. 262 ff.
[251] Cass. civ, Urt. v. 14.12.1999, LP 3/2000, n° 169, III, 27, JCP 2000, II, 10241, Anm. *Petit*.

dieser konkreten Frage Einigkeit zwischen der deutschen und der französischen Rechtsprechung.
Ein ganz entscheidender Unterschied liegt jedoch darin begründet, daß in Frankreich das Recht auf Achtung des Privatlebens aus Art. 9 CC gänzlich erlischt, während in Deutschland als Ausfluß von Art. 1 Abs. 1 GG jedenfalls der Wert- und Achtungsanspruch eines Menschen auch nach dem Tode noch fortwirkt[252]. Für die Privatsphäre eines Verstorbenen bedeutet dies nach der *Mephisto*-Entscheidung des BGH, daß jedenfalls das Intimleben in sehr engen Grenzen über den Tod hinaus geschützt wird.[253] Die Erben oder Berufene können dieses Recht in Prozeßstandschaft geltend machen.
In Frankreich hingegen sind die Erben des Verstorbenen darauf angewiesen, die Verletzung ihres eigenen Rechts geltend zu machen.[254] Weil dies nicht immer möglich ist, sind die Untergerichte z.T. dazu übergegangen, sich mit der Konstruktion eines Familienprivatlebens zu behelfen[255]. Auf diese Weise wird vermieden, auf das erloschene Recht des Verstorbenen und ein nicht eindeutig betroffenes Recht eines Erben abstellen zu müssen.

2. Stellungnahme

Eine derartige Ausweitung des Rechtsschutzes durch die Untergerichte ist jedoch aus Gründen der Rechtssicherheit abzulehnen.[256] Durch diese Möglichkeit verwässert die französische Rechtsprechung den klaren Schutzbereich des Art. 9 CC, der zwar jedem einzelnen, nicht aber einer Gruppierung wie der Familie ein kollektives Schutzrecht gewährt. Daß das Familienleben des einzelnen von Art. 9 CC geschützt ist, spricht nicht gegen diese Ansicht, weil damit nur ein Schutzbereich eröffnet wird, nicht aber ein in welcher Weise auch immer geltend zu machendes kollektives Recht geschaffen wird. Problematisch an dieser

---

[252] BGH, Urt. v. 20.3.1968, BGHZ 50, 133 - *Mephisto*.
[253] BGH, Urt. v. 20.3.1968, BGHZ 50, 133, (136) - *Mephisto*.
[254] Vgl. z.B. CA Versailles, Urt. v. 17.6.1999, LP 1/2/2000, n° 168, I, 14.
[255] TGI Paris, Urt. v. 11.12.1996, LP 7/8/1996, JCP 1996, II, 22589; CA Paris, Urt. (ord. réf.) v. 13.3.1996, JCP 1996, II, 22632.
[256] A.A. *Le Tourneau/Cadiet*, S. 260, Rn. 803.

Rechtsprechung ist ferner, wie die Grenze einer solchen familiären Bande zu ziehen ist.[257]

Sinnvoller erscheint es dagegen, die Anforderungen an einen postmortalen Persönlichkeitsschutz hochzuschrauben, wie es der BGH getan hat. Ob eine Begrenzung auf die Geltendmachung von Unterlassungs- und Beseitigungsansprüchen wie in der *Mephisto*-Entscheidung ausgesprochen, heute noch immer Geltung beansprucht, ist hingegen fraglich. Nach den neuen Entscheidungen des BGH zu den Ansprüchen der Erben von *Marlene Dietrich*, in denen es um Verletzungen des Bildes und des Namens ging, und in denen der BGH Schadensersatzansprüche der Erben zugelassen hat[258], scheint es denkbar, daß auch der Bereich des allgemeinen Persönlichkeitsrechts davon nicht ausgeklammert wird. Dies gilt vor allem im Hinblick auf die nicht zu leugnende Entwicklung der Kommerzialisierung von Persönlichkeitsrechten, die, wie der rasante Erfolg der Fernsehsendung *„Big Brother“* zeigt, auch die Privat- und Intimsphäre nicht außenvorläßt.

Daß Dritte sich an der Privatsphäre von Verstorbenen bedienen können, ohne daß die Erben zuvor ihr Einverständnis gegeben hätten, scheint daher nicht mehr zeitgemäß. Daß im Gegenzug die Erben finanzielle Vorteile ziehen, ist dabei eher hinnehmbar.[259]

III. Informationsrecht: Gesundheitszustand von Politikern

1. Vergleich

Die Gesundheit ist nach beiden Rechtsordnungen ein Gut, das besonderen Schutz genießt. Details medizinischer Untersuchungen gehören aus deutscher Sicht zur Intimsphäre[260], der Gesundheitszustand einer Person an sich ist der

---

[257] Zu dieser Problematik betreffend ein Familienrecht in Deutschland *Ehlers/Baumann*, ZVglRW Bd. 77, 241, (263).

[258] BGH, Urt. v. 1.12.1999 (Az. I ZR 49/97 u. 226/97), bislang noch unveröffentlicht.

[259] A.A. *Petit*, Anm. Cass. civ., Urt. v. 14.12.1999, JCP 2000, II, 10241, (202), die mit dieser Begründung ein übertragenes Klagerecht der Erben ablehnt.

[260] Vgl. *Soehring*, S. 340, Rn. 19.7.

Privatsphäre zuzuordnen[261]. Auch aus französischer Sicht gehört die Gesundheit zum Privatleben, ja sogar zum Intimleben.[262] So ist durch Art. 9 CC sowohl der körperliche als auch der geistige Zustand einer Person geschützt.[263] Insoweit besteht in beiden Ländern zugunsten der Privatsphäre des einzelnen gegenüber dem Informationsrecht der Öffentlichkeit ein überwiegender Schutz.

Interessant ist daher nur die spezielle Fragestellung, ob der Schutz vor Berichterstattung durch die Medien bezüglich der Gesundheit auch für wichtige Politiker gilt. Deren Entscheidungen vermögen das Schicksal des Staates und seiner Bürger zu bestimmen. Von daher liegt die Überlegung nahe, daß hier ausnahmsweise ein Eingriff in das Privatleben von einem überwiegenden Interesse der Bevölkerung auf Information gedeckt sein könnte.[264]

Von Bedeutung war diese Frage erst kürzlich in Frankreich, nachdem der Leibarzt des verstorbenen Staatspräsidenten *Mitterrand* in seinem Buch *„Le grand secret*“ kurz nach dessen Tod aufgedeckt hat, daß *Mitterrand* schon kurz nach seiner ersten Wahl zum Präsidenten im Jahre 1981 an einer schweren Krankheit litt.

Anläßlich einer Klage der Erben aus Art. 9 CC stellte sich die Frage nach der Schutzmöglichkeit gegenüber der Offenbarung des Gesundheitszustands eines Politikers. Hier haben die französischen Gerichte jedoch keine eindeutige Antwort geben wollen, sondern sind auf den Umstand ausgewichen, daß die Veröffentlichung schon wegen der Verletzung der ärztlichen Schweigepflicht unzulässig sei.[265]

Dies läßt den Rückschluß zu, daß es die französischen Gerichte jedenfalls erwogen haben, den Staatspräsidenten vor einer Veröffentlichung des Gesundheitszustandes gem. Art. 9 CC zu schützen[266] und damit das Informationsrecht der Öffentlichkeit als nachrangig anzusehen. Etwas klarer hat sich in diesem Zusammenhang das mit der Sache befaßte Strafgericht ausgedrückt und festge-

---

[261] Z.B. BGH NJW 1996, 984, (985), *Caroline v. Monaco II*; BVerfG, Beschl. v. 8.3.1972, NJW 1972, 1123, (1124), *Krankenkartei*.

[262] Vgl. *Kayser*, *La protection de la vie privée par le droit*, S. 290, Rn. 154 mit Hinweis auf *Cotteret/Emeri*, *Vie privée des hommes politiques, Religion, Société et Politique, Mélanges J. Ellul*, 1983, S. 676.

[263] Vgl. dazu die Ausführungen im 1. Teil, 1. Kap., B., III., 1.

[264] So wohl *Bigot*, D. 1998, chron., 235, Rn. 13.

[265] TGI Paris, Urt. v. 23.10.1996, JCP 1997, II, 22844, Anm. *Derieux*; CA Paris, Urt. v. 27.5.1997, JCP 1997, II, 22894, Anm. *Derieux*; die Zusammenfassung beider Urteile findet sich kommentiert von *Massis*, D. 1998, som. com., 85, (86).

[266] In diesem Sinne auch *v. Gerlach*, JZ 1998, 741, (746).

stellt, daß jedenfalls eine Transparenz bezüglich des Gesundheitszustandes von Politikern nicht Usus sei und es nicht dem Gericht zustünde zu bestimmen, ob Politiker in dieser Frage anders zu behandeln seien als normale Bürger[267]. So scheint der Schutz des Gesundheitszustandes von Politikern in Frankreich durch Art. 9 CC zu einer Frage zu avancieren, die durch den Gesetzgeber geklärt werden sollte[268].

Die Situation in Deutschland ist demgegenüber anders. Da durch den Gesundheitszustand eines Staatschefs wesentliche Entscheidungen der Staatsführung beeinflußt werden können, vermag in solchen Fällen das Informationsrecht der Öffentlichkeit gegenüber dem Schutz der Privatsphäre zu überwiegen.[269] Ja, die deutsche Literatur und Rechtsprechung gehen sogar weiter: Danach sollen nicht nur der Bundeskanzler, sondern auch andere Politiker mit herausragender Stellung keinen Schutz genießen, soweit es um ihren Gesundheitszustand geht.[270] Nach einer älteren Entscheidung des OLG Hamburg soll dies ferner für Angehörige der regierenden Fürstenhäuser gelten.[271]

2. Stellungnahme

Im Ergebnis ist festzuhalten, daß in diesem Bereich Frankreich dem Informationsrecht der Öffentlichkeit nicht den Stellenwert einräumt, den es in Deutschland hat.[272] In der Entscheidung der französischen Zivilgerichte wurde das Informationsrecht nur am Rande erwähnt. Dies läßt aber daran zweifeln, ob in Frankreich dem Informationsrecht der Öffentlichkeit ein ausreichender Stellenwert eingeräumt wird.[273]

---

267 TGI Paris, Urt. v. 5.7.1996, D. 1998, som. com., 87 mit Anm. *Massis*.
268 Vgl. *Massis*, Anm. zu TGI Paris, Urt. v. 5.7.1996, D. 1998, som. com., 87.
269 In diesem Sinne *Löffler/Ricker*, S. 292, Rn. 18.
270 *Soehring*, S. 344, Rn. 19.16.; *Prinz/Peters*, S. 79, Rn. 70.
271 OLG Hamburg, UFITA 78, (1977), 252 - *Gracia Patricia*.
272 So auch *v. Gerlach*, JZ 1998, 741, (746).
273 Vgl. auch *Kayser*, S. 290, Rn. 154, der vertritt, daß jedenfalls bezüglich des Präsidenten der Republik ein Recht der Presse besteht, über dessen Gesundheitszustand zu berichten. Nach dieser Ansicht müßten sich aber wohl auch andere Politiker bzw. Kandidaten für solche Ämter eine Begrenzung ihrer Privatsphäre gefallen lassen; vgl. auch *Derieux*, Anm. zu TGI Paris, Urt. (ord. réf.) v. 18.1.1996, JCP 1996, II, 22589; *Bigot*, D. 1998, chron., 235, Rn. 13.

Begünstigt wird diese Entwicklung durch den Umstand, daß der Vorgang der Abwägung zwischen den Rechtsgütern in Frankreich nicht so vorgezeichnet ist wie in Deutschland, so daß das Informationsrecht der Öffentlichkeit per se Gefahr läuft, nicht berücksichtigt zu werden. So wäre es in der deutschen Rechtsprechung wohl nicht denkbar, daß das Informationsrecht in einer Entscheidung unberücksichtigt bliebe.
Auch wenn in Frankreich grundsätzlich dem Schutz des Privatlebens Priorität eingeräumt wird, so schränkt auch in Frankreich das Informationsrecht der Öffentlichkeit das Recht aus Art. 9 CC ein. Ein absolutes Recht gibt es daher in diesem Bereich auch in Frankreich nicht. Dies scheint die französische Rechtsprechung mitunter zu übersehen.

IV. Wiederveröffentlichen von Informationen aus Prozessen

1. Vergleich

Über Personen, die in (Straf-) Prozesse verwickelt sind, kann die Presse schon aufgrund des Prinzips der Öffentlichkeit berichten. Dabei sind nicht nur Berichte über die Tat möglich, sondern auch über das Leben der Betroffenen, da diesbezüglich meist ein Zusammenhang mit der Tat besteht. In besonders schweren Fällen (Kapitaldelikten) ist auch die Namensnennung des Täters möglich. Dies gilt für Frankreich wie für Deutschland gleichermaßen.
Nicht unproblematisch ist die Frage, ob auch noch später, z.B. im Rahmen von Dokumentarfilmen, historischen Romanen oder Artikelserien über bestimmte Straftaten oder anläßlich eines ähnlich gelagerten Falls über den Täter erneut berichtet werden darf.
Der französische Kassationshof hat in dieser Frage entschieden, daß Umstände, die einmal rechtmäßig an die Öffentlichkeit gelangt sind (im Rahmen der Erstveröffentlichung) nicht mehr zum Privatleben der Betroffenen gehören. Ein sogenanntes Recht auf Vergessen (*droit à l'oublie*) bestehe daher zugunsten des einzelnen nicht.[274] In dem Fall ging es um die Geliebte eines Kollaborateurs, die beide im Jahre 1946 zu Haftstrafen verurteilt wurden. Ein Jahr später wurde die

---

[274] Cass. civ., Urt. v. 20.11.1990, Bull. civ. 1990, I, n° 256; JCP 1992, II, 21908, Anm. *Ravanas*.

Geliebte, d.h. die Klägerin, aufgrund eines Gnadenaktes freigelassen. In dem fraglichen Buch hatte der Historiker Informationen aus dem Privatleben der Klägerin enthüllt, die damals im Rahmen der Gerichtsverhandlungen veröffentlicht worden waren.

In Deutschland steht seit der *Lebach*-Entscheidung des Bundesverfassungsgerichts fest, daß ein Straftäter die Möglichkeit zur Resozialisierung haben muß.[275] Werden aber die Tat bzw. diesbezüglich Umstände aus dem Privatleben des Täters oder sein Name erneut veröffentlicht, so ist er von neuem gebrandmarkt; eine Wiedereingliederung in die Gesellschaft wäre ihm kaum möglich. Ein erneutes Veröffentlichen von Umständen der Tat bzw. zur Persönlichkeit des Täters ist daher nach Verbüßung der Freiheitsstrafe nicht erlaubt, wenn sich der Täter dadurch oder durch die Nennung seines Namens identifizieren läßt. Über die Tat an sich kann jedoch unter Vermeidung der Identifizierungsmöglichkeit des Täters später erneut berichtet werden.[276]

So hat das OLG Hamburg im Rahmen einer Artikelserie über „Mörder, die man nie vergißt" die namentliche Erwähnung eines Mannes, der vier Frauen getötet hatte und wegen Mordes und dreifachen Totschlags verurteilt worden war, 13 Jahre nach der Tat für ebenso unzulässig angesehen, wie die Erwähnung desselben Mannes aus Anlaß der von ihm beantragten vorzeitigen bedingten Haftentlassung im Rahmen eines Artikels über „Jahrhundertmordfälle".[277]

Im Ergebnis ist daher in diesem Bereich zugunsten des Betroffenen in Deutschland ein stärkerer Schutz des Privatlebens etabliert.

2. Stellungnahme

In Frankreich stößt die Entscheidung des Kassationshofes, in der ein Recht auf Vergessen abgelehnt wird[278], auf Kritik: Nach *Kayser* diene der Grundsatz der Öffentlichkeit im Zivil- oder Strafprozeß nur dazu, eine Kontrolle der Justiz zu

---

[275] BVerfG, Urt. v. 5.6.1973, BVerfGE 35, 202 - *Lebach*.

[276] Vgl. BVerG, Beschl. v. 25.11.1999, AfP 2000, 160.

[277] *Soehring* unter Berufung auf OLG Hamburg, Urt. v. 22.11.1990, AfP 1991, 537 = NJW-RR 1991, 990 und OLG Hamburg, Urt. v. 10.2.1994, NJW-RR 1994, 1439.

[278] Cass. civ., Urt. v. 20.11.1990, Bull. civ 1990, I, n° 256; JCP 1992, II, 21908, Anm. *Ravanas*.

gewährleisten. Wenn aus diesem Grund eine Veröffentlichung aus dem Bereich des Privatlebens ausnahmsweise möglich sei, so dürfe diese Veröffentlichungsbefugnis nicht zum Anlaß genommen werden, eine zweite Veröffentlichung außerhalb des Rechtfertigungsgrundes der Kontrolle der Justiz zu ermöglichen und damit die Privatsphäre des einzelnen zu beschränken.[279] Auch *Ravanas* wendet sich gegen das Urteil: Solange ein Mensch noch lebt, sei das Recht des einzelnen auf Privatleben unsterblich[280]. Eine Veröffentlichungsbefugnis aufgrund des Informationsbedürfnisses bestehe nur während des Prozesses selbst. Dieser Kritik ist zuzustimmen, denn es ist nicht ersichtlich, welches Interesse die einmal rechtmäßig informierte Öffentlichkeit an einer erneuten Veröffentlichung von Details aus dem Privatleben des Täters haben sollte.[281] Es ist zwar richtig, daß der Bereich der Tat einmal aus der Privatsphäre des Täter herausgetreten ist, weil eine Veröffentlichungsbefugnis bestand, der Täter sollte trotzdem von der Möglichkeit des Vergessens der Öffentlichkeit Gebrauch machen können. Andernfalls würde ihm eine Eingliederung in die Gesellschaft beinahe unmöglich gemacht. Dies ist natürlich anders, wenn er erneut durch ähnliche Straftaten auf sich aufmerksam macht. In diesem Fall kann abermals über die Vergangenheit des Täters berichtet werden.

V. Wiederveröffentlichung aufgrund ursprünglich erteilter Einwilligung

1. Vergleich

Bislang schien in Frankreich jede Veröffentlichung von Informationen aus dem Privatleben einer gesonderten Einwilligung des Betroffenen zu bedürfen. Dies entspringt dem Grundsatz, daß Verträge - und damit auch eine Einwilligung - nur inter partes, d.h. nur zwischen den Vertragsparteien gelten.[282]

---

[279] In diesem Sinne *Kayser, La protection de la vie privée par le droit*, S. 299, Rn. 156.

[280] Vgl. Ravanas, Anm. Cass. civ., Urt. v. 20.11.1990, JCP 1991, II, 21908, 293, (296).

[281] Auch *Le Tourneau/Cadiet*, S. 255 ff., Rn. 793 wenden sich gegen die Ablehnung des *droit à l'oubli*: Sie verweisen auf den Umstand, daß der Gedanke der Transparenz aus der französischen Revolution herrührt, daß aber die daraus resultierende Wahrheit schrecklich sein kann und es daher ein Anliegen des Rechts sein sollte, vernünftige Schranken der Transparenz zu schaffen.

[282] Vgl. dazu *Kayser, La protection de la vie privée par le droit*, S. 242, Rn. 139.

Hatte also eine Person die Einwilligung in die Veröffentlichung bestimmter Informationen gegenüber einer bestimmten Zeitschrift gegeben, so konnte dieselbe Information an anderer Stelle nicht wiederholt werden. Ohne eine spezifische Einwilligung zur Veröffentlichung bestand daher in jedem Fall der Zweit- oder Wiederverbreitung von Informationen aus dem Privatleben eine Haftung des Veröffentlichenden.[283] Der Umstand, daß auch andere Medien diese Information verbreitet haben, stellte keine Rechtfertigung für das Handeln des Presseorgans dar.[284]

Dieselbe Linie findet sich in Deutschland. Was den Umfang der Einwilligung betrifft, so wird zu deren Auslegung die Zweckübertragungslehre aus dem Urheberrecht angewendet. Danach umfaßt jede Einwilligung nur den mit der Erteilung verbundenen Zweck.[285] D.h., daß in der Regel eine Veröffentlichung nicht an anderer Stelle oder in einem anderen Zusammenhang erfolgen kann: So kann ein Bild für ein Nachrichtenmagazin nicht plötzlich in einer Pornozeitschrift veröffentlicht werden oder Informationen über das Privatleben einer Person für eine Talkshow nicht plötzlich als Wahlwerbung genutzt werden. Für diese Fälle bedarf es der erneuten Einwilligung des Betroffenen.

2. Lösungsansatz von *Brossollet*

Allerdings gibt es in Frankreich neuere Strömungen, die dafür plädieren, daß sogenannte Zweit- oder Wiederveröffentlichungen auch ohne erneute Einwilligung möglich sein sollen. Erwogen wird dies insbesondere für die Fälle, in denen der Betroffene die Information aus seinem Privatleben aus eigener Initiative an die Öffentlichkeit gebracht hat.[286]

Diese neue Strömung wird von *Brossollet* mit der Erwägung begründet, daß eine Information aus dem Privatleben durch ihre Veröffentlichung entprivatisiert

---

[283] Vgl. *Debbasch*, S. 932, Rn. 3032.
[284] Dazu CA Paris, Urt. v. 5.9.1997, LP 5/1999, n° 151, I, 59.
[285] Vgl. z.B. *Soehring*, S. 361, Rn. 19.46.
[286] *Brossollet*, LP 10/1999, n° 165, II, 126; TGI Nanterre, Urt. v. 5.3.1997, LP 11/1997, n° 146, I, 139: hier wurde es für rechtmäßig erachtet, daß anläßlich des Erscheinens eines Buches des Betroffenen an intime Gefühle erinnert wurde, die der Autor selbst enthüllt hatte; in diesem Sinne auch TGI Nanterre, Urt. v. 3.3.1997, LP 6/1999, n° 162, I, 73.

wird, d.h. den Schutzraum der Privatsphäre verläßt.[287] Diese Information ist nunmehr aufgrund ihrer Veröffentlichung bekannt und beständig abrufbar, so daß die Öffentlichkeit die Möglichkeit des ungehinderten Zugriffs auch in der Zukunft besitzt. Dann könne aber auch eine erneute Verbreitung einer schon veröffentlichten Information nicht rechtswidrig sein.
Nach dieser Meinung ist Voraussetzung für die Möglichkeit der rechtmäßigen Zweitveröffentlichung, daß diese genau in der gleichen Weise veröffentlicht wird, wie die Erstveröffentlichung, d.h., ohne daß andere Enthüllungen hinzugefügt werden, die ihrerseits einen Eingriff in die Privatsphäre darstellen.[288]

3. Stellungnahme

Richtig an dieser Ansicht ist, daß die Wiederholung einer Information, die mit Einwilligung des Betroffenen schon einmal veröffentlicht wurde, keinen neuen Eingriff in das Privatleben darstellt, sofern der Information nicht Neues hinzugefügt oder diese nicht in einem entstellenden Zusammenhang aufgeführt wird.
So hat das TGI Paris in einem Fall entschieden, in dem eine Schauspielerin in einem Interview preisgegeben hatte, früher eine Zahnspange getragen zu haben und sich nun gegenüber einer Zeitschrift gegen die Wiederholung dieser Tatsache als Eingriff in das Privatleben wehrte.[289]
Auch das TGI Nanterre hat in einer neueren Entscheidung zugelassen, daß die Aussage bezüglich eines unehelichen Kindes, die der Betroffene während einer Erklärung im Fernsehen gemacht hatte, eine Woche später in einer Zeitung wiederholt und kommentiert wird.[290]
Problematisch ist diese Ansicht jedoch im Hinblick auf die zeitliche Komponente: *Brossollet* geht davon aus, daß die einmal veröffentlichte Information dem Schutz der Privatsphäre auf Dauer völlig entzogen sei, da diese Information als solche nie wieder verschwinden kann. Für die Möglichkeit des Widerrufes einer Einwilligung zur Veröffentlichung läßt er damit keinen Raum.

---

[287] *Brossollet*, LP 10/1999, n° 165, II, 126.
[288] *Brossollet*, LP 10/1999, n° 165, II, 126, (127).
[289] TGI Paris, Urt. v. 4.11.1998, RP n° 3899/98 - unveröffentlicht, zitiert bei *Brossollet*, LP 10/1999, n° 165, II, 126, (127, Fn. 14).
[290] TGI Nanterre, Urt. v. 3.3.1999, LP 6/1999, n° 162, I, 73.

Ihm ist zuzugeben, daß die Information, die einmal gedruckt ist, auf Dauer abrufbar ist, andererseits vernachlässigt *Brossollet* damit den Umstand der Vergänglichkeit von Informationen in den Köpfen der Leser. Der Verletzte eines Eingriffs in die Privatsphäre kann seine Rechte, nachdem einige Zeit vergangen ist, kaum noch wahrnehmen, weil er nicht mehr aktuell betroffen ist. Die Betroffenheit fehlt, weil die Leser die Information vergessen haben. Möglicherweise unterläßt er es auch absichtlich, seine Rechte geltend zu machen, um die Erinnerung in den Köpfen der Leser nicht wieder wachzurufen. Dann muß er auch davon profitieren können, daß Informationen mit der Zeit mehr und mehr verblassen, da dies für das Opfer von Enthüllungen eine Möglichkeit darstellt, wieder Herr seines Privatlebens zu werden.
Es muß daher auch möglich bleiben, die Einwilligung in die Veröffentlichung von Informationen einige Zeit später widerrufen zu können und zwar mit dem Argument der veränderten Einstellung zur Veröffentlichung. Ja, vielleicht muß man mit *Soehring* noch weiter gehen: Danach schließt sich eine durch Pressepublikationen für einen gewissen Zeitraum freigelegte Intimsphäre schon nach Ablauf einer gewissen Zeit mangels abweichender Vereinbarungen von selbst wieder, weil die Persönlichkeit mit ihren Anschauungen, Meinungen und Erfahrungen sich fortentwickelt und demgemäß niemand unterstellen kann, daß ein aus einer bestimmten Situation heraus erklärter Verzicht auf Respektierung der Intim- oder Privatsphäre zeitlich schrankenlos fortwirken soll[291].
Es ist daher zwar angemessen, der Presse die Möglichkeit zu geben, Informationen, die der Betroffene selbst preisgegeben hat, zu wiederholen und auch zu kommentieren. Der Betroffene hat insoweit auf sein Stück Privatleben verzichtet. Dieser Verzicht kann jedoch nur für die Zeit gelten, die sich der Enthüllung unmittelbar anschließt und ist nicht unbegrenzt ausdehnbar. Nur so hat der Betroffene die Möglichkeit, sein Privatleben später wieder aufzubauen.

In Deutschland haben sich derartige Überlegungen zur Zeit noch nicht etabliert. An dieser Stelle ist allerdings anzumerken, daß der BGH in einer neueren Entscheidung als Abwägungskriterium für die Rechtmäßigkeit einer Veröffentlichung berücksichtigt hat, daß die fragliche Information bereits durch andere Medien (im Ausland) bekannt gemacht worden waren. Durch die Möglichkeit

[291] *Soehring*, S. 362, Rn.19.47.

der Weitergabe minderte sich das Gewicht des Eingriffs der Beklagten in die Privatsphäre des Klägers in einem beträchtlichen Maße.[292]
Damit liegt dieser Fall zu der aufgeworfenen Fragestellung nicht parallel, ist aber insofern vergleichbar, als es allein um die Wiederholung von Informationen aus dem Privatleben ging. Diese waren zwar nicht auf Initiative des Betroffenen enthüllt, jedoch auf andere Weise bekannt geworden. Dadurch, daß der BGH hier eine geringe Schutzwürdigkeit aufgrund der Bekanntheit der Information annimmt, ist er möglicherweise von der Anerkennung des Rechts auf Wiederholung von Tatsachen, die durch den Betroffenen selbst enthüllt worden sind, nicht mehr weit entfernt.

C. Ausblick

Vorauszuschicken ist an dieser Stelle, daß in beiden Ländern das Privatleben des einzelnen einen starken Schutz genießt. Die Position ist in Frankreich jedoch deshalb besser ausgebaut, weil mit der Schaffung von Art. 9 CC ein deutlicher Akzent zum Schutz des Privatlebens gesetzt wurde.

I. Spannungsfeld Sozialsphäre und Unterhaltungspresse

Bemerkbar macht sich dieser Unterschied insbesondere im Bereich der sogenannten Sozialsphäre.[293] Die Sozialsphäre umfaßt v.a. die Freizeitgestaltung. Dieser Bereich des Bewegens in einer - wenn auch begrenzten Öffentlichkeit - ist in Frankreich ebenfalls von Art. 9 CC geschützt.
Es handelt sich um einen Bereich, der naturgemäß eher die sogenannte Unterhaltungspresse interessiert. Dieser Teil der Presse kann in Frankreich die Hürde der Rechtfertigung der Berichterstattung niemals überspringen. Es ist das Kriterium der Notwendigkeit der Berichterstattung, welches der Unterhaltungspresse beim Eindringen - wenn auch in Randbereiche des Privatlebens - einen Riegel

---

[292] BGH, Urt. v. 29.6.1999, NJW 1999, 2893, (2895) - Veröffentlichung des Scheidungsgrunds eines Angehörigen des Hochadels; zustimmend *Rehm*, AfP 1999, 416, (419).
[293] Vgl. dazu auch *Prinz*, ZRP 2000, 138 ff., der zwar den Begriff der Sozialsphäre nicht nennt, aber genau diese Problematik behandelt.

vorschiebt. Zwar wird diese sogenannte Notwendigkeit von der Rechtsprechung nicht definiert, sie scheint sich aber daran zu orientieren, was ein vernünftiger Bürger an Information zur Meinungsbildung benötigt. Unterhaltung an sich scheint diesem Zweck in Frankreich nicht zu entsprechen. Im Gegenteil: Die Rechtsprechung stellt Unterhaltung als zur Information konträres Element dar.
In Deutschland sind in jüngerer Zeit in der Rechtsprechung ähnliche Tendenzen aufgetreten. Obwohl die Unterhaltungspresse grundsätzlich von der Pressefreiheit umfaßt ist[294], wird Unterhaltung, die oftmals mit Sensationsgier gleichgestellt wird[295], ein weniger schutzwürdiges Interesse an Berichterstattung zugebilligt[296].

Damit stellt sich aber in Deutschland ein Dilemma: Im Bereich, der von der Sozialsphäre umfaßt ist, ist ein Eingriff für den Betroffenen in der Regel nicht schwerwiegend. Wenn sich eine Person der Öffentlichkeit preisgibt, muß sie als prominente Person - und nur um diese geht es hier - damit rechnen, beobachtet zu werden. D.h., eine Berichterstattung durch die Presse wird die Person i.d.R. nicht überraschen. Andererseits ist das Interesse an der Berichterstattung über Ereignisse aus diesem Bereich nicht sonderlich hoch. Ob Prinzessin *Caroline* sich einen roten oder einen grünen Pullover gekauft hat, ist für den Lauf der Dinge in der Welt unbeachtlich.[297] Das heißt aber, es stehen sich zwei gleichmäßig minderwertige Schutzgüter gegenüber, die eine Entscheidung darüber, ob Berichterstattung zulässig oder unzulässig sein darf, schwerfallen läßt.

Frankreich hat hier ein eindeutiges Votum gefällt. Eine Notwendigkeit zur Berichterstattung besteht in diesem Bereich nicht. Allein Ereignisse von zeitgeschichtlicher Bedeutung, in Ausübung einer öffentlichen Funktion, rechtfertigen die Berichterstattung. Damit besticht die französische Lösung durch ihre Klarheit.

---

294 Ausführlich zur Stellung der Unterhaltung zur Meinungsbildung BVerfG, Urt. v. 15.12.1999, AfP 2000, 76; zu diesem Urteil vgl. *Janisch*, AfP 2000, 32.
295 Kritisch dazu *Lerche*, S. 45, (58).
296 Vgl. *Heldrich*, FS Schweizer, 29, (38).
297 In einer Entscheidung des OLG Hamburg, Urt. v. 11.11.1997, zitiert bei *Lerche*, S. 45, wurde der Kauf eines Pullovers durch die Prinzessin als Kernbereich der Privatsphäre betrachtet und die Veröffentlichung im Hinblick auf ein reines Unterhaltungsinteresse als rechtswidrig betrachtet.

II. Lösungsansatz

1. Französische Lösung

Eine Übertragung der französischen Lösung des Problems auf die deutsche Rechtsprechung würde der in Deutschland bestehenden Grundrechtsposition der Pressefreiheit und zugleich dem Informationsrecht der Öffentlichkeit nicht gerecht.[298] Denn auch außerhalb ihrer öffentlichen Funktion sind Personen der Zeitgeschichte oft Vorbilder in der Gesellschaft. Ob deren Verhalten auch in anderen Bereichen der Vorbildfunktion entspricht, ist für den Bürger zur eigenen Meinungsbildung wichtig.[299] Auch läßt sich eine klare Trennung zwischen Unterhaltung und sachlicher Information in den wenigsten Fällen durchführen.[300] Der Begriff des *Infotainment* macht deutlich, daß Unterhaltung ein Mittel dazu ist, Informationen zu verbreiten. Daß sich jemand auch noch gut unterhalten fühlt, wenn er weiß, welche Farbe *Carolines* Pullover hat, ist sein gutes Recht. Der Prinzessin tut es nicht weh.

2. Lösung des BGH

Auf dem Weg zu einer deutschen Lösung des Problems könnte der Ansatz des BGH weiterhelfen. Dieser will auch außerhalb des häuslichen Bereiches Schutz gewähren, wenn sich der Betroffene in eine örtliche Abgeschiedenheit zurückgezogen hat, in der er objektiv für sich allein sein will und in der er sich in der konkreten Situation im Vertrauen auf Abgeschiedenheit so verhält, wie er es in einer breiten Öffentlichkeit nicht tun würde.[301] Danach käme es aber neben den örtlichen Rahmenbedingungen des Ortes auf die innere Einstellung der Person zur Situation an. Wie jemand dazu eingestellt ist, z.B. beim Besuch eines Badestrandes beobachtet zu werden, läßt sich jedoch oft nicht einfach feststellen. Für verschiedene Beobachter stellt sich die Situation möglicherweise auch unter-

---

[298] A.A. *Prinz*, ZRP 2000, 138, (141), der die französische Lösung für gelungenste hält und daher für eine Übertragung der Lösung auch auf den europäischen Raum plädiert.

[299] Ähnlich BVerfG, Urt. v. 15.12.1999, AfP 2000, 76.

[300] In diesem Sinne auch *Rehm*, AfP 1999, 416, 421.

[301] BGH, Urt. v. 19.2.1995, NJW 1996, 1128, (1130) - *Caroline III.*

schiedlich dar. Der Ansatz ist daher aufgrund seiner Interpretationsmöglichkeiten und der subjektiven Komponente des Betroffenen der Rechtssicherheit nicht förderlich.[302] Es ist daher grundsätzlich daran festzuhalten, die Privatsphäre von Prominenten nicht auf die Sozialsphäre auszudehnen.

3. Stellungnahme

Ein neben dem Grad der Beeinträchtigung des Persönlichkeitsrechts möglicherweise eher haltbares Kriterium könnte das Verhalten des Betroffenen gegenüber der Presse sein.[303] Wer sich regelmäßig der Presse zur Verfügung stellt und daraus finanzielle Vorteile zieht, kann sich nicht plötzlich dagegen wehren, wenn harmlose Dinge, Belanglosigkeiten, über ihn berichtet werden. Das Interesse der Medien bzw. der Öffentlichkeit ist in diesem Falle selbst verursacht und provoziert. Ein Schutzwürdigkeit solcher Persönlichkeiten ist im Rahmen der Sozialsphäre nicht anzuerkennen.

Anders ist es bei Personen, die sich der Presse nicht öffnen und im privaten Bereich ein zurückgezogenes Leben führen. Hier ist eine Schutzwürdigkeit durchaus anzuerkennen, wenn die Presse plötzlich in halböffentliche Bereiche eindringt. So hat es der Betroffene selbst in der Hand zu steuern, welche Rolle er in der Presse spielt. Jemand, der in der Presse sein privates Gesicht nicht offen zeigt, provoziert auch kein Informationsinteresse der Öffentlichkeit, auf das die Unterhaltungspresse reagieren müßte.

Ein Sinneswandel in der Einstellung zur Presse soll bei alledem natürlich möglich sein. Dann kann von dem Betroffenen aber erwartet werden, daß er diesen der Presse mitteilt. Ferner sollte ein Rückzug aus dem „öffentlichen" Privatleben konsequent befolgt werden. Dann könnte sich auch die Presse darauf einstellen, über wen sie auch in Zukunft im Bereich der Sozialsphäre berichten kann. Auf diese Weise könnte der Bereich der Sozialsphäre angemessen bewältigt werden: Denn es kann nicht sein, daß die Medien zum Spielball der Prominenz werden: Gerne darf über bestimmte Ereignisse berichtet werden, die gera-

---

[302] Daß die Voraussetzungen der Abgeschiedenheit nur situativ zu beurteilen sind, gibt auch das BVerfG, Urt. v. 15.12.1999, AfP 2000, 76, (78) zu, das den Ansatz des BGH, auf den Rückzug in die Abgeschiedenheit abzustellen, unterstützt.

[303] Vgl. auch *Heldrich*, FS Schweizer, S. 29, (41 ff.).

de in das eigene Vermarktungskonzept passen und anderes, was unerwünscht ist, muß außen vor bleiben. Unterhaltung hat in unserer Zeit nicht nur die Komponente der Sensationslust, auf das sie oft reduziert wird. Die Geschichten über Prominenz der Regenbogenpresse sind die des Dorfplatzes in einer Gesellschaft, die für Klatsch auf dem Dorfplatz keine Zeit mehr hat. Damit erfüllt die Regenbogenpresse immerhin eine Art soziale Wächterfunktion und trägt zur Werte- und Meinungsbildung in der Gesellschaft bei. Wer selbst die Presse immer wieder sucht, um sich dem Gespräch auszuliefern, der muß es auch hinnehmen, wenn er im halböffentlichen Bereich beobachtet und später Gesprächsthema wird. Die Sozialsphäre solcher Prominenter darf daher der Presse keinesfalls verschlossen werden wie dies im französischen Recht der Fall ist.

D. Ergebnis

Es ist festzustellen, daß das Privatleben in beiden Ländern fast gleichermaßen geschützt ist. Dort, wo noch Unterschiede bestehen sind jedoch gewisse Harmonisierungstendenzen zu erkennen.

So ist der Schutzbereich des Rechtsguts Privatleben nach Art. 9 CC fast deckungsgleich mit Teilen des allgemeinen Persönlichkeitsrechts mit seiner Intim-, Privat- und Sozialsphäre. Allerdings differiert der Umfang des Schutzes wie oben gezeigt im Bereich der Sozialsphäre, also insbesondere im Rahmen der Freizeitgestaltung von Personen des öffentlichen Lebens. Die deutsche Rechtsprechung beginnt jedoch, den Schutz in diesem Bereich in Richtung Privatsphäre auszudehnen, so daß hier eine Annäherung zwischen den beiden Rechtsordnungen besteht.

Deutlich besseren Schutz bietet hingegen das deutsche Recht im Hinblick auf den Schutz von Straftätern vor Berichterstattung über sein Privatleben, d.h. nachdem nicht mehr das Kriterium der Aktualität die Berichterstattung rechtfertigt. Der Täter ist in Deutschland zwar nicht davor geschützt, daß über die Tat an sich erneut berichtet wird; Merkmale, die zu seiner Identifizierung führen können oder auch Umstände, die seine Privatsphäre betreffen, dürfen dabei aber nicht erwähnt werden. In Frankreich ist aufgrund des Umstandes, daß diese Tatsachen im Rahmen des Prozesses schon aufgedeckt wurden, eine Wiederholung

möglich. Das Problem der Resozialisierung wird dabei von der Rechtsprechung nicht beachtet. Die Literatur in Frankreich kritisiert diese Rechtsprechung heftig. Es ist daher möglich, daß die Rechtsprechung in diesem Bereich in Zukunft neue Wege sucht.
Was die Rechtswidrigkeit eines Eingriffes betrifft, so ist diese in Frankreich indiziert. Dies wird zwar so ausdrücklich nicht ausgesprochen, ergibt sich aber daraus, daß die Presse- oder Informationsfreiheit in vielen Entscheidungen nicht einmal erwähnt wird.
Eine Übertragung dieser Konzeption wird der Stellung des Rechtsguts Pressefreiheit, wie sie in Deutschland vorherrscht, nicht gerecht. Durch die Verankerung beider Grundfreiheiten - Persönlichkeitsrecht und Pressefreiheit - im Grundgesetz ist es nicht vorstellbar, daß auch Deutschland die Rechtswidrigkeit eines Eingriffs per se indiziert, auch wenn in der Praxis die meisten Eingriffe in die Intim- und Privatsphäre rechtswidrig sind. Aus diesem Grunde bietet sich die Schaffung eines Gesetzes, das wie in Frankreich Art. 9 CC das Privatleben schützt, in dieser Form nicht an. Es ergibt sich aus der Rechtsprechung, die bezüglich des Buches des Leibarztes von *Mitterrand* ergangen ist, daß bei der französischen Konzeption das Informationsinteresse zu kurz kommen kann: Daß die Veröffentlichung des Gesundheitszustandes des Präsidenten von dem Informationsrecht der Öffentlichkeit getragen sein könnte, wird in den meisten Entscheidungen noch nicht einmal angesprochen. Selbst wenn man vor dem Hintergrund seines Todes eine Veröffentlichung für nicht mehr notwendig hält, weil der Präsident die Geschicke seines Landes nun nicht mehr bestimmt, so wäre doch jedenfalls eine Auseinandersetzung mit dem Informationsrecht zu erwarten gewesen. Statt dessen reicht es den Gerichten, ihre Entscheidungen auf den Umstand zu begründen, daß eine Verletzung der Schweigepflicht stattgefunden hat.
Trotzdem ist in Frankreich eine Tendenz erkennbar, daß sich im Bereich der Rechtfertigung des Eingriffs die französischen Gerichte der deutschen Rechtsprechung annähern: Das so strenge Kriterium für rechtmäßige Berichterstattung - die Notwendigkeit der Information - wird in einigen Bereichen nicht mehr aufrechterhalten. So müssen Prominente u.U. Eingriffe dulden, sofern die Öffentlichkeit daran wenigstens ein legitimes Interesse hat. Dies ist gegenüber der Notwendigkeit der Berichterstattung ein weniger. Auch der Bereich der

Bildberichterstattung erfährt Lockerungen dahingehend, daß als Beiwerk dienende Personen eine Veröffentlichung dulden müssen oder auch ein der Information sachdienliches Bild veröffentlicht werden darf.
So ist insgesamt festzustellen, daß zwar in Frankreich der Schutz des Privatlebens noch immer den in Deutschland herrschenden überwiegt. Aber die Tendenzen in Deutschland, den Schutz des einzelnen zu erweitern und in Frankreich, das Informationsrecht der Öffentlichkeit zu stärken, führt dazu, daß zwischen den beiden Ländern jedenfalls eine Annäherung stattfindet.

2. Teil: Der einstweilige Rechtsschutz

1. Kapitel: Der einstweilige Rechtsschutz in Frankreich

A. Einleitung

Die Presse ist ein schnellebiges Metier. Wer sich gegen Veröffentlichungen oder bevorstehende Veröffentlichungen wehren möchte, kann daher wirksamen Schutz nur im Rahmen des einstweiligen Rechtsschutzes suchen. Ein langwieriges Hauptsacheverfahren kann einen Schaden weder abwenden noch begrenzen. So ist das Verfahren des einstweiligen Rechtsschutzes im Presserecht die Instanz, in der meist schon alles ausgefochten wird und die daher von entscheidender Bedeutung ist.

Der einstweilige Rechtsschutz (*procédure de référé*) in Frankreich ist in verschiedenen Normen geregelt, die sich z.T. in unterschiedlichen Gesetzen finden. Dieser Umstand sowie die Verschiedenheit der Verfahren, die unter dem Begriff der *procédure de référé* zusammengefaßt sind, machen das Verfahren dem deutschen Juristen nur sehr schwer zugänglich: So gibt es neben den Regelungen zum allgemeinen einstweiligen Verfügungsverfahren im *Nouveau Code de Procédure Civile* (NCPC) zahlreiche Spezialregelungen, die auch unter dem Begriff *Référé* genannt werden, aber im Grunde nichts mit dem einstweiligen Verfügungsverfahren im Sinne des deutschen Rechts zu tun haben[304]. Zu nennen sind hier das Beweissicherungsverfahren nach Art. 145 NCPC[305], die Räumung von Wohn- und Geschäftsräumen[306], oder die Gewährung einer sogenannte Abschlagszahlung (*provision*), die u.U. die Hauptforderung zu 100 % abdeckt[307]. Damit geht das französische *Référé*-Verfahren sehr viel weiter als das deutsche

[304] Einen guten Überblick über das einstweilige Rechtsschutzverfahren in Frankreich gibt die Dissertation von *Weber*, Die Verdrängung des Hauptsacheverfahrens durch den einstweiligen Rechtsschutz in Deutschland und Frankreich; ferner das Werk von *Estoup, La pratique des procédures rapides.*

[305] Zum Beweissicherungverfahren vgl. *Weber*, S. 73 ff.; *Estoup*, S. 101 ff., Rn. 95 ff.; *Morbach*, S. 140.

[306] Vgl. *Estoup*, S. 87 f., Rn. 83; *Weber*, S. 90 ff.

[307] Zu den Abschlagszahlungen vgl. *Weber*, S. 82 ff.; *Morbach*, S. 151; *Estoup*, S. 101 ff., Rn. 105 ff.

Verfahren des einstweiligen Rechtsschutzes, mit der Folge, daß es zahlreiche Unterschiede gibt. Im folgenden sollen jedoch nur zwei Regelungen näher beleuchtet werden, die für den Schutz des Privatlebens bei Verletzungen durch die Presse wichtig sind: Dies ist die Spezialregelung für den Schutz des Privatlebens in Art. 9 Abs. 2 CC und eine allgemeine Regelung des einstweiligen Rechtsschutzes in Art. 809 NCPC. Dabei sollen neben den Voraussetzungen für die Anwendung der Normen auch die Rechtsfolgen untersucht werden. Im Anschluß wird beides mit den deutschen Regelungen zum einstweiligen Rechtsschutz im Bereich des Presserechts verglichen.

B. Einstweiliger Rechtsschutz gem. Art. 9 Abs. 2 CC

Im Zentrum der nun folgenden Untersuchungen wird Art. 9 Abs. 2 CC stehen, der aufgrund seines engen Anwendungsbereichs eine Spezialnorm zum Schutz des Privatlebens darstellt. Art. 9 Abs. 2 CC lautet wie folgt:

„Die Richter können, unbeschadet des Ersatzes für einen erlittenen Schaden, jede Maßnahme, wie Sequestration, Beschlagnahme und andere, anordnen, die geeignet ist, einen Eingriff in das Intimleben zu verhindern oder zu beenden; diese Maßnahmen können, sofern Dringlichkeit besteht, im Rahmen des einstweiligen Rechtsschutzes angeordnet werden.“[308]

Art. 9 Abs. 2 CC stellt eine Spezialnorm mit verfahrensrechtlichem Charakter zum Schutz des Intimlebens dar. Da in Art. 9 CC bzw. seinem Umfeld die allgemeinen Voraussetzungen für den einstweiligen Rechtsschutz nicht geregelt sind, sondern nur eine Situation beschrieben wird, in der Rechtsschutz möglich ist, muß hierfür auf die allgemeinen Bestimmungen im Zivilprozeßgesetz (*Nouveau Code de Procédure Civile*) zurückgegriffen werden[309].

---

[308] Übersetzung der Verfasserin: „*Les juges peuvent, sans préjudice de la réparation du dommage subi, prescrire toutes mesures, telles que séquestre, saisie et autres, propres à empêcher ou faire cesser une atteinte à l'intimité de la vie privée; ces mesures peuvent, s'il y a urgence, être ordonnées en référé.*“

[309] *Blin/Chavanne/Drago/Boinet/Dreyer*, Fasc. 215, S. 4 f. Rn. 4 ff.; *Kayser*, *La protection de la vie privée par le droit*, S. 349, Rn. 186.

Im folgenden sollen nun die prozeßrechtlichen und die materiellrechtlichen Voraussetzungen für die Anwendung des Art. 9 CC einschließlich seiner Rechtsfolgen dargestellt werden.

I. Prozessuales

1. Zuständigkeit

Für den einstweiligen Rechtsschutz nach Art. 9 Abs. 2 CC ist mangels Spezialregelung grundsätzlich das Gericht zuständig, das auch für die Durchführung des Hauptsacheverfahrens zuständig wäre. Damit ist nach Art. 42 NCPC das Landgericht (*Tribunal de grande instance)* am Wohnsitz oder Sitz des Beklagten zuständig. Gleichfalls besteht nach Art. 46 Abs. 3 NCPC eine Zuständigkeit am Tatort, d.h. dort, wo das Presseerzeugnis verbreitet wird oder werden soll[310], also eventuelle Maßnahmen ergriffen werden müssen[311]. Die *Référé*-Verfahren unterliegen grundsätzlich der Zuständigkeit des jeweiligen Landgerichtspräsidenten[312], der seine Zuständigkeit gem. Art. 820 Abs. 1 NCPC jedoch delegieren kann[313]. So sind in den großen Gerichten wie Paris, in der Regel Richter von Spezialkammern für die Rechtsstreitigkeiten im einstweiligen Rechtsschutz zuständig.[314] In kleineren Gerichten delegiert der Gerichtspräsident die Zuständigkeit z.T. an den Vizepräsident.

2. Einleitung des Verfahrens

In der Mehrzahl der Fälle wird ein Verfahren dadurch eingeleitet, daß der Antragsteller dem Antragsgegner die Antragsschrift durch einen Gerichtsvollzieher zustellen läßt. Eine Abschrift davon bleibt bei Gericht, wo zuvor auch ein Termin während der für die *Référé*-Verfahren vorgesehenen

---

[310] Vgl. *Kayser*, S. 362, Rn. 194; *Ravanas*, J.-Cl. Civil, Art. 9, Fasc. 20, Rn. 9.
[311] Vgl. *Giverdon*, J.-Cl. Procédure civile, Fasc. 232, Rn. 51.
[312] Vgl. *Cadiet*, S. 205, Rn. 475.
[313] *Estoup*, S. 46, Rn. 39.
[314] Dazu *Weber*, S. 47; anders *Sonnenberger/Autexier*, S. 231, Rn. 155, wonach es im *Référé*-Verfahren nur Ausnahmen vom Anwaltszwang gibt.

Zeiten für die Sache bestimmt wird (*référé sur placet*[315]). Eine gesetzliche Ladungsfrist gibt es nicht, grundsätzlich muß dem Antragsgegner nur ausreichend Zeit zur Vorbereitung der Verteidigung verbleiben.[316] In ganz besonders dringenden Fällen kann der Antragsteller gem. Art. 485 Abs. 2 NCPC den Antragsgegner von einer auf die andere Stunde laden lassen (*assignation d'heure à l'heure*).[317] Dafür bedarf es jedoch einer besonderen Genehmigung durch den Eilrichter, der den Termin selbst an Feiertagen, zur Not bei sich zu Hause, stattfinden lassen kann.[318]
Die anderen Möglichkeiten zur Verfahrenseinleitung, (beiderseitiges Erscheinen der Parteien vor Gericht[319], Einleitung des Verfahrens durch den Gerichtsvollzieher im Fall von Vollstreckungsproblemen[320]) sind für die hier untersuchten Fälle der Verletzung des Privatlebens durch die Presse nicht von Relevanz.

3. Verfahrensregeln

Grundsätzlich findet immer eine mündliche Verhandlung vor dem Einzelrichter statt. Sofern die Parteien dies möchten, können sie dazu bei Gericht auch Schriftsätze einreichen.[321] Der Richter kann die Sache bei besonderer Schwierigkeit oder Wichtigkeit gem. Art. 487 NCPC an ein Kollegialgericht verweisen[322] oder aber an den Richter der Hauptsache, falls er der Ansicht ist, daß schnell eine Entscheidung in der Hauptsache ergehen muß[323]. Die Vertretung durch einen Rechtsanwalt ist am TGI (*Tribunal de grande instance*) im einst-

---

[315] Vgl. *Giverdon*, J.-Cl. Procédure civile, Fasc. 232, Rn. 52 ff.
[316] Vgl. *Estoup*, S. 54, Rn. 45; *Giverdon*, J.-Cl. Procédure civile, Fasc. 232, Rn. 58; *Weber*, S. 60, der darauf hinweist, daß grundsätzlich eine Ladungsfrist von weniger als drei Tagen als rechtsmißbräuchlich gilt.
[317] *Weber*, S. 59; *Estoup*, S. 55, Rn. 46.
[318] *Estoup*, S. 55, Rn. 46; kritisch zu dieser Vorgehensweise im Hinblick auf ein kontradiktorisches Verfahren, *Tendler*, D. 1991, chron., 139.
[319] Ausführlich *Estoup*, S. 55, Rn. 47; *Weber*, S. 60.
[320] Ausführlich *Estoup*, S. 56, Rn. 48; *Weber*, S. 60.
[321] *Estoup*, S. 57, Rn. 49; *Weber*, S. 60; *Giverdon*, J.-Cl. Procédure civile, Fasc. 232, Rn. 63.
[322] Dazu *Kayser*, La protection de la vie privée par le droit, S. 362, Rn. 194; *Estoup*, S. 57, Rn. 49; ausführlich *Giverdon*, J.-Cl. Procédure civile, Fasc. 232, Rn. 36 ff.
[323] *Estoup*, S. 57, Rn. 49; ausführlich zu dieser Maßnahme *Giverdon*, J.-Cl. Procédure civile, Fasc. 232, Rn. 39 f.

weiligen Rechtsschutz nicht vorgeschrieben, aber üblich[324]. Grundsätzlich gelten im *Référé*-Verfahren die gleichen Beweismittel wie im Hauptsacheverfahren. Der Richter kann also die Vorlage von Urkunden oder das persönliche Erscheinen der Parteien anordnen. Ferner ist es möglich, auf im Voraus erstellte Sachverständigengutachten zurückzugreifen[325]. An die Beweisführung sind die gleichen Anforderungen gestellt, wie in der Hauptsache[326]. Glaubhaftmachung reicht also nicht aus, stattdessen ist vollständiger Beweis zu erbringen. Aufgrund der Eile ist jedoch eine genaue Überprüfung des Sachverhaltes nicht möglich. Ist die Beweislage nicht eindeutig, kann der Richter aufgrund des bestehenden Streits zwischen den Parteien aufgerufen sein, eine vorläufige Entscheidung zu treffen.[327] Andernfalls kann die Entscheidung auch endgültiger Natur sein.

4. Entscheidung

Aus Art. 484 NCPC ergibt sich, daß es sich bei der *ordonnance de référé* grundsätzlich um eine vorläufige Entscheidung handelt[328]. Die *ordonnance de référé* ist ein echtes Urteil, das begründet werden muß und vorläufig vollstreckbar ist (Art. 514 NCPC). Die Entscheidung ist zwar bestandskräftig[329] und kann nur durch den *Référé*-Richter verändert werden, sobald neue Umstände dies rechtfertigen (Art. 488 Abs. 2 NCPC). Sie besitzt jedoch gem. Art. 488 Abs. 1 NCPC keine materielle Rechtskraft im Hinblick auf das Hauptverfahren.[330]
Fraglich hinsichtlich des Umfangs der Entscheidung ist, ob es im französischen einstweiligen Rechtsschutz ein Verbot der Vorwegnahme der Hauptsache gibt. Ein solches Verbot war früher ausdrücklich in Art. 809 *Code de Procédure civi-*

---

[324] *Weber*, S. 60.
[325] Vgl. ausführlich *Weber*, S. 61.
[326] *Weber*, S. 61.
[327] Dazu *Weber*, S. 61.
[328] Zu unterscheiden von der *ordonnance sur requête*, die im nicht kontradiktorischen Verfahren ergeht, also ohne Beteiligung des Antragsgegners. Die *ordonnance sur requête* ist jedoch die Ausnahme.
[329] Vgl. *Weber*, S. 51.
[330] Art. 488 Abs. 1 NCPC: „*L'ordonnance de référé n'a pas, au principal, l'autorité de la chose jugée.*“

le von 1806 festgeschrieben.[331] Allerdings wurde diese Norm im Jahre 1973 durch eine andere ersetzt, so daß ein ausdrückliches Verbot der Vorwegnahme der Hauptsache im Gesetzestext weggefallen ist.
Einhellige Meinung in der Literatur ist, daß ein solches Verbot grundsätzlich jedoch weiterhin besteht, und daß dies aus den anderen Vorschriften implizit zu entnehmen ist.[332] Allerdings muß man wohl zugeben, daß das Verbot der Vorwegnahme der Hauptsache in der Praxis tatsächlich keine besondere Bedeutung hat: Mit der Einfügung des später noch zu behandelnden Art. 809 Abs. 2 NCPC hat der Gesetzgeber einer Entwicklung in der Rechtsprechung Rechnung getragen, bei unstreitigen Sachverhalten auch in der Hauptsache zu entscheiden.[333] Im Ergebnis wird daher ein Verbot der Vorwegnahme der Hauptsache in der französischen Rechtsprechung nicht konsequent befolgt.[334]

II. Verfügungsanspruch

Bevor Art. 9 Abs. 2 CC vom Gesetzgeber geschaffen wurde, bejahten die Gerichte einen Verfügungsanspruch, wenn eine unerträgliche Einmischung (*immixtion intolérable*) in das Privatleben vorlag, der Eingriff also besonders schwer war.[335] Eine gesetzliche Grundlage gab es dafür nicht.
Dies hat sich durch die Einführung des Art. 9 Abs. 2 CC jedenfalls in der Theorie geändert: Nun besteht ein Verfügungsanspruch, wenn der Antragsteller die Verletzung seines Intimlebens (*intimité de la vie privée*) durch den Antragsgegner beweist.[336]

---

[331] *Blin/Chavanne/Drago/Boinet/Dreyer*, Fasc. 215-1, S. 5, Rn. 45; *Estoup*, S. 15, Rn. 12.
[332] In diesem Sinne *Giverdon*, J.-Cl. Procédure civile, Fasc. 232, Rn. 3 ff.; *Agostinelli*, S. 284, Rn. 551; *Estoup*, S. 21, Rn. 12, wo er auf Art. 484 NCPC hinweist, aus dem hervorgeht, daß es sich um eine vorläufige Entscheidung eines Richters handelt, der nicht in der Hauptsache urteilt.
[333] Vgl. *Agostinelli*, S. 284, Rn. 552.
[334] Ähnlich *Blin/Chavanne/Drago/Boinet/Dreyer*, Fasc. 215-1, S. 5, Rn. 45; das ergibt sich auch aus Art. 809 Abs. 2 NCPC, der Abschlagszahlungen in Höhe der Hauptforderung erlaubt, vgl. dazu *Estoup*, S. 21, Rn. 12.
[335] Zu der Rechtslage vor 1970 ausführlich *Agostinelli*, S. 274 ff., Rn. 535 ff.
[336] Dazu *Kayser*, D. 1989, chron., 11, (13), Rn. 7.

1. Verletzung des Intimlebens

Wie schon bei der Regelung in Art. 9 Abs. 1 CC, dem Schutz des Privatlebens, hat sich der Gesetzgeber auch bei Art. 9 Abs. 2 CC auf den Begriff des Intimlebens gestützt, ohne diesen zu definieren.[337] Es waren also Rechtsprechung und Literatur aufgerufen, den Begriff Intimleben mit Inhalt zu füllen.
Definitionsversuche wie "das Intimleben ist die Essenz des Privatlebens"[338] weisen zwar darauf hin, daß es sich beim Intimleben um einen beschränkteren Bereich handelt, als der des Privatlebens in Art. 9 Abs. 1 CC, können aber den Begriff nicht konkretisieren. Aus dem Ansatz läßt sich jedoch systematisch betrachtet schließen, daß das Privatleben insgesamt durch Art. 9 CC geschützt ist; besondere, in die Pressefreiheit eingreifende Maßnahmen können aber nur bei Verletzung des Intimlebens angeordnet werden. Der Gesetzgeber hat also an dieser Stelle versucht, durch die Beschränkung des einstweiligen Rechtsschutzes auf das Intimleben (Art. 9 Abs. 2 CC), einen Ausgleich zwischen dem Persönlichkeitsschutz und der Pressefreiheit zu schaffen.[339]

Die Rechtsprechung hat den Bereich des Intimlebens gem. Art. 9 Abs. 2 CC mittlerweile konkretisiert. Danach gehören zum Intimleben das Gefühlsleben[340] (z.B. die Enthüllung von Scheidungsabsichten[341]), der Körper (z.B. eine unheilbare Krankheit[342] oder eine Schönheitsoperation[343]), der Tod (z.B. das Foto des

[337] Der Begriff des Intimlebens findet sich auch in den strafrechtlichen Regelungen zum Schutz des Privatlebens, Art. 226 f. *Nouveau Code de Procédure Pénale*, was darauf hindeutet, daß der Gesetzgeber hier einen einheitlichen Bereich besonders schützen wollte.
[338] *Agostinelli*, S. 273, Rn. 533; *Debbasch*, S. 941, Rn. 3057.
[339] Vgl. *Debbasch*, S. 941, Rn. 3057; *Agostinelli*, S. 273, Rn. 533 unter Berufung auf J.O. Ass.nat. vom 28.5.1970, S. 2068.
[340] Z. B. TGI Paris, Urt. (ord. réf.) v. 8.5.1974, D. 1974, jur., 530, Anm. *Lindon*; Cass. civ., Urt. v. 7.1.1976, Bull. civ. 1976, II, n° 3; TGI Paris, Urt. v. 12.11.1976, D. 1977, jur., 233, Anm. *Ancel*; Cass. civ., Urt. v. 3.4.1984, Bull. civ. 1984, I, n° 125; Cass. civ., Urt. v. 16.10.1984, Bull. civ. 1984, I, n° 268; CA Paris, Urt. v. 22.10.1987, D. 1988, som. com., 198, Anm. *Amson*.
[341] CA Paris, Urt. v. 7.10.1982, D. 1983, jur., 403, Anm. *Lindon*.
[342] TGI Paris, Urt. v. 22.1.1986, Gaz. Pal. 1987, 1, rec. som., 127; TGI Paris, Urt. (ord. réf.) v. 6.6.1988, Gaz. Pal. 1989, 1, 30; Anm. anonym.
[343] TGI Paris, Urt. v. 20.6.1973; D. 1974, jur., 766, Anm. *Lindon*.

Opfers eines Anschlags[344] oder eines Toten auf dem Sterbebett[345]), die Identität (z.B. die Enthüllung der Adresse einer Person[346]) sowie das Vermögen einer Person[347].

2. Unerträgliche Einmischung in das Privatleben

Trotz der Tatsache, daß der Gesetzgeber im Jahre 1970 einen neuen Terminus - das Intimleben - als Grundlage für die einstweilige Verfügung eingeführt hat, ist festzustellen, daß die Rechtsprechung zur Bestimmung der Verletzung des Intimlebens weiterhin an den alten Begrifflichkeiten der unerträglichen Einmischung (*immixtion intolérable*) in das Privatleben festhält, um Maßnahmen im einstweiligen Rechtsschutz anzuordnen.[348] Dies mag seinen Grund darin haben, daß die Abgrenzung zwischen dem Privatleben und dem Intimleben nicht immer eindeutig ist. Die Folge davon ist, daß die Gerichte die Frage, ob es um das Intimleben geht, nicht vom Objekt, in welches eingegriffen wird, abhängig machen, sondern daß es von der Bewertung der Schwere des Eingriffs abhängt, ob dieser als Eingriff in das Intimleben qualifiziert wird.[349]

III. Verfügungsgrund

Nach dem Wortlaut des Art. 9 Abs. 2 CC ist für die Anordnung von Maßnahmen im Rahmen des *Référé*-Verfahrens notwendig, daß Dringlichkeit (*urgence*) vorliegt. Das Kriterium der Dringlichkeit ist es, daß das System des einstweiligen Rechtsschutzes mit seinen Einschränkungen (verkürzte Ladungszeit, Einzelrichter) rechtfertigt, ihm aber andererseits auch Grenzen (grundsätzliches Verbot der Vorwegnahme der Hauptsache, vorläufige Maßnahmen) setzt.[350]

---

[344] TGI Paris, Urt. (ord. réf.) v. 12.2.1998, LP 6/1998, n° 152, I, 74; für den Fall einer Fotoreportage über das Opfer einer Verstümmelung: TGI Paris, Urt. (ord. réf.) v. 30.11.1983, Gaz. Pal. 1984, 1, 7, Anm. *Bertin*.
[345] TGI Paris, Urt. (ord. réf.) v. 11.1.1977, - *Jean Gabin*, D. 1977, jur., 83, Anm. *Lindon*.
[346] TGI Paris, Urt. (ord. réf.) v. 22.1.1996, LP 4/1996, n° 130, I, 41.
[347] Cass. civ., Urt. v. 19.12.1995, D. 1997, jur., 158, Anm. *Ravanas*.
[348] Dazu *Kayser*, D. 1989, chron., 11, (13), Rn. 7.
[349] In diesem Sinne *Debbasch*, S. 942, Rn. 3059; *Agostinelli*, S. 281, Rn. 548.
[350] Vgl. *Blin/Chavanne/Drago/Boinet/Dreyer*; Fasc. 215, S. 18, Rn. 25.

In der französischen Literatur sind Bemühungen, diesen Begriff zu definieren oder zu systematisieren, gescheitert, weil es sich bei den Entscheidungen im einstweiligen Rechtsschutz immer um Einzelfallentscheidungen handelt. Die Entscheidungen sind so stark von den konkreten Umständen beeinflußt, daß Verallgemeinerungen nicht möglich sind. Es ist damit Aufgabe des Richters, in jedem Fall neu über das Vorliegen der Dringlichkeit zu befinden.
Im Rahmen der Verletzung des Intimlebens ist jedoch eine Entwicklung dahingehend zu beobachten, daß die Richter in vielen Fällen das Vorliegen von Dringlichkeit nicht gesondert erwähnen oder prüfen. Vielmehr schließen sie aus dem Umstand, daß eine Verletzung des Intimlebens vorliegt, daß Dringlichkeit besteht.[351] Dies hat der Kassationshof mittlerweile so bestätigt.[352]

1. Von der Dringlichkeit zur Schwere des Eingriffs

Die Auseinandersetzung der Richter mit dem Einzelfall findet jedoch unter einer anderen Begrifflichkeit statt: Der Schwere (*gravité*) des Eingriffs durch die Presse[353]. Der Begriff der Schwere wurde schon vor Inkrafttreten des Art. 9 CC im Jahre 1970 dazu verwandt, die Maßnahmen der *Référé*-Richter zu rechtfertigen.[354] Dies ist auch die eigentliche Funktion der Beurteilung der Schwere des Eingriffs: Die Bestimmung der vom Richter anzuordnenden Maßnahme[355], nicht aber die Beurteilung der Frage, ob ein *Référé*-Verfahren zulässig ist. Allein das ist ureigenste Funktion des Begriffs Dringlichkeit.

---

[351] *Debbasch*, S. 943, Rn. 3062.
[352] Cass. civ., Urt. v. 16.10.1984, Bull. civ. 1984, I, n° 267.
[353] Z.B. TGI Paris, Urt. (ord. réf.) v. 4. 2.1986, D. 1987, som. com., 165, Anm. *Lindon* und *Amson*; TGI Paris, Urt. (ord. réf.) v. 7.2.1992, LP 3/1993, n° 99, I, 28; CA Paris, Urt. v. 15.12.1992, LP 10/1993, n° 105, I, 123.
[354] Vgl. *Debbasch*, S. 942, Rn. 3061.
[355] *Agostinelli*, S. 292, Rn. 561; *Blin/Chavanne/Drago/Boinet/Dreyer*, Fasc. 215, S. 23, Rn. 31 ff.

2. Kritik an der Entwicklung

Diese Entwicklung wird insbesondere von *Dreyer*[356] kritisch beobachtet, der feststellt, daß die Gerichte von der Schwere des Eingriffs auf die Dringlichkeit der Sache schließen, ein Schluß der nicht immer aufgeht: Denkbar sei sowohl die Situation, daß zwar ein schwerer Eingriff erfolgt ist, daß aber kein Schaden bevorstehe, so daß keine Dringlichkeit bestehe. Dennoch werde nach der Rechtsprechung in diesem Fall eine Maßnahme angeordnet. Oder aber der Eingriff sei nicht derart schwer, als daß er nicht später im Rahmen von Schadenersatz kompensiert werden könnte, mit der Folge, daß die Richter Maßnahmen zur Verhinderung des Schadens im Wege des einstweiligen Rechtsschutzes ablehnen müßten.[357]

So heißt es häufig, daß der Richter nur dann Maßnahmen anordnen kann, wenn die Verletzung besonders schwer ist und der Schaden, der sich für das Opfer ergibt, nicht durch die spätere Zuerkennung von Schadensersatz durch den Hauptsache-Richter repariert werden kann.[358] Diese strengen Anforderungen begründen die Richter mit dem Umstand, daß nur so ein Ausgleich zwischen der Äußerungsfreiheit als Grundfreiheit und den Persönlichkeitsrechten geschaffen werden könne.[359] Ob der Gesetzgeber die Anforderungen an die Möglichkeit, im Rahmen des einstweiligen Rechtsschutzes Hilfe zu erlangen, so hoch schrauben wollte, scheint eher zweifelhaft.[360]

IV. Maßnahmen

Gem. Art. 9 Abs. 2 CC kann der Richter jede Maßnahme ergreifen, die geeignet ist, die Verletzung des Intimlebens zu verhindern oder zu beenden. Der Richter ist damit grundsätzlich in der Bestimmung der Maßnahme frei. An die Anträge der Parteien ist er nicht gebunden.[361]

---

[356] *Blin/Chavanne/Drago/Boinet/Dreyer*, Fasc. 215, S. 23 ff., Rn. 31 ff.
[357] *Blin/Chavanne/Drago/Boinet/Dreyer*, Fasc. 215, S. 23 f., Rn. 31.
[358] Vgl. *Kayser, La protection de la vie privée par le droit*, S. 354, Rn. 189.
[359] In diesem Sinne CA Paris, Urt. (ord. réf.) v. 18.12.1987, D. 1988, inf. rap., 24; CA Paris, Urt. v. 8.4.1988, D. 1988, inf. rap., 135.
[360] Vgl. *Kayser, La protection de la vie privée par le droit*, S. 355, Rn. 189.
[361] Vgl. *Kayser*, D. 1989, chron., 11, (15), Rn. 9.

1. Maßnahmen zur Verhinderung oder Beendigung der Verletzung

a) Beschlagnahme

Die Beschlagnahme (*saisie*) des Presseerzeugnisses ist naturgemäß die schärfste Waffe des Richters, um gegen eine Verletzung des Intimlebens vorzugehen. Da sie andererseits einen eklatanten Eingriff in die Pressefreiheit darstellt, wird die Beschlagnahme nur dann angeordnet, wenn sonst keine Maßnahme Erfolg verspricht. Das bedeutet, daß es sich immer um eine Ausnahmesituation z.B. in Form einer sehr schweren Verletzung handeln muß, die einen irreversiblen Schaden verursacht[362], der sich nicht durch die Zuerkennung von Schadensersatzansprüchen reparieren läßt[363].
Die Beschlagnahme kommt ferner nur dann in Betracht, wenn sich die verletzende Passage in dem Druckwerk nicht von dem Gesamtwerk trennen läßt[364], z.B. dadurch, daß diese geschwärzt wird. Effektiv ist die Maßnahme nur, wenn sich noch alle Exemplare des verletzenden Druckwerks beim Herausgeber oder Drucker befinden.[365] Sobald sie in der Verkauf gelangt sind, kann das Opfer die Verbreitung nicht mehr aufhalten. Die Beschlagnahme ist auch aus diesem Grunde ein nur selten geeignetes Mittel, die Verletzung des Intimlebens zu verhindern.
Statt gleich die gesamte Auflage des Presseerzeugnisses zu beschlagnahmen, reicht es oftmals aus, wenn nur in einem bestimmten Gebiet die Beschlagnahme angeordnet wird, z.B. weil der Betroffene nur dort Schaden zu erwarten hat.[366]
Eine andere Möglichkeit ist die Beschlagnahme einzelner Exemplare eines

[362] So z.B. TGI Paris, Urt. (ord. réf.) v. 6.6.1988, Gaz. Pal. 1989, 1, 30 (31), Anm. anonym, wo einer Schauspielerin eine Aids-Erkrankung und der bevorstehende Tod angedichtet wurde. Das Gericht hat in diesem Fall für die noch nicht ausgelieferten Exemplare eine Beschlagnahme, für die anderen den Rückruf durch den Herausgeber und eine Abschlagszahlung auf den bereits entstandenen Schaden angeordnet.

[363] Ausführlich *Lindon*, S. 250, Rn. 34; für einen Fall der Ablehnung einer Beschlagnahme unter Hinweis auf die Möglichkeit eines Schadensersatzanspruches CA Paris, Urt. (ord. réf.) v. 26.2.1989, Gaz. Pal. 1989, 1, 221.

[364] *Kayser*, D. 1989, chron., 11, (15), Rn. 9 mit weiteren Hinweisen auf die Rechtsprechung.

[365] *Kayser*, D. 1989, chron., 11, (15) Rn. 9; wenn das Werk noch nicht veröffentlicht ist, kann gleichfalls unter Androhung von Zwangsgeld ein vorläufiges Veröffentlichungsverbot ausgesprochen werden, so geschehen in TGI Paris, Urt. (ord. réf.) v. 5.8.1998, LP 10/1998, n° 157, I, 153.

[366] TGI Paris, Urt. (ord. réf.) v. 28.6.1974, D. 1974, jur., 751, Anm. *Lindon*.

Druckwerks eines Verlags, um andere Presseunternehmen davon abzuhalten, die Information ebenfalls abzudrucken[367]. Hier soll die Beschlagnahme eher abschreckende Wirkung zeigen.
Kann hingegen die verletzende Passage vom übrigen Werk getrennt werden, spricht der Richter statt der Beschlagnahme oftmals für den Fall, daß der Teil aus dem Druckwerk nicht entfernt wird, ein Verbreitungsverbot aus.[368] Insgesamt wird die Beschlagnahme aber immer die Ausnahme bleiben, da schon andere Maßnahmen meist Abhilfe leisten.

b) Rückruf / Verbreitungsverbot

Für die Situation, daß eine Beschlagnahme nicht in Betracht kommt, weil die Exemplare bereits ausgeliefert sind, hat der ehemalige Pariser Gerichtspräsident *Drai* eine Lösung gefunden:
In einem Fall, in dem in einem Sonderheft der verstümmelte Leichnam einer holländischen Studentin abgebildet worden war, die von einem japanischen Studenten getötet worden war, gab der Gerichtspräsident dem Herausgeber auf, alle 243.000 ausgegebenen Exemplare zurückzurufen. Für jedes nicht in dessen Geschäftsräume zurückgebrachte Exemplar hatte *Drai* ein Zwangsgeld von 10,- FF angedroht. Die Kontrolle der Maßnahme oblag einem Gerichtsvollzieher und die Parteien waren vom Gerichtspräsidenten schon vorsorglich zu einem weiteren Termin geladen worden, damit dieser den Erfolg der Maßnahme überprüfen konnte.[369] Während des folgenden Termins stellte *Drai* fest, daß 160.000 Exemplare nicht zurückgerufen worden waren. Er rechnete diesen Umstand dem Verschulden des Herausgebers an. Aufgrund der besonderen Schwierigkei-

---

[367] TGI Paris, Urt. (ord. réf.) v. 8.5.1974, D. 1974, jur., 530, Anm. *Lindon* - dort bestand im Hinblick auf verschiedene bereits veröffentlichte Artikel über das Privatleben der Kläger, die wenigstens mit deren stillschweigenden Einverständnis abgedruckt wurden, keine Notwendigkeit, die gesamte Auflage der Zeitschrift zu beschlagnahmen. Im Ergebnis ordnete der Richter die Beschlagnahme von drei Exemplaren an.
[368] *Ravanas*, J.-Cl. Civil, Art. 9, Fasc. 20, Rn. 30 mit weiteren Hinweisen auf die Rechtsprechung; *Kayser*, D. 1989, chron., 11 (15), Rn. 9.
[369] TGI Paris, Urt. (ord. réf.) v. 30.11.1983, D. 1984, jur., 111, Anm. *Lindon* = Gaz. Pal. 1984, 1, 7, Anm. *Bertin*.

ten der Rückrufaktion reduzierte er jedoch das Zwangsgeld auf 3,- FF pro fehlendem Exemplar, was zu einer Verurteilung zu 480.000,- FF (ca. 150.000,- DM) führte. Auf diese Weise hat *Drai* ein geeignetes Mittel gefunden, auch in Fällen, in denen eine Beschlagnahme aufgrund der Auslieferung der Druckwerke nicht mehr in Betracht kommt, einen wirksamen Schutz vor Verbreitung der Presseerzeugnisses gewährleisten zu können.[370]
Die Pariser Gerichte haben diese Maßnahmen mittlerweile verschiedentlich angewandt: In einem anderen Fall[371] war eine Schauspielerin in Verdacht geraten, an Aids erkrankt zu sein. Die Zeitschrift *Aujourd'hui Madame* hatte dazu eine (Foto-) Reportage gemacht. Trotz eines kurzfristig ergangenen Verbreitungsverbots war die Zeitschrift in den Verkauf gelangt. Das Gericht ordnete daraufhin die Beschlagnahme bzw. den Rückruf der Exemplare durch den Verlag an. Für den bereits entstandenen Schaden wurde dem Opfer eine Abschlagszahlung von 150.000,- FF gewährt.

In einem weiteren Fall[372] hatte der Präsident der Republik Zentralafrika ein Buch veröffentlicht, in welchem Passagen das Intimleben von *Valéry Giscard d'Estaing* verletzten. Auf dessen Antrag wurde dem Verlag verboten, das Buch weiter zu verbreiten, sofern die verletzenden Passagen nicht gestrichen wurden. Bezüglich der auf dem Markt verbreiteten Exemplare wurde der Verlag unter Androhung eines Zwangsgeldes von 100 FF pro fehlendem Exemplar angewiesen, diese sofort zurückzurufen.

In einer relativ aktuellen Entscheidung[373], in der es um das Buch des Leibarztes von Präsident *Mitterrand* ging, das neben Enthüllungen des Arztgeheimnisses zugleich Eingriffe in das Intimleben des Betroffenen enthält, verhängte das Gericht in zweiter Instanz ein Verbreitungsverbot, das bis zur Anhängigkeit des Hauptsacheverfahrens befristet sein sollte.[374] Den Antragstellern wurde dabei aufgegeben, Klage innerhalb eines Monats einzureichen. Begründung für das

---

370 So auch *Bertin*, Anm. TGI Paris, Urt. (ord. réf.) v. 30.11.1983, Gaz. Pal. 1984, 1, 8.
371 TGI Paris, Urt. v. 6.6.1988, Gaz. Pal. 1989, 1, 30, Anm. anonym.
372 TGI Paris, Urt. v. 14.5.1985, Gaz. Pal. 1985, 2, 608, Anm. *Chartier*.
373 CA Paris, Urt. (ord. réf.) v. 13.3.1996, JCP 1996, 22632, Anm. *Derieux*.
374 Dieses Verbreitungsverbot wurde auch nach der Hauptsacheentscheidung aufrechterhalten, vgl. TGI Paris, Urt. v. 23.10.1996, JCP 1997, 22844, Anm. *Derieux*.

Verbreitungsverbot war, daß aufgrund der großen Anzahl der verletzenden Passagen keine andere Maßnahme in Betracht käme.

c) Sequestration

Statt die Druckwerke zu beschlagnahmen, kann bis zum Ende des Rechtsstreits auch deren Sequestration angeordnet werden. Dies ist z.B. der Fall, wenn einer Partei die Möglichkeit gegeben werden soll, sich Beweise für die Hauptverhandlung zu verschaffen, oder aber um die Schwärzung von Passagen zu erreichen[375]. Die Sequestration von Druckwerken ist ein Mittel, das noch seltener als die Beschlagnahme angeordnet wird[376]. Der Nachteil an dieser Maßnahme sind die zusätzlichen Kosten, die durch die Einsetzung eines Sequesters entstehen, die aber durch andere - oftmals effektivere - Maßnahmen, wie den Rückruf der Exemplare, vermieden werden können.[377]

d) Streichen oder Schwärzen von Passagen

Das Streichen von verletzenden Passagen ist die Maßnahme, die in der Praxis am häufigsten angeordnet wird.[378] Gelegentlich wird nur deren Schwärzung angeordnet, bei Fotos oftmals auch nur die Unkenntlichmachung der Person, z.B. durch einen schwarzen Balken im Gesicht. Diese Maßnahmen werden meist in der Art angeordnet, daß dem Herausgeber die Verbreitung und der Verkauf des Werkes die Veröffentlichung solange verboten werden, bis die verletzenden Passagen oder Bilder gestrichen sind.[379]

---

[375] Vgl. *Debbasch*, S. 945, Rn. 3067.
[376] *Blin/Chavanne/Drago/Boinet/Dreyer*, Fasc. 215, S. 18, Rn. 60.
[377] *Lindon*, *Dictionnaire juridique*, S. 251, Rn. 38; in diesem Sinne auch *Blin/Chavanne/Drago/ Boinet/Dreyer*, Fasc. 215, S. 18, Rn. 60.
[378] Z.B. TGI Paris, Urt. (ord. réf.) v. 11.4.1995, LP 6/1995, n° 122, I, 59 - Streichung eines Satzes und eines Adjektives; TGI Paris, Urt. (ord. réf.) v. 19.2.1992, LP 11/1992, n° 96, I, 132 - Streichung eines Namens; TGI Paris, Urt. (ord. réf.) v. 14.5.1985, Gaz. Pal. 1985, 2, 608, Anm. *Chartier* - Streichung von einzelnen Seiten eines Buches, die die Intimsphäre von *Valéry Giscard d'Estaing* verletzen.
[379] Z.B. TGI Paris, Urt. (ord. réf.) v. 14.5.1985, Gaz. Pal. 1985, 2, 608, (609), Anm. *Chartier*.

In der Praxis ist dieser Weg deshalb beliebt, weil durch eine Streichung der Passagen am ehesten der Ausgleich zwischen Pressefreiheit und Privatleben geschafft werden soll.[380] Zu Recht weist allerdings *Dreyer* darauf hin, daß jedenfalls für die Tages- und Wochenpresse ein ähnlicher Effekt wie bei der Beschlagnahme eintritt: Die Ausgabe kann im Falle einer solchen Anordnung nicht mehr rechtzeitig veröffentlicht werden und eine spätere Veröffentlichung kommt nicht mehr in Betracht.[381]
Wenn die Anzahl der verletzenden Passagen zu hoch ist und diese zu wichtig sind, kann es aber auch sein, daß die Richter statt der Streichung der Abschnitte doch die Verbreitung des Gesamtwerks verbieten.[382]

e) Veröffentlichung des Urteils

Die Veröffentlichung des Urteils ist an sich eine Maßnahme, die gern begleitend zu einer anderen Maßnahme angeordnet wird, denn oftmals kann sie dem Opfer eine gewisse Genugtuung verschaffen. Im Bereich der Verletzung des Intimlebens ist diese Maßnahme jedoch nicht unproblematisch, weil durch eine erneute Veröffentlichung der Fakten erneut in das Intimleben eingegriffen werden kann.[383] Aber auch sonst ist diese Maßnahme jedenfalls im *Référé*-Verfahren umstritten:
Nach einer Meinung spricht gegen diese Möglichkeit der Umstand, daß es sich nicht um eine vorläufige Maßnahme handelt[384]. Für den Fall, daß die Entscheidung nicht mit der des Richters in der Hauptsache übereinstimme, hätte der *Référé*-Richter erheblich in die Kompetenz des Hauptsacherichters eingegriffen.

---

[380] Vgl. *Debbasch*, S. 945, Rn. 3068.
[381] *Blin/Chavanne/Drago/Boinet/Dreyer*, Fasc. 215-1, S. 21, Rn. 62; ähnlich auch *Chartier*, Anm. TGI Paris, Urt. (ord. réf.) v. 14.5.1985, Gaz. Pal. 1985, 2, 608 (610).
[382] So geschehen in CA Paris, Urt. v. 13.3.1996, LP 4/1996, n° 130, III, 33, Anm. *Derieux - Ed. Plon, Gubler./. Mitterrand et autres.*.
[383] Vgl. z.B. CA Paris, Urt. v. 13.10.1981, D. 1983, jur., 620, Anm. *Lindon*, in dem Schadensersatz zugesprochen, eine Veröffentlichung des Urteils aber abgelehnt wurde; anders *Balsan*, Anm. CA Nimes, Urt. 4.10.1990, JCP. 1991, II, 21694, der aufgrund der Tatsache, daß Art. 9 CC dem Richter jede erdenkliche Maßnahme eröffnet, für den Fall der Verletzung des Privatlebens die Anordnung der Veröffentlichung eines Urteiles durch den *Référé*-Richter zulassen will.
[384] Kritisch auch *Agostinelli*, S. 304, Rn. 577.

Mittlerweile gibt es in der Rechtsprechung Strömungen, die sich für eine Veröffentlichung der Entscheidung aussprechen.[385] Begründet wird dies damit, daß es allein darum gehe, die Leserschaft über die Entscheidung zu unterrichten, daß damit aber noch kein endgültiges Urteil in der Sache gesprochen sei.[386] Dennoch scheint bis heute die Ansicht zu überwiegen, daß die Anordnung der Veröffentlichung der Maßnahme nicht dem *Référé*-Richter, sondern nur dem Richter der Hauptsache zustehe.[387]

Nach der Ansicht *Agostinellis* kann aber statt der Veröffentlichung des Urteils eine Art "Klarstellung" (*communiqué* oder *encart judiciaire*) des Verletzen veröffentlicht werden.[388] Hierbei handele es sich nicht um eine endgültige Maßnahme, sondern um die Meinung der anderen Partei. Dadurch werde der Hauptsache nicht vorgegriffen. Auch derlei Maßnahmen finden sich in der französischen Rechtsprechung: So hat z.B. der *Cour d'appel* von Paris ein Urteil bestätigt, in dem die Veröffentlichung einer "Klarstellung" angeordnet wurde, nachdem durch eine Zeitschrift in das Intimleben des Grafen von Paris (*Comte de Paris*) eingegriffen wurde und eine Beschlagnahme aufgrund der bereits erfolgten Auslieferung des Druckwerks nicht mehr möglich war.[389]

2. Begleitmaßnahmen zur Sicherung der Vollstreckung

Um die angeordnete Maßnahme auch durchzusetzen bzw. zu sichern, ordnen die *Référé*-Richter in der Regel begleitende Maßnahmen an. Dafür bieten sich verschiedene Möglichkeiten an, deren Funktionsweisen in der Folge dargestellt werden.

---

[385] Erstmals wohl Versailles 1988, zitiert bei *Estoup*, Gaz. Pal. 1988, chron., 203, (204, 205), allerdings fiel diese Entscheidung nicht im Rahmen der Verletzung des Intimlebens sondern bezüglich einer Entscheidung gem. Art. 809 NCPC für ein Äußerungsdelikt.

[386] In diesem Sinne TGI Paris, Urt. (ord. réf.) v. 2.7.1992, LP 5/1993, n° 101, I, 53.

[387] Vgl. *Kayser, La protection de la vie privée par le droit*, S. 361, Rn. 193-1; CA Paris, Urt. v. 13.10.1981, D. 1983, jur., 420, Anm. *Lindon*; CA Paris, Urt. v. 26.3.1987 und TGI Paris, Urt. v. 4.3.1987, JCP 1987, II, 20904, Anm. *Agostini*; CA Nimes, Urt. v. 4.10.1990, JCP 1991, II, 21694.

[388] *Agostinelli*, S. 304, Rn. 577.

[389] CA Paris, Urt. v. 13.11.1986, D. 1987, som. com., 139, Anm. *Amson* und *Lindon*.

a) Zwangsgeld

Zur Sicherung der Vollstreckung bietet das französische Recht das Mittel des Zwangsgeldes (*astreinte*). Dabei handelt es sich um eine Zahlung des Schuldners an den Gläubiger für den Fall, daß die angeordnete Maßnahme nicht oder nicht vollständig ausgeführt wurde. Bei der Schaffung des Art. 9 CC im Jahre 1970 war die Möglichkeit der Anordnung von Zwangsgeld eine Maßnahme, die juristisch noch nicht ganz ausgereift war, so daß das Zwangsgeld bei den möglichen Maßnahmen in Art. 9 Abs. 2 CC nicht genannt wurde.[390] Aber schon zwei Jahre später wurde ein Gesetz geschaffen, das die Anordnung von Zwangsgeld zum Zwecke der Sicherung der Vollstreckung von Entscheidungen legalisierte.[391]
Die Androhung von Zwangsgeld wird zur Sicherung der Vollstreckung heute häufig angewandt[392]: So verbindet der Richter z.B. die Anordnung, die verbreiteten Exemplare zurückzurufen, mit der Androhung von Zwangsgeld pro fehlendem Exemplar. Dies hat zur Folge, daß ein nachlässiger Rückruf, finanziell gesehen, ein schmerzlicher Einschnitt für den Verleger sein kann. Die *astreinte* hat so den Charakter einer Privatstrafe entwickelt, die geeignet ist, selbst die großen Verleger der Skandalpresse ein wenig einzuschüchtern.[393]

b) Erscheinen vor dem Richter

Um den Erfolg der angeordneten Maßnahme überprüfen zu können, kann der Richter gleichzeitig mit Anordnung der Maßnahme die Parteien zu einem weiteren Termin laden.[394] Zu diesem Termin kann neben den Parteien ein mit der Überwachung der Maßnahme möglicherweise betrauter Gerichtsvollzieher er-

---

[390] Ausführlich zur parlamentarischen Diskussion *Agostinelli*, S. 307 ff., Rn. 580 ff.
[391] Gesetz n° 72-626 vom 5.7.1972; vgl. dazu *Chabas*, D. 1972, chron., 271.
[392] Z.B. TGI Paris, Urt. (ord. réf.) v. 31.1.1984, D. 1984, jur., 283, Anm. *Lindon*.
[393] In diesem Sinne *Kayser*, D. 1989, chron., 11 (16), Rn. 9; kritisch zu dieser Entwicklung *Lindon*, Anm. TGI Paris, Urt. (ord. réf.) v. 31.1.1984, jur., 283.
[394] Dazu *Ravanas*, J.-Cl. Civil, Art. 9, Fasc. 20, Rn. 34; *Kayser*, D. 1989, chron., 11, (16), Rn. 9; so geschehen in TGI Paris, Urt. (ord. réf.) v. 14.5.1985, Gaz. Pal. 1985, 2, 608, Anm. *Chartier*; TGI Paris, Urt. (ord. réf.) v. 30.11.1983, Gaz. Pal. 1984, 1, 7, Anm. *Bertin*; ausführlich *Normand*, RTDciv 1985, 434, (442).

scheinen.[395] Dieser erklärt z.B., wieviele Exemplare des verletzenden Druckwerks der Antragsgegner zurückgerufen hat. Ein möglicherweise angedrohtes Zwangsgeld wird aufgrund dieser Feststellung festgesetzt. Auf diese Weise kann der Richter schon beim ersten Termin Druck auf den Antragsgegner ausüben, die angeordnete Maßnahme so gewissenhaft wie möglich auszuführen.[396]

V. Rechtsmittel

Gegen den Erlaß einer Entscheidung im einstweiligen Rechtsschutz ist neben der Berufung die Kassation als französische Art der Revision zum Kassationshof zulässig. Die Berufung ist gem. Art. 490 NCPC gegen alle Urteile zulässig, sofern sie nicht durch den Präsidenten des *Cour d'appel* angeordnet wurden, oder aufgrund der Höhe oder des Antragsgegenstandes nicht berufungsfähig sind.[397] Die Berufung kann innerhalb von 15 Tagen nach Zustellung des Urteils eingelegt werden (Art. 490 Abs. 3 NCPC). Die Entscheidungen der Berufungsinstanz haben keine materielle Rechtskraft[398].
Sobald eine letztinstanzliche Entscheidung ergangen ist, kann dagegen im einstweiligen Rechtsschutz gem. Art. 490 Abs. 2 NCPC der Kassationshof angerufen werden. Dabei überprüft dieser nicht, ob die Tatsachen für den Erlaß einer einstweiligen Verfügung vorlagen. Eine Kontrolle erstreckt sich im Rahmen des Art. 9 Abs. 2 CC lediglich auf folgende Elemente: Der Kassationshof prüft erstens, ob die Richter das Vorliegen der Dringlichkeit festgestellt haben.[399] Zweitens unterliegt die Wendung "Verletzung des Intimlebens" der Kontrolle des Kassationshofs, die als juristischer Begriff verstanden wird.[400]

---

[395] Zu den Aufgaben des Gerichtsvollziehers (*mandataire de justice*) *Normand*, RTDciv 1985, 434, (442); *Kayser*, D. 1989, chron., 11, (16), Rn. 9.
[396] Vgl. TGI Paris, Urt. (ord. réf.) v. 31.1.1984, D. 1984, jur., 283, Anm. *Lindon;* ausführlich zu dieser Maßnahme auch *Chartier*, Anm. TGI Paris, Urt. (ord. réf.) v. 14.5.1985, Gaz. Pal. 1985, 2, 608, (610).
[397] *Giverdon*, J.-Cl. Procédure civile, Fasc. 232, Rn. 88; zur Höhe der Berufungssumme siehe Art. R 311-2: sie liegt derzeit für das Landgericht bei 25.000,- FF (décret n° 98-1231 v. 28.12.1998, in Kraft seit dem 1.3.1999).
[398] Cass. civ. 12.12.1973, Bull. civ. 1973, II, n° 334 = JCP 1974, IV, 34.
[399] *Debbasch*, S. 943, Rn. 3064; siehe generell zu der Überprüfung der Dringlichkeit *Perdriau*, JCP1988, I, 3365, Rn. 14.
[400] Cass. civ., Urt. v. 14.11.1975, D. 1976, jur., 421, Anm. *Edelmann*; *Debbasch*, S. 943, Rn. 3064.

Der Kassationshof hat es sich nie nehmen lassen, diese Kontrolle auch wirklich auszuüben[401] und dadurch den Begriff des Intimlebens geformt.

VI. Zwischenergebnis

Art. 9 Abs. 2 CC stellt für den Bereich des Schutzes des Intimlebens ein wirksames Mittel zur Verfügung, den einzelnen vor Verletzungen durch die Presse zu schützen. Dagegen ist das Privatleben im weiteren Sinne von den Schutzmechanismen des Art. 9 Abs. 2 CC ausgeschlossen.

Der Richter hat die Möglichkeit, jede erdenkliche Maßnahme zu ergreifen, um die Verletzung des Intimlebens zu verhindern oder zu beenden. In Fällen schwerer Verletzungen besitzt er sogar die Befugnis, die Beschlagnahme des Druckwerks anzuordnen oder aber, was häufiger vorkommt, die Streichung einzelner Passagen anzuordnen. Diese Maßnahmen können von Zwangsgeldandrohungen begleitet sein. Im Bereich des Intimlebens besteht daher zugunsten des einzelnen ein absoluter Schutz, in den die Presse grundsätzlich nicht eingreifen darf, ohne mit schwerwiegenden Sanktionen rechnen zu müssen.

C. Einstweiliger Rechtsschutz gem. Art. 809 NCPC

Neben Art. 9 Abs. 2 CC, der im Rahmen des Intimlebens ausdrücklich Anwendung findet, existiert noch eine weitere Regelung, die einstweiligen Rechtsschutz ermöglicht, Art. 809 NCPC.[402] Diese Vorschrift ist allgemeiner Natur und fand ursprünglich im Bereich von Verkehrsunfällen und Bausachen ihren Platz, ist aber nach und nach auch auf Pressedelikte angewendet worden.[403]

Im Folgenden werden zuerst die Voraussetzungen für eine Anwendung von Art. 809 NCPC, sodann dessen Rechtsfolgen untersucht. Im nächsten Abschnitt schließt sich daran die Frage an, inwieweit die allgemeine Norm des Art. 809

---

[401] Vgl. *Kayser*, D. 1989, chron, 11, (15); Cass. civ., Urt. v. 17.11.1987, Bull. civ. 1987, I, n° 301; Cass. civ., Urt. v. 13.4.1988, JCP 1988, IV, 212; Cass. civ., Urt. v. 4.10.1989, Gaz. Pal. 1990, 1, 13.

[402] Auch gem. Art. 808 NCPC kann einstweiliger Rechtsschutz begehrt werden. Da dieser Artikel aber höhere Anforderungen an den Antragsteller stellt, findet im Bereich des Presserechts in der Praxis nur Art. 809 NCPC Anwendung.

[403] Vgl. *Agostinelli*, S. 311 f., Rn. 584.

NCPC gegenüber der speziellen Norm des Art. 9 Abs. 2 CC geeignet ist, in das sensible Feld des Ausgleichs zwischen Persönlichkeitsschutz und Äußerungsfreiheit einzugreifen.

Art. 809 Abs. 1 NCPC lautet wie folgt:

„Der Gerichtspräsident kann immer, selbst im Fall eines ernsthaften Streites, sichernde oder wiederherstellende Maßnahmen anordnen, die notwendig sind, um entweder einen drohenden Schaden oder eine offensichtlich rechtswidrige Störung abzuwenden.“[404]

I. Prozessuales

Die Regeln bezüglich der Zuständigkeit, der Einleitung des Verfahrens, des Verfahrens selbst und der Entscheidung im Rahmen von Art. 809 NCPC unterscheiden sich nicht von denen, die für Art. 9 Abs. 2 CC dargestellten wurden.[405]

II. Verfügungsanspruch

1. Drohender Schaden

Gem. Art. 809 Abs. 1 NCPC ist die Anordnung einer Maßnahme möglich, wenn dadurch ein drohender Schaden (*dommage imminent*) abgewendet werden kann. Ein Schaden droht, wenn der Schaden zwar noch nicht eingetreten ist, dieser aber mit Sicherheit eintreten wird, wenn die bestehende Situation andauerte.[406] Im Bereich der Pressedelikte betrifft dies insbesondere die Fälle, in denen ein Druckwerk noch nicht veröffentlicht ist. Ob diese Fälle überhaupt unter Art.

---

[404] Übersetzung der Verfasserin: „*Le président peut toujours, même en presence d'une contestation sérieuse, prescrire les mesures conservatoires ou de remise en état qui s'imposent soit pour prévenir un dommage imminent, soit pour faire cesser un trouble manifestement illicite.*“
[405] S.o. 2. Teil, 1 Kap., B., I.
[406] Vgl. *Agostinelli*, S. 313, Rn. 587; *Solus/Perrot*, S. 1088, Rn. 1289; TGI Paris, Urt. (ord. réf.) v. 11.2.1974, Gaz. Pal. 1974, 1, 340.

809 NCPC fallen, ist nach wie vor umstritten, denn es ist in diesen Fällen nicht sicher, ob der drohende Schaden mit der notwendigen Sicherheit eintreten wird. In der Literatur besteht Einigkeit, daß diese Fälle unter Art. 809 NCPC fallen müssen, da dies im Rahmen von Pressedelikten die wesentliche Konstellation ist, in der ein Schaden drohen kann, ohne schon eingetreten zu sein.[407] Die Rechtsprechung ist in diesen Fällen jedoch uneinheitlich.[408]
Da aber in der Regel dem Opfer die bevorstehende Veröffentlichung bzw. ihr Inhalt - jedenfalls im Rahmen der Tages- und Wochenpresse - nicht bekannt sein wird, sind die Entscheidungen auf dem Gebiet des drohenden Schadens rar gesät.[409]

2. Offensichtlich rechtswidrige Störung

Die zweite Möglichkeit, eine einstweiligen Verfügung gem. Art 809 NCPC zu erhalten, ist die Geltendmachung einer offensichtlich rechtswidrigen Störung (*trouble manifestement illicite*). Diese Möglichkeit ist von erheblicher praktischer Bedeutung, weil der Verletzte meist erst durch die Veröffentlichung in der Presse von dem Eingriff in sein Privatleben erfährt. Dann aber ist die Störung bereits eingetreten.
Eine im Sinne der Norm offensichtlich rechtswidrige Störung ist jede Störung, die aus einem tatsächlichen oder rechtlichen Umstand resultiert und die direkt oder indirekt eine offensichtliche Verletzung einer Rechtsregel darstellt.[410] Da-

[407] *Lindon*, Anm. TGI Paris, Urt. (ord. réf.) v. 26.12.1975, JCP 1976, II, 18385; zustimmend auch *Agostinelli*, S. 316, Rn. 591; zu dem ähnlichen Problem im Bereich von Art. 9 CC siehe Kayser, D. 1989, chron., 11, (12), Rn. 6.
[408] TGI Marseille, Urt. (ord. réf.) v. 23.7.1997, LP 9/1998, n° 154, I, 106, wo jedoch darauf abgestellt wurde, daß keine offensichtlich rechtswidrige Störung vorliege und daß allein die Angst, daß ein Artikel erscheine, noch kein Veröffentlichungsverbot als eine, der Zensur vergleichbaren, Maßnahme rechtfertige. Ablehnend im Hinblick auf eine Kontrolle eines Buches vor Veröffentlichung: TGI Paris, Urt. (ord. réf.) v. 4.6.1997, LP 7/8/1998, n° 153, I, 90; TGI Paris, Urt. (ord. réf.) v. 26.12.1975, JCP 1976, II, 18385, Anm. *Lindon*; anders aber Cass. civ., Urt. v. 26.2.1989, Gaz. Pal. 1989, 1, 221 = D. 1990, som. com., 242, Anm. *Amson*; TGI Paris, Urt. (ord. réf.) v. 16.11.1976, JCP 1977, II, 18701, Anm. *Lindon*.
[409] Vgl. *Agostinelli*, S. 316, Rn. 591.
[410] *Solus/Perrot*, S 1088, Rn. 1289.

bei muß nicht unbedingt gegen ein Gesetz verstoßen werden, es reicht auch die Verletzung einer Verordnung, der Moral, von Vereinbarungen oder Gepflogenheiten.[411] Im Rahmen der Verletzung der Privatlebens wird dies jedoch unproblematisch immer ein Verstoß gegen Art. 9 CC, also ein Gesetz, sein.
Wichtigstes Merkmal ist die Offensichtlichkeit der Rechtswidrigkeit (*manifestement illicite*). Sie muß sich sozusagen aufdrängen.[412] Wäre dies nicht der Fall, würde der Richter entgegen seiner Zuständigkeit ein Urteil in der Sache fällen[413]: Wenn die Rechtswidrigkeit nicht ins Auge springt, kann es zwar sein, daß die Störung rechtswidrig ist, sie ist es jedoch nicht offensichtlich. Eine wiederherstellende Maßnahme kann daher nach dem Gesetzeswortlaut nicht angeordnet werden.[414]
Allerdings sieht die Praxis manchmal anders aus: So kommt es vor, daß der Richter auch in der Sache entscheidet, was so weit gehen kann, daß er wegen der Grundsatzfrage, die der Rechtsstreit stellt, in der Sache die Nebenintervention von bestimmten Vereinigungen oder Gewerkschaften zuläßt.[415]

3. Unabhängigkeit von einem ernsthaften Streit

Per Dekret vom 17.6.1987[416] wurde in den Art. 809 Abs. 1 NCPC die Wendung eingefügt, daß der Richter selbst im Falle eines ernsthaften Streites (*même en présence d'une contestation sérieuse*) die oben genannten Maßnahmen anordnen kann. Daß dem so sei, hatte der Kassationshof bereits in einer Entscheidung

---

[411] *Bertin*, Gaz. Pal. 1983, 2, doc., 419, (420); *Blin/Chavanne/Drago/Boinet/Dreyer*, Fasc. 215-1, S. 5, Rn. 44.
[412] Nicht erforderlich ist hingegen, daß der Eingriff außergewöhnlich schwer ist (*gravité exceptionnelle*), vgl. Cass. civ., Urt. v. 21.7.1987, Gaz. Pal. 1987, 2, 577, Anm. *Bertin*, Gaz. Pal. 1987, 2, 625.
[413] In diesem Sinne *Blin/Chavanne/Drago/Boinet/Dreyer*, Fasc. 215-1, S. 3, Rn. 42.
[414] *Bertin*, Gaz. Pal. 1983, 2, doc., 419, (420).
[415] CA Paris, Urt. v. 13.3.1996, LP 6/1996, n° 130, III, 33, Anm. *Derieux* - *Ed. Plon, Gubler ./. Mitterrand*; kritisch zu dieser Entwicklung *Blin/Chavanne/Boinet/Drago/Dreyer*, Fasc. 215-1, S. 5, Rn. 45.
[416] *Decrét* n° 87-434 v. 17.6.1987; dazu *Normand*, RTDciv 1988, 167 ff.

aus dem Jahre 1980 festgestellt.[417] Es war nämlich eine Entwicklung zu beobachten, daß sich die Richter hinter der Annahme eines ernsthaften Streites der Parteien versteckten, um sich einer Entscheidung im einstweiligen Rechtsschutz zu entziehen.[418] Mit der Einfügung der Wendung sind im Ergebnis Aufgabe und Entscheidungsfreude der Richter gestärkt worden, selbst in ernsthaft streitigen Fällen Maßnahmen anzuordnen.

Bezieht sich der ernsthafte Streit jedoch auf die Rechswidrigkeit der Störung, so kann der Richter mangels Offensichtlichkeit der Rechtswidrigkeit der Störung keine Maßnahme anordnen.[419] In solchen Fällen kann dann nur aufgrund eines drohenden Schadens eine Maßnahme angeordnet werden.[420]

III. Verfügungsgrund

Grundsätzlich liegt dem einstweiligen Rechtsschutz die Idee zugrunde, daß aufgrund der besonderen Dinglichkeit der Sache eine schnelle Entscheidung durch den Richter ergehen muß. Mit anderen Worten, es kann der betroffenen Partei nicht zugemutet werden, auf Rechtsschutz in der Hauptsache, der oft langwierig ist, warten zu müssen.

Art. 809 Abs. 1 NCPC erwähnt anders als Art. 9 Abs. 2 CC die Notwendigkeit des Vorliegens von Dringlichkeit hingegen nicht. Demnach ist der Richter im Rahmen von Art. 809 Abs. 1 NCPC davon befreit, festzustellen, ob eine besondere Eilbedürftigkeit vorliegt.[421] Es stellt sich aber gerade deswegen die Frage, ob Art. 809 NCPC im Rahmen des *Référé*-Verfahrens artfremd ist und dazu beiträgt, die durch Art. 9 CC aufgestellten Voraussetzungen zu umgehen. Die Vorschrift des Art. 809 NCPC wurde erst im Jahre 1973 in den *Nouveau Code de Procédure Civile* eingefügt und hat den alten Art. 809 ersetzt, der ein Verbot der Vorwegnahme der Hauptsache aussprach. Der Gesetzgeber könnte also bewußt eine neue Art des einstweiligen Rechtsschutzes geschaffen haben.

---

[417] Cass. civ., Urt. v. 19.2.1980, Gaz. Pal. 1980, 2, 359; außerdem Cass. civ., Urt. v. 21.4.1982, Bull. civ. 1982, II, n° 61; Cass. civ., Urt. v. 8.6.1983, Bull. civ. 1983, II, n° 123.
[418] In diesem Sinne *Agostinelli*, S. 326, Rn. 606.
[419] Ausführlich zu diesem Problem *Normand*, RTDciv 1988, 167, (169 f.).
[420] In diesem Sinne *Agostinelli*, S. 328, Rn. 608.
[421] Vgl. *Agostinelli*, S. 324, Rn. 603.

Allerdings muß man wohl zugeben, daß, obwohl in Art. 809 Abs. 1 NCPC die Dringlichkeit nicht ausdrücklich gefordert wird, die Fallkonstellationen des Artikels an sich schon Dringlichkeit mitsichbringen[422]: Um die Gefahr eines drohenden Schadens abzuwenden, muß schnell gehandelt werden. Ist diese Eile nicht erforderlich, droht der Schaden nicht. Damit besteht in dieser Konstellation schon kraft Natur der Sache Dringlichkeit.

In der Konstellation der offensichtlich rechtswidrigen Störung ist das Kriterium der Dringlichkeit nicht ganz so offensichtlich angelegt. Dennoch: Ist bereits eine offensichtlich rechtswidrige Störung eingetreten, so bedarf es ebenfalls einer schnellen Handlung, wenn der eingetretene Schaden wenigstens begrenzt werden soll. So z.B. im Fall einer Verletzung des Privatlebens durch eine am Anfang stehende Verbreitung eines Druckerzeugnisses. Hier kann eine weitere Verbreitung durch ein Verbot und die Anordnung des Rückrufes der ausgelieferten Exemplare den Schaden begrenzen. Also ist auch hier die Dringlichkeit schon in der Natur der Sache angelegt. Damit besteht im Rahmen des Art. 809 NCPC eine unwiderlegliche Vermutung für das Bestehen von Dringlichkeit[423], so daß der Verfügungsgrund selbst keiner besonderen Erwähnung bedarf.

IV. Maßnahmen

1. Freie Wahl der Maßnahme

Nach dem Wortlaut des Art. 809 Abs. 1 NCPC kann der Richter jede Maßnahme anordnen, die geeignet ist, den drohenden Schaden oder die offensichtlich rechtswidrige Störung abzuwenden. Die Norm an sich sieht keinerlei Einschränkungen in der Wahl der Maßnahmen vor. Danach kommen grundsätzlich alle Maßnahmen in Betracht, die bereits oben unter Art. 9 CC besprochen wurden[424], also Beschlagnahme, Verbot der Veröffentlichung, Sequestration, Streichen oder Schwärzen von Passagen und zur Sicherung der Maßnahmen das

---

[422] Vgl. *Agostinelli*, S. 325, Rn. 605.
[423] In diesem Sinne *Normand*, RTDciv 1983, 382; Cass. civ., Urt. v. 19.1.1982, JCP 1982, IV, 126; Cass. civ. 26.10.1982, JCP 1982, IV, 19.
[424] S.o. 2. Teil, 1. Kap., B., IV.

Zwangsgeld. Einzige Bedingung ist, daß die Maßnahme zum Eingriff verhältnismäßig sein muß: So kann ein Roman nicht in ganz Frankreich beschlagnahmt werden, wenn die verletzten Personen nur in einem Ort der Pyrenäen wohnhaft sind[425]. Andernfalls würde die Äußerungsfreiheit zu stark tangiert.
Interessant ist die Norm des Art. 809 NCPC vor allem deshalb, weil ihr Abs. 2, über die nach Art. 9 CC sowieso zulässigen Maßnahmen hinaus, die Abschlagszahlung (*provision*) legalisiert und so ein Mehr an Rechtsschutzmöglichkeiten schafft.[426]

In Art. 809 Abs. 2 NCPC[427] heißt es:

„In den Fällen, in dem das Bestehen der Verpflichtung nicht ernsthaft bestritten ist, kann der Richter dem Gläubiger eine Abschlagszahlung zusprechen oder, selbst wenn es sich um eine Verpflichtung zu einem Tun handelt, die Vollstreckung dieser Verpflichtung anordnen."[428]

2. Die Abschlagszahlung

Wichtig ist für die hier untersuchten Fälle der Verletzung der Privatsphäre durch die Presse nur der erste Teil der Vorschrift, die Möglichkeit des Zusprechens einer Abschlagszahlung. Der *Référé*-Richter darf grundsätzlich keinen Schadensersatz zusprechen, weil es sich hierbei um eine endgültige Maßnahme handelt, die lediglich dem Richter der Hauptsache vorbehalten ist.[429] Mit der Abschlagszahlung steht ihm aber ein vergleichbares Mittel zur Verfügung: Er kann anordnen, daß dem Opfer einer Verletzung des Intimlebens ein Geldbetrag gezahlt wird.

---

425 Cass. civ., Urt. v. 31.1.1989, Bull. civ. 1989, I, n° 47.
426 Ein guter Überblick über die Maßnahme der Abschlagszahlung findet sich bei *Weber*, S. 82 ff.
427 Art. 809 Abs. 2 NCPC wurde eingefügt durch das Dekret vom 17.12.1973.
428 Übersetzung der Verfasserin: „*Dans le cas où l'existence de l'obligation n'est pas sérieusement contestable, il peut accorder une provision au créancier ou ordonner l'exécution de l'obligation même s'il s'agit d'une obligation de faire.*"
429 Cass. civ., Urt. v. 17.11.1976, JCP 1977, IV, 3; Urt. v. 26.4.1984, JCP 1984, IV, 210.

a) Nicht ernsthaft streitige Verpflichtung

Voraussetzung für das Zuerkennen einer solchen Abschlagszahlung ist jedoch, daß die Verpflichtung des Schädigers, Schadensersatz zu leisten, nicht ernsthaft streitig ist (*l'obligation n'est pas sérieusement contestable*). Das bedeutet, daß die Forderung nicht nur vom Antragsgegner nicht ernsthaft bestritten werden darf, sondern daß der Richter die Sache wenigstens summarisch prüft, wenn der Antragsgegner zum Termin nicht erscheint.[430] Ist der Richter der Ansicht, daß die Voraussetzungen für die Gewährung einer Abschlagszahlung vorliegen, so kann er eine solche Verurteilung aussprechen. Daran schließt sich die Frage an, wie hoch die Abschlagszahlung sein darf.

b) Höhe der Abschlagszahlung

Bei der Bestimmung der Höhe der Abschlagszahlung stellt sich, wie auch im Rahmen der Hauptsache, das Problem der Bewertung des Schadens.[431] Meist wird es nur ein immaterieller Schaden sein, den es zu reparieren gilt. Insoweit hat sich auch unter den *Référé*-Richtern noch keine einheitliche Linie gefunden, wie eine Bewertung zu erfolgen hat. Deswegen erscheint die Höhe der Beträge oft willkürlich festgesetzt.[432]

Der Geldbetrag kann der Schadensersatzforderung des Verletzten in der Hauptsache in der Höhe entsprechen (*provisions à 100 %*). Eine solche Zahlung stellt im Ergebnis nicht nur einen Abschlag auf die zu erwartende Schadensersatzzahlung dar, sondern die zu erwartende Schadensersatzforderung selbst.[433] Auf diese Weise kann der *Référé*-Richter das Opfer der Verletzung davon befreien, zur Erlangung von Schadensersatz Rechtsschutz in der Hauptsache anzustrengen zu müssen.[434] Da das Opfer nun schon im Rahmen des

---

430 *Viatte*, Gaz. Pal. 1976, doc., 709, (710).

431 Zur Kompetenz, den Schaden zu bestimmen und danach die Abschlagszahlung festzulegen vgl. Cass. civ., Urt. v. 10.11.1998, JCP 1998, IV, 3517.

432 Vgl. *Blin/Chavanne/Drago/Boinet/Dreyer*, Fasc. 215-1, S. 23, Rn. 66 mit Beispielen der Festsetzung der Beträge aus der Rechtsprechung.

433 Vgl. *Ravanas*, J.-Cl. Civil, Art. 9, Fasc. 20, Rn. 38; *Kayser*, D. 1989, chron., 11, (17), Rn.12; so entschieden Com., Urt. v. 20.1981, Bull. civ., IV, n° 40; Anm. *Normand*, RTDciv 1981, 673, (679), mit Hinweis auf die bis dahin streitige Situation.

müssen.[434] Da das Opfer nun schon im Rahmen des einstweiligen Rechtsschutzes den von ihm geforderten Geldbetrag erlangt hat, wird die Entscheidung des *Référé*-Richters in solchen Fällen meist zur endgültigen Entscheidung in der Sache[435]. Positiver Nebeneffekt dabei ist, daß der Staat dadurch eine Judikative anbieten kann, die schneller und zu geringeren Kosten arbeitet.[436]

An dieses Problem schließt sich die nicht unumstrittene Frage an, ob es dem *Référé*-Richter auch erlaubt ist, im Rahmen der Abschlagszahlung zu einem symbolischen Betrag (*franc symbolique*) zu verurteilen.[437] Dafür spricht, daß es von Gesetzes wegen keinerlei Festsetzung eines Mindestbetrages gibt.[438] Art. 809 Abs. 2 NCPC erlaubt generell die Festsetzung einer Abschlagszahlung. In der Literatur finden sich allerdings Stimmen, die sich gegen die Zuerkennung eines *franc symbolique* durch den *Référé*-Richter aussprechen.[439] Dies wird damit begründet, daß die Verurteilung zu einem symbolischen Betrag nur die Funktion einer zivilrechtlichen Sanktion erfülle.[440] Der Antragsgegner werde auf diese Weise moralisch verurteilt. Dies sei aber nicht Aufgabe des *Référé*-Richters. Die Abschlagszahlung erfülle allein die Funktion, dem Verletzten zu helfen, der unter den materiellen Folgen der Verletzung leide. So habe ursprünglich in Bausachen oder Verkehrsunfällen dem Opfer, das oftmals wenig Geld habe, diese Sorge abgenommen werden sollen.[441] Die Verurteilung zu einem symbolischen Betrag sei aber dazu gerade nicht geeignet. Es könne daher nicht von Art. 809 Abs. 2 NCPC umfaßt sein, eine solche Maßnahme auszusprechen. Bei einer symbolischen Zahlung handele es sich nämlich nicht um

---

[434] Allerdings darf der Richter, der eine Abschlagszahlung im einstweiligen Rechtsschutz zugebilligt hat, am Hauptsacheverfahren nicht mehr beteiligt werden, vgl. Cass. civ., Ass. plén., Urt. v. 6.11.1998, D. 1999, jur., 1 ff.
[435] *Kayser*, D. 1989, chron., 11, (17); kritisch zu dieser Entwicklung *Couchez*, S. 161, (166).
[436] Kritisch *Tendler*, D. 1991, chron., 139.
[437] So geschehen CA Versailles, Urt. v. 28.1.1988 zitiert bei *Estoup*, Gaz. Pal. 1988, chron., 203, (204).
[438] Vgl. CA Versailles, Urt. v. 28.1.1988, zitiert bei *Estoup*, Gaz. Pal. 1988, chron., 203, (206).
[439] *Ravanas*, J.-Cl. Civil, Art. 9, Fasc. 20, Rn. 39; *Estoup*, Gaz. Pal. 1988, chron., 203; *Blin/Chavanne/Drago/Boinet/Dreyer*, Fasc. 215-1, S. 17, Rn. 70.
[440] *Blin/Chavanne/Drago/Boinet/Dreyer*, Fasc. 215-1, S. 17, Rn. 70.
[441] In diesem Sinne *Estoup*, Gaz. Pal. 1988, chron., 203, (206).

eine Abschlagszahlung, sondern um eine wiederherstellende Maßnahme (*remise en état*) im Sinne von Art. 809 Abs. 1 NCPC.[442]
Es ist daher im Ergebnis abzulehnen, daß der *Référé*-Richter gem. Art. 809 Abs. 2 NCPC zu einer symbolischen Abschlagszahlung verurteilt.

V. Rechtsmittel

Wie auch schon im Rahmen des einstweiligen Rechtsschutzes gem. Art. 9 Abs. 2 CC können auch gegen eine Entscheidung im Rahmen von Art. 809 NCPC Berufung und Revision eingelegt werden. Für die Kassation stellt sich aber die Frage, inwieweit der Kassationshof die Anwendung der Norm des Art. 809 NCPC durch die Tatsachenrichter überprüfen kann. Bei der Wendung „drohender Schaden" (*dommage imminent*) ist eine Überprüfung ausgeschlossen, weil es sich um einen Tatsachenbegriff handelt.[443] Hier reicht es, daß das Vorliegen eines drohenden Schadens durch den *Référé*-Richter festgestellt wurde.
Bezüglich der anderen Variante des 809 Abs. 1 NCPC, der „offensichtlich rechtswidrigen Störung" (*trouble manifestement illicite*), war es lange heftig umstritten, ob der Kassationshof den Begriff kontrollieren kann, oder nicht[444]. Die Worte „Störung" und „offensichtlich" legten es nahe, daß es sich hier um einen Tatsachenbegriff handelt, während das Wort „rechtswidrig" als Rechtsbegriff für eine Überprüfung sprach. Durch eine Plenarentscheidung ist jedoch mittlerweile entschieden worden, daß der gesamte Begriff einer Überprüfung durch den Kassationshof zugänglich ist.[445]
Ob die Wendung in Art. 809 Abs. 2 NCPC „nicht ernsthaft streitige Verpflichtung" (*obligation ne pas sérieusement contestable*), durch den Kassationshof

---

[442] Daß die Verurteilung zu einem *franc symbolique* auch von Art. 809 Abs. 1 umfaßt ist, stellte auch der CA Versailles in seinem Urt. v. 28.1.1988 fest, vgl. *Estoup*, Gaz. Pal. 1988, chron., 203 (206).
[443] Siehe dazu *Perdriau*, JCP 1988, I, 3365, Rn. 15; Cass. civ., Urt. v. 27.6.1979, Bull. civ., II, n° 199 und Urt. v. 16.6.1993, D. 1993, jur., 590, Anm. *Coulon*.
[444] Dies war selbst nach einer Plenarentscheidung, die sich gegen eine Kontrolle aussprach, zwischen den einzelnen Kammern des Kassationshofes noch streitig, vgl. ausführlich *Debbasch*, S. 949, Rn. 3077.
[445] Ass. Plén., Urt. v. 28.6.1996, D. 1996, 497, Zusammenfassung *Weber*, Anm. *Coulon*; JCP 1996, I, 3972, chron. *Périnet-Marquet*; JCP 1996, II, 22712, Anm. *Mémeteau*; Gaz. Pal. 1996, 2, 398, Anm. *Perdriau*; dazu auch *Normand*, RTDciv 1997, 216.

überprüft werden kann, ist nach wie vor zwischen den einzelnen Kammern des Gerichts streitig.[446]

VI. Zwischenergebnis

Einstweiliger Rechtsschutz gem. Art. 809 NCPC kann begehrt werden, wenn ein Schaden droht oder eine offensichtlich rechtswidrige Störung besteht. Es könnte sich daher die Möglichkeit eröffnen, für den Schutz des Privatlebens Maßnahmen auf Art. 809 NCPC zu stützen. Interessant ist Art. 809 NCPC ferner vor allem deshalb, weil er die Möglichkeit bietet, Abschlagszahlungen auf die ausstehende Schadensersatzleistung zu gewähren. Auf diese Weise kann dem Opfer einer Verletzung des Privatlebens gegebenenfalls eine Klage in der Hauptsache erspart bleiben.

D. Verhältnis von Art. 9 Abs. 2 CC zu Art. 809 NCPC

Nachdem nun aufgezeigt wurde, daß neben der Rechtsschutzmöglichkeit gegen die Verletzung des Intimlebens gem. Art. 9 Abs. 2 CC noch eine allgemeine Norm existiert, die ebenfalls in derlei Fällen Abhilfe schaffen kann, stellt sich die Frage, in welchem Verhältnis die beiden Normen zueinander stehen. Hierbei sind im folgenden zwei Fallkonstellationen zu untersuchen: Erstens der Fall der Verletzung des Intimlebens durch die Presse und zweitens der Fall der Verletzung des Privatlebens durch die Presse.

I. Verletzung des Intimlebens durch die Presse

1. Notwendige Normenkombination

Zum Schutz gegen die Verletzung des Intimlebens kann im französischen Recht in erster Linie auf der Grundlage von Art. 9 Abs. 2 CC einstweiliger Rechts-

[446] Vgl. hierzu die Zusammenfassung des Problems bei *Perdriau*, JCP 1988, I, 3365.

schutz beantragt werden. Diesen Schutz hat der Gesetzgeber ausdrücklich normiert, d.h. eine Norm geschaffen, die auf eine spezielle Situation, die Verletzung des Intimlebens, zugeschnitten ist. Daneben existiert die generelle Norm des Art. 809 NCPC, die auf abstrakter Ebene Schutz gegen drohende Schäden oder offensichtlich rechtswidrige Störungen bietet. Diese Norm findet in allen Rechtsgebieten Anwendung. Damit stellt sich die Frage, ob Art. 809 NCPC neben Art. 9 Abs. 2 CC überhaupt einen Anwendungsbereich hat, oder ob Art. 9 Abs. 2 CC vielmehr als speziellere Norm Art. 809 NCPC ausschließt[447].

Das ist deshalb von Bedeutung, weil der Richter bzw. der Antragsteller durchaus ein Interesse daran haben könnte, sich im Fall der Verletzung des Intimlebens statt auf Art. 9 Abs. 2 CC auf Art. 809 NCPC zu berufen. Ein solches Vorgehen bietet folgende Vorteile: Erstens ist es nicht erforderlich, daß der Richter feststellt, ob Dringlichkeit vorliegt.[448] Diese wird vom Text der Norm nicht gefordert, sondern liegt bereits in der Natur der Sache[449]. Allerdings wird auch in den Fällen, in denen das Intimleben verletzt wird, in der Regel Dringlichkeit vorliegen, so daß dieser Umstand allein noch nicht bewirkt, daß die Norm des Art. 809 NCPC gegenüber der Norm des Art. 9 Abs. 2 CC für den Antragsteller günstiger ist.

Zweitens - und dies ist entscheidender - ist der Richter im Rahmen von Art. 809 NCPC nicht gehalten, festzustellen, ob es sich tatsächlich um einen Eingriff in das Intimleben handelt.[450] Diese Qualifikation ist nicht immer eindeutig und unterliegt der Kontrolle des Kassationshofes[451], so daß ein Gericht wie auch die Parteien ein Interesse haben können, diese Qualifikation zu umgehen. So kann es einfacher sein, den Antrag auf einstweiligen Rechtsschutz auf die Gefahr eines drohenden Schadens oder eine offensichtlich rechswidrige Störung zu stützen und trotzdem die gleichen Rechtsfolgen wie nach Art. 9 Abs. 2 CC zu erzielen.

---

[447] Zu dieser Frage TGI Paris, Urt. (ord. réf.) v. 22.6. 1998, LP 3/1999, n° 159, I, 25, wo darauf hingewiesen wird, daß Art. 809 NCPC neben Art. 9 CC stehen kann.

[448] *Debbasch*, S. 951, Rn. 3081; *Auvret*, Anm. TGI Paris, Urt. (ord. réf.) v. 17.6.1987 und CA Paris v. 19.6.1987, JCP 1988, II, 20957.

[449] S.o. Ausführungen unter C. III.

[450] Vgl. *Auvret*, Anm. TGI Paris, Urt. (ord. réf.) v. 17.6.1987 und CA Paris, Urt. v. 19.6.1987, JCP 1988, II, 20957; *Debbasch*, S. 951, Rn. 3081.

[451] S.o. Ausführungen unter 2. Teil, 1. Kap., B., V.

Ob der Gesetzgeber daran gedacht hat, daß auf diese Weise Art. 9 Abs. 2 CC umgangen werden könnte, als er Art. 809 NCPC eingefügt hat, ist nicht sicher. Problematisch ist daran, daß es sich bei Art. 9 CC um ein Gesetz handelt, das dem Ausgleich zwischen dem Schutz des Privatlebens und der Pressefreiheit dienen will, während es sich bei Art. 809 NCPC nur um eine Verordnung allgemeinen Charakters handelt. Dagegen, daß eine Verordnung allgemeiner Natur in das ausgeklügelte System des Art. 9 CC eingreifen soll, wird z.T. eingewandt, daß schon Art. 11 der Erklärung der Menschen und Bürgerrechte von 1789 bestimmt, daß in die Äußerungsfreiheit nur durch Gesetz eingegriffen werden kann. Dem kann jedoch entgegengehalten werden, daß der Europäische Gerichtshof mit dem Wort Gesetz kein Parlamentsgesetz verbindet, sondern daß es ausreicht, wenn es sich um Recht im weiteren Sinne[452], also auch um eine verwaltungsrechtliche Verordnung, handelt. Demnach steht Art. 11 der Erklärung der Menschen und Bürgerrechte einem *Référé*-Verfahren gem. Art. 809 NCPC im Bereich des Persönlichkeitsrechts nicht entgegen.

Dennoch sind Zweifel angebracht, wenn man bedenkt, daß nunmehr gem. Art. 809 NCPC z.B. die Beschlagnahme eines Buches angeordnet werden könnte, jedoch die Voraussetzungen des Art. 9 Abs. 2 CC nicht erfüllt sind. Sollte das möglich sein, so wäre die Norm des Art. 9 Abs. 2 CC sinnentleert und damit unnötig.[453] Das kann vom französischen Gesetzgeber nicht gewollt sein.

Um dieses Ergebnis zu vermeiden, kann Art. 809 NCPC nur dahingehend ausgelegt werden, daß Maßnahmen, die ersichtlich in die Äußerungsfreiheit eingreifen, nur dann angeordnet werden dürfen, wenn die Voraussetzungen des Art. 9 Abs. 2 CC vorliegen. Die Normen müssen also kombiniert werden[454]: Nur wenn es um einen Eingriff in das Intimleben geht, können auch gem. Art. 809 NCPC z.B. eine Beschlagnahme[455], Sequestration oder Streichung einer Passage, also Maßnahmen, die direkt in die Pressefreiheit eingreifen, erfolgen. Nur so ist sichergestellt, daß das System, das der französische Gesetzgeber zum Ausgleich von Pressefreiheit und Schutz des Privatlebens eingerichtet hat, auch konform ausgeübt wird. Ohne diese Anforderung an Art. 809 NCPC wäre die

---

[452] Vgl. *Derieux*, JCP 1997, I, 4053, 413, (416) m. w. N.

[453] So auch *Lindon*, Anm. CA Paris, Urt. v. 18.10.1977, D. 1978, jur., 461, (462).

[454] *Debbasch*, S. 951, Rn. 3082; CA Paris, Urt. v. 18.10.1977, D. 1978, jur., 461, Anm. *Lindon*.

[455] CA Paris, Urt. v. 18.10.1977, D. 1978, jur., 461, Anm. *Lindon*; TGI Paris, Urt. (ord. réf.) v. 8.4.1999, LP 10/1999, n° 165, I, 121.

Pressefreiheit nicht mehr gewährleistet, weil schon aufgrund kleinerer drohender Schäden oder Störungen eine die Pressefreiheit ganz erheblich beeinträchtigende Maßnahme angeordnet werden könnte.

2. Mögliche Maßnahmen

Dem könnte entgegengehalten werden, daß es unter diesen Umständen keinen Anreiz mehr gäbe, einen Antrag auf einstweiligen Rechtsschutz auf Art. 809 NCPC zu stützen, wenn im Ergebnis doch die Voraussetzungen von Art. 9 Abs. 2 CC erfüllt sein müßten. Dennoch ist Art. 809 NCPC für den Antragsteller weiterhin von Bedeutung. Das liegt daran, daß Art. 809 Abs. 2 NCPC die Möglichkeit der Abschlagszahlung eröffnet.[456] Die Abschlagszahlung ist in Art. 9 CC nicht vorgesehen. Erklären läßt sich dies damit, daß Art. 9 CC nur Maßnahmen vorsieht, die die Verletzung des Intimlebens verhindern oder beenden. Beides läßt sich mit der Abschlagszahlung nicht durchführen.[457] Sie greift aber gerade deswegen nicht in die Pressefreiheit ein. Die Abschlagszahlung greift dort, wo ein Eingriff schon stattgefunden hat und sich allenfalls kompensieren läßt. Kommt also die Beschlagnahme zu spät, weil das Druckerzeugnis bereits auf dem Markt verbreitet wurde, so kann nur noch eine Abschlagszahlung auf die Schadensersatzforderung gewährt werden. Sie ist damit keine Maßnahme, die sich in den Kontext von Art. 9 CC einfügt, weil sie die Pressefreiheit nicht beschränkt. Sie kann aber dem Opfer einer Verletzung eine erste Hilfe gewähren.

Aus diesem Grunde finden sich eine Vielzahl von Entscheidungen, die im Kontext einer Verletzung der Intimsphäre auf Art. 809 NCPC gestützt sind. Im Ergebnis kann daher festgestellt werden, daß beide Texte sich ergänzen, soweit es um die Verletzung des Intimlebens geht.

---

[456] Vgl. *Kayser*, D. 1989, chron., 11, (17), Rn. 12; für die Möglichkeit der Gewährung von Abschlagszahlungen im Bereich des Art. 9: TGI Nanterre, Urt. (ord. réf.) v. 10.12.1997, LP 6/1998, n° 152, I, 74 und Urt. (ord. réf.) v. 4.11.1997, LP 4/1998, n° 150, I, 39.

[457] In diesem Sinne *Debbasch*, S. 951, Rn. 3083 mit Hinweis auf TGI Nanterre, Urt. (ord. réf.) v. 29.9.1997, LP 3/1998, n°149, I, 74; TGI Nanterre, Urt. (ord. réf.) v. 4.11.1997, LP 4/1998, n° 150, I, 39.

II. Verletzung des Privatlebens durch die Presse

1. Rechtsschutz nach Art. 809 Abs. 2 NCPC

Probleme entstehen, wenn es darum geht, einstweiligen Rechtsschutz im Rahmen der Verletzung des Privatlebens zu gewähren. Hier besteht nach wie vor große rechtliche Unsicherheit:

Nach Art. 9 Abs. 1 CC ist das Privatleben zwar grundsätzlich geschützt, aber Maßnahmen, die die Äußerungsfreiheit tangieren, dürfen gem. Abs. 2 nur dann gewährt werden, wenn das Intimleben betroffen ist.[458] Nach dem Wortlaut des Art. 9 Abs. 2 CC scheidet damit einstweiliger Rechtsschutz auf dem Gebiet der Verletzung des Privatlebens aus. Der Verletzte müßte sich mit Rechtsschutz in der Hauptsache begnügen.[459] Das muß gleichermaßen für Rechtsschutz gelten, der auf der Grundlage von Art. 809 NCPC beantragt wird.[460] Würde hier nicht wiederum verlangt werden, daß nur bei einer Verletzung des Intimlebens einstweiliger Rechtsschutz gewährt würde, hätte die Einschränkung in Art. 9 Abs. 2 CC ihren Sinn verloren.

Denkbar wäre im Fall der Verletzung des Privatlebens allenfalls die Gewährung einer Abschlagszahlung auf der Grundlage von Art. 809 Abs. 2 NCPC.[461] Denn die Abschlagszahlung greift in die Äußerungsfreiheit nicht ein[462], korrumpiert deswegen das System des Art. 9 CC nicht.

Dies hätte zur Folge, daß die Presse im Bereich des Privatlebens schreiben dürfte, was sie wollte. Im einstweiligen Rechtsschutz könnte der Betroffene keine schwerwiegenden Maßnahmen anordnen lassen. Mit der Abschlagszahlung könnte er allenfalls einer möglichen Schadenersatzklage vorgreifen. Und diese

---

[458] Siehe TGI Paris, Urt. (ord. réf.) v. 18.10.1996, LP 1/2/1997, n° 138, I, 11.

[459] Vgl. *Kayser*, D. 1989, chron., 11, (13), Rn. 7.

[460] In diesem Sinne *Blin/Chavanne/Drago/Boinet/Dreyer*, Fasc. 215-1, S. 22, Rn. 64, die dafür plädieren, eine Beschlagnahme nur im Rahmen des Art. 9 Abs. 2 CC zuzulassen.

[461] Zu dieser Möglichkeit *Kayser*, D. 1989, chron., 11, (17), Rn. 12; TGI Paris, Urt. (ord. réf.) v. 18.10.1996, LP 3/1997, n° 139, I, 26, wo aufgrund des Umstandes, daß nur ein Eingriff in das Privatleben stattgefunden hatte, statt der beantragten Maßnahme der Streichung von Passagen gem. Art. 9 Abs. 2 CC, eine Abschlagszahlung gem. Art. 809 Abs. 1 NCPC gewährt wurde; vgl. auch TGI Nanterre, Urt. (ord. réf.) v. 29.9.1997, LP 3/1998, n° 149, I, 24, wo ein Eingriff in das Privatleben durch eine Verletzung des Rechts am Bild stattfand.

[462] Vgl. *Derieux*, JCP 1997, I, 4053, (414).

wäre im Rahmen des Hauptsacherechtsschutzes bei der Verletzung des Privatlebens auf der Grundlage des Art. 9 Abs. 1 CC in jedem Fall möglich. Demnach muß auch die Gewährung einer Abschlagszahlung bei der Verletzung des Privatlebens möglich sein.
Im Ergebnis würde dies bedeuten, daß gegen eine Presse, die nur in das Privatleben und nicht in das Intimleben eingreift, keine Maßnahme angeordnet werden könnte, die dies verhinderte. Es kann nur die bereits geschehene Verletzung sanktioniert werden. Entweder im Rahmen der Zuerkennung einer Abschlagszahlung oder / und später im Rahmen von Schadensersatzanspruch in der Hauptsache.

2. Ausweitung des Rechtsschutzes

Von der Wertung her hieße das, daß die Presse bei Verletzungen des Privatlebens im Rahmen des Verfahren des einstweiligen Rechtsschutzes keine beschränkenden Maßnahmen zu befürchten bräuchte. Umgekehrt hätte der Verletzte, der auf irgendeine Weise von der bevorstehenden Verletzung erfahren hätte, kein Mittel, diese Verletzung zu verhindern. Gleichfalls könnte er eine bestehende Störung seines Privatlebens nicht begrenzen. Ob dies ein gerechter Ausgleich zwischen Pressefreiheit und Privatsphäre ist, erscheint zweifelhaft.

In anderen Gebieten des Persönlichkeitsschutzes, wie z.B. dem Ehrschutz, haben die Richter einen Weg für Maßnahmen, die die Pressefreiheit tangieren, eröffnet. Voraussetzung ist, daß ein später gewährter Schadensersatzanspruch keine Abhilfe schaffen könnte, weil die Verletzung so schwer ist, daß sie das Opfer unerträglich beeinträchtigt (*atteinte intolérable à la personne*).[463] Es handelt sich hier um eine Ausweichregelung, weil der einstweilige Rechtsschutz in diesen Gebieten nicht normiert ist. Dabei sollen in ganz schweren Fällen einer Persönlichkeitsverletzung auch Maßnahmen wie die Beschlagnahme möglich sein (z.B. bei einer schweren Ehrverletzung). So behandelten die Richter auch die Fälle der Verletzung des Intim- und Privatlebens bevor der Gesetzgeber Art. 9 CC geschaffen hatte.

---

[463] Vgl. ausführlich *Ravanas*, J.-Cl. Civil, Art. 9, Fasc. 20, Rn. 41 ff., insb. Rn. 46.

Fraglich ist, ob über diesen Ansatz im Bereich des Privatlebens noch immer einstweiliger Rechtsschutz gewährt werden könnte.
Im Ergebnis wird dies abzulehnen sein: Ein schwerer Fall einer Verletzung liegt, jedenfalls nach der Ansicht des Gesetzgebers, erst vor, wenn das Intimleben verletzt wird. Erst dann ist die Verletzung unerträglich, so daß verhindernde oder beendende Maßnahmen notwendig sind. So dürfte, konsequent gedacht, eine Maßnahme zum Schutz des Privatlebens nur so angelegt sein, daß sie die Äußerungsfreiheit nicht direkt tangiert. Das ist aber nur gewährleistet, wenn entweder Abschlagszahlungen oder aber später Schadensersatzzahlungen das Privatleben schützen.[464]

Trotzdem haben die Gerichte in Ausnahmesituationen anders entschieden. Sie haben in einem Fall, in dem nur das Privatleben tangiert war, Maßnahmen zum Schutz des Betroffenen angeordnet:
Die Zeitschrift *Le Crapouillot* hatte Geburtsdatum und -ort, den Geburtsnamen, das Datum der Hochzeit, Freundschaften, den Wohnort und die Religion einer Person in einer ihrer Ausgaben erwähnt. Der Antrag auf Beschlagnahme der Zeitschrift wurde vom Instanzgericht mangels Verletzung des Intimlebens abgelehnt. Da es sich jedoch um ein fehlerhaftes und vorsätzliches Eindringen (*une intrusion fautive et délibérée*), vergleichbar der Verletzung der Intimlebens handelte, ordnete das Gericht folgendes an[465]:

Für den Fall, daß die Zeitschrift nicht sofort freiwillig zurückgerufen werde, werde dem Antragsgegner als vorläufiger Schadensersatz pro fehlendem Exemplar ein Zwangsgeld in Höhe von 40 FF aufgegeben.[466]
Diese Entscheidung hat der Kassationshof bestätigt.[467] D.h., unter der Voraussetzung, daß der Richter die Verletzung des Privatlebens für genauso schwerwiegend erachtet, wie eine Verletzung des Intimlebens, und der Eingriff vor-

---

[464] So die Meinungen in der Literatur: *Agostinelli*, S. 348, Rn. 640; *Kayser*, D. 1989, chron., 11, (13), Rn. 7.
[465] TGI Paris, Urt. (ord. réf.) v. 23.6.1984 (unveröffentlicht), zitiert bei *Normand*, RTDciv 1985, 439.
[466] Übersetzung der Verfasserin: „*A défaut d'une telle remise en état (retour des numéros déjà proposés à la vente, retention de ceux qui sont en instance de routage), les défendeurs devront supporter la charge financière d'une astreinte de 40 francs par numéro, et ce à titre de dommages- intérêts provisionnels.*“
[467] Cass. civ., Urt. v. 13.4.1988, Bull. civ. 1988, I, n° 97 = JCP 1988, IV, 212.

sätzlich stattfand, kann er entgegen der Vorschrift des Art. 9 CC Maßnahmen in einstweiligen Rechtsschutz anordnen. Der Kassationshof hat damit eine Entwicklung bestätigt, wonach der Richter in Fällen, in denen das Privatleben verletzt wird, ausnahmsweise auf der Grundlage des Art. 809 NCPC Maßnahmen anordnen kann, die nur „indirekt" in die Pressefreiheit eingreifen. Mangels zu sichernder Maßnahme (Freiwilligkeit) hätte der Richter zwar grundsätzlich kein Zwangsgeld anordnen dürfen, dadurch, daß er das Zwangsgeld bedingt angeordnet und als vorläufigen Schadensersatz deklariert hat, hat er eine Lösung gefunden, die im Ergebnis genauso effektiv ist, wie eine Beschlagnahme, die aber nicht direkt in die Pressefreiheit eingreift.[468] Auf diese Weise kann das Privatleben ebenso effektiv geschützt werden, wie das Intimleben. Der Weg, den die Richter dabei gehen, ist genau am Wortlaut des Gesetzes orientiert. Ob das auch dem dahinterstehenden Gedanken des Gesetzgebers entspricht, ist aber zweifelhaft. Anzumerken ist jedoch an dieser Stelle, daß dies bislang die einzige Entscheidung dieser Art ist.

III. Zwischenergebnis

Das Opfer einer Verletzung der Intimsphäre kann Rechtsschutz auf der Grundlage von Art. 9 CC und Art. 809 NCPC verlangen. Allerdings müssen bei der Anwendung von Art. 809 Abs. 1 grundsätzlich die Anforderungen von Art. 9 Abs. 2 CC - Verletzung des Intimlebens - hineingelesen werden. Andernfalls wäre Art. 9 CC sinnentleert.

Das Opfer einer Verletzung des Privatlebens kann dagegen grundsätzlich nur gem. Art. 809 Abs. 2 NCPC eine Abschlagszahlung auf den zu erwartenden Schadensersatz verlangen. In Ausnahmefällen, nämlich wenn die Verletzung des Privatlebens der Verletzung des Intimlebens gleichzusetzen ist und diese vorsätzlich geschah, ordnen die Gerichte auch Maßnahmen, wie das freiwillige Rückrufen der Druckexemplare unter Androhung von „Zwangsgeld" an. Damit wird nur indirekt in die Pressefreiheit eingegriffen, die Wirkung der Maßnahme ist jedoch mit einer Beschlagnahme durchaus vergleichbar.

---

[468] In diesem Sinne auch *Normand*, RTDciv 1985, 437, (441).

E. Ergebnis

Das Intimleben ist in Frankreich sehr wirkungsvoll geschützt: Über Art. 9 CC oder Art. 809 NCPC kann der Richter zum Schutze des Opfers der Verletzung des Intimlebens durch die Presse jede Maßnahme anordnen, die geeignet ist, den Eingriff zu verhindern oder zu beenden. In Betracht kommen hierzu insbesondere die Beschlagnahme oder der Rückruf der Exemplare durch den Herausgeber, der unter Androhung von Zwangsgeld angeordnet wird. Ferner kommen auch die Streichung oder Schwärzung der verletzenden Passagen in Betracht. Für den Fall, daß eine Verletzung schon stattgefunden hat, kann der *Référé*-Richter auch eine Abschlagszahlung auf die Schadensersatzforderung anordnen, die unter Umständen die Forderung zu 100% abdeckt.
Das Opfer einer Verletzung des Privatlebens kann sich hingegen grundsätzlich nicht im Vorhinein gegen eine Verletzung wehren. Die genannten Maßnahmen können gem. Art. 9 CC nur im Fall einer Verletzung des Intimlebens angeordnet werden. Im Fall der Verletzung des Privatlebens kann das Opfer daher lediglich eine Abschlagszahlung begehren, da diese nicht direkt in die Pressefreiheit eingreift. Allerdings hat die Rechtsprechung ausnahmsweise anerkannt, daß in Fällen einer Verletzung des Privatlebens, die in ihrer Art einer Verletzung des Intimlebens gleichsteht und zudem vorsätzlich geschah, ausnahmsweise auch der „freiwillige“ Rückruf der Exemplare unter Zwangsgeldandrohung festgesetzt werden kann.

2. Kapitel: Der einstweilige Rechtsschutz in Deutschland

A. Einstweilige Verfügung auf Unterlassung

Aufgrund der Eilbedürftigkeit von Pressestreitigkeiten ist auch in Deutschland das Verfahren des einstweiligen Rechtsschutzes der bevorzugte Weg der Durchsetzung von Ansprüchen aus Verletzung des Persönlichkeitsrechts.
In Deutschland kann einstweiliger Rechtsschutz im Bereich des Presserechts im Rahmen eines einstweiligen Verfügungsverfahrens gem. § 935 ZPO geltend gemacht werden. Einzig möglicher Anspruch für das Opfer einer Verletzung der Privatsphäre ist der Unterlassungsanspruch, gem. § 1004 Abs. 1 BGB analog. Die Gegendarstellung kommt nur im Bereich des Ehrenschutzes in Betracht, der Widerruf nur bei unwahren Tatsachenbehauptungen[469] und dann auch nur im Wege des Hauptklageverfahrens[470].
Adressaten[471] der einstweiligen Verfügung sind Verleger, Herausgeber, der Autor und die Verbreiter.[472] Gegebenenfalls kommt auch eine Verfügung gegen den Chefredakteur in Betracht, sofern dieser mit der verletzenden Veröffentlichung befaßt war.

I. Prozessuales

1. Zuständigkeit

Gem. § 937 Abs. 1 ZPO ist für den Erlaß einstweiliger Verfügungen das Gericht der Hauptsache zuständig. Demnach bestimmt sich die örtliche Zuständigkeit im Rahmen von Verletzungen der Privatsphäre durch die Presse nach den §§ 12, 13 bzw. 17 ZPO, d.h. nach dem Wohnsitz oder Sitz bzw. der Niederlassung des

---

[469] BGH, Urt. v. 3.12.1968, GRUR 1969, 236, (238); Urt. v. 20.5.1969, GRUR 1969, 555, (558); OLG Hamburg, Beschl. v. 19.1.1988, AfP 1988, 353; BGH, Urt. v. 12.3.1992, NJW-RR 1992, 936.
[470] Die Möglichkeit eines vorläufigen Widerrufs hat sich nicht durchgesetzt, vgl. *Löffler/Ricker*, S. 326, Rn. 31.
[471] Im Bereich der Internetdelikte kommt neben dem Anspruch gegen den Autor auch ein Anspruch gegen den Service-Provider in Betracht, vgl. *Spindler*, ZUM 1996, 533, 534 ff.
[472] Vgl. dazu ausführlich *Prinz/Peters*, S. 275 ff., Rn. 310.

Beklagten. Ferner kommt der Deliktsgerichtsstand des § 32 ZPO in Betracht. Nach der Rechtsprechung des BGH sind bei Pressedelikten Klagen am Erscheinungsort des Druckwerkes, aber auch an allen Verbreitungsorten möglich, sofern die Verbreitung dort bestimmungsgemäß stattgefunden hat.[473] Das gleiche gilt, wenn eine Veröffentlichung erst noch bevorsteht[474]; dann muß darauf abgestellt werden, wo nach der Intention des Verlegers die Publikation verbreitet werden soll[475].

Der Anspruch auf Unterlassung von Verletzungen der Privat- oder Intimsphäre ist grundsätzlich nichtvermögensrechtlicher Natur.[476] Sachlich zuständig sind gem. §§ 23 Nr. 1, 71 GVG je nach Streitwert für Streitigkeiten über 10.000,- DM die Landgerichte, sonst die Amtsgerichte. In der Praxis wird für einfache äußerungsrechtliche Streitigkeiten meist ein Streitwert von 20.000,- DM angenommen[477], so daß in der Regel die Landgerichte zuständig sind[478].

2. Einleitung des Verfahrens - Abmahnung

Bevor der Antragsteller seinen Unterlassungsantrag bei Gericht einreicht, ist er gehalten, den Antragsgegner abzumahnen[479]. Zu diesem Zwecke schickt er ihm, meist per Fax, eine vorgefertigte Unterlassungsverpflichtungserklärung, die darauf gerichtet ist, einen bereits begangenen oder bevorstehenden Verstoß zu unterlassen, verbunden mit der Androhung gerichtlicher Maßnahmen für den Fall, daß die verlangte Erklärung nicht fristgerecht abgegeben wird.[480] Dabei sollte die verlangte Unterlassungsverpflichtungserklärung strafbewehrt, also mit

---

[473] BGH, Urt. v. 19.12.1995, BGHZ 131, 332 = NJW 1996, 1128 - *Caroline v. Monaco III*; BGH, Urt. v. 3.5.1977, NJW 1977, 1590.

[474] Zum Gerichtsstand bei vorbeugender Unterlassungklage vgl. BGH, Beschl. v. 17.3.1994, MDR 1995, 282 - die Entscheidung betrifft Art. 5 Nr. 3 EuGVÜ, wo die Problemstellung ähnlich ist.

[475] Vgl. *Prinz/Peters*, S. 307, Rn. 372.

[476] Vgl. *Wenzel*, S. 664, Rn. 12.111; BGH, Urt. v. 30.5.1969, GRUR 1969, 623; BGH, Beschl. v. 19.4.1983, AfP 1983, 343; BGH, Beschl. v. 29.5.1990, NJW-RR 1990, 1276.

[477] So *Prinz/Peters*, S. 307, Rn. 374.

[478] In diesem Sinne *Soehring*, S. 537, Rn. 30.20.

[479] Vgl. *Löffler/Ricker*, S. 321, Rn. 9.

[480] *Prinz/Peters*, S. 300, Rn. 360.

einer Vertragsstrafe gesichert sein. In der Regel ist diese unbeziffert, weil noch nicht abzusehen ist, ob ein Verstoß sehr schwer oder weniger gravierend ist.[481]
Das Gesetz sieht die Abmahnung nicht vor. Nach herrschender Praxis der Gerichte können jedoch dem Antragsteller, der nicht abgemahnt hat, gem. § 93 ZPO die Verfahrenskosten auferlegt werden, wenn der Gegner sofort anerkennt.[482]
Entbehrlich ist die Abmahnung in folgenden Ausnahmefällen: Die Veröffentlichung steht unmittelbar bevor, so daß bei vorheriger Abmahnung das gerichtliche Unterlassungsgebot zu spät käme.[483] Oder, der Verletzer begeht trotz eines bereits ausgesprochenen Verbotes eine in die gleiche Richtung gehende, im Kern gleiche oder ganz ähnliche Verletzungshandlung.[484] Entbehrlich ist die Abmahnung ferner, wenn aufgrund des vorherigen Verhaltens des Schädigers davon auszugehen ist, daß eine Abmahnung allein nicht zum Erfolg führen wird, so daß die Inanspruchnahme des Gerichts in jedem Fall geboten ist.[485] Außerdem ist eine Abmahnung dann nicht erforderlich, wenn sie den Schuldner mutmaßlich veranlaßt, schnell noch möglichst viele Exemplare mit unzulässigem Inhalt zu verbreiten.[486]
Für die Abmahnung reicht im Einzelfall eine Frist von wenigen Stunden, wenn ansonsten ein größerer Schaden, sei es durch die bevorstehende Veröffentlichung, oder eine Wiederholung der Verletzung zu befürchten ist.[487] Im Regelfall wird eine Frist von 24 Stunden genügen.[488]

Hat der Verletzer die Unterlassungsverpflichtungserklärung nicht unterschrieben, leitet der Verletzte das Verfahren durch die Stellung eines Unterlassungs-

---

481 *Damm/Kuner*, S. 127, Rn. 240.
482 OLG Köln, Beschl. v. 1.8.1994, AfP 1995, 506; OLG Düsseldorf, Beschl. v. 19.7.1981, AfP 1982, 44; LG Oldenburg, Urt. v. 25.9.1986, AfP 1987, 725; a.A. OLG München, Beschl. v. 23.10.1991, NJW-RR 1992, 731, (732), wonach in Pressesachen die Abmahnung im Regelfall dem Eigenzweck und dem Überraschungseffekt des einstweiligen Verfügungsverfahrens widersprechen würde.
483 OLG Köln, Beschl. v. 1.8.1994, AfP 1995, 506, (507).
484 OLG Köln, Beschl. v. 1.8.1994, AfP 1995, 506, (507).
485 OLG Köln, Beschl. v. 1.8.1994, AfP 1995, 506, (507); OLG Karlsruhe, Beschl. v. 12.8.1985, WRP 1986, 165, (166).
486 *Wenzel*, S. 659, Rn. 12.95.
487 KG, Beschl. v. 2.2.1993, AfP 1993, 749, (750); OLG Stuttgart, Beschl. v. 19.11.1982, WRP 1983, 305 - dort wurde eine Frist von 2 ½ Stunden als ausreichend angesehen.
488 Vgl. *Prinz/Peters*, S. 302, Rn. 364.

antrages ein. Dabei muß klar sein, was dem Verletzer untersagt wird, also dem Bestimmtheitserfordernis gem. § 253 Abs. 2 Nr. 2 ZPO Rechnung getragen werden. Der Unterlassungsanspruch ist in der Regel auf die konkrete Äußerung bzw. deren sinngemäße Wiederholung[489] beschränkt. Gesamtverbote kommen ausnahmsweise dann in Betracht, wenn eine Trennung der Äußerung von dem Gesamtwerk nicht möglich ist, weil sie sich durch das Werk insgesamt zieht.[490]

3. Verfahrensregeln

Der Verfügungsantrag unterliegt gem. §§ 936, 920 Abs. 3, 78 Abs. 2 ZPO nicht dem Anwaltszwang, kann also auch von der Partei selbst gestellt werden.[491]
In der Regel beantragt der Antragsteller den Erlaß eines Beschlusses ohne mündliche Verhandlung. Aufgrund der besonderen Dringlichkeit in Mediensachen entsprechen die Gerichte oftmals dem Antrag und laden den Antragsgegner nicht.[492] Diese Ausnahme vom Grundsatz auf rechtliches Gehör ist nicht ganz unumstritten und rechtfertigt sich allenfalls im Hinblick auf eine meist erfolgte Abmahnung.[493] Ist jedoch keine Abmahnung erfolgt, so sollte eine münd-

---

[489] Dazu *Wenzel*, S. 652, Rn. 12.77 ff.; anders OLG Hamburg, Urt. v. 17.3.1977, UFITA 81 (1978), 278 - dort wurde ausnahmsweise ein allgemeiner und kein konkreter Unterlassungsanspruch wegen fortgesetzter, unabsehbarer Verletzungshandlungen des Gegners zugesprochen.

[490] So z.B. für einen Roman BGH, Urt. v. 20.3.1968, BGHZ 50, 133 = NJW 1968, 1773 - *Mephisto*; für einen Zeitschriftenartikel betreffend das Wettbewerbsrecht OLG Düsseldorf, Urt. v. 5.12.1983, WRP 1984, 272, (276); vgl. auch BGH, Urt. v. 20.1.1981, NJW 1981, 1366 - *Wallraff II* - dort wurde eine Verurteilung zu einem Verbot bestätigt, ein beanstandetes Buch anzubieten oder auszuliefern, solange darin Behauptungen enthalten sind, die Einzelheiten über das Privatleben eines bestimmten Redaktionsleiters beinhalten, nämlich eine bestimmte Schilderung anläßlich eines Besuches seiner Privatwohnung.

[491] Vgl. *Prinz/Peters*, S. 313, Rn. 385.

[492] Vgl. *Damm*, S. 107; zur unterschiedlichen Praxis der Gerichte und der daraus folgenden Konsequenz, daß meist nur Gerichte angerufen werden, die keine mündliche Verhandlung durchführen, *Wenzel/Gamer*, S. 283, (287); kritisch dazu auch *Wenzel*, S. 672, Rn. 12.128, der darauf hinweist, daß Presseverlage praktisch ununterbrochen erreichbar sind und auf unverzügliche Bearbeitung neuer Vorgänge eingerichtet sind.

[493] So *Soehring*, S. 535, Rn. 30.15.

liche Verhandlung stattfinden, da der Antragsgegner andernfalls keine Möglichkeit zur Stellungnahme hat.[494]
Im einstweiligen Verfügungsverfahren muß der Antragsteller seinen Anspruch nicht beweisen, sondern gem. §§ 936 i.V.m. 920 Abs. 2 ZPO nur glaubhaft machen, was bedeutet, daß nur eine überwiegende Wahrscheinlichkeit für das Bestehen des Anspruchs sprechen muß.[495] In der Regel geschieht die Glaubhaftmachung unter Vorlage einer eidesstattlichen Versicherung des Antragstellers. Daneben sind alle präsenten Beweismittel zugelassen, vgl. § 294 ZPO.

4. Entscheidung

Die Entscheidung des Gerichts ergeht, jedenfalls bei Landgerichten mit eingerichteten Pressekammern, innerhalb von 24 Stunden.[496] Wurde ohne mündliche Verhandlung entschieden, ergeht ein Beschluß, andernfalls ein Urteil. Die Entscheidung entfaltet ihre Wirkung erst, wenn sie dem Antragsgegner durch Gerichtsvollzieher zugestellt wurde.[497] Sie ist sofort vollstreckbar.

II. Verfügungsanspruch gem. § 1004 Abs. 1 BGB analog

Dem Antragsgegner steht ein Verfügungsanspruch gem. §§ 1004 Abs. 1 S. 2 analog i.V.m. 823 Abs. 1 BGB, Artt. 1 und 2 Abs. 1 GG zu, wenn er eine Verletzung der Privat- oder Intimsphäre glaubhaft machen kann. Die Verletzungshandlung des Antragsgegners muß dabei rechtswidrig[498], nicht aber schuldhaft sein, denn es handelt sich beim Unterlassungsanspruch um einen quasinegatorischen Anspruch[499].

---

[494] In diesem Sinne *Wenzel/Gamer*, S. 283, (290), der auch die möglichen Auswirkungen einer fehlenden Information des Antragsgegners (sog. *Pearl Harbor-Gambling*) ausführlich und kritisch beleuchtet; kritisch auch *Koebel*, NJW 1967, 321, (324), der eine fehlende mündliche Verhandlung auf Notlagen beschränken will.
[495] *Zöller/Geimer*, § 294, Rn. 1 m.w.N.
[496] Vgl. *Damm*, S. 108.
[497] Zu den Problemen der Zustellung ausführlich *Wenzel/Gamer*, S. 283, (293).
[498] Vgl. *Soehring*, S. 530, Rn. 30.4.
[499] Dazu *Groß*, S. 44, Rn. 71.

Grundsätzlich ist der Unterlassungsanspruch auf zwei Situationen beschränkt: Zum einen ist dies die Verhinderung einer Verletzung der Privatsphäre durch eine bevorstehende Veröffentlichung, zum anderen ist dies die Verhinderung der Wiederholung einer bereits eingetretenen Verletzung.

1. Erstbegehungsgefahr

Will der Antragsteller eine bevorstehende Veröffentlichung verhindern, durch die er in seiner Privat- oder Intimsphäre verletzt würde, so muß er die konkrete Gefahr dieser zukünftigen Rechtsverletzung glaubhaft machen. Dies ist in der Regel problematisch, da der Antragsteller von einer bevorstehenden Veröffentlichung meist keine Kenntnis hat.[500] Sollte der Antragsteller von der Recherchetätigkeit des Journalisten erfahren haben, kann er sich allein darauf nicht berufen: Die Recherche stellt für sich noch keine ausreichende Gefährdung des Betroffenen dar, weil immer erst danach feststeht, ob überhaupt Interesse an der Veröffentlichung besteht.[501] Die Recherche selbst ist daher ein unantastbarer Teil der Pressefreiheit.[502] Der Antragsteller muß zur Begründung seines Antrags wenigstens den Rohling eines Artikels vorlegen können, was ihm nur selten möglich sein wird.[503] Die Möglichkeit sich auf eine vorliegende Erstbegehungsgefahr berufen zu können, wird daher nur in einem Fall gegeben sein, in dem die Veröffentlichung vom Verleger angekündigt wird. Damit ist die Variante der Erstbegehungsgefahr, die mit der sogenannten vorbeugenden Unterlassungsklage geltend gemacht wird, im Presserecht nur selten zu finden.[504]

---

[500] Vgl. *Wenzel*, S. 634, Rn. 12.28; vgl. *Soehring*, S. 533, Rn. 30.12.

[501] Dazu OLG Hamburg, Urt. v. 15.8.1991, AfP 1992, 279; LG Frankfurt, Urt. v. 2.11.1990, AfP 1991, 545; zustimmend *Soehring*, S. 534, Rn. 30.13.

[502] LG Frankfurt, Urt. v. 2.11.1990, AfP 1991, 545; OLG Hamburg, Urt. v. 15.8.1991, AfP 1992, 279.

[503] Vgl. *Soehring*, S. 534, Rn. 30.13; *Löffler/Ricker*, S. 320, Rn. 5.

[504] In diesem Sinne *Wenzel*, S. 634, Rn. 12.28; vgl. zum Fall einer vorbeugenden Unterlassungsklage aus dem Privat- bzw. Intimbereich OLG Hamburg, Urt. v. 17.3.1977, UFITA 81 (1978), 278, (283) - hier wurde einer Schauspielerin ein vorbeugender Unterlassungsanpruch zugebilligt, weil das Presseunternehmen ihre Privat- und Intimsphäre in Form einer Artikelserie fortgesetzt beeinträchtigte, obwohl Unterlassungsverpflichtungserklärungen immer sofort nach Erscheinen des Artikels unterschrieben wurden.

2. Wiederholungsgefahr

Praktisch bedeutsam ist hingegen die Geltendmachung einer Wiederholungsgefahr, nachdem bereits ein Eingriff in die Privatsphäre erfolgt ist. In der Praxis wird die Wiederholungsgefahr im Fall einer rechtswidrigen Veröffentlichung vermutet.[505] Dies rechtfertigt sich nicht zuletzt aufgrund der Archivlage der Verlage: Ist eine Veröffentlichung einmal archiviert, kann problemlos wieder auf die Information zurückgegriffen werden.[506] Durch die Vermutung der Wiederholungsgefahr kann sich das Opfer vor weiteren Verletzungen schützen.[507] Allerdings entfällt die Vermutung für die Wiederholungsgefahr nach dem BGH, wenn der Antragsgegner eine uneingeschränkte, bedingungslose und unwiderrufliche Unterwerfungserklärung unter Übernahme einer angemessenen Vertragsstrafe abgegeben hat[508]. Diese Möglichkeit wird ihm in der Regel im Rahmen der Abmahnung gegeben.

III. Verfügungsgrund

Grundsätzlich kann eine einstweilige Verfügung erst erlassen werden, wenn die Sache dringlich ist. Drohen schwere Nachteile, ist eine rasche Verfolgung angezeigt. Andererseits sollte der Antragsteller nicht durch zu strenge Anforderungen veranlaßt werden, überstürzt den Verfügungsweg zu begehen.[509] Dem Antragsteller muß es möglich sein, die Sache rechtlich überprüfen zu lassen.[510] In der Praxis wird zumeist ein Zeitraum von vier Wochen[511] bis sechs Monaten

505 BGH, Urt. v. 27.5.1986, NJW 1986, 2503; BGH, Urt. v. 12.5.1987, NJW 1987, 2225, (2227).
506 Ausführlich zur Archivlage *Prinz/Peters*, S. 287, Rn. 335 f.
507 *Prinz/Peters*, S. 287, Rn. 334.
508 BGH, Beschl. v. 16.11.1995, GRUR 1997, 379, (380) - *Wegfall der Wiederholungsgefahr II.*
509 *Wenzel/Gamer*, FS Schweizer, S. 283, (285).
510 In diesem Sinne *Prinz/Peters*, S. 282, Rn. 325; *Wenzel/Gamer*, FS Schweizer, S. 283, (285).
511 Für eine starre 4-Wochen-Frist wohl nur OLG München, Urt. v. 5.8.1990, NJW-RR 1991, 624; Urt. v. 9.8.1990, GRUR 1992, 328.

angenommen[512], nachdem der Verletzte positive Kenntnis von der Verletzung erhalten hat[513]. Dafür reicht eine Kenntnis vom Hörensagen nicht aus.[514]

IV. Maßnahmen

1. Unterlassungsverfügung

Grundsätzlich wird der Antragsgegner verpflichtet, eine bestimmte Äußerung in der Zukunft zu unterlassen. Dieses Verbot wird vom Gericht durch die Androhung der in § 890 ZPO vorgesehenen Möglichkeit der Verurteilung zu Ordnungsgeld (bis 500.000,- DM) gesichert. In Deutschland werden derlei Verbote von den Presseunternehmen in der Regel beachtet, so daß es normalerweise keiner weiteren Maßnahmen bedarf.[515] In der Mehrzahl aller Fälle beschränken sich daher die Gerichte auf den schlichten Ausspruch einer Unterlassungsverfügung.

Problematisch ist die Unterlassungsverpflichtung in Fällen, in denen die Äußerung schon in gedruckter Form zur Verbreitung oder zum Verkauf vorliegt. Hier kann es im Hinblick auf die in Art. 5 Abs. 1 GG geschützte Pressefreiheit unverhältnismäßig sein, einen sofortigen Verbreitungsstop zu verhängen, wenn die verbotene Äußerung nur einen kleinen Teil der Druckschrift ausmacht.[516] Damit würde neben dem Recht des Presseunternehmens auf regelmäßiges Erscheinenlassen eines Druckwerks[517], dem überdies große finanzielle Bedeutung

---

512 Für eine großzügige Beurteilung des Merkmals der Eilbedüftigkeit *Wenzel/Gamer*, S. 283, (286); *Prinz/Peters*, S. 282, Rn. 325.
513 OLG Frankfurt, Urt. v. 6.9.1984, GRUR 1985, 395.
514 OLG Frankfurt, Urt. v. 6.9.1984, GRUR 1985, 395.
515 Vgl. *Damm*, S. 104.
516 In diesm Sinne *Wenzel*, S. 656, Rn. 12.88; vgl. auch *Soehring*, S. 542, Rn. 30.30; für den Fall der Unverhältnismäßigkeit bei ungenehmigtem Abdruck von Fotos OLG Frankfurt, Urt. v. 6.9.1984, GRUR 1985, 395.
517 BVerfG, Teilurt. v. 5.8.1966, NJW 1966, 1603 - *Spiegel*.

zukommt[518], das öffentliche Interesse an der Verbreitung von Druckschriften gefährdet[519].

Die Praxis hat daher das Institut der Aufbrauchfrist entwickelt.[520] Danach kann es gestattet sein, existierendes Material mit teilweise verbotswidrigem Inhalt innerhalb einer bestimmten Frist noch aufbrauchen zu dürfen.[521] Dieser aus dem Wettbewerbsrecht stammende Gedanke ist im Bereich des Presserechts jedoch nur anwendbar, wenn der Antragsgegner nicht bewußt und eventuell wiederholt das Recht des Antragstellers verletzt hat.[522] Ferner darf die Güterabwägung im Einzelfall nicht ergeben, daß der durch die Verbreitung der Druckschrift entstandene Schaden im Hinblick auf die Art der Rechtsverletzung denjenigen überwiegt, der durch die Verhinderung der Verbreitung eintritt.[523]

Wichtig ist das Institut der Aufbrauchfrist auch im Hinblick auf einen Schadensersatzanspruch gegen den Antragsteller gem. § 945 ZPO: Wird eine einstweilige Verfügung nämlich zu Unrecht vollzogen, so muß der Antragsteller dem Antragsgegner den daraus resultierenden Schaden ersetzen. Wurde nun zu Unrecht eine ganze Auflage einer Zeitschrift nicht verbreitet, so kann ein daraus resultierender Schadensersatzanspruch den Antragsteller ruinieren, falls er überhaupt zum Ersatz des Schadens in der Lage ist.[524]

Kommt eine Aufbrauchfrist nicht in Betracht, so kann der Antragsgegner der Unterlassungsverfügung auch nachkommen, indem er einzelne Teile des Druckwerks schwärzt oder neu druckt.[525] Diese Variante wird jedoch nur bei

---

[518] Zur Abwägung und den möglichen Folgen eines Unterlassungsanspruches *Koebel*, NJW 1967, 321, 325.

[519] Hier ist § 111m StPO heranzuziehen, der die Beschlagnahme von Druckwerken regelt. Was für die strafrechtliche Beschlagnahme gilt, kann analog auch auf ein zivilrechtliches Verbreitungsverbot angewandt werden, da sich die praktischen Auswirkungen für den Betroffenen nicht unterscheiden; in diesem Sinne auch *Koebel*, NJW 1967, 321, (325).

[520] OLG München, Urt. v. 20.12.1973, AfP 1974, 631; eine Reihe von Nachweisen zu aktuellen Entscheidungen mit und ohne Aufbrauchfrist, die jedoch alle nicht veröffentlicht sind, finden sich bei *Prinz/Peters*, S. 329, Fn. 459; vgl. ferner *Dunkl/Baur*, S. 569, Rn. 7.3.

[521] Dazu *Soehring*, S. 543, Rn. 30.32, der die Beschränkung des Unterlassungsanpruches allerdings nicht als Aufbrauchfrist bezeichnen möchte, sondern die Maßnahme als eine dem Unterlassungsanspruch bereits im Hinblick auf Art 5 Abs. 1 GG immanente Beschränkung betrachtet.

[522] Vgl. *Wenzel*, S. 657, Rn. 12.89.

[523] OLG Hamburg, Beschl. v. 21.8.1969, ArchPR 1969, 58; *Damm/Kuner*, S. 131, Rn. 249.

[524] Vgl. *Soehring*, S. 542, Rn. 30.30.

[525] Vgl. *Wenzel*, S. 657, Rn. 12.90.

nicht aufgebundenen Büchern zu realisieren sein. Es ist damit einzelfallabhängig, wie sich bei schon gedruckten Werken die Unterlassungsverfügung gestaltet.

2. Hilfsmaßnahmen

In Fällen, in denen eine Aufbrauchfrist nicht in Betracht kommt, und die Gefahr besteht, daß die gedruckten Exemplare weiterverbreitet werden, kann das Gericht neben der Unterlassungsverfügung die vorläufige Herausgabe der Exemplare an den Sequester gem. § 938 ZPO anordnen.[526] Hier ist wiederum der Grundsatz der Verhältnismäßigkeit der Maßnahme zu beachten und es hat eine Abwägung entsprechend der strafprozessualen Beschlagnahme (§ 111m StPO) zu erfolgen.[527] Insbesondere bei Tages- oder Wochenzeitschriften könnte daher die Herausgabe nur unter außergewöhnlichen Umständen angeordnet werden.[528] Zu beachten ist, daß ausscheidbare Teile einer Druckschrift von der Herausgabepflicht ausgenommen werden müssen.[529] Praktisch scheint diese Möglichkeit kaum relevant zu sein.

Im Rahmen des einstweiligen Verfügungsverfahrens darf hingegen nicht die Vernichtung oder Unbrauchbarmachung der Druckwerke angeordnet werden. Diese Möglichkeit ist dem Hauptklageverfahren zu überlassen, weil erst mit der Rechtskraft dieses Urteils der Unterlassungsanspruch endgültig feststeht[530]. In Deutschland handelt es sich bei dieser Art von Maßnahmen jedoch wohl nur um eine theoretische.[531]

Praktisch relevanter ist der Anspruch auf Rückruf der Exemplare. Dieser Anspruch wird aus § 1004 BGB analog abgeleitet.[532] Durch diese Möglichkeit soll

---

[526] Dazu *Prinz/Peters*, S. 516, Rn. 778; *Wenzel*, S. 789, Rn. 15.10. ff.

[527] Vgl. *Prinz/Peters*, S. 516, Rn. 778.

[528] So *Wenzel*, S. 789, Rn. 15.12.

[529] *Wenzel*, S. 790, Rn. 15.12.

[530] Dazu *Wenzel*, S. 790, Rn. 15.15.

[531] *Wenzel*, S. 790, Rn. 15.15; so auch *Prinz/Peters*, S. 516, Rn. 779; BGH, Urt. v. 15.1.1957, NJW 1957, 827 - dort ging es um einen Fall aus dem Wettbewerbsrecht, in dem in der ersten Instanz die Vernichtung von Werbematerial angeordnet wurde. Diese Anordnung wurde in der Berufungsinstanz aufgehoben, was die Revision bestätigt hat.

[532] LG München, Beschl. v. 19.2.1974, ArchPR 1975, 88; *Prinz/Peters*, S. 517, Rn. 780; *Wenzel*, S. 791, Rn. 15.17.

die weitere Verbreitung von Druckwerken, die sich bereits bei den Grossisten oder Buchhandlungen befinden, verhindert werden. Ob diese Sicherungsmöglichkeit im einstweiligen Verfügungsverfahren angeordnet werden kann, ist streitig.[533] Bei der Rückrufaktion könnte es sich nämlich um eine Vorwegnahme der Hauptsache handeln, wenn der Verleger im Ergebnis sein Druckerzeugnis nicht mehr absetzen kann, weil dieses nicht mehr aktuell ist und ihn dies dann wirtschaftlich ruiniert.[534] Es wird daher im Einzelfall vom Druckwerk abhängen, ob ein Rückruf möglich ist. Bei Büchern ist dies eher vorstellbar als bei Zeitungen oder Zeitschriften.[535]

V. Rechtsmittel

Gegen den Erlaß einer einstweiligen Verfügung, die ohne mündliche Verhandlung ergeht, kann der Antragsgegner gem. §§ 936, 924 ZPO mit dem Widerspruch vorgehen. Dabei handelt es sich um einen Rechtsbehelf und kein Rechtsmittel, weil sowohl Devolutiv- als auch Suspensiveffekt fehlen: Es entscheidet die gleiche Instanz, allerdings diesmal mit mündlicher Verhandlung, in der über die Rechtmäßigkeit der einstweiligen Verfügung verhandelt wird.[536] Dabei entscheidet das Gericht gem. §§ 936, 925 Abs. 1 ZPO durch Endurteil.

Als Rechtsmittel kommen im Verfügungsverfahren die Beschwerde und die Berufung in Betracht. Eine Revision ist grundsätzlich nicht zulässig, da es sich um einen nichtvermögenswerten Anspruch handelt, § 545 Abs. 2 S. 1 ZPO.

Eine einfache Beschwerde gem. § 567 Abs. 1 ZPO kommt z.B. dann in Betracht, wenn das Gericht den Antrag, ohne mündliche Entscheidung zu verhandeln, zurückweist.[537] Auch gegen ein auf den Kostenwiderspruch ergehendes

[533] Für einen Rückrufanspruch im einstweiligen Verfügungsverfahren *Wenzel*, S. 791, Rn. 15.17. unter Berufung auf OLG Frankfurt, Beschl. v. 19.9.1988, WRP 89, 103 - dort ging es jedoch nur um einen allgemeinen Beseitigungsanspruch im Wettbewerbsrecht; eher ablehnend *Prinz/Peters*, S. 517, Rn. 780.

[534] Vgl. *Prinz/Peters*, S. 517, Rn. 780.

[535] Für den Fall des Rückrufs von Büchern LG München, Beschl. v. 19.2.1974, ArchPR 1975, 88.

[536] *Prinz/Peters*, S. 317, Rn. 390.

[537] Vgl. *Prinz/Peters*, S. 320, Rn. 398.

Kostenurteil ist nur die sofortige Beschwerde gem. § 99 Abs. 2 S. 1 ZPO zulässig.[538]
Gegen erstinstanzliche Urteile, sei es aufgrund mündlicher Verhandlung im Verfügungsverfahren oder im Wege des Widerspruches, kann gem. § 511 ZPO Berufung eingelegt werden. Auch in diesem Verfahren reicht Glaubhaftmachung gem. § 294 ZPO. Die Berufungssumme muß nach den allgemeinen Regeln 1500,- DM übersteigen.

B. Ergebnis

Im Ergebnis steht dem Verletzten mit dem Unterlassungsanspruch ein wirksames Mittel vor zukünftigen Verletzungen zur Verfügung. Hat der Schädiger schon außergerichtlich eine strafbewehrte Unterlassungserklärung abgegeben, kann der Verletzte zum einen die Vertragsstrafe einklagen, zum anderen die Unterlassung geltend machen.
Ist eine gerichtliche Unterlassungsverfügung ergangen, wird das Gericht im Fall eines Verstoßes ein Ordnungsgeld festsetzen. Da eine Unterlassungsverfügung in der Regel erst ergeht, wenn eine Verletzung schon stattgefunden hat, bezieht sie sich nur auf das zukünftige Verhalten des Schädigers. Ist allerdings die Verbreitung des Druckwerks noch zu stoppen, so wird es meist unverhältnismäßig sein, wegen einiger rechtsverletzender Äußerungen die Verbreitung der gesamten Ausgabe zu verbieten. Die Gerichte haben daher die Möglichkeit, dem Antragsgegner eine sogenannte Aufbrauchfrist zu gewähren, wodurch die finanziellen Auswirkungen und der Eingriff in die Pressefreiheit gemildert werden.

---

538 OLG Köln, Beschl. v. 21.12.1992, AfP 1993, 590; OLG Bremen, Beschl. v. 30.3.1987, NJW-RR 1988, 625; OLG Karlsruhe, Beschl. v. 10.2.1986, NJW-RR 1987, 105.

3. Kapitel: Vergleich und Ausblick

Es nützt wenig, Recht zu haben, wenn man dieses nur schwer oder möglicherweise gar nicht durchsetzen kann. Daß es dem Opfer einer Verletzung des Intim- oder Privatlebens grundsätzlich möglich ist, im Rahmen des einstweiligen Rechtsschutzes gegen den Schädiger vorzugehen, wurde soeben aufgezeigt. Interessant ist es nun, die Verfahren und Ansprüche bzw. Rechte konkret gegenüberzustellen, um zu untersuchen, wo das Opfer einer grenzüberschreitenden Verletzung des Privatlebens besser geschützt ist, in Deutschland oder in Frankreich. Fernziel bei diesen Überlegungen soll darüber hinaus sein herauszufinden, in welcher Weise sich die Rechtsordnungen gegenseitig befruchten können, um dadurch einen Beitrag auf dem Weg zu einer möglichen Harmonisierung des Rechts auf europäischer Ebene zu leisten.

A. Vergleich der Verfahren im einstweiligen Rechtsschutz

Im konkreten Vergleich werden nacheinander erst die verfahrensrechtlichen Unterschiede beleuchtet und sodann die Ansprüche bzw. Rechte und ihre Rechtsfolgen gegenübergestellt.

I. Prozessuales

1. Zuständigkeit

Hinsichtlich der Zuständigkeit der Gerichte für den einstweiligen Rechtsschutz fallen grundsätzlich keine Besonderheiten ins Auge. Die Regeln für die örtliche Zuständigkeit entsprechen sich: Entweder kann gemäß der Hauptsacheregelungen einstweiliger Rechtsschutz am Wohnort bzw. Sitz des Antragsgegners oder am Tatort begehrt werden.[539] Die Zuständigkeit der Landgerichte ist in Frank-

[539] Vgl. Artt. 42, 43 und 46 Abs. 3 NCPC und die entsprechenden §§ 12, 13, 17 und 32 ZPO.

reich obligatorisch[540], in Deutschland aufgrund des Streitwertes der Regelfall[541]. Die in Frankreich bestehende Kompetenz des Gerichtspräsidenten für das Verfahren kann gem. Art. 820 NCPC delegiert werden, so daß an großen Gerichten, wie Paris, meist Richter von Pressekammern zuständig sind[542], was im Ergebnis dem deutschen System am Landgericht entspricht. Der Antragsteller wird damit, sofern er nicht an kleinen Gerichten Rechtsschutz begehrt, in beiden Ländern von Richtern betreut, die sich ausschließlich mit Pressesachen beschäftigen.
Es macht also hinsichtlich der Zuständigkeit für den Antragsteller keinen Unterschied, ob er in Deutschland oder in Frankreich einstweiligen Rechtsschutz begehrt.

2. Einleitung des Verfahrens

Interessant ist der Vergleich der Einleitung der Verfahren: In Frankreich wird der Antragsgegner grundsätzlich zur mündlichen Verhandlung geladen. In sehr eiligen Fällen kann diese Ladung gem. Art. 485 Abs. 2 NCPC von einer auf die nächste Stunde erfolgen. Der Antragsgegner ist also grundsätzlich im Verfahren präsent.
In Deutschland hingegen ist es die Regel, daß der Antragsgegner vor der Einleitung des Verfahrens abgemahnt wird.[543] In diesem Rahmen soll er eine strafbewehrte Unterlassungsverpflichungserklärung abgeben. Erst wenn dies nicht geschieht, wendet sich der Verletzte an das Gericht und beantragt eine einstweilige Unterlassungsverfügung - allerdings meist ohne mündliche Verhandlung. Dem entsprechen die Gerichte in der Regel bzw. der Antragsteller wählt - aus seiner Sicht sinnvollerweise - ein Gericht aus, bei dem auf eine mündliche Verhandlung grundsätzlich verzichtet wird.[544] Auf diese Weise wird dem Antragsgegner vorerst die Verteidigungsmöglichkeit genommen, was unproblematisch ist, wenn davon auszugehen ist, daß diese zu keinen neuen Erkenntnissen führen wird.[545]

---

540 Vgl. dazu *Cadiet*, S. 694, Rn. 1341.
541 Vgl. die Ausführungen im 2. Teil, 2. Kap., A., I., 1.
542 Vgl. *Weber*, S. 47.
543 Dazu *Löffler/Ricker*, S. 321, Rn. 360.
544 Ausführlich zu dieser Problematik *Wenzel/Gamer*, S. 283, (287).
545 In diesem Sinne *Wenzel/Gamer*, S. 283, (287).

Dennoch scheint der Verzicht auf die mündliche Verhandlung wegen besonderer Eilbedürftigkeit gem. § 937 Abs. 2 ZPO bei manchen Gerichten eher eine Formsache zu sein. Zu Recht wendet *Wenzel*[546] dagegen ein, daß die Redaktionen von Verlagen fast immer erreichbar sind, so daß auch eine kurzfristige Ladung zur mündlichen Verhandlung möglich ist.
Wirklich problematisch ist der Fall der fehlenden mündlichen Verhandlung, wenn keine Abmahnung erfolgt ist. Dann fehlt es in jeder Hinsicht am rechtlichen Gehör gem. Art. 103 Abs. 1 GG. Es besteht zwar keine gesetzliche Verpflichtung zur Abmahnung und auch auf die mündliche Verhandlung kann gem. § 937 Abs. 2 ZPO verzichtet werden. Dadurch wird allerdings die Gefahr, ohne Stellungnahme des Gegners eine inhaltlich falsche Verfügung zu erlassen, deutlich erhöht.
Diese Gefahr besteht in Frankreich grundsätzlich nicht. Nur in wirklichen Ausnahmesituationen verzichtet das Gericht auf die mündliche Verhandlung und erläßt eine *ordonnance sur requète.*[547] Damit ist der Antragsgegner in Frankreich in einer besseren Position und die Mißbrauchsgefahr, die aus der fehlenden Stellungnahme des Gegners resultiert, besteht nicht.[548]

3. Verfahrensregeln

Ein weiterer Unterschied bezüglich des Verfahrens im einstweiligen Rechtsschutz besteht in der Art der Beweismittel. In Frankreich gibt es für den einstweiligen Rechtsschutz keinerlei Sonderregelungen, d.h. die Parteien haben wie im Hauptsacheverfahren vollständigen Beweis zu erbringen.[549] Ist ein eindeutiger Beweis nicht möglich, so hat der französische Gesetzgeber dem Richter die

---

[546] *Wenzel*, S. 672, Rn. 12.128.
[547] Gem. Art. 812 NCPC ist für den Erlaß einer *ordonnance sur requète* erforderlich, daß die Wirksamkeit der beantragten Maßnahme von der Überraschung des Antragsgegners abhängt. Dabei dürfen nur solche Anordnungen erlassen werden, die jederzeit wieder rückgängig gemacht werden können. Im Presserecht ist diese Möglichkeit nicht von Bedeutung.
[548] Nach den Ausführungen von *Weber*, S. 60 m.w.N, ist dieser Effekt auch gerade gewünscht.
[549] Vgl. *Weber*, S. 61.

Befugnis gegeben, derartige Konfliktlagen vorläufig zu lösen.[550] In anderen Fällen ist eine endgültige Lösung möglich.

In Deutschland hingegen reicht aufgrund der Eilbedürftigkeit schon die Glaubhaftmachung gem. §§ 936, 920 Abs. 2 ZPO, also ein Weniger im Vergleich zum Hauptsacherechtsschutz, aus. In der Regel wird sich der Antragsteller auf eidesstattliche Versicherungen stützen. Durch diese Beweiserleichterung ist, wie auch schon durch eine fehlende mündliche Verhandlung, ein geringeres Maß an Rechtssicherheit für die richterliche Entscheidung gegeben. Allerdings sind die Entscheidungen in Deutschland grundsätzlich nur vorläufiger Natur, d.h. zu einer Befriedigung des Antragstellers darf die Verfügung nicht führen.[551]

Es ist daher festzuhalten, daß die Entscheidung im einstweiligen Rechtsschutz in Deutschland auf rechtlich unsichereren Grundlagen basieren kann, als in Frankreich, wo die Verfahrensgrundsätze für das Eilverfahren grundsätzlich keinen Vereinfachungen unterworfen sind. Dafür sind die Entscheidungen im einstweiligen Rechtsschutz nicht so weitreichend wie in Frankreich, wo auch endgültige Maßnahmen angeordnet werden können. Erwähnenswert ist an dieser Stelle noch, daß in Deutschland als Gegenstück dazu im Falle einer unberechtigt ergehenden einstweiligen Verfügung gem. § 945 ZPO ein Schadensersatzanspruch besteht, während in Frankreich ein solcher Anspruch gesetzlich nicht ausgestaltet und auch gewohnheitsrechtlich nicht anerkannt ist.[552]

4. Entscheidung

An den eben genannten Gedanken schließt sich folgende Überlegung an:

Interessant bezüglich des Umfangs der Entscheidungen ist, daß das Verbot der Vorwegnahme der Hauptsache in Deutschland im Presserecht strikt befolgt wird, während in Frankreich ein solches Verbot zwar ursprünglich existiert hat, nunmehr aber durch Regelungen abgelöst wurde, die das Gegenteil ermögli-

[550] Vgl. die Norm des Art. 808 NCPC, wo es heißt, daß der Landgerichtspräsident im Eilfall jede Maßnahme anordnen kann, die sich durch die bestehende Streitigkeit rechtfertigt.

[551] So *Thomas/Putzo*, § 938, Rn. 3.

[552] Vgl. *Weber*, S. 51, allerdings kann wegen der fehlenden materiellen Rechtskraft der *ordonnance de référé* der Antragsteller im Hauptverfahren zum Ersatz des Schadens verurteilt werden. Praktisch scheint diese Möglichkeit wenig relevant zu sein.

chen. Zu nennen ist hier die Möglichkeit der Abschlagszahlung auf die Schadensersatzforderung in Art. 809 Abs. 2 NCPC, aber auch die Beschlagnahme oder der Rückruf von Exemplaren, die, je nach Medium, jedenfalls in der Wochen- und Tagespresse endgültige Wirkung entfalten: Die Exemplare sind, wenn sie einmal aus dem Verkehr gezogen wurden, zu einem späteren Zeitpunkt nicht mehr verwendbar, so daß damit faktisch ein endgültiger und kein vorläufiger Zustand geschaffen wird. Die Presse ist in Frankreich daher um so stärker der Gefahr ausgesetzt, daß die Pressefreiheit unwiderruflich verletzt wird. In Deutschland hingegen verstehen sich die Gerichte vielmehr als Regler eines vorläufigen Zustandes, ohne dabei der Hauptsache vorgreifen zu wollen.

Im Ergebnis liegt dem Verfahren des einstweiligen Rechtsschutzes in Deutschland und Frankreich ein unterschiedliches Verständnis zugrunde: In Frankreich können im Rahmen des Verfahrens zwei Ziele verfolgt werden: Zum einen eine schnelle und endgültige Lösung eines relativ unproblematischen Konflikts, zum anderen eine vorläufige Regelung eines komplizierten Rechtsstreits.
In Deutschland dagegen geht es allein um die Sicherung von Rechten, so daß generell nur vorläufige Lösungen in Betracht kommen. Aufgrund dieser Vorläufigkeit kann das einstweilige Verfügungsverfahren auch mit Verfahrenserleichterungen ausgestattet sein, während in Frankreich grundsätzlich strenge Voraussetzungen innerhalb des Verfahrens bestehen.

II. Verfügungsanspruch

1. Spezialregelung des Art. 9 Abs. 2 CC

Art. 9 CC stellt aus deutscher Sicht sicherlich eine ungewöhnliche Regelung dar: In Abs. 1 wird verdeutlicht, daß jedermann den Schutz des Privatlebens genießt.[553] In seinem zweiten Absatz wird dann erklärt, daß die Richter zwecks Verhinderung oder Beendigung einer Verletzung des Intimlebens jede Maßnahme wie Beschlagnahme, Sequestration ect. anordnen können. In Abs. 2 Satz

---

[553] Ausführlich zum Schutzbereich von Art. 9 CC s.o. 1.Teil, 1. Kap., B., III.

2 heißt es weiter, daß derlei Maßnahmen im Eilfall auch im Rahmen des einstweiligen Rechtsschutzes angeordnet werden können.
Die Norm besteht damit aus drei unterschiedlichen Bestandteilen: Absatz 1, der einen Schutzbereich eröffnet, Absatz 2 Satz 1, der einen verengten Schutzbereich mit möglichen Rechtsfolgen verbindet und Absatz 2 Satz 2, der für letztgenannte Situation im Eilfall den einstweiligen Rechtsschutz zuläßt.
Für den deutschen Juristen ist insbesondere die ausdrückliche Zulassung von Maßnahmen des einstweiligen Rechtsschutzes im Bereich des Intimlebens unverständlich. Nach deutschem Verständnis ist einstweiliger Rechtsschutz immer möglich, wenn es sich um einen Eilfall handelt. Dieses Prinzip gilt natürlich grundsätzlich auch in Frankreich. Für die Art der Regelung sind vor allem historische Gründe verantwortlich: Der französische Gesetzgeber wollte im Persönlichkeitsschutz einen Akzent setzen und hat daher den Schutz des Privatlebens ausdrücklich festgeschrieben. In schwerwiegenden Fällen hatten die Gerichte auch schon vor 1970 Rechtsschutz gewährt und dabei Maßnahmen, wie z.B. die Beschlagnahme, angeordnet.[554] Dem Gesetzgeber ging es daher in erster Linie um die Legalisierung eines bestehenden Zustandes.[555]
Das Resultat ist, daß ein Verfügungsanspruch im deutschen Sinne nur bei einem Eingriff in das Intimleben vorliegt. Außen vor bleibt das Privatleben, jedenfalls was die in Art. 9 Abs. 2 CC genannten Maßnahmen betrifft, die unmittelbar in die Pressefreiheit eingreifen.[556]
Da Deutschland keine vergleichbare Regelung besitzt, hinkt die Rechtsvergleichung an dieser Stelle. In Deutschland wird ein Schutz der Intimsphäre auf andere Weise erreicht: Hier sind es die §§ 1004 i.V.m. 823 Abs. 1 BGB und Art. 1 und 2 Abs. 1 GG, die dem Opfer auch im einstweiligen Rechtsschutz Schutz gewähren. Da dieser Schutz jedenfalls ansatzweise mit der französischen Regelung des Art. 809 NCPC vergleichbar ist, soll dies erst im nächsten Abschnitt untersucht werden. Auch die Frage, ob die Norm des Art. 9 CC eine gelungene Regelung ist, wird später im Rahmen eines Ausblicks diskutiert.

---

[554] Entscheidung *Rachel*, Tribunal de la Seine, Urt. v. 16.6.1858; D.P. (Dalloz) 1858, 3, 62; Entscheidung *Philippe*, zitiert bei *Lindon*, S. 278, Rn. 8.
[555] Vgl. *Debbasch*, S. 940, Rn. 3055.
[556] Vgl. 2. Teil, 1. Kap., D., I., 2.

2. Normen des Art. 809 NCPC und § 1004 BGB analog

Die französische Norm des Art. 809 NCPC entspringt dem Verfahrensrecht, während § 1004 BGB eine materiellrechtliche Norm ist, die im Presserecht im einstweiligen Rechtsschutz gem. § 935 ZPO geltend gemacht werden kann. Ein Rechtsvergleich könnte den Leser deshalb überraschen. In praktischer Hinsicht jedoch erfüllt die prozeßrechtliche Norm des Art. 809 NCPC den Schutz, den § 1004 BGB analog ebenfalls erreicht: Schutz vor einer drohenden Verletzung oder die Beseitigung einer rechtswidrigen Störung.

a) Drohender Schaden

Erfährt der potentiell Verletzte von einer bevorstehenden Veröffentlichung in der Presse, so kann er sowohl in Deutschland als auch in Frankreich die Veröffentlichung verhindern, indem er im Verfahren des einstweiligen Rechtsschutzes dagegen vorgeht. In Frankreich eröffnet Art. 809 NCPC ausdrücklich diese Möglichkeit[557], in Deutschland ist es das Institut der vorbeugenden Unterlassungsklage, das diese Funktion erfüllt.
Art. 809 NCPC steht dabei grundsätzlich für alle Rechtsverletzungen offen, allerdings muß er mit Blick auf Art. 9 CC restriktiv ausgelegt werden: Nach Art. 9 Abs. 2 CC unterliegt nur das Intimleben dem besonderen Schutz durch den einstweiligen Rechtsschutz, so daß das Privatleben, um Art. 9 CC nicht zu umgehen, auch bei Art. 809 NCPC grundsätzlich außen vor bleiben muß.[558]
In Deutschland ist es der Unterlassungsanspruch, der zur Verhinderung eines drohenden Schadens geltend gemacht werden muß. Dabei macht es keinen Unterschied, auf welche Sphäre der Antragsteller sich beruft - einem Schutz zugänglich ist jeder Bereich des allgemeinen Persönlichkeitsrechtes. Eine andere Frage ist, ob dem Verfügungsanspruch stattgegeben wird.

---

[557] Auch in Art. 9 CC ist die Verhinderung einer Verletzung des Intimlebens ausdrücklich vorgesehen, der Norm fehlt es aber ansonsten an der Vergleichbarkeit mit § 1004 BGB analog, weshalb hier die Norm des Art. 809 NCPC untersucht wird.

[558] Vgl. 2. Teil, 1. Kap., D., I., 2.

Interessant ist im Hinblick auf die Wahrscheinlichkeit eines drohenden Schadens folgendes: In Frankreich besteht überwiegend Uneinigkeit darüber, wann ein Schaden im Bereich der Druckwerke wirklich droht. Es bereitet den Gerichten immer wieder Probleme, einen drohenden Schaden zu bejahen, wenn ein Druck noch nicht erfolgt ist.[559] Kein Gericht will de facto vorzensieren, was noch nicht fertiggestellt ist. Eine einheitliche Linie, wieweit ein Artikel oder Druckwerk gereift sein muß, um einen drohenden Schaden bejahen zu können, scheint bislang nicht gefunden zu sein. In Deutschland hingegen wird zumindest ein Rohling eines Artikels verlangt, bevor die Gerichte das Vorliegen eines drohenden Schadens annehmen.[560] Da dem Opfer diese Vorgaben meist nicht erfüllen kann, ist in der Praxis der Anspruch kaum von Bedeutung.

b) Eingetretene Verletzung

Ganz anders sieht der Schutz des Verletzten aus, wenn eine Verletzung bereits stattgefunden hat. Daß das Opfer von der Rechtsverletzung erst durch die Veröffentlichung und nicht schon vorher erfährt, ist der Normalfall. Nur selten wird angekündigt, was Inhalt der nächsten Ausgabe einer Zeitung oder Zeitschrift sein wird. Aber auch wenn eine Erscheinung längerfristig angekündigt ist, wie dies bei Büchern der Fall sein kann, so weiß der Verletzte dennoch nicht konkret, ob es sich bei der Veröffentlichung tatsächlich um einen Eingriff in sein Privat- oder Intimleben handelt. So bleibt ihm meist nichts anderes übrig, als die Veröffentlichung und Verbreitung abzuwarten, um dann gegen den Herausgeber oder Verlag vorzugehen.
Frankreich bietet in solche Situationen gem. Art. 809 Abs. 1 NCPC für den Fall einer offensichtlich rechtswidrigen Störung Maßnahmen wie die Beschlagnahme, den Rückruf oder die Streichung von Passagen an. Allerdings gilt dies im Hinblick auf die Regelung in Art. 9 CC wiederum nur für den Fall der Verlet-

---

559 Die Befürchtung, daß ein Artikel erscheine, reicht nach dem TGI Marseille, Urt. (ord. réf.) v. 23.7.1997, LP 9/1998, n° 154, I, 106 nicht aus; ebenfalls reicht es nicht, wenn der Antragsteller nicht deutlich machen kann, worin die zu befürchtende Verletzung konkret bestehen solle, TGI Paris, Urt. (ord. réf.) v. 4.6.1997, LP 6/7 1998, n° 153, I, 90.
560 Vgl. *Soehring*, S. 534, Rn. 30.13.; *Löffler/Ricker*, S. 320, Rn. 5.

zung des Intimlebens.[561] Diese Verletzung muß darüber hinaus offensichtlich rechtswidrig sein, d.h. die Rechtswidrigkeit muß sich sozusagen aufdrängen.[562] Besteht diese Offensichtlichkeit - was in der Regel aufgrund des absoluten Schutzes der Intimsphäre naheliegt - kann auf diese Weise ein eingetretener Schaden wenigstens begrenzt oder im Fall der noch bevorstehenden Verbreitung vollständig verhindert werden. Das Privatleben ist auch hier wieder nicht geschützt. Im Falle einer Beeinträchtigung kann das Opfer allenfalls gem. Art. 809 Abs. 2 NCPC eine Abschlagszahlung verlangen.[563]
In Deutschland hingegen zielt der einstweilige Rechtsschutz in eine andere Richtung: Eine vorbeugende Unterlassungsklage ist meist mangels Kenntnis des Opfers von der bevorstehenden Verletzung nicht möglich. Hat aber eine Verletzung bereits stattgefunden, so wird diese meist nicht mehr aufgehalten. Die Zeitungen oder Zeitschriften sind im Verkauf oder bereits gelesen. Rechtsschutz zielt daher im Eilverfahren in die Zukunft. Der Unterlassungsanspruch soll das Medienunternehmen dazu veranlassen, diesen Eingriff in die Privatsphäre nicht mehr zu wiederholen.[564] Nur davor soll das Opfer bewahrt werden. Es geht meist nicht darum, die begangene Verletzung zu begrenzen oder aufzuhalten. Dabei wird auch kein Unterschied gemacht, ob es sich um eine Verletzung der Intim- oder Privatsphäre handelt. Es muß lediglich eine rechtswidrige Verletzung glaubhaft gemacht werden.[565]
Damit unterscheiden sich die Rechtsschutzformen in Deutschland und Frankreich ganz erheblich.

III. Verfügungsgrund

Einstweiliger Rechtsschutz kann immer dann begehrt werden, wenn eine Entscheidung dringend erforderlich ist. Damit ist die Dringlichkeit das entscheidende Kriterium dafür, ob überhaupt Rechtsschutz gewährt wird.
In Frankreich wird diese Dringlichkeit in Art. 9 Abs. 2 Satz 2 CC ausdrücklich genannt (*urgence*). In der Praxis jedoch wird Dringlichkeit angenommen, so-

---

[561] Vgl. die Ausführungen im 2. Teil, 1. Kap., D., I.
[562] Vgl. dazu 2. Teil, 1. Kap., C., II., 2.
[563] Vgl. 2. Teil, 1. Kap., D., II., 1.
[564] Vgl. die Ausführungen zur Wiederholungsgefahr im 2. Teil, 2. Kap., A., II., 2.
[565] Vgl. hierzu die Ausführungen im 2. Teil, 2. Kap., A., II.

bald es um einen Eingriff in das Intimleben geht.[566] Damit ist das Opfer faktisch davon befreit, das Vorliegen der Dringlichkeit zu beweisen. In Art. 809 NCPC wird die Dringlichkeit nicht genannt. Nach Literatur und Rechtsprechung liegt es bei einem drohenden Schaden oder einer offensichtlich rechswidrigen Störung auf der Hand, daß Dringlichkeit besteht.[567]

In Deutschland stellt sich die Lage nicht viel anders dar. Dringlichkeit ist zwar neben dem Verfügungsanspruch für den einstweiligen Rechtsschutz erforderlich, in Mediensachen wird schon aufgrund der Schnellebigkeit des Metiers Dringlichkeit unterstellt.

Aufgrund der unterschiedlichen Schutzansätze bei der eingetretenen Verletzung (Beendigung in Frankreich/Verhinderung in der Zukunft in Deutschland) sind die Anforderungen an das Kriterum der Dringlichkeit zeitlich sehr unterschiedlich: Will der Geschädigte in Frankreich den Schaden noch begrenzen, muß innerhalb weniger Stunden Rechtsschutz erlangt werden. D.h., der Verletzte wird so schnell wie möglich die Verfügung bei Gericht beantragen. In Deutschland jedoch, wo es meist um eine zukünftige Verhinderung einer Wiederholung der Verletzung geht, ist die Eile weniger groß. Da der Verletzte zudem gehalten ist, eine Abmahnung vorzunehmen, bedeutet Dringlichkeit in der Regel einen Zeitraum von 4 Wochen bis 6 Monaten.[568] Eine ähnliche Konstellation in zeitlicher Hinsicht kann es in Frankreich nur geben, wenn gegen die Verletzung selbst nicht mehr vorgegangen werden kann, der Verletzte nun aber im Hinblick auf eine Schadensersatzforderung eine Abschlagszahlung verlangt.

Es ist damit festzuhalten, daß Dringlichkeit in den Verfahren beider Ländern gefordert wird. Die Anforderungen an den Antragsteller sind aber in beiden Ländern gleichmäßig gering, was mit der Natur der Sache begründet wird. Aufgrund der verschiedenen Schutzrichtungen des Rechtsschutzes unterscheidet sich die Dringlichkeit jedoch in concreto ganz erheblich: Während in Frankreich sozusagen im Regelfall eine ad hoc Entscheidung begehrt wird, hat der Antragsteller in Deutschland - sofern er nicht einen drohenden Schaden verhindern will - wesentlich mehr Zeit.

---

[566] Vgl. die Ausführungen zur Dringlichkeit im 2. Teil, 1. Kap., B., III., 1.
[567] Vgl. 2. Teil, 1. Kap., C., III.
[568] Vgl. 2. Teil, 2. Kap., A., III.

IV. Maßnahmen

Bei den nun folgend untersuchten Maßnahmen, die angeordnet werden können, sollen zuerst die Hauptmaßnahmen betrachtet werden, also die Verfügungen, die eine Verletzung verhindern oder begrenzen sollen. Im Anschluß daran werden die sogenannten Begleitmaßnahmen untersucht, die dazu dienen, die Verfügung zu sichern.

1. Hauptmaßnahmen

Grundsätzlich sind zwei Grundsituationen zu untersuchen, die sich in ihrer Idee an das anlehnen, was schon im Rahmen des Art. 809 NCPC untersucht wurde, nämlich die Gefahr eines drohenden Schadens und die Situation, daß schon eine Verletzung eingetreten ist. Wie die französische und die deutsche Rechtsordnung mit diesen Konstellationen umgehen, wird Gegenstand der nun folgenden Untersuchung sein. Zu beachten ist hierbei, daß die genannten Maßnahmen bis auf die Abschlagszahlung in Frankreich nur möglich sind, wenn eine Verletzung des Intimlebens in Streit steht, während in Deutschland die Verletzung der Privat- und Intimsphäre die folgenden Maßnahmen gestatten.

a) Fall des drohenden Schadens

Nicht häufig wird das Opfer in der Lage sein, einen drohenden Schaden abzuwenden, denn meist weiß es nichts von einer bevorstehenden Verletzung. Hat der potentiell Verletzte dennoch Kenntnis erlangt, sind bezüglich der anzuordnenden Maßnahmen zwei Situationen zu unterscheiden: Das eine ist die, daß das verletzende Werk noch nicht gedruckt wurde, also allenfalls ein Rohling vorliegt. Die andere Situation ist die, daß die verletzenden Exemplare bereits gedruckt sind, aber noch nicht verbreitet wurden, so daß eine Verletzung noch aussteht.

aa) Drohender Schaden vor Drucklegung

Kann das potentielle Opfer den Rohling eines Artikels bei Gericht vorlegen, so wird in Deutschland eine Unterlassungsverfügung dahingehend ergehen, daß die darin enthaltende - das Privat- oder Intimleben - verletzende Äußerung untersagt wird. Das Gericht wird also eine oder mehrere konkrete Äußerungen verbieten. Der Artikel kann anschließend ohne diese Passagen gedruckt werden. Wie eine Entscheidung in Frankreich aussähe, ist nicht ganz sicher: Die Gerichte haben bislang in Fällen, in denen das Opfer nur die Befürchtung aussprach, daß eine Verletzung stattfinden könnte, eine Maßnahme abgelehnt.[569] Wenn aber ein Rohling vorläge und damit die konkrete Verbreitungsabsicht bestünde, so würden die französischen Gerichte wohl eine Veröffentlichung verbieten, solange die betreffenden Passagen nicht gestrichen sind. Damit würden sich in diesem Bereich die gerichtlichen Entscheidungen nicht unterscheiden.

bb) Drohender Schaden nach Drucklegung aber vor Veröffentlichung

Schwieriger ist die Wahl der Maßnahme, wenn die Exemplare schon gedruckt, aber noch nicht verbreitet sind.

Die französischen Gerichte würden hier zu der Möglichkeit greifen, die Streichung oder Schwärzung zu veranlassen und solange bis dies geschehen ist, ein Verbreitungsverbot verhängen. Wenn es sich um eine ganz gravierende Verletzung handelte, käme auch die Beschlagnahme in Betracht.[570] Dann allerdings müßte sich die Verletzung durch das gesamte Werk ziehen, so daß eine Streichung einzelner Passagen nicht in Betracht käme.

In Deutschland erginge wieder eine Unterlassungsverfügung, die aber je nach Medium variierte: Ist eine Zeitschrift oder Zeitung schon gedruckt, muß diese

[569] So TGI Paris, Urt. (ord. réf.) v. 4.6.1997, LP 7/8 1998, n° 153, I, 90; TGI Marseille, Urt. (ord. réf.) v. 23.7.1997, LP 9/1998, n° 154, I, 106; TGI Paris, Urt. (ord. réf.) v. 27.9.1999, LP 1/2/2000, n° 168, I, 13 - dort verlangte das potentielle Opfer die Herausgabe von Passagen eines noch nicht erschienen Druckwerks, die dessen Privatleben betrafen, einen Monat vor Drucklegung unter Androhung von Zwangsgeld. Dies lehnte das Gericht unter Berufung auf den allein hypothetischen Schaden ab.

[570] Vgl. TGI Paris, Urt. (ord. réf.) v. 16.11.1976, JCP 1977, II, 18701, Anm. *Lindon*.

sofort ausgeliefert werden, um noch rechtzeitig zu erscheinen, so wird das Erscheinen der Zeitschrift in der Regel nicht verhindert. Es findet eine Abwägung dahingehend statt, daß die Persönlichkeitsverletzung dem Rechtsgut der Pressefreiheit und der Informationsfreiheit der Leser gegenübergestellt wird.[571] Handelt es sich nun um einen Artikel, der verletzende Passagen enthält, ist aber ansonsten die Zeitung oder Zeitschrift ohne Beanstandungen, wird es meist die Pressefreiheit gebieten, das Medium trotz der Verletzung zu verbreiten. Würde die gesamte Ausgabe wegen einer einzigen Verletzung gestoppt, könnte dies der Ruin des Verlages sein. Auch der Leser hat wenigstens an den rechtmäßigen Artikeln ein rechtmäßiges Interesse, so daß die Abwägung meist ergeben wird, daß die Ausgabe verbreitet werden darf.[572] Z.T. wird hier mit dem Begriff der Aufbrauchfrist gearbeitet, d.h., daß die Verbreitung innerhalb einer bestimmten Zeit noch möglich sein soll.[573]

Anders kann es sein, wenn es um ein Buch geht. Hier ist eine Schwärzung oder das erneute Drucken der verletzenden Passagen grundsätzlich möglich.[574] Allerdings wird dies kaum zu stattfinden, wenn das Buch bereits in gebundener Form vorliegt.[575] Dann bedeutete auch diese Maßnahmen eine, aus deutscher Sicht, unverhältnismäßige Beschränkung der Pressefreiheit.

Der Verletzte wird also im Regelfall nur dahingehend geschützt, daß dem Antragsgegner die verletzende Äußerung für die Zukunft verboten wird. Der Eingriff findet in seiner Ursprungsform jedoch meistens erst einmal statt.

b) Fall der eingetretenen Verletzung

Die zweite Konstellation ist die, daß ein Medium bereits auf den Markt gelangt ist, d.h. die Verletzung schon begonnen hat. In dieser gängigen Konstellation unterscheiden sich die Vorgehensweisen der Gerichte in Deutschland und Frankreich erheblich.

---

[571] Vgl. die Ausführungen im 2. Teil, 2. Kap., A., IV., 1.
[572] Vgl. dazu *Soehring*, S. 542, Rn. 30.30.
[573] Ein Nachweis zu unveröffentlichten Entscheidungen mit und ohne Aufbrauchfrist findet sich bei *Prinz/Peters*, S. 329, Fn. 459.
[574] Vgl. *Wenzel*, S. 657, Rn. 12.90.
[575] Anders aber BGH, Urt. v. 20.1.1981, NJW 1981, 1366 - *Wallraff II.*

aa) Begrenzung des Schadens

Zum Schutz des Opfers kommt in erster Linie eine Begrenzung des Schadens in Betracht. Steht die Veröffentlichung noch am Anfang und handelt es sich um eine sehr schwere Verletzung, so besteht in Frankreich die Möglichkeit, die Exemplare zu beschlagnahmen bzw. zurückzurufen. Dabei kommt insbesondere dem Rückruf eine große Bedeutung zu, da die Beschlagnahme nur dann in Betracht kommt, wenn sich die Exemplare noch beim Drucker befinden.
Im Jahre 1983 wurde der Rückruf einer Zeitschrift, in der eine grausam verstümmelte Studentin abgebildet war, erstmals angeordnet.[576] Seitdem ordnen die französischen Gerichte den Rückruf von Druckwerken unter Androhung eines Zwangsgeldes pro nicht zurückgerufenem Exemplar mit beständiger Regelmäßigkeit an.[577] Durch diese Maßnahme greifen die Gerichte ganz empfindlich in die Pressefreiheit ein. Die Maßnahme soll das Presseunternehmen hart treffen und zugleich das Opfer schützen, so gut dies in Anbetracht der schon verbreiteten Exemplare überhaupt möglich ist. Ein Informationsinteresse der Leser an einer Zeitungs- oder Buchausgabe spielt dabei keine Rolle.
In Deutschland dagegen haben sich zur Begrenzung des Schadens durch Zeitungen oder Zeitschriften keinerlei Maßnahmen etabliert. Da in der Regel das Interesse am Erscheinen einer Zeitschrift höher angesiedelt wird als die Verletzung, haben Rückrufmaßnahmen[578] bislang in Deutschland nur einen theoretischen Platz. Lediglich im Bereich der Buchveröffentlichungen kommen Verbreitungsverbote in Betracht.[579] So wurde in einem Fall, in dem in es um die Arbeitsweise einer Redaktion ging, die Schilderungen über den Besuch in der Privatwohnung des Redakteurs verboten.[580] Konkret wurde das Anbieten oder

[576] TGI Paris, Urt. v. 30.11.1983, Gaz. Pal. 1984, 1, 7, Anm. *Bertin*.
[577] Vgl. dazu die Ausführungen im 2. Teil, 1. Kap., B., IV.
[578] Aufgrund des Problems der Vorwegnahme der Hauptsache kommen Rückrufmaßnahmen allenfalls für Bücher in Betracht, vgl. dazu die Ausführungen im 2. Teil, 2. Kap., A., IV., 2.
[579] Gesamtverbot betreffend den Fall einer Schmähkritik BGH, Urt. v. 20.3.1968, BGHZ 50, 133 = NJW 1968, 1773 - *Mephisto*; Verbreitungsverbot, solange eine Passage aus der Privatsphäre nicht gestrichen wurde BGH, Urt. v. 20.1.1981, NJW 1981, 1366 - *Wallraff II*.
[580] BGH, Urt. v. 20.1.1981, NJW 1981, 1366 - *Wallraff II*.

Ausliefern des Buches verboten, solange sich die streitigen Passagen noch darin befanden.
Das Opfer kommt im Ergebnis im Rahmen des einstweiligen Rechtsschutzes bezüglich der Begrenzung der begangenen Verletzung zu spät, wenn diese schon verbreitet ist und es sich nicht ausnahmsweise um eine Buchveröffentlichung handelt. Die Unterlassungsverfügung kann sich in solchen Fällen nur noch auf die Zukunft richten.

bb) Kompensation des Schadens

Ist das Medium bereits verbreitet, kann in Frankreich dem Opfer einer Verletzung der Intimsphäre aber auch der Privatsphäre, eine Abschlagszahlung auf den zu erwartenden Schadensersatz gewährt werden.[581] Die französischen Gerichte beginnen damit schon im Rahmen des einstweiligen Rechtsschutzes den erlittenen Schaden zu kompensieren.
Eine solche Möglichkeit sieht das deutsche Recht nicht vor: Zwar kennt auch das deutsche System den Begriff der Abschlagszahlung, diese sind aber begrenzt auf absolute Notsituationen, wie sie im Falle von Unterhalts-, Lohn- und Gehaltsansprüchen entstehen können, wenn der Antragsteller auf diese Zahlungen dringend angewiesen ist.[582] Im Presserecht findet sich diese Möglichkeit hingegen nicht. Schadensersatz kann erst im Rahmen des Hauptklageverfahrens begehrt werden, da andernfalls gegen das Prinzip des Verbots der Vorwegnahme der Hauptsache verstoßen würde.
Da die Franzosen diesen Grundsatz zwar kennen, Art. 809 Abs. 2 NCPC durch die Schaffung der Möglichkeit einer Abschlagszahlung jedoch eine Ausnahme von diesem Grundsatz gemacht hat, steht der Gewährung dieser Art von vorläufigem Schadensersatz nichts im Wege. Diese Möglichkeit ist auch dem Opfer der Verletzung des Privatlebens gem. Art. 9 CC unproblematisch eröffnet: Da durch die Zahlung eines Abschlages nicht direkt in die Pressefreiheit eingegriffen wird, sondern nur der bestehenden Möglichkeit einer Schadensersatzzah-

---

[581] Vgl. die Ausführungen im 2. Teil, 1. Kap., D., II., 1.
[582] Dazu *Thomas/Putzo*, § 940, Rn. 9.

lung vorgegriffen wird, ist gegen diese Art des Rechtsschutzes in Frankreich nichts einzuwenden.

cc) Keine Wiederholung der Verletzung

Während in Frankreich alles darauf ausgerichtet ist, die eingetretene Verletzung zu begrenzen oder wenigstens zu kompensieren, weist der einstweilige Rechtsschutz in Deutschland in eine andere Richtung: Die Vermeidung der Wiederholung einer einmal eingetretenen Verletzung. Mit der Unterlassungsverfügung wird dem Antragsgegner regelmäßig verboten, die verletzende Äußerung in gleicher oder ähnlicher Form zu wiederholen. In Ausnahmenfällen kann dem Verlag auch in abstrakter Form verboten werden, über das Intimleben einer Person zu berichten.[583]Damit richtet sich das deutsche System im einstweiligen Rechtsschutz in erster Linie nicht gegen die gegenwärtige Verletzung, sondern versucht, zukünftige Eingriffe zu verhindern.
Diese Form des Rechtsschutzes kennt wiederum Frankreich im Presserecht nicht: Hier ist Gegenstand des einstweiligen Rechtsschutzes die konkrete, bereits geschehene Verletzung, nicht aber mögliche Verletzungen in der Zukunft. Eine Ausnahme davon hat es in einem Fall gegeben, in dem ein Verlag in einem Artikel die Intimsphäre von zwei Prominenten verletzte.[584] Da jedoch schon häufiger über Vorkommnisse dieser Art bezüglich der betroffenen Personen berichtet wurde, ließ das Gericht lediglich exemplarisch drei Exemplare der Ausgabe beschlagnahmen. Es wollte damit ein Zeichen setzen, daß eine solche Veröffentlichung rechtswidrig ist und auch andere Verlage, auch im Ausland, auf diese Weise abschrecken, ähnliches zu verbreiten.
Diese Wirkung in die Zukunft ist aber bislang ein Ausnahmefall. Die Maßnahme richtete sich auch eher auf die zukünftigen Veröffentlichungen anderer Verlage und nicht auf die Veröffentlichung des Antragsgegners.

---

[583] OLG Hamburg, Urt. v. 17.3.1977, UFITA 81 (1978), 278, (282).
[584] TGI Paris, Urt. v. 8.5.1974, D. 1974, 530, (531), Anm. *Lindon*.

2. Begleitende bzw. sichernde Maßnahmen

Um die Verfügungen zu sichern, ordnen die Gerichte sowohl in Frankreich als auch in Deutschland begleitende Maßnahmen an.

In Frankreich ist dies in erster Linie das Zwangsgeld. Dieses Zwangsgeld muß der Antragsgegner an den Antragsteller zahlen und nicht an den Staat. Es spielt eine Rolle in Fällen, in denen der Antragsgegner zu einer Handlung, wie dem Rückruf von Druckexemplaren, verurteilt wird.[585] Die Höhe des Zwangsgeldes wird dabei in Abhängigkeit zu den fehlenden Exemplaren bestimmt. D.h., der Richter setzt ein Zwangsgeld pro fehlendem Exemplar fest und die Summe der Zahlung richtet sich im Endeffekt nach der Menge der vom Verlag nicht zurückgerufenen Exemplare. Damit hat es der Antragsgegner selbst in der Hand, durch entsprechende Anstrengungen die zu zahlende Summe gering zu halten. Wie schwierig die Aktion im Einzelfall ist und welche Anstrengungen im einzelnen der Antragsgegner unternommen hat, um seiner Verpflichtung nachzukommmen, wird dabei vom Richter bei der Festsetzung des Zwangsgeldes berücksichtigt.[586]

Weitere begleitende Maßnahmen, die die französischen Gerichte - meist im Zusammenhang mit dem Rückruf von Druckwerken anordnen - ist die Überwachung der Handlungen des Antragsgegners sowie der Bestimmung der Anzahl der Druckwerke, die verbreitet und zurückgeholt wurden durch den Gerichtsvollzieher. Diesem kommt bei der konkreten Festsetzung eines Zwangsgeldes eine wichtige Aufgabe zu. Um das Zwangsgeld festsetzen zu können und dem Antragsgegner einen konkreten Rahmen für seine Verpflichtungen zu geben, terminiert der Richter im einstweiligen Rechtsschutz schon eine weitere Verhandlung, sozusagen einen Kontrolltermin.[587]

In Deutschland hingegen gibt es in erster Linie das Ordnungsgeld, das für den Fall angedroht wird, daß der Antragsgegner die Unterlassungsverfügung nicht beachtet, d.h. die gleiche oder eine ähnliche Verletzung der Privat- oder Intim-

---

[585] Vgl. TGI Paris, Urt. (ord. réf.) v. 30.11.1983, D. 1984, 111, Anm. *Lindon* = Gaz. Pal. 1984, 1, 7, Anm. *Bertin*; TGI Paris, Urt. (ord. réf.) v. 6.6.1988, Gaz. Pal. 1989, 1, 30, (31), Anm. anonym.

[586] Vgl. TGI Paris, Urt. (ord. réf.) v. 31.1.1984, D. 1984, jur., 283, Anm. *Lindon*.

[587] TGI Paris, Urt. (ord. réf.) v. 30.11.1984, D. 1984, 111, Anm. *Lindon* = Gaz. Pal. 1984, 1, 7, Anm. *Bertin*.

sphäre des Opfers erneut stattfindet. Dieses Ordnungsgeld, das bis zu 500.000,- DM betragen kann, fließt im Fall eines Verstoßes dem Staat zu.[588] Es erfüllt einen repressiven, strafähnlichen Zweck.[589] Wie hoch das Ordnungsgeld im einzelnen ist, hängt von der Intensität der Verletzung und dem Maß des Verschuldens ab.[590]

V. Rechtsmittel

Hinsichtlich der Rechtsmittel gibt es vor allem eine auffällige Besonderheit: Die Kassation ist in Frankreich gegen Entscheidungen des einstweiligen Rechtsschutzes möglich[591], während die Revision in Deutschland nicht zugelassen ist[592].

Ein Erklärungsansatz könnte darin bestehen, daß in Frankreich das einstweilige Verfügungsverfahren mit dem Hauptsacherechtsschutz durchaus vergleichbar ist. Die Beweise sind die gleichen, eine mündliche Verhandlung findet im Regelfall statt und die Art der Entscheidung ist nicht unbedingt vorläufiger Natur. All dies ist in Deutschland anders, so daß hier ein verkürztes Verfahren besteht, das keine endgültigen Tatsachen schafft und deshalb auch nicht unbedingt revisibel sein muß.

B. Bewertung und Ausblick

Im nun folgenden Abschnitt sollen die beiden Rechtssysteme globaler verglichen und auch bewertet werden. Dabei geht es insbesondere um die Frage, wie der Konflikt zwischen Persönlichkeitsschutz und Pressefreiheit verfahrensrechtlich bewältigt wird. Am Ende der Ausarbeitung werden Überlegungen zur Harmonisierung des Rechts stehen, wobei es insbesondere darum gehen wird, wie die Rechtsordnungen sich gegenseitig befruchten könnten.

---

[588] Vgl. *Prinz/Peters*, S. 332, Rn. 429.
[589] *Thomas/Putzo*, § 890 ZPO, Rn. 15.
[590] *Prinz/Peters*, S. 332, Rn. 429.
[591] Vgl. die Ausführungen im 2. Teil, 1. Kap., B., V und C., V.
[592] Siehe 2. Teil, 2. Kap., A.,V.

I. Systemvergleich

Im anschließenden Systemvergleich geht es vor allem um die Art der Organisation des einstweiligen Rechtsschutzes im Bereich des Presserechts. Ein Augenmerk wird dabei auf die Stellung von Richter und den Parteien im Prozeß gerichtet.

1. Konfliktbewältigung

Auffällig beim Vergleich der Einleitung der Verfahren ist, daß der Antragsteller in Frankreich sofort den Richter anrufen muß, während in Deutschland im Normalfall verlangt wird, daß der Antragsteller zuerst den Antragsgegner abmahnt[593]. Durch diese Abmahnung soll den Parteien die Möglichkeit gegeben werden, die Streitigkeit ohne richterliche Hilfe aus der Welt zu schaffen: Der Antragsgegner soll sich verpflichten, die streitige Äußerung in Zukunft zu unterlassen. Diese Verpflichtung wird mit Hilfe eines Vertragsstrafeversprechen, welches zumeist unbeziffert sein wird, abgesichert.[594] Erst wenn eine solche Erklärung nicht abgegeben wird, ist in der Regel der Weg zu den Gerichten frei. Mit dem Erfordernis der außergerichtlichen Konfliktbewältigung kommt den Parteien in Deutschland eine große Eigenverantwortlichkeit zu.

Dies spiegelt sich ebenfalls in der Möglichkeit wieder, nach dem Ende des Verfügungsverfahrens eine Abschlußschreiben verfassen zu können: In diesem Abschlußschreiben verzichtet der Antragsgegner auf das Hauptklageverfahren und erkennt die Regelung des Verfügungsverfahrens als endgültig an.[595]

Derlei Möglichkeiten der außergerichtlichen Konfliktbewältigung bestehen in Frankreich nicht: Dort ist der Richter in jedem Fall aufgerufen, den Konflikt zwischen Persönlichkeitsschutz und Pressefreiheit zu lösen. Der Richter löst den Konflikt in der Sache durch Sanktionierung der Verletzung. Sofern es sich dabei um die Verletzung des Intimlebens handelt, ordnet er in der Praxis weitgehende Maßnahmen an. Verbreitungsverbote, Beschlagnahmen oder die An-

---

[593] Eine Ausnahme besteht, wenn die Abmahnung sinnlos wäre oder aber wegen des Zeitmoments der Schaden auf jeden Fall einträte, vgl. 2. Teil, 2. Kap., A., I., 2.

[594] Siehe 2. Teil, 2. Kap., A., I., 2.

[595] Dazu ausführlich erst unten 3. Teil, 2. Kap., A., II.

ordnung eines Rückrufs sind neben der Zuerkennung einer Abschlagszahlung durchaus denkbar.[596] Eine Verpflichtung der Presse für die Zukunft wird dabei nicht erreicht. Die aus deutscher Sicht weitreichenden Maßnahmen gegen die Presse haben aber möglicherweise den Effekt, daß sie abschrecken: D.h. im Falle einer schweren Verletzung hat der verantwortliche Herausgeber oder Verlag mit schwersten Maßnahmen zu rechnen, die ihn finanziell empfindlich treffen können. Auf diese Weise erreicht das französische System den Schutz des Intimlebens. In Deutschland kommen gegen den Eingriff selbst, jedenfalls im Rahmen der Periodika, kaum Mittel in Betracht. Es kann aber eine Unterlassungsverpflichtung für die Zukunft erreicht werden. Im Ergebnis bekommt der Schädiger in Deutschland im Rahmen des einstweiligen Rechtsschutzes noch eine weitere Chance. In Frankreich hat er durch die Verletzung seinen Spielraum bereits verschenkt.

2. Stellung des Richters

Wie sich auch gerade schon angedeutet hat, unterscheiden sich die Positionen der Beteiligten im Prozeß in Deutschland und Frankreich ganz erheblich: In Frankreich ist der Richter die alles dominierende Person. Nicht nur, daß kein Weg an seiner Anrufung vorbeiführt, um den Konflikt zu lösen, er kann darüber hinaus auch seine eigene Entscheidung bis zum bitteren Ende begleiten, d.h. bis zur Vollstreckung. Besonders deutlich wird dies in den Fällen des Rückrufes von bereits verbreiteten Exemplaren: Um die Rückholaktion kontrollieren zu können, bestimmt der Richter einen neuen Termin, der dazu dient ist, die Höhe eines vom Antragsgegner zu zahlenden Zwangsgeldes bestimmen zu können.[597] Da sich dies nach der Anzahl der nicht zurückgeholten Exemplare richtet, setzt er einen Gerichtsvollzieher ein, der die Anzahl der gedruckten, der verbreiteten und der zurückgerufenen Exemplare aufnimmt. Der Richter besitzt in sofern ein effektives Druckmittel, seiner Verfügung so schnell und so gewissenhaft wie möglich nachzukommen.

---

[596] Siehe oben 2. Teil, 3. Kap., A., IV.

[597] So geschehen in TGI Paris, Urt. v. 30.11.1983, Gaz. Pal. 1984, 1, 7, Anm. *Bertin;*TGI Paris, Urt. (ord. réf.) v. 14.5.1985, Gaz. Pal. 1985, 2, 608, Anm. *Chartier*.

Weiterhin fällt auf, daß der Richter in Frankreich durch die Möglichkeit in Art. 809 Abs. 2 NCPC, Abschlagszahlungen zuerkennen zu können, nicht nur vorläufige Regelungen treffen, sondern auch der Hauptsache durchaus vorgreifen kann. In Deutschland wäre an eine solche Möglichkeit wohl kaum zu denken: Die Vorläufigkeit einer Maßnahme ist nach wie vor oberstes Gebot, sofern nicht wie in Unterhaltssachen oder bei Lohn- oder Gehaltsansprüchen existentielle Dringlichkeit für Zahlungen besteht. Erst im Hauptsacheverfahren soll endgültig entschieden werden. Im Unterschied zu Frankreich ist das deutsche einstweilige Rechtsschutzverfahren allerdings auch insgesamt „unsicherer" ausgestaltet, d.h. schon die Verfahrensregeln - Glaubhaftmachung, Entfallen der mündlichen Verhandlung - sind nicht dazu geeignet, endgültige Regelungen zu treffen. In Frankreich besteht demgegenüber ein deutlich abgesicherteres Verfahren, welches sich vom Hauptsachrechtsschutz weniger unterscheidet.[598] Ferner ist zu beachten, daß eine Abschlagszahlung nur in Betracht kommt, wenn die Sache unstreitig ist.[599] Unter diesen Voraussetzungen kann in Frankreich das Hauptklageverfahren aufgrund der Möglichkeit der Abschlagszahlung entfallen. Ist der Antragsteller mit der ihm gewährten Zahlung zufrieden, die überdies die Schadensersatzforderung zu 100 % abdecken kann[600], so wird er ein Hauptverfahren nicht mehr anstrengen. Der Gegner wird auf Klageerhebung meist verzichten, weil der *Référé*-Richter mit der Verurteilung zu einer Abschlagszahlung attestiert hat, daß der Anspruch nicht ernsthaft streitig ist.

Eine rechtsvergleichende Studie aus dem Jahre 1991 hat ergeben, daß sich auf diese Weise eine große Anzahl von Hauptverfahren erledigen.[601] Der Ursprungszweck, schnelle Hilfe für Unfallopfer oder in Bausachen zu gewähren, also in einem Bereich, in dem es wirklich darauf ankommen kann, daß dem Opfer finanziell schnell geholfen wird, läßt sich im Bereich des Persönlichkeitsrechts nicht realisieren. Dennoch wird auf diese Weise der Rechtsschutz in Frankreich deutlich beschleunigt und zudem kostengünstiger. Der Richter hat es damit - jedenfalls in eindeutigen Fällen - schon im Rahmen des einstweiligen Rechtsschutzes in der Hand, den Rechtsstreit endgültig zu entscheiden.

---

598 Siehe oben 2. Teil, 1. Kap., B., I., 3. und 4.

599 Vgl. Art. 809 Abs. 2 NCPC: „*...l'existence de l'obligation n'est pas sérieusement contestable.*"

600 Siehe oben, 2. Teil, 1. Kap., C., IV., 2.

601 Vgl. *Weber*, S. 84.

II. Stellung von Pressefreiheit und Schutz der Persönlichkeit

Ein weiterer wesentlicher Unterschied ist die Stellung der Pressefreiheit. In Deutschland legen die Richter einen weitaus größeren Akzent auf die Verhältnismäßigkeit der angeordneten Maßnahmen: So müssen die Verlage nicht befürchten, daß eine Ausgabe einer Zeitschrift oder Zeitung beschlagnahmt wird, nur weil der Inhalt eines Artikels in die Intimsphäre einer Person eingreift. Hier werden die Interessen der freien Presse und auch der Leser im Regelfall für höherwertig erachtet.[602] In Frankreich dagegen müssen die Verlage durchaus damit rechnen, daß Druckwerke nicht erscheinen dürfen oder vom Markt zurückgezogen werden müssen. Selbstverständlich ist auch der französische Richter um ein Abwägung zwischen Persönlichkeitsschutz und Pressefreiheit bemüht. Gerade aber im Bereich des Intimlebens, in dem grundsätzlich absoluter Schutz besteht, werden bestehende Belange der Presse weniger beachtet als in Deutschland. Allerdings werden auch diese Maßnahmen des Richters durch das Kriterium der Verhältnismäßigkeit begrenzt: Eine Zeitung wird nicht in ganz Frankreich beschlagnahmt, wenn die Gefahr der Identifizierung der betroffenen Person nur in einem bestimmten Gebiet besteht. Dennoch ist die Anordnung der Maßnahmen eher am Opfer als am Schädiger orientiert.

Diese Tendenz zeigt auch das Institut der Aufbrauchfrist: In Frankreich wäre es wohl undenkbar bei einem schwerwiegenden Verstoß, der durchaus ein Verbot der Verbreitung nahelegt, wegen des Grundsatzes der freien Presse dem Verlag zu erlauben, das Druckwerk noch weiter zu verbreiten. Die Entscheidung soll den Verlag im Rahmen des einstweiligen Rechtsschutzes schon empfindlich treffen und dadurch eine zukünftige Verletzung verhindern.

Im Vergleich zu Deutschland sind die gerichtlichen Maßnahmen weniger weitgehend, wenn es nur um einen Eingriff in das Privatleben geht. Hier sind Maßnahmen, die direkt in die Pressefreiheit eingreifen, im Regelfall nicht gestat-

---

[602] Vgl. dazu *Soehring*, S. 541, Rn. 30.29.

tet.[603] Im Rahmen eines Eingriffs in die Privatsphäre kann das Opfer grundsätzlich nur Abschlagszahlungen geltend machen.[604]

In Deutschland macht es hingegen keinen Unterschied, ob in die Intimsphäre oder in die Privatsphäre eingegriffen wird. Kann sich der Antragsgegner nicht auf die Rechtmäßigkeit seines Tuns berufen, so wird unabhängig von der Schutzsphäre eine Unterlassungsverfügung ergehen. Diese Unterlassungsverfügung als in die Zukunft gerichtete Maßnahme, beeinträchtigt allerdings die Presse auch ungleich weniger als eine direkt wirkende Maßnahme in Frankreich. Es ist daher festzuhalten, daß die Presse in Deutschland eine wesentlich sicherere Position hat als in Frankreich: Zwar werden Eingriffe in die Privat- und die Intimsphäre gleichermaßen sanktioniert, die Maßnahme der Unterlassungsverfügung ist aber in Fällen eines bereits geschehenen Eingriffs ein vergleichsweise moderates Mittel, das nicht direkt in die Pressefreiheit eingreift.

III. Harmonisierung

Es ist in diesem Rahmen nicht möglich, einen umfassenden Vorschlag zur Harmonisierung des Rechts zu erarbeiten. Bestrebungen dieser Art existieren für das Verfahrensrecht noch weniger, als für das materielle Recht. So bleibt nur die Möglichkeit des „Rosinenpickens" in den einzelnen Rechtsordnungen.

Es fällt auf, daß die Rechtsordnungen im einstweiligen Rechtsschutz jeweils sehr einseitig an unterschiedlichen Zielen orientiert sind: Frankreich konzentriert sich darauf, die geschehene Verletzung zu begrenzen bzw. zu sanktionieren, während Deutschland den Blick fast ausschließlich in die Zukunft richtet und die Verletzung erst später im Rahmen der Hauptsache würdigt.

Daß die jeweils einseitige Ausrichtung zu Lücken im Rechtsschutz führt, soll im folgenden dargestellt werden: Wird in Frankreich die Privatsphäre verletzt, kann der Antragsteller im Rahmen des einstweiligen Rechtsschutzes nur eine Abschlagszahlung begehren. Ist der Fall nicht unstreitig, was im Bereich der

---

603 Eine Ausnahme bildet der Fall, daß der Eingriff in die Privatsphäre mit einem Eingriff in das Intimleben qualitativ gleichwertig ist und zudem vorsätzlich und schuldhaft geschah, vgl. TGI Paris Urt. v. 23.6.1984 (unveröffentlicht), zitiert bei *Normand*, RTDciv 1985, 439, bestätigt durch Cass. civ., Urt. v. 13.4.1988, Bull. civ. 1988, I, n° 37 = JCP 1988, IV, 212.

604 Vgl. 2. Teil, 1. Kap., D., II., 1.

Privatsphäre ja durchaus denkbar ist, so geht der Antragsteller ungeschützt aus dem Verfahren. In Frankreich die Möglichkeit eines vorläufigen Unterlassungsanspruchs für die Zukunft zu formulieren, könnte den Antragsteller wenigstens vor möglicherweise bevorstehenden Eingriffen schützen. Bei Eingriffen in das Intimleben fällt dieses Manko deswegen nicht so sehr ins Gewicht, weil in diesem Bereich die möglichen Maßnahmen der Gerichte wie Beschlagnahme und Rückruf einen gewissen Präventiveffekt ausüben.

In Deutschland hingegen wird selbst bei schwersten Verletzungen der Intimsphäre durch die Presse nur ein Schutz für zukünftige, vergleichbare Veröffentlichungen gewährt. Hier sollte zumindest darüber nachgedacht werden, ob nicht in wirklich schwerwiegenden Fällen der vorsätzlichen Verletzung der Intimsphäre, die lediglich zur Auflagensteigerung mißbraucht werden, auch andere Mittel, als ein erhöhter Schadensersatzanspruch in Betracht kommen könnten. Als mögliche Hilfsansprüche im Rahmen eines Unterlassungsanspruches werden Beschlagnahme, Sequestration und Rückruf in der Literatur zwar erwähnt[605], sie scheinen aber in der Praxis keine besondere Relevanz zu besitzen. Es könnte daher daran gedacht werden, jedenfalls in Fällen, in denen z.B. die Intimsphäre des Betroffenen in erheblichem Maße betroffen ist, auch einen Rückruf der Exemplare zuzulassen. Allerdings stellt sich dabei in Deutschland das Problem, daß diese Maßnahme sich im Ergebnis als endgültig darstellen würde, da jedenfalls im Bereich der Periodika eine spätere Verbreitung nicht mehr in Betracht käme. Ein pauschaler Lösungsvorschlag, wie mit verletzenden Druckwerken umgegangen werden sollte, ist daher an dieser Stelle nicht möglich.

Die Zurückhaltung der deutschen Gerichte, gegenüber der Presse einschneidende Maßnahmen anzuordnen, läßt sich auch historisch erklären: In der Nazi-Zeit waren Zensur und Bücherverbrennungen an der Tagesordnung. Mit diesen Überlegungen sollen deshalb die Gerichte nicht ermuntert werden, die Pressefreiheit einzuschränken, es soll nur die Sensibilität in Deutschland für die Möglichkeiten von flexiblen Maßnahmen geweckt werden, die sich nicht lediglich auf die Unterlassung für die Zukunft beschränken.

Eine Regel, wie Frankreich sie mit Art. 9 Abs. 2 CC hat, soll damit nicht ins Leben gerufen werden. Diese Regel hat zwar einen Akzent auf den Schutz des

---

[605] Vgl. *Prinz/Peters*, S. 516 ff., Rn. 788 ff.; *Wenzel*, S. 788 ff., Rn. 15.9 ff.

Intimlebens gesetzt und besitzt ferner den Effekt, daß bekannt ist, daß Frankreich auch im einstweiligen Rechtsschutz das Intimleben stark schützt. Es ist aber zu beachten, daß die Regelung sich eher negativ auf den Schutz des Privatlebens ausgewirkt hat, der im Einzelfall ebenfalls genauso schützenswert sein kann.

C. Ergebnis

Beide Länder schützen das Opfer einer Verletzung der Intim- oder Privatsphäre durch die Presse. Die Frage, wo der Verletzte verfahrensrechtlich besser geschützt ist, in Frankreich oder in Deutschland, kann pauschal nicht beantwortet werden. Steht die Verbreitung einer Verletzung noch am Anfang, so kann in Frankreich durch die Anordnung eines Rückrufes oder einer Beschlagnahme der Schaden des Opfers gering gehalten werden. Allerdings kommen derlei Maßnahmen nur in Betracht, wenn es sich um eine schwere Verletzung des Intimlebens handelt, die durch die Gewährung von Schadensersatz nicht einfach zu kompensieren ist. Kann ein Schaden hingegen nicht mehr begrenzt oder aufgehalten werden, was besonders im Bereich der Periodika der Fall sein kann, so bietet das deutsche Recht mit dem Unterlassungsanspruch, der wenigstens für die Zukunft dem Opfer Schutz bietet, eine vernünftige Rechtsschutzmöglichkeit an.

Interessant für das Opfer, das eine Verletzung der Persönlichkeit schnell zu Geld machen will, ist die französische Möglichkeit der Abschlagszahlung gem. Art. 809 Abs. 2 NCPC. Erforderlich ist dafür jedoch, daß die Zahlungsverpflichtung nicht ernsthaft streitig ist. Andernfalls kommt der Verletzte auch im französischen Recht nicht um die Schadensersatzklage in der Hauptsache herum.

3. Teil: Rechtsschutz in der Hauptsache

1. Kapitel: Hauptsacherechtsschutz in Frankreich

Nicht immer kann das Opfer einer Verletzung des Privat- oder Intimlebens so schnell reagieren und die Verletzung verhindern oder beenden. Erfährt es zu spät von der Verletzung, kann der Richter im einstweiligen Rechtsschutz nur noch durch die Gewährung von Abschlagszahlungen Abhilfe leisten. Kommt die Gewährung von Abschlagszahlungen nicht in Betracht oder ist dem Opfer an einer endgültigen Klärung der Situation gelegen, muß es sich im Rahmen eines Hauptsacheverfahrens gegen das Presseunternehmen wenden.

A. Rechtsschutz gem. Artt. 1382, 1383 CC

Bevor der Gesetzgeber im Jahre 1970 die Norm des Art. 9 CC eingeführt hat, haben die Gerichte dem Verletzten auf der Grundlage von Artt. 1382, 1383 CC, der einen allgemeinen Anspruch im Fall eines Schadens aus pflichtwidrigem Verhalten beinhaltet, Schadensersatz gewährt.[606]

I. Prozessuales

Die örtliche Zuständigkeit des Gerichts richtet sich nach Art. 42 NCPC, d.h. nach dem Sitz des Herausgebers oder Verlegers bzw. nach Art. 46 Abs. 3 NCPC, der die Zuständigkeit des Gerichts am Tatort, d.h. am Verbreitungsort des Druckerzeugnisses, eröffnet.[607]

Sachlich zuständig sind in der Regel aufgrund der Höhe des beantragten Schadensersatzes (ab 50.000,- FF) die Landgerichte (*TGI*), Art. R. 311-1 i.V.m. Art. R. 321-1 COrgJud (*Code d'organisation judiciaire).*[608]

---

[606] Vgl. dazu *Debbasch*, S. 952, Rn. 3086; *Agostinelli*, S. 356, Rn. 650; *Sonnerberger/Autexier*, S. 138, Rn. 89.

[607] Dazu *Derieux*, LP 1/2/1998, n° 148, II, 1, (3).

[608] Vgl. auch *Sonnenberger/Autexier*, S. 231, Rn. 155.

Das Hauptsacheverfahren vor dem *TGI* (Art. 750 ff. NCPC) wird durch die Zustellung einer Klageschrift (*assignation*) an den Beklagten eingeleitet[609]. Der Beklagte erhält die Aufforderung, innerhalb von 15 Tagen einen bei Gericht zugelassenen Anwalt zu bestellen.[610]

Erstinstanzliche Urteile sind gem. Art. 500 NCPC mit Rechtskraft vollstreckbar. Gem. Art. 514 NCPC kann die vorläufige Vollstreckbarkeit angeordnet werden. Gegen ein erstinstanzliches Urteil kann beim *Cour d'appel* Berufung eingelegt werden. Die Berufungsfrist beträgt gem. Art. 538 NCPC einen Monat. Die Berufung hat Suspensiveffekt und verhindert damit den Eintritt der Rechtskraft.

II. Voraussetzungen von Artt. 1382, 1383 CC

Die Artt. 1382, 1383 CC stellen eine allgemeine Grundlage für den Ersatz von Schäden dar.[611] Geschützt werden nicht einzelne Rechtsgüter, sondern der Umstand, daß ein Schaden durch menschliches Handeln entsteht. Für die Gewährung eines Schadensersatzanspruches muß das Opfer einer Verletzung der Privat- oder Intimsphäre folgendes geltend machen:

Es muß ein fehlerhaftes (schuldhaftes) Handeln (*faute*)[612] des Verlags, des Herausgebers bzw. des Autors des Artikels beweisen.[613] Dieses Verschulden hat die Rechtsprechung im Presserecht in der Regel in einer Veröffentlichung ohne Einwilligung des Betroffenen[614] oder in einem Mißbrauch des Informationsrechtes[615] gesehen. Ferner muß das Opfer das Vorliegen eines Schadens (*préjudice*) und die Kausalität zwischen Verschulden und Schaden beweisen.[616] Der Anspruch auf Schadensersatz verjährt zehn Jahre nach Kenntniserlangung des Schadens durch das Opfer, Art. 2270-1 CC.

---

609 Vgl. *Sonnenberger/Autexier*, S. 240, Rn. 157.

610 Der Anwaltszwang ist gesetzlich normiert in Art. 751 NCPC.

611 Eine gute Übersicht zum französischen Deliktsrecht geben *v. Bar/Gotthardt*, S. 14 ff.

612 Ausführlich zur *faute*: *Ravanas*, J.-Cl. Civil, Art. 9, Fasc. 2, Rn. 68 ff.; *Agostinelli*, S. 358 ff., Rn. 654 ff.; allgemeiner *v. Bar/Gotthardt*, S. 17.

613 Vgl. *Kayser*, S. 364, Rn. 196; im Internet kommt statt der Haftung des Verlags oder Herausgebers die des Service-, Content- oder Access-Providers in Betracht, vgl. dazu *Bitan*, Gaz. Pal. 1998, 1, 501 ff.; ferner *Auvret*, JCP 1999, I, 108 ff.

614 TGI Seine, Urt. v. 24.11.1965, JCP 1966, II, 14521, Anm. *Lindon*.

615 CA Paris, Urt. v. 16.3.1955, Gaz. Pal. 1955, 1, 396 (Lebenserinnerungen von *Marlene Dietrich*).

616 Ausführlich zur Kausalität im französischen Recht *v. Bar/Gotthardt*, S. 28 ff.

III. Rechtsfolgen

Grundsätzlich wird bei Vorliegen der oben genannten Voraussetzungen dem Opfer Schadensersatz gewährt, der sowohl auf einem materiellen als auch auf einem immateriellen Schaden beruhen kann.[617]
Seit der Einführung des Art. 9 CC stellen sich hinsichtlich dieses Schadensersatzanspruches jedoch neue Probleme, so daß konkrete Ausführungen zu Art und Umfang des Schadensersatzes erst im folgenden Abschnitt behandelt werden sollen.

B. Rechtsschutz gem. Art. 9 CC

Gem. Art. 9 Abs. 2 CC kann der Richter, unbeschadet eines Schadensersatzanspruches, jede Maßnahme anordnen, die dem Opfer einer Verletzung des Privat- oder Intimlebens Abhilfe verschafft.[618]

I. Prozessuales

Die Prozeßvoraussetzungen unterscheiden sich nicht von denen bereits im Rahmen des Schadensersatzanspruches gem. Artt. 1382, 1382 CC erläuterten.[619]

---

[617] Dazu v. *Bar/Gotthardt*, S. 22 ff; vgl. auch Art. 1149 CC, der als Basisnorm für den Schadensersatz keine Unterscheidung zwischen materiellem und immateriellem Schaden macht.
[618] Art. 9 Abs. 2 CC: *Les juges peuvent, sans préjudice de la réparation du dommage subi, prescrire toutes mesures, telles que séquestre, saisie et autres, propres á empêcher ou faire cesser une atteinte á l'intimitaé de la vie privée; ...*
[619] S.o. 3. Teil, 1. Kap., A., I.

II. Voraussetzungen von Art. 9 CC

1. Rechtsverletzung

Art. 9 CC stellt im Hauptsacheverfahren lediglich die Voraussetzung auf, daß eine Rechtsverletzung vorliegen muß, d.h. daß das Privat- oder Intimleben verletzt wurden.[620] Auf dieser Grundlage können nach dem Wortlaut der Norm bei Verletzungen des Intimlebens unproblematisch Maßnahmen wie Beschlagnahme oder Streichungen von Passagen angeordnet werden.

Lange streitig war jedoch, ob allein das Vorliegen einer Rechtsverletzung ausreicht, um einen Schadensersatzanspruch zuzusprechen, oder ob Art. 9 CC lediglich die Verhinderung oder die Beendigung einer Verletzung des Privatlebens erlaube, also Maßnahmen wie Beschlagnahme und Sequestration.

Den Gerichten hat lange allein die Verletzung des Privat- oder Intimlebens nicht ausgereicht, um einen Schadensersatzanspruch zu gewähren, mit der Folge, daß sie die Voraussetzungen der Artt. 1382, 1383 CC, also Verschulden, Schaden und Kausalität, immer geprüft haben.[621] Zwar fand meist keine ausdrückliche Berufung auf Artt. 1382, 1383 CC statt, im Ergebnis haben die Gerichte die Voraussetzungen der Artt. 1382, 1383 CC jedoch mit der des Art. 9 CC kombiniert.

In der Literatur hingegen gab es Stimmen, die aus dem Umstand, daß es sich bei Art. 9 CC um ein subjektives Recht handelt, die Konsequenz gezogen haben, daß eine gesonderte Prüfung von Verschulden und Schaden entbehrlich sei[622]: Allein die Verletzung eines subjektiven Rechts stellt nach dieser Ansicht einen Schaden dar und gibt folglich Anspruch auf Schadensersatz.

Den Streit über die Voraussetzungen eines Schadensersatzanspruches gem. Art. 9 CC scheint die Rechtsprechung jedoch mittlerweile entschieden zu haben.

---

620 Vgl. hierzu 1. Teil, 1. Kap., B., III. und 2. Teil, 1. Kap., B., II., 1.

621 Vgl. *Debbasch*, S. 953, Rn. 3087 mit Hinweisen auf die Rechtsprechung; *Agostinelli*, S. 356, Rn. 650.

622 *Starck/Roland/Boyer*, S. 39, Rn. 64; *Carbonnier*, S. 141, Rn. 87; *Cornu*, S. 221, Rn. 518; a.A. *Agostinelli*, S. 358 ff., Rn. 654 ff. (insb. Rn. 667), der die Feststellung des Verschuldens als unerläßlich betrachtet.

2. Entwicklung der Rechtsprechung

In dem entscheidenden Urteil des Kassationshofes ging es um folgenden Fall: In der Zeitschrift *Voici* hatte die Beklagte, das Unternehmen *Prisma Presse*, einen Artikel über das Gefühlsleben der monegassischen Prinzessin *Caroline* veröffentlicht. Die Prinzessin verklagte daraufhin das Unternehmen *Prisma Presse* auf der Grundlage von Art. 9 CC. In erster Instanz wurden ihr 80.000 FF zugesprochen, ohne daß die Richter ein Bestehen und die Höhe eines erlittenen Schadens genau untersucht hätten.[623] Dieses Urteil wurde von der Berufungsinstanz bestätigt.[624]
In der Revisionsinstanz berief sich *Prisma Presse* darauf, daß der Ersatz eines möglicherweise entstandenen Schadens den Voraussetzungen der Artt. 1382, 1383 CC unterworfen sei, so daß das Appelationsgericht die notwendige Kombination der Normen bezüglich des Beweises eines Schadens und der Kausalität des Verschuldens verkannt habe. Ferner wurde dem Appelationsgericht vorgeworfen, eine Schadensersatzzahlung zugesprochen zu haben, die einer Privatstrafe gleichkäme, da sie unabhängig vom zu ersetzenden Schaden gewährt werde und von daher das Prinzip des Adäquanz zwischen Ersatz und erlittenem Schaden verletzt habe.

Der Kassationshof urteilte, daß

„allein die Feststellung des Vorliegens einer Verletzung des Privatlebens einen Anspruch auf Schadensersatz begründe[625]; Das Appelationsgericht habe die Höhe des erlittenen Schadens eigenständig bewertet, nachdem es die Verletzung

---

[623] TGI Paris, Urt. v. 21.10.1992, zitiert bei *Ravanas*, Anm. Cass. civ., Urt. v. 5.11.1996, JCP 1997, II, 22805.
[624] CA Paris, Urt. v. 15.2.1994, zitiert bei *Ravanas*, Anm. Cass. civ., Urt. v. 5.11.1996, JCP 1997, II, 22805.
[625] Cass. civ., Urt. v. 5.11.1996, JCP 1997, II, 22805, Anm. *Ravanas*.

des Privatlebens durch die das Gefühlsleben der Frau G. verletzende, streitige Veröffentlichung, festgestellt hat."[626]

Mit dieser Entscheidung hat der Kassationshof festgestellt, daß es sich bei Art. 9 CC um ein subjektives Recht handelt[627], das zur Folge hat, daß schon durch die Rechtsverletzung ein Anspruch auf Schadensersatz entsteht. Zugunsten des Opfers einer Verletzung des Privatlebens werden Verschulden, immaterieller Schaden und Kausalität vermutet. Es besteht daher zugunsten des Opfers eine Beweiserleichterung.[628]. Diese Auffassung hat der Kassationshof kurze Zeit später erneut bestätigt.[629]

Für das Vorliegen eines Anspruchs ist es demnach grundsätzlich nicht erforderlich, das Verhalten des Verletzers zu untersuchen, da die Verletzung an sich schon die *faute* begründet.[630] So ist es auch irrelevant, ob der Verletzter bezüglich des Vorliegens der Verletzung des Privatlebens in gutem Glauben war.[631] Nicht zuletzt bedarf auch das Vorliegen eines immateriellen Schadens keiner Untersuchung: In einer weiteren Entscheidung des Kassationshofes zu Art. 9

---

[626] Übersetzung der Verfasserin: „*Mais attendu que selon l'article 9 du Code civil, la seule constatation de l'atteinte à la vie privée ouvre droit à réparation; que la Cour d'appel, après avoir constatée l'atteinte portée au droit de Mme G. au respect de sa vie privée par la publication litigieuse rélévant sa vie sentimentale, a souverainement évalué le montant du préjudice subi.*"

[627] Vgl. zum Begriff des subjektiven Rechts z.B. *Ferid/Sonnenberger*, Bd. 1/1, S. 204 ff., Rn. 1 C 1 ff. - zu beachten ist jedoch, daß der Begriff des subjektiven Rechts nicht in allen Konsequenzen geklärt ist. Vor allem was die Rechtsfolgen eines solchen Rechtes betrifft, ist in der französischen Literatur bislang keine Einigung erzielt worden. Allgemein wird das subjektive Recht als Vorrecht eines Rechtssubjekts bezeichnet.

[628] Vgl. *Hauser*, RTDciv 1997, 633; *Jourdain*, D. 1997, som. com., 289, (290).

[629] Cass. civ., Urt. v. 25.2.1997, JCP 1997, II, 22873, Anm. *Ravanas*: In dieser Entscheidung warf die zum Schadensersatz verurteilte Autorin einer Autobiographie dem Gericht vor, auf des Bestehen eines möglichen Schadens abgestellt zu haben, der nur aus einem Risiko der Identifizierung der in dem Buch genannten Kläger erwachse. Ferner habe das Gericht weder ihren guten Glauben noch die geringe Verbreitung des Werkes berücksichtigt; vgl. auch kürzlich Cass. civ., Urt. v. 6.10.1998, JCP 1998, IV, 3294.

[630] *Jourdain*, D. 1997, som. com., 289; in diesem Sinne auch *Carbonnier*, S. 141, Rn. 87; kritisch *Agostinelli*, S. 358 ff., Rn. 654 ff., der die *faute* für ein wesentliches Element zur Bestimmung und Bewertung einer Verletzung des Privatlebens hält.

[631] Vgl. Cass. civ., Urt. v. 25.2.1997, JCP 1997, II, 22873, Anm. *Ravanas* - dort berief sich die Autorin einer Autobiographie, die als fiktives Werk deklariert war, darauf, sich bezüglich möglicher Verletzungen des Privatlebens durch anwaltliche Beratung abgesichert zu haben und daher in gutem Glauben zu sein; vgl. auch *Cornu*, S. 221, Rn. 518.

CC wandte die Beklagte ein, es existiere nur ein hypothetischer Schaden, weil lediglich das Risiko bestehe, daß die Kläger in dem verletzenden Werk der Beklagten identifiziert werden. Der Kassationshof hat jedoch bestätigt, daß schon die Rechtsverletzung selbst einen Anspruch auf Schadensersatz gebe.[632] Dem Opfer wird mit der Anerkennung eines subjektiven Rechts im Ergebnis ein weit größerer Schutz gewährt, als mit einer rein deliktsrechtlichen Schutzkonstruktion, die den Beweis von Verschulden und Schaden erfordert.[633] Zu beweisen hat es lediglich die Verletzung des Privatlebens.[634] Diese führt zumindest zu einem immateriellen Schaden.[635] Die Bestimmung der Höhe des erlittenen Schadens ist trotz aller Erleichterungen immer noch Aufgabe der Richter.[636]
Mit seiner Lösung hat der Kassationshof den Kritikern der Anerkennung eines subjektiven Rechts bzw. dessen Rechtsfolgen eine Absage erteilt.[637] Er hat zugleich eine Frage gelöst, die bislang in Frankreich viel Streit verursacht hat. Im Ergebnis ist das Privatleben nun genauso geschützt wie das Eigentum.[638]
Dennoch sind mit diesen Entscheidungen nicht alle Probleme gelöst: Fraglich ist nunmehr, ob es sich bei einer Klage gem. Art. 9 CC noch immer um eine Schadensersatzklage handelt.[639] Ferner stellt sich die Frage nach der Funktion eines Ersatzes des immateriellen Schadens. Diese Probleme sollen in der Folge behandelt werden.
Auch hinsichtlich der Verjährung besteht im Rahmen von Art. 9 CC Unklarheit, da sich hier drei verschiedene Möglichkeiten gegenüberstehen: Die kurze Verjährung nach dem Pressegesetz (Art. 65 Gesetz vom 29.7.1881 - 3 Monate)

---

[632] Cass. civ., Urt. v. 25.2.1997, JCP 1997, II, 22873, Anm. *Ravanas*.
[633] Vgl. *Cabannes*, Anm. CA Paris, Urt. v. 15.5.1970, D. 1970, jur., 469.
[634] *Ravanas*, Anm. Cass. civ., Urt. v. 5.11.1996, JCP 1997, II, 22805, Rn. 6; *Cornu*, S. 221, Rn. 518.
[635] *Ravanas*, Anm. Cass. civ., Urt. v. 5.11.1996, JCP 1997, II, 22805, Rn. 8; *Jourdain*, D. 1997, som. com., 289.
[636] *Debbasch*, S. 954, Rn. 3090.
[637] *Agostinelli*, S. 358 ff., Rn. 654 ff.
[638] In diesem Sinne *Le Touneau/Cadiet*, S. 252, Rn. 786; a.A. *Hauser*, RTDciv 1997, 633.
[639] *Debbasch*, S. 954, Rn. 3090; zu dieser Frage ausführlich *Viney*, JCP 1997, I, 4025, Rn. 4; *Ravanas*, Anm. Cass. civ., Urt. v. 5.11.1996, JCP 1997, II, 22805, Rn. 6.

und die relativ langen Verjährungsfristen nach Deliktsrecht (Art. 2270-1 CC - 10 Jahre) und dem *droit commun* (Art. 2262 - 30 Jahre). Da die Verletzung des Privatlebens gem. Art. 9 CC jedoch nicht vom Pressegesetz als *lex specialis* erfaßt ist, kommt insofern nur eine Verjährung nach dem *Code Civil* in Betracht.[640] Da Art. 9 CC trotz seiner Eigenständigkeit als deliktischer Schutz verstanden wird[641], wird sich die Verjährung wohl nach Art. 2270-1 CC richten.

III. Rechtsfolgen

Wichtigste Rechtsfolge aus Art. 9 CC bzw. Artt. 1382, 1383 CC ist der Schadensersatz. Allerdings erlauben beide Normen auch Formen der Naturalrestitution, wie die Veröffentlichung des Urteils. Dies ist Gegenstand der folgenden Ausführungen.

1. Schadensersatz

a) Schaden

Grundsätzlich muß der Schadensersatz proportional zu dem vom Opfer erlittenen Schaden sein.[642] Die Gerichte betonen immer wieder, daß der Schadensersatz lediglich reparierende Funktion hat[643] und nicht im Hinblick auf die Schwere des Verschuldens der Verletzers variieren kann. Der Ersatz des materiellen Schadens hat im Bereich der Verletzung des Privatlebens nur eine untergeordnete Bedeutung. Vorstellbar ist ein solcher Schaden z.B. in Fällen, in denen jemand nur gegen Geld die Einwilligung in die Veröffentlichung von Informationen aus dem Privatleben oder seines Bildes gegeben hätte.[644]
Weit wichtiger ist dagegen der Ersatz des immateriellen Schadens (*dommage moral*).[645] Der immaterielle Schaden besteht in der Verletzung des Gefühls von

---

[640] In diesem Sinne zur Anwendung der zivilrechtlichen Vorschriften *Viney*, JCP 1999, I, 147, Rn. 3.
[641] Vgl. *Hauser*, RTDciv 1997, 633.
[642] *Debbasch*, S. 955, Rn. 3092.
[643] Vgl. dazu auch *Laulom*, Anm. Cass. civ., Urt. v. 5.11.1997, D. 1997, jur., 4033, (404).
[644] Vgl. *Kayser*, *La protection de la vie privée par le droit*, S. 365, Rn. 196; *Debbasch*, S. 955, Rn. 3092 mit Hinweisen auf die Rechtsprechung.
[645] *Ravanas*, J.-Cl. Civil, Art. 9, Fasc. 20, Rn. 72.

Scham und in dem Leiden, das durch die Veröffentlichung allein aufgrund des Eingriffs in das Privatleben entstanden ist.[646] Der Ersatz dieses Schadens stellte in Frankreich bis heute kein Problem dar, weil Artt. 1382, 1383 CC keine bestimmten Rechtsgüter schützen. Natürlich kann die Gewährung von immateriellem Schadensersatz den erlittenen Schaden nicht reparieren, da kein Eingriff in das Vermögen des Betroffenen stattgefunden hat, er kann höchstens kompensiert werden und dem Opfer eine gewisse Genugtuung verschaffen. Auch liegt der Gedanke an den Strafcharakter eines solchen Schadensersatzes nicht fern: Das Vermögen des Verursachers wird geschädigt, ohne daß er das Vermögen des Opfers verringert hätte.[647]
Interessant ist, daß die französischen Gerichte bei der Zuerkennung von materiellen und / oder immateriellen Schaden nicht differenzieren. Grundsätzlich wird eine einzige Summe zugesprochen, die sich nicht in einzelne Bestandteile aufgliedert. Etwas anderes ist im Rahmen des Art. 1149 CC als Basisnorm für Schadensersatzansprüche auch nicht gefordert.

b) Bewertung des Schadens

Das Opfer beantragt die Gewährung einer bestimmten Summe als Schadensersatz. An diesen Antrag ist der Richter nicht gebunden; er bestimmt die Höhe des Anspruchs frei.[648] Gerade nach der Entscheidung des Kassationshofes zu Art. 9 CC, wonach für einen Schadensersatzanspruch lediglich die Verletzung des Privatlebens festzustellen ist, ist es die wesentliche Aufgabe des Richters, den entstandenen Schaden zu bewerten.[649] Dabei stellen die französischen Gerichte in der Regel auf folgende Elemente ab: Wichtig ist zum einen, welche Qualität die veröffentlichte Information hat. Handelt es sich um eine vergleichsweise harmlose Mitteilung, z.B. über die Art und Weise, wie eine bekannte Persönlichkeit

---

646 Vgl. CA Paris, Urt. v. 5.3.1990, D. 1990, inf. rap., 104.
647 *Kayser, La protection de la vie privée par le droit*, S. 366, Rn. 197, der den Strafcharakter des Ersatzes des immateriellen Schadens im Recht unserer Zeit für wiederbelebt hält.
648 So *Debbasch*, S. 955, Rn. 3092; *Kayser, La protection de la vie privée par le droit*, S. 370, Rn. 202.
649 *Debbasch*, S. 955, Rn. 3093; ähnlich *Ravanas*, Anm. Cass. civ., Urt. v. 5.11.1996, JCP 1997, II, 22805, Rn. 7.

ihre Ferien verbringt[650], dann fällt der Schadensersatzanspruch niedriger aus, als wenn die Veröffentlichung der Information tiefer in das Privatleben einer Person eingreift.
Ferner ist auch das Verhalten des Opfer selbst geeignet, die Höhe eines Schadensersatzes zu beeinflussen: Stellt sich jemand häufig der Presse und offenbart dabei selbst Details aus dem Privatleben, so ist auch dieser Umstand geeignet, den Schadensersatzanspruch zu verringern.[651] Nicht zuletzt berücksichtigen die französischen Gerichte den Umstand, wie stark das Druckerzeugnis in Frankreich verbreitet wurde.[652] Stellt sich bei der Bewertung des Schadens heraus, daß dieser nicht nennenswert ist, so verurteilen die Gerichte den Beklagten zu einem symbolischen Franc (*franc symbolique*) Schadensersatz. Dies dient weniger dem Ersatz eines Schadens als der Bestätigung des Opfers, verletzt worden zu sein.[653]

c) Entwicklungen im Schadensrecht

Trotz dieser Kriterien wird die Bewertung des Schadens immer subjektiv bleiben und auch von Gericht zu Gericht variieren. Gelegentlich wird den Richtern deswegen bei der Bewertung auch eine gewisse Willkür vorgeworfen.[654] Zwar sind die Richter gehalten, die Umstände, die zur Bewertung des Schadens führen, zu nennen und ihre Entscheidung zu begründen, allerdings ist der Kassationshof in dieser Hinsicht nicht anspruchsvoll: So reicht es aus, wenn die Rich-

---

[650] TGI Paris, Urt. v. 29.5.1996, LP 10/1996, n° 135, I, 122 - 20.000,- FF statt 300.000,- FF, die beantragt waren.
[651] TGI Paris, Urt. v. 4.3.1987, 2. Sache, JCP 1987, II, 20904; CA Paris, Urt. v. 28.2.1989, JCP 1989, II, 21325 - dort wurden dem Sänger *Johnny Halliday* aufgrund der Tatsache, daß er die Informationen aus seinem Privatleben über seine neue Liebe schon an anderer Stelle bekannt gegeben hatte, statt 200.000,- FF lediglich ein symbolischer Schadensersatzanspruch in Höhe von 1,- FF gewährt; TGI Paris, Urt. v. 10.4.1996, LP 9/1996, n° 134, I, 106; vgl. auch *Derieux*, LP 1/2/1998, n° 148, II, 1, (8).
[652] *Ravanas*, J.-Cl. Civil, Art. 9, Fasc. 20, Rn. 74; *Derieux*, LP 1/2/1998, n° 148, II, 1, (8); TGI Paris, Urt. v. 27.2.1974, D. 1974, jur., 530, Anm. *Lindon* - dort wurden aufgrund der schwachen Verbreitung statt 10.000,- FF nur 3000,- FF gewährt.
[653] In diesem Sinne *Ravanas*, J.-Cl. Civil, Art. 9, Fasc. 20, Rn. 77.
[654] Vgl. *Derieux*, LP 1/2/1998, n° 148, II, 1, (7), der die Bestimmung der Höhe der Beträge mit Wahrsagekunst vergleicht und deshalb die Einrichtung einer Schadenstabelle befürwortet.

ter die Existenz eines Schadens mit der von ihnen bestimmten Höhe begründen.[655] Hinsichtlich der zugesprochenen Höhe des Schadensersatzanspruches läßt sich in Frankreich eine Entwicklung dahingehend beobachten, daß die in Form von Schadensersatz zugebilligten Beträge gestiegen sind.[656]
Es läßt sich nicht leugnen, daß bei manchen Urteilen wohl neben dem Ersatz des entstandenen Schadens auch andere Elemente wie ein Strafcharakter oder eine präventive Funktion bei der Bemessung der Höhe des Anspruch eine Rolle gespielt haben.[657] So wurden in dem oben erwähnten Urteil des Kassationshofes zu Art. 9 CC der monegassischen Prinzessin 80.000,- FF zugesprochen. Der von der streitigen Veröffentlichung ebenfalls betroffene Schauspieler und damalige Freund der Prinzessin hatte ebenfalls Klage erhoben. Ihm wurden jedoch lediglich ein symbolischer Franc als Schadensersatz gewährt.
Hintergrund dieser unterschiedlichen Bewertung war wohl der Umstand, daß die Zeitschrift *Voici* schon öfter durch Veröffentlichungen in das Privatleben von Frau *Grimaldi* eingegriffen hatte und die Klägerin schon mehrere Urteile

---

[655] Vgl. *Ravanas*, Anm. Cass. civ., Urt. v. 5.11.1996, JCP 1997, II, 22805, Rn. 9.

[656] CA Paris, Urt. v. 17.12.1973, D. 1976, jur., 120, 1. Sache, Anm. *Lindon*, - dort wurden *Charlie Chaplin* 45.000,- FF dafür gewährt , daß die Zeitschrift *Lui* eine Unterhaltung mit einem Dritten in Form eines Interviews abgedruckt hat, in der es um sein Privatleben ging und dies, obwohl *Charlie Chaplin* es ablehnte, überhaupt Interviews zu geben; CA Paris, Urt. v. 4.1.1988, D. 1989, som. com., 92, - wo einer Schauspielerin 250.000,- FF für die unerlaubte Veröffentlichung von anstößigen Nacktfotos in einer extra zu diesem Zwecke kreierten Zeitschrift gewährt wurden; CA Paris, Urt. v. 21.5.1996, D. 1996, inf. rap., 176 - dort wurden *Caroline von Monaco* 150.000,- FF für die Veröffentlichung von Informationen über ihre Liebesbeziehung zu einem argentinischen Tennispieler zugebilligt; TGI Paris, Urt. v. 29.5.1996, LP 11/1996 n° 136, I, 139 - dort gewährte das Gericht einer Mutter 150.000,- FF Schadensersatz für die Enthüllung eines möglicherweise unehelichen Kindes von *Mitterrand* verbunden mit einem Foto im Kreise der Familie *Mitterrand*; TGI Paris, Urt. v. 25.6.1997, LP 11/1997, n° 146, I, 139 - dort wurden *Brad Pitt* und seiner Freudin für die Veröffentlichung von heimlich gemachten Nacktfotos je nach Größe der Abbildung jeweils 80.000,- und 40.000,- FF zugesprochen; TGI Nanterre, Urt. v. 8.4.1998, LP 10/1998, n° 155, I, 122 - hier wurden dem *Prinz von Hannover und Prinzessin Caroline von Monaco* 200.000,- FF bzw. 150.000,- FF dafür gewährt, daß eine Herausgeberin Enthüllungen über ihr Gefühlsleben und per Teleobjektiv Fotos auf einer Jacht gemacht hatten.

[657] TGI Nanterre, Urt. v. 17.3.1998, LP 9/1998, n° 154, I, 107 - hier wurde für Fotos, die von einer Schauspielerin während ihres Urlaubs gemacht wurden, ein Schadensersatz von 100.000,- FF gewährt, vor dem Hintergrund, daß die Herausgeberin trotz mehrerer Verurteilungen zum wiederholten Male in derselben Weise in das Privatleben der Klägerin eingegriffen habe; vgl. auch die Zusammenfassung von *Derieux* zum Kolliquium *Droit à la vie privée et liberté d'informer*, LP 4/1998, n° 150, II, 39, (41), wo *Gras* eine Entwicklung des Zivilrichters zum Strafrichter feststellt.

gegen die Herausgeberin erstritten hatte.[658] Es liegt daher nahe, daß sich das Gericht bei der Verurteilung der Herausgeberin von Präventiv- und Strafgedanken hat leiten lassen.

Dies führt zu der Frage nach der Rechtsnatur der Klage gem. Art. 9 CC: Im Rahmen einer Schadensersatzklage darf grundsätzlich nur der entstandene Schaden ausgeglichen werden. Hätte der Kassationshof mit der Feststellung, daß allein die Feststellung der Verletzung des Privatlebens zu einem Schadensersatzanspruch führt, die Klage aus dem Deliktssystem herausgenommen, so könnte der Weg für Strafsanktionen frei sein. Allerdings wird diese Interpretation des Urteils in der Literatur bislang abgelehnt. *Viney* konstatiert zwar eine Lockerung der Anforderungen an den Kläger, der nunmehr nicht gehalten ist, Verschulden und Schaden des Klägers zu beweisen, daß damit aber eine Lösung aus dem Bereich der Schadensersatzpflicht einhergeht, scheint nicht der Fall zu sein.[659]

Es ist damit lediglich eine Tendenz festzustellen, daß unter dem Deckmantel des immateriellen Schadens auch deliktssystemfremde Gesichtspunkte eine Rolle spielen können.[660]

2. Andere Maßnahmen

Neben dem Schadensersatz kann das Opfer einer Verletzung des Privatlebens durch die Presse auf der Grundlage von Art. 9 CC oder Artt. 1382, 1383 CC Naturalrestitution verlangen. Dazu gehört vor allem die Veröffentlichung des Urteils. Andere Maßnahmen, wie die Beschlagnahme des Druckwerks oder Streichung von Passagen, können nur gem. Art. 9 CC beantragt werden.

---

[658] Vgl. *Ravanas*, Anm. Cass. civ., Urt. v. 5.11.1996, JCP 1997, II, 22805, Rn. 10.

[659] *Viney*, JCP 1997, I, 4025, Rn. 4; in diesem Sinne auch *Ravanas*, Anm. Cass. civ., Urt. v. 5. 11.1996, JCP 1997, II, 22805, Rn. 6; *Carbonnier*, S. 141, Rn. 87; *Jourdain*, D. 1997, som. com., 289.

[660] Ähnlich *Ravanas*, Anm. Cass. civ., Urt. v. 5.11.1996, JCP 1997, II, 22805, Rn. 10; in diesem Sinne auch *Kayser*, *La protection de la vie privée par le droit*, S. 366, Rn. 197.

a) Veröffentlichung des Urteils

Das Presseunternehmen kann dazu verurteilt werden, die Entscheidung des Gerichts oder Auszüge daraus zu veröffentlichen. Die Veröffentlichung kann auch in anderen Druckwerken als dem, in dem die Verletzung des Privatlebens stattgefunden hat, angeordnet werden. Eine solche Verurteilung kann von der Androhung von Zwangsgeld begleitet sein. Ferner kann der Richter genau bestimmen, wie die Veröffentlichung auszusehen hat.[661] Es handelt sich um eine Maßnahme, deren Anordnung und Durchführung im Ermessen des Richters steht. Einzige Voraussetzung ist, daß sie proportional zu entstandenen Schaden sein muß.[662]
Durch die Veröffentlichung des Urteils kann der Schaden des Opfers nicht repariert werden, allerdings kann sie dem Opfer eine gewisse Genugtuung verschaffen und stellt für den Verurteilten eine finanzielle Belastung dar.[663] Allerdings ist im Bereich der Verletzung des Privatlebens problematisch, daß diese Maßnahme oftmals mit einer erneuten Verletzung des Opfers einhergeht, weil die Fakten im Rahmen des Urteils in der Regel wiederholt werden.[664] Es wird daher kritisiert, daß die Veröffentlichung des Urteils daher eher in Fällen geeignet ist, in denen es um die Wiederherstellung der Wahrheit geht[665], also im Bereich der Verleumdung. Dennoch wird die Maßnahme in der Regel zusammen mit der Verurteilung zu Schadensersatz im Bereich der Verletzung des Privatlebens ausgesprochen.[666] Die Gerichte betonen sogar, daß die Maßnahme unabhängig

---

661 TGI Paris, Urt. v. 4.3.1987, 2. Sache, JCP 1987, II, 20904, Anm. *Agostini*, - dort gab der Richter vor, auf welcher Seite, in welcher Größe und mit welchem Text die Veröffentlichung zu erscheinen habe; so auch CA Paris, Urt. v. 27.1.1989, JCP 1989, II, 21325, 1. Sache, Anm. *Agostini*.

662 *Debbasch*, S. 956, Rn. 3095; CA Paris, Urt. v. 28.11.1988, D. 1989, jur., 410, Anm. *Aubert*.

663 In diesem Sinne *Kayser*, *La protection de la vie privée par le droit*, S. 375, Rn. 205; Vgl. auch die Zusammenfassung des Kolloquiums *Droit à la vie privée et liberté d' informer* von *Derieux*, LP 4/1998, n° 150, II, 39.

664 Kayser, *La protection de la vie privée par le droit*, S. 375, Rn. 205; CA Paris, Urt. v. 13.10.1981, D. 1983, jur., 220, Anm. *Lindon*.

665 Vgl. *Ravanas*, J.-Cl. Civil., Art. 9, Fasc. 20, Rn. 78; *Kayser*, *La protection de la vie privée par le droit*, S. 375, Rn. 205.

666 Z.B. CA Paris, Urt. v. 19.6.1998, D. 1998, inf. rap., 204, wo eine Mitteilung des Richters, daß die Herausgeberin wegen einer Verletzung des Intimlebens verurteilt wurde, veröffentlicht werden sollte; so auch CA Paris, Urt. v. 21.5.1996, D. 1996, inf. rap., 176.

von einer möglichen erneuten Verletzung ausgesprochen werden soll.[667] Es ist jedoch zu beachten, daß im Rahmen der Veröffentlichung des Urteils der zu veröffentlichende Text entweder im Tenor des Urteils besteht oder in einem vom Richter vorgegebenen Text, so daß vermieden werden kann, daß zumindest verletzende nicht Details wiederholt werden.[668]

b) Beschlagnahme, Sequestration und Schwärzung

Der Richter ist frei, im Hauptsacheverfahren gem. Art. 9 CC auch andere Maßnahmen als Schadensersatz zu gewähren. Grundsätzlich steht ihm die Palette der Maßnahmen aus Art. 9 CC zur Verfügung, d.h. Beschlagnahme, Sequestration, Streichung von Passagen.[669] Was die Tagespresse betrifft, werden diese Maßnahmen jedoch meist zu spät kommen.[670] Interessant sind diese Möglichkeiten daher allenfalls im Bereich von Buchveröffentlichungen.[671]

C. Ergebnis

Für den Hauptsacherechtsschutz stellt das französische Rechtssystem dem Kläger zwei Grundlagen zur Verfügung: Art. 9 CC und Artt. 1382, 1383 CC. Begehrt der Kläger Schadensersatz, so hat eine Grundsatzentscheidung des Kassationshofes des Kläger das Vorgehen gem. Art. 9 CC erleichtert[672]: Allein die Feststellung der Verletzung des Privatlebens eröffnet den Schadensersatzanspruch, ohne daß ein Beweis von Verschulden und Schaden zu erbringen sind, wie dies gem. Artt. 1382, 1383 CC erforderlich ist.

---

667 CA Paris, Urt. v. 28.11.1988, D. 1989, jur., 410, Anm. *Aubert*.

668 Zur Veröffentlichung eines Auszuges aus dem Urteil TGI Paris, Urt. v. 3.4.1996, LP 1/2/1997, n° 138, I, 10.

669 Vgl. hierzu schon die Ausführungen zum *Référé*-Verfahren, 2. Teil, 1. Kap., B., IV.

670 So auch *Ravanas*, J.-Cl. Civil, Art. 9, Fasc. 20, Rn. 65.

671 TGI Paris, Urt. v. 23.10.1996, JCP 1997, II, 22844, Anm. *Derieux* - dort ging es um das Buch, welches der Leibarzt von *Mitterrand* veröffentlicht hatte. Das Gericht hat in seiner Entscheidung das schon im *Référé*-Verfahren angeordnete Verbreitungsverbot aufrechterhalten.

672 Cass. civ., Urt. v. 5.11.1996, JCP 1997, II, 22805, Anm. *Ravanas*, bestätigt durch Cass. civ., Urt. v. 25.2.1997, JCP 1997, II, 22805 Anm. *Ravanas* und ferner Cass. civ., Urt. v. 6.10.1998, JCP 1998, IV, 3294.

Wesentliche Aufgabe des Richters ist es folglich, die Höhe des entstandenen Schadens zu ermitteln. In Frankreich besteht eine Tendenz zur Erhöhung der für den immateriellen Schaden zugesprochenen Beträge. Zwar darf grundsätzlich ein Ersatz nur für den erlittenen Schaden gewährt werden, es ist jedoch festzustellen, daß sich die Richter auch von präventiven Erwägungen und Sanktionsgedanken leiten lassen.

Neben dem Schadensersatz spielt die Veröffentlichung des Urteils bzw. von Auszügen daraus eine große Rolle. Auf diese Weise soll eine Art Naturalrestitution ermöglicht werden, die allerdings im Hinblick auf das zu schützende Gut - das Privatleben - durch die Wirkung einer erneuten Veröffentlichung nicht ganz unproblematisch ist.

2. Kapitel: Hauptsacherechtsschutz in Deutschland

Mit einer einstweiligen Verfügung ist der Streitgegenstand nur vorläufig geregelt. Für den Verletzten besteht jedoch ein Bedürfnis nach endgültiger Klärung, was den Unterlassungsanspruch betrifft. Ein möglicher Schadensersatzanspruch kann nur im Hauptklageverfahren geltend gemacht werden, so daß dafür ein Verfahren unentbehrlich ist.

A. Unterlassung gem. § 1004 BGB analog

Für den Unterlassungsanspruch gem. § 1004 BGB analog gilt grundsätzlich alles das, was bereits im Rahmen des einstweiligen Rechtsschutzes dazu dargestellt wurde. So sollen an dieser Stelle nur kurz die Besonderheiten erwähnt werden, die im einstweiligen Rechtsschutz kein Pendant besitzen.

I. Prozessuales

Die Zuständigkeit für den Unterlassungsanspruch ergibt sich aus §§ 12, 13, 17 ZPO, d.h. beim Gericht am Sitz des Beklagten oder gem. § 32 ZPO am Tatort.[673] Aufgrund des meist angenommenen Streitwertes von 20.000,- DM sind in der Regel die Landgerichte zuständig[674], so daß der Anwaltszwang zu beachten ist. Eine Abmahnung ist grundsätzlich erforderlich.[675] Mangels besonderer Eilbedürftigkeit dürfte eine im Schreiben gesetzte Frist von 5 bis 7 Tagen angemessen sein.[676]

Im Hauptsacheverfahren kann ein endgültiger Unterlassungsanspruch geltend gemacht werden. Dieses Hauptsacheverfahren wird, wenn es noch nicht anhängig ist, oftmals durch ein Klageerzwingungsverfahren nach §§ 926 Abs. 1 i.V.m. 936 ZPO eingeleitet, wenn der im Verfügungsverfahren unterlegene An-

---

673 Vgl. dazu die Ausführungen unter 2. Teil, 2. Kapitel, A., I., 1.
674 Vgl. *Prinz/Peters*, S. 307, Rn. 374.
675 Vgl. *Prinz/Peters*, S. 336, Rn. 438.
676 *Prinz/Peters*, S. 336, Rn. 438.

tragsgegner darauf hinwirkt.[677] Dies wird er vor allem dann tun, wenn er über Beweismittel verfügt, die er im Verfügungsverfahren nicht einführen kann.[678]

II. Abschlußschreiben

Um bezüglich des Unterlassungsanspruches auch ohne Hauptsacheverfahren eine endgültige Regelung treffen zu können, wurde in der Praxis das sogenannte „Abschlußschreiben" entwickelt.[679] In einem solchen Schreiben wird der Antragsgegner aufgefordert, innerhalb einer bestimmten Frist die einstweilige Verfügung als endgültig hinzunehmen, d.h. auf Rechtsmittel und Rechtsbehelfe zu verzichten[680], wodurch für eine Hauptsacheklage das Rechtsschutzbedürfnis entfällt. Wird diese Erklärung verweigert, kann Klage zur Hauptsache erhoben werden. Damit dient das Abschlußschreiben der Vermeidung eines solchen zusätzlichen Verfahrens.[681]

III. Veröffentlichungsanspruch

Grundsätzlich denkbar ist, daß der Kläger im Rahmen des Hauptsacheverfahrens bezüglich eines Unterlassungsanspruchs einen Antrag auf Veröffentlichung des Unterlassungstitels beantragen kann.[682] Dieser Anspruch ergibt sich als Beseitigungsanspruch aus § 1004 BGB, im Rahmen der Naturalrestitution gem. § 249 Satz 1 BGB, aber auch aus § 823 BGB.[683] Es besteht jedoch kein Automatismus zwischen Unterlassungsanspruch und Veröffentlichungs-anspruch, son-

---

677 So *Prinz/Peters*, S. 336, Rn. 438.
678 *Prinz/Peters*, S. 322, Rn. 402.
679 Solange der Antragssteller nur eine einstweilige Verfügung erwirkt hat, ist seine Rechtsposition sehr unsicher: Der Antragsgegner kann jederzeit Widerruf gem. §§ 936, 924 ZPO einlegen, er kann das Klageerzwingungsverfahren gem. §§ 936, 926 Abs. 1 ZPO einleiten, oder die Aufhebung der Verfügung wegen veränderter Umstände gem. §§ 936, 927 ZPO verlangen.
680 So *Wenzel/Gamer*, S. 283, (295); vgl. auch *Prinz/Peters*, S. 334, Rn. 433.
681 *Wenzel/Gamer*, S. 283, (295); die Kosten des Abschlußschreibens gehören daher nicht zum einstweiligen Verfügungsverfahren, sondern sind gesondert geltend zu machen, vgl. *Prinz/Peters*, S. 335, Rn. 436.
682 Vgl. *Wenzel*, S. 717, Rn. 13.107 ff.
683 Vgl. BGH, Urt. v. 25.11.1986, NJW 1987, 1400 - *Oberfaschist*.

dem notwendig ist eine Interessenabwägung dahingehend, ob eine derartige Beseitigungsmaßnahme erforderlich ist.[684]
Dieser Unterlassungs-Veröffentlichungsanspruch kommt nach der Rechtsprechung jedoch nur in Betracht, wenn es sich um eine rufschädigende Meinungsäußerung handelt.[685] Gegen Eingriffe in die Privatsphäre und damit wahre Berichterstattung steht dem Verletzen kein Veröffentlichungsanspruch zu.[686] Nur gegen unwahre Tatsachenbehauptungen (aus der Privatsphäre) kann der Verletzte einen öffentlichen Widerrufsanspruch geltend machen.[687] Aber auch hier ist eine Abwägung bezüglich der Erforderlichkeit der Maßnahme durchzuführen.[688] Kommt eine Widerrufsveröffentlichung infrage, so erfolgt sie meist in dem Medium, das auch die Verletzung veröffentlicht hat.[689] Dabei hat das Gericht auch zu bestimmen, in welcher Aufmachung Größe und Platzierung die Veröffentlichung zu erfolgen hat.[690]

B. Schadensersatz gem. § 823 Abs. 1 BGB

Ein weiterer möglicher Anspruch im Rahmen des Hauptsacherechtsschutzes ist der Schadensersatzanspruch gem. § 823 Abs. 1 BGB. Anspruchsverpflichtete sind grundsätzlich der Verleger, der Autor und der Herausgeber, nicht aber die für den Vertrieb verantwortlichen Personen.[691]

---

[684] Vgl. BGH, Urt. v. 25.11.1986, NJW 1987, 1400, (1401) - *Oberfaschist.*
[685] BGH, Urt. v. 25.11.1986, NJW 1987, 1400, (1401) - *Oberfaschist*; anders *Wenzel*, S. 718, Rn. 13.109, der die Veröffentlichung des Unterlassungsanspruches großzügig zulassen will und nicht auf bestimmte Situationen beschränkt.
[686] In diesem Sinne *Löffler/Ricker*, S. 323, Rn. 19.
[687] Vgl. *Löffler/Ricker*, S. 323, Rn. 19.
[688] In diesem Sinne BGH, Urt. v. 25.11.1987, 1400, (1401) - *Oberfaschist* - mit weiteren Hinweisen auf die ständige Rechtsprechung.
[689] Vgl. BGH, Urt. v. 20.12.1967, GRUR 1968, 262.
[690] *Wenzel*, S. 719, Rn. 31.113; vgl. auch LG Hamburg, Urt. v. 23.12.1993, AfP 1994, 243, wo es um die Veröffentlichung eines Widerrufs auf der Titelseite geht.
[691] Vgl. dazu ausführlich *Prinz/Peters*, S. 484 ff., Rn. 721 ff.

I. Prozessuales

Die gerichtliche Zuständigkeit bestimmt sich nach §§ 12,13, 17 ZPO bzw. nach § 32 ZPO. Die auf Zahlung von Geldbeträgen gerichteten Schadensersatzklagen wegen Verletzung des allgemeinen Persönlichkeitsrechts sind stets vermögensrechtlicher Natur. Die Höhe des geforderten Betrages bestimmt die sachliche Zuständigkeit des Gerichts - §§ 23, 71 GVG.[692]

II. Voraussetzungen

Voraussetzung für einen Schadensersatzanspruch nach § 823 Abs. 1 BGB i.V.m. Artt. 2 Abs.1 und 1 Abs. 1 GG ist, daß der Schädiger in die Privat- oder Intimsphäre des Opfers eingegriffen hat, z.B. dadurch, daß er einen Artikel oder ein Bild veröffentlicht hat. Dieses Verhalten muß schuldhaft, also vorsätzlich oder fahrlässig sein, d.h. jede Verletzung der pressemäßigen Sorgfalt kann die Haftung der Medien auslösen.[693] Dem Opfer muß dadurch ein wirtschaftlicher Schaden entstanden sein. Dies ist im Bereich der Verletzung von Privat- oder Intimsphäre jedoch meist nicht der Fall.[694] Gem. § 252 BGB sind Umsatzeinbußen, gem. § 254 Abs. 2 BGB schadensmindernde Aufwendungen[695] z.B. für Anzeigen[696] ersatzfähig; sie finden sich allerdings regelmäßig nur im Bereich der Ehrverletzungen oder wahrheitswidrigen Berichterstattungen[697].

---

[692] *Damm/Kuner*, S. 188, Rn. 372.
[693] Vgl. *Soehring*, S. 558, Rn. 32.3.
[694] Vgl. *Soehring*, S. 558, Rn. 32.4; auch im Bereich anderer Verletzungen ist der Nachweis eines konkret verursachten Schadens problematisch, weshalb der materielle Schadensersatz gem. § 823 Abs. 1 BGB auch sonst keine überragende Rolle spielt. Wichtig ist in diesem Zusammenhang aber die Möglichkeit der Feststellungsklage mit dem Ziel, den Beklagten zu grundsätzlich zu verpflichten, einen Schaden zu ersetzen, vgl. *Damm*, S. 113 f.; ähnlich auch *Prinz/Peters*, S. 479, Rn. 713 f.
[695] Dazu *Löffler/Ricker*, S. 327, Rn. 39 f.; *Groß* S. 36, Rn. 59; *Damm/Kuner*, S. 168, Rn. 317 ff.
[696] Vgl. *Soehring*, S. 562, Rn. 32.11 ff.; *Damm/Kuner*, S. 169, Rn. 321.
[697] Selbst wenn ein wirtschaftlicher Schaden entstanden ist, so ist es für das Opfer oftmals schwierig, die Ursächlichkeit zwischen Berichterstattung und Schaden zu beweisen, vgl. dazu auch *Soehring*, S. 559 Rn. 32.5.

III. Rechtsfolgen

Ausnahmsweise kann der in seinem allgemeinen Persönlichkeitsrecht Geschädigte Ersatz verlangen, wenn er die Zustimmung, das Bild oder den Artikel zu veröffentlichen, nur gegen Geld erteilt hätte.[698] Dann kann im Wege der Lizenzanalogie eine Lizenzgebühr gewährt werden, die der üblichen Vergütung entspricht, wenn z.B. ein Bild kommerziell genutzt wurde.[699] Im Bereich der Verletzung der Intimsphäre durch Presseartikel wird ein solcher Anspruch aber regelmäßig deswegen ausscheiden, weil schon keine Zustimmung erteilt worden wäre.

C. Geldentschädigung gem. Artt. 1 und 2 GG

Im Rahmen der Verletzung der Privat- oder Intimsphäre weit wichtiger ist hingegen der Anspruch auf Geldentschädigung, der dem Opfer den immateriellen Schaden ersetzt. Nach der grundsätzlichen Anerkennung des allgemeinen Persönlichkeitsrechts[700] wurde eine Geldentschädigung erstmals im Rahmen der *Herrenreiterentscheidung* des BGH[701] ausgesprochen und seitdem systematisch ausgebaut. Mittlerweile hat der BGH klargestellt, daß es sich bei dem Anspruch nicht um Schmerzensgeld nach § 847 BGB, sondern um einen eigenständigen Rechtsbehelf handelt, der seine Grundlage in Art. 1 und Art. 2 Abs. 1 GG findet.[702] Das Gericht hat die Schaffung dieses neuen Instituts mit den Erwägungen der Genugtuung des Opfers sowie der Prävention begründet.

---

698 Kritisch zu dieser Ansicht *Helle*, RabelsZ 1996 (60), 448, (465) m.w.N.

699 BGH, Urt. v. 26.6.1979, AfP 1979, 345 = NJW 1979, 2205, (2206) - *Fußballtor*; dazu auch *Prinz/Peters*, S. 488, Rn. 733.

700 BGH, Urt. v. 25.5.1954, NJW 1954, 1404, (1405) - *Leserbrief-Entscheidung*.

701 BGH, Urt. v. 14.2.1958, NJW 1958, 827.

702 Vgl. BGH, Urt. v. 15.11.1994, BGHZ, 128, 1 = AfP 1995, 411 = NJW 1995, 861, (864) - *Caroline von Monaco I*; zustimmend *Steffen*, NJW 1997, 10.

I. Prozessuales

In prozessualer Hinsicht ergeben sich für die Geltendmachung des Geldentschädigungsanspruches gegenüber dem Schadensersatzanspruch grundsätzlich keine Besonderheiten. Zu beachten ist allerdings, daß die Rechtsprechung bei der Geltendmachung von immateriellen Schadensersatzansprüchen einen unbezifferten Klageantrag - § 253 Abs. 2 Nr. 2 ZPO - insoweit zuläßt, als die Höhe der Forderung grundsätzlich in das Ermessen des Gerichts gestellt werden kann.[703] Der Kläger ist aber gehalten, seine Vorstellung über die Höhe des von ihm beanspruchten Schadensersatzbetrages in ungefährer Höhe bzw. durch Nennung eines Mindestbetrages anzugeben.[704]

II. Voraussetzungen

1. Schwere Persönlichkeitsverletzung

Anders als beim Schadensersatzanspruch ist für den Geldentschädigungsanspruch notwendig, daß eine schwere Persönlichkeitsverletzung vorliegt. D.h., es reicht nicht schon jeder Eingriff in das Rechtsgut aus, damit die Gerichte einen Ersatzanspruch gewähren. Als schwere Persönlichkeitsverletzung ist ein Eingriff in die Intimsphäre in jedem Fall[705], ein Eingriff in die Privatsphäre nur unter Berücksichtigung der konkreten Umstände des Einzelfalls zu qualifizie-

---

703 *Baumbach/Lauterbach*, § 253, Anm. 5 B b; BGH Urt. v. 11.6.1964, NJW 1964, 1797; BGH, Urt. v. 13.5.1974, NJW 1974, 1551.

704 Vgl. *Damm/Kuner*, S. 189, Rn. 374.

705 BGH, Urt. v. 22.1.1985, AfP 1985, 110 = NJW 1985, 1617 - Nackfoto aus einem Biologiebuch im Fernsehen; BGH, Urt. v. 15.12.1987, AfP 1988, 34 = NJW-RR 1988, 733 - wahrheitswidriger Bericht über intime Beziehungen eines Geistlichen mit einer verheirateten Frau; OLG Karlsruhe, Urt. v. 23.4.1993, NJW-RR 1994, 95 - oben-ohne Foto vor Brustoperation; OLG München, Urt. v. 22.3.1989, AfP 1990, 45, (46) - wahrheitswidrige Behauptung über Vaterschaft und Entziehung der Unterhaltsverpflichtung; OLG Frankfurt, Urt. v. 11.9.1986, AfP 1987, 526, (527) - oben-ohne Foto einer auf dem Bett liegenden Frau mit einer verfänglichen Bildunterschrift; OLG Hamburg, Urt. v. 22.9.1994, AfP 1995, 508, - Veröffentlichung eines Portraitfotos mit einem erfundenen Text über sexuelle Frühlingsgefühle; vgl. auch *Damm/Kuner*, S. 176, Rn. 342.

ren[706]. Anspruchsberechtigt ist nach einhelliger Auffassung nur der unmittelbar Betroffene und nicht etwa seine Angehörigen.[707] Entfallen kann ein Ersatzanspruch aber z.B. deshalb, weil der Betroffene aus Gründen der Publizität sein Privat- oder Intimleben in einem anderen Zusammenhang freiwillig einer interessierten Öffentlichkeit preisgegeben hat.[708]

2. Schweres Verschulden

Ferner ist erforderlich, daß den Schädiger ein Verschulden trifft. Nach überwiegender, aber nicht einheitlicher Meinung muß es sich dabei um schweres Verschulden, d.h. vorsätzliches oder jedenfalls grob fahrlässiges Verhalten des Verletzers handeln.[709] Unter dem Blickwinkel der neuerdings vom BGH eingeräumten Präventivfunktion des Geldentschädigungsanspruchs können eigentlich nur diese Verschuldensgrade einen Anspruch auslösen, da bei leicht fahrlässigem oder fahrlässigem Verhalten der Präventivgedanke fehl am Platze ist.[710]

3. Keine andere Ersatzmöglichkeit

Voraussetzung ist darüber hinaus, daß das Opfer keine andere Ersatzmöglichkeit hat. Daraus folgt, daß der Anspruch auf Geldentschädigung grundsätzlich subsidiär ist.[711] Als andere Ersatzmöglichkeit kommen eine Gegendarstellung, Berichtigung oder Entschuldigung in Betracht. Im Bereich der Verletzung von Privat- oder Intimsphäre kann aber aufgrund dieser Möglichkeiten kein Ersatz geleistet werden[712]: Eine Gegendarstellung bietet sich nicht an, weil die verletzenden Umstände erneut ausgebreitet werden müßten. Eine Berichtigung ist

---

[706] Vgl. *Soehring*, S. 567, Rn. 32.21; LG Hamburg, Urt. v. 23.12.1993, AfP 1994, 243 - Trennungsabsichten; BGH, Urt. v. 15.11.1994, BGHZ 128, 1 = NJW 1995, 861 - *Caroline von Monaco I* - Heiratsabsichten; OLG Hamburg, Urt. v. 25.7.1996, NJW 1996, 2870, (2874) - seelische Verfassung.
[707] Dazu *Soehring*, S. 565, Rn. 32.18. m. w. N.
[708] *Damm/Kuner*, S. 175, Rn. 337, weshalb in einem solchen Fall kein unabwendbares Bedürfnis für einen Ersatzanspruch besteht.
[709] So *Löffler/Ricker*, S. 329, Rn. 46.
[710] In diesem Sinne *Soehring*, S. 571, Rn. 32.26.
[711] Vgl. *Damm/Kuner*, S. 179, Rn. 351.
[712] Vgl. dazu *Prinz/Peters*, S. 502, Rn. 759 ff.

fehl am Platze, weil nichts Falsches berichtet wurde. Mit einer Entschuldigung - also einer freiwilligen Richtigstellung des Schädigers[713] - ist dem Opfer wahrer Berichterstattung auch nicht gedient. Damit scheitert der Anspruch im Bereich der Verletzung der Privat- oder Intimsphäre grundsätzlich nicht an der Subsidiarität.

III. Rechtsfolgen

1. Funktion des Anspruchs

Nach der neuen Rechtsprechung des BGH erfüllt das eigenständige Institut der Geldentschädigung zwei Zwecke: Dies ist erstens die Genugtuung des Opfers[714], welches unter der Veröffentlichung gelitten hat und durch die Geldzahlung besänftigt werden soll. Zum zweiten ist dies die Prävention[715]: Die Geldentschädigung soll für das Medienunternehmen fühlbar sein[716] und dadurch einen Abschreckungseffekt haben[717]. Dies soll jedoch nicht dazu führen, daß die Pressefreiheit dadurch unverhältnismäßig beschränkt wird, weil die Höhe der Entschädigung das Unternehmen ruiniert.[718]

Es handelt sich damit um eine Art Strafschaden[719], der anders als ein Ordnungsgeld, dem Geschädigten zufließt. Dieser durch Rechtsfortbildung geschaffenen

[713] *Prinz/Peters*, S. 504, Rn. 762.

[714] BGH, Urt. v, 15.11.1994, BGHZ 128, 1 = NJW 1995, 861, (865) - *Caroline von Monaco I.*

[715] Vgl. BGH, Urt. v. 15.11.1994, BGHZ 128, 1 = NJW 1995, 861, (865) - *Caroline von Monaco I*; so auch schon OLG Frankfurt, Urt. v. 11.9.1986, AfP 1997, 526.

[716] BGH, Urt. v. 15.11.1994, BGHZ 128, 1 = NJW 1995, 861- *Caroline von Monaco I*; OLG Hamburg, Urt. v. 25.7.1996, NJW 1996, 2870, (2872).

[717] Nach der Meinung von *Prinz*, NJW 1996, 953, (954) waren Persönlichkeitsverletzungen bis dahin ein (mit niedrigen Entschädigungszahlen) kalkulierbares und lohnendes Geschäft.

[718] Dazu auch *Steffen*, NJW 1997, 10, (12).

[719] Ablehnend zur Straffunktion noch LG Hamburg, Urt. v. 23.12.1993, AfP 1994, 243, (245), da für die Verfolgung von Strafzwecken auch wegen der durch Art. 5 Abs. 1 S. 2 GG gewährleisteten Pressefreiheit kein Raum wäre.

Figur wird in Deutschland zwar vorgeworfen, sie passe nicht in das deutsche Deliktssystem[720], dennoch hat sogar das Bundesverfassungsgericht den Schadensersatz im Medienpersönlichkeitsrecht mit seiner Präventivfunktion schon zwei Mal als Akt legitimer richterlicher Rechtsfortbildung gebilligt.[721]

2. Höhe des Geldentschädigungsanspruchs

Wie hoch der Geldentschädigungsanspruch ausfällt, hängt immer vom Einzelfall ab. Die Gerichte haben sich bei der Bemessung im wesentlichen auf folgende Kriterien bezogen[722]:
Entscheidend ist einmal die Intensität der Persönlichkeitsrechtsverletzung[723], d.h. daß die Schmerzen im Geistigen berücksichtigt werden[724]. Wesentlich ist ferner, welcher Grad an Verschulden das Medienunternehmen trifft. Wurde die Verletzung in Gewinnerzielungsabsicht, also zur Auflagensteigerung mißbraucht, so wird naturgemäß ein höherer Betrag festgesetzt, als wenn nur ein grobes Verschulden bei der Recherche vorliegt. Denn je höher der Verschuldensgrad, desto höher der Ausdruck der Mißachtung des Opfers.[725] Eine solche Bemessung gebietet der Präventivgedanke. Die Erzielung von Gewinnen aus der Rechtsverletzung (Zwangskommerzialisierung) ist damit als Bemessungsfaktor in die Entscheidung über die Höhe der Geldentschädigung miteinzube-

[720] Vgl. *Barton*, AfP 1995, 452, (456); ausführlich *Gounalakis*, AfP 1998, 10 ff., der die vorhandenen Mittel zum Schutz der Persönlichkeit für ausreichend hält und den Strafschaden ablehnt; *Seitz*, NJW 1996, 2848, (2850), begrüßt die Entscheidung zwar im Prinzip, hält aber eine Begründung der zugesprochenen Summe über das Bereicherungsrecht für ehrlicher; anders *Stürner*, AfP 1998, 1, (8), der ausführlich auf die Schnittstellen von Zivil- und Strafrecht eingeht und zu dem Schluß kommt, daß der Strafschaden sich durchaus in das deutsche Zivilrecht einpaßt.

[721] BVerfG, Beschl. v. 14.2.1973, BVerfGE 34, 269, (286 ff.) - *Soraya*; BVerfG, Beschl. v. 3.6.1980, BVerfGE 54, 208, 222, (223); kritisch zur Verfassungmäßigkeit der „Präventionsgebühr", *Gounalakis*, AfP 1998, 10, (24).

[722] Eine ausführliche Tabelle möglicher Aspekte findet sich bei *Damm/Kuner*, S. 182 f., Rn. 359.

[723] BGH, Urt. v. 15.11.1994, BGHZ 128, 1 = NJW 1995, 861, (865) - *Caroline von Monaco I*; vgl. dazu ausführlich *Steffen*, NJW 1997, 10, (11).

[724] So der Ausdruck von *Prinz*, NJW 1996, 953, (955).

[725] In diesem Sinne *Prinz*, NJW 1996, 953, (955).

ziehen[726], die einen Hemmeffekt haben soll; allerdings ist keine Gewinnabschöpfung vorzunehmen[727]. Keine Rolle hingegen spielen die Vermögensverhältnisse von Schädiger und Geschädigtem.[728]
Nicht zu vernachlässigen ist auch, wie stark der Verbreitungsgrad eines Mediums ist[729], wobei allerdings der Fall einer geringen Verbreitung nicht zwangsläufig mit dem Vorliegen eines geringen Schadens gleichzusetzen ist.[730]
Die deutschen Gerichte sprechen in der Regel mindestens einen Betrag von ca. 3.000,- DM aus.[731] Darunter wäre ein Geldentschädigungsanspruch für den Verletzer kaum fühlbar und angesichts der hohen Anforderungen an die Voraussetzungen des Anspruchs nicht angemessen.[732] Mittlerweile haben sich die Beträge jedoch schon anderen Summen genähert. Für ausgesprochen schwere Persönlichkeitsverletzungen sprechen die Gerichte inzwischen auch fünfstellige Summen aus; die Zuerkennung von 180.000,- DM, die bislang höchste jemals zugesprochene Summe, ist insofern nicht repräsentativ, weil es in der Sache um drei schwere Eingriffe des Medienunternehmens ging.[733] In der Regel bewegen sich

---

726 Kritisch zu dieser Formulierung *Seitz*, NJW 1996, 2848, (2849), der feststellt, daß Gewinnabschöpfung nur im Bereicherungsrecht eine Rolle spielt, nicht hingegen im Schadensrecht.

727 Vgl. BGH, Urt. v. 15.11.1994, BGHZ 128, 1 = NJW 1995, 861, (865) - *Caroline von Monaco I*; so auch OLG Hamburg, Urt. v. 25.7.1996, NJW 1996, 2870, (2872), das darauf hinweist, daß es bei der Entschädigung um einen angemessenen Ausgleich für die erlittene Persönlichkeitsverletzung geht, der nicht etwa von Gewinn oder Verlust des Verlages abhängen kann; vgl. dazu ausführlich *Steffen*, NJW 1997, 10, (12); a.A. *Prinz*, NJW 1996, 953, (955), der den vollen Gewinn abschöpfen will, weil sich ansonsten die Verletzung für den Schädiger noch immer lohne.

728 Vgl. *Steffen*, NJW 1997, 10, (12); a. A. *Prinz*, NJW 1996, 953, (955) m.w.N., der auch auf die Solvenz des Schädigers abstellen will.

729 Vgl. OLG Hamburg, Urt. v. 25.7.1996, NJW 1996, 2870, (2873); LG Hamburg, Urt. v. 13.12.1993, AfP 1994, 243, (245); OLG Karlsruhe, Urt. v. 25.11.1994, NJW-RR 1995, S. 477.

730 Vgl. dazu die Beispiele von *Prinz/Peters*, S. 505, Rn. 765.

731 5000,- DM wurden im Fall der Veröffentlichung eines Portraitfotos in Verbindung mit einem erfundenen Artikel über sexuelle Frühlingsgefühle zugespochen, OLG Hamburg, Urt. v. 22.9.1994, AfP 1995, 508.

732 In diesem Sinne *Steffen*, NJW 1997, 10, (11), der die Grenze der zugesprochenen Summe bei 2000,- DM sieht.

733 OLG Hamburg, Urt. v. 25.7.1996, NJW 1996, 2870, (2874); *Gounalakis*, AfP 1998, 10, (25), spricht angesichts solcher Beträge von einer Besserstellung der Prominenten und weist auf die bestehende Schieflage zu den Beträgen hin, die wegen Körperverletzungen bzw. Vergewaltigungen zugesprochen werden; ähnlich auch *Seitz*, NJW 1996, 2848, (2849); a.A. *Steffen*, NJW 1997, 10, (12), der für schwerste Körperschäden Beträge von 500.000,- bis 800.000,- DM für realistisch hält und daher einen gewissen Nachholbedarf im Bereich der Persönlichkeitsrechtsverletzungen sieht.

die Beträge für schwere Verletzungen im Rahmen von 10.000,- bis 20.000,- DM.[734]

D. Ergebnis

Bei Verletzungen der Privat- oder Intimsphäre durch die Presse ist im Hauptsacheverfahren insbesondere der Anspruch auf Geldentschädigung gem. Art. 1 und 2 Abs. 1 GG von Bedeutung. Ein Anspruch auf Schadensersatz gem. § 823 Abs. 1 BGB i.V.m. Art. 1 und 2 Abs. 1 GG wird regelmäßig mangels Schadens entfallen. Der Unterlassungsanspruch ist ebenfalls nicht von überragender Bedeutung, weil sich die Parteien oft schon ohne Hauptsacheverfahren im Rahmen eines Abschlußschreibens geeinigt haben. Der Geldentschädigungsanspruch besteht jedoch nur, wenn der Eingriff besonders schwerwiegend und dem Verletzer sein Handeln vorwerfbar ist, weil er entweder vorsätzlich oder wenigstens grob fahrlässig erfolgt ist. Damit bestehen hier qualifizierte Anforderungen für die Zuerkennung eines Geldentschädigungsan-spruches. Für normale Verletzungen bewegt sich die Höhe der zuerkannten Beträge zwischen 10.000,- und 20.000,- DM.

[734] 10.000,- DM für die Veröffentlichung eines Fotos auf dem die Verletzte barbusig auf dem Bett liegend dargestellt wird in Verbindung mit einer diskriminierenden Bildunterschrift, OLG Frankfurt, Urt. v. 11.9.1986, AfP 1987, 526; 13.000,- DM für den unwahren Bericht über die Vaterschaft eines Künstlers und der Entziehung der Unterhaltspflicht, OLG München, Urt. v. 22.3.1989, AfP 1990, 45; 15.000,- DM für die Veröffentlichung einer barbusigen Frau kurz vor einer Brustoperation, OLG Karlsruhe, Urt. v. 23.4.1993, NJW-RR 1994, 95.

3. Kapitel: Rechtsvergleich und Ausblick

Der anschließende Rechtsvergleich zwischen den nationalen Hauptsacheverfahren will die Unterschiede zwischen den Rechtsschutzmöglichkeiten aufzeigen. Ein Schwerpunkt wird dabei auf dem Ersatz des immateriellen Schadens liegen, da dies der in der Praxis in beiden Rechtsordnungen hauptsächlich relevante Anspruch ist. Daran schließt sich im Ausblick eine Bewertung der Rechtsschutzmöglichkeiten unter dem Aspekt des für den Kläger günstigsten Rechts an. Ferner soll auch der Harmonisierungsgedanke in einem einheitlichen Rechtsraum Europa eine Rolle spielen.

A. Rechtsvergleich

Da der einstweilige Rechtsschutz nur selten einen Schaden gänzlich verhindern kann, ist das Opfer einer Verletzung des Privatlebens in der Regel darauf angewiesen, den Ausgleich des erlittenen Schadens im Hauptsacheverfahren geltend zu machen. Dies gilt auch in Frankreich trotz der dort bestehenden Möglichkeit, Schadensersatz bereits im einstweiligen Rechtsschutz in Form von Abschlagszahlungen zu erhalten[735]: Die Abschlagszahlung kommt nämlich in ernsthaft streitigen Fällen nicht infrage.

I. Schadensersatz

Grundsätzlich kommt die Gewährung von Schadensersatz wegen Verletzungen des Privatlebens in beiden Rechsordnungen sowohl für materielle, als auch für immaterielle Schäden in Betracht. Die Voraussetzungen für die Gewährung von Ersatz eines materiellen Schadens unterscheiden sich jedoch in Deutschland ganz deutlich von denen, die für die Gewährung immateriellen Schadensersatzes erforderlich sind, was daran liegt, daß es für den Ersatz von immateriellen Schäden aufgrund von Persönlichkeitsverletzungen an einer gesetzlichen

[735] Siehe dazu oben 2. Teil, 1. Kap., C., IV., 2.

Grundlage fehlt.[736] In Frankreich dagegen wird die Differenzierung zwischen materiellem und immateriellem Schaden vom Gesetz nicht vorgenommen.[737]

1. Materieller Schaden

Das Opfer einer Verletzung des Privatlebens kann sowohl in Frankreich als auch in Deutschland Ersatz des erlittenen materiellen Schadens verlangen. Im Bereich der Verletzung des Privatlebens hat dieser Anspruch jedoch nur geringe praktische Bedeutung, weil mit einer derartigen Verletzung in der Regel nur immaterielle Schäden einhergehen. Trotzdem sollen der Vollständigkeit halber hier einige kurze Ausführungen gemacht werden.

In Frankreich kann ein materieller Schaden sowohl auf der Grundlage von Art. 9 CC wie auch auf der Grundlage von Artt. 1382, 1383 CC verlangt werden. Ob es für das Opfer günstiger ist, sich dabei auf Art. 9 CC zu berufen, ist nicht klar: Zwar reicht es gem. Art. 9 CC - anders als bei Artt. 1382, 1383 CC - grundsätzlich bereits aus, daß eine rechtswidrige Verletzung des Privatlebens eingetreten ist, ohne daß Verschulden und Schaden bewiesen werden müssen.[738] Allerdings ist diese Vermutung bislang nur für den Fall eines immateriellen Schadens ausgesprochen worden. Eine Vermutung für das Vorliegen eines materiellen Schadens wird allein deshalb abzulehnen sein, weil ein solcher im Bereich der Verletzung des Privatlebens selten vorkommt.

In Deutschland dagegen ergibt sich dieser Anspruch im Rahmen des normalen deliktischen Rechtsschutzes gem. § 823 Abs. 1 BGB i.V.m. Art. 1 und 2 Abs. 1 GG, so daß der Kläger unstreitig sowohl die rechtswidrige Verletzung als auch ein Verschulden und seinen Schaden beweisen muß.[739]

Im Ergebnis besteht daher bezüglich des Ersatzes eines materiellen Schadens in beiden Rechtsordnungen kein nennenswerter Unterschied.

---

[736] Einzige gesetzlich normierter Ansprüche zum Ersatz eines Nichtvermögensschadens im BGB sind § 847 BGB (Schmerzensgeld) und § 651 f Abs. 2 BGB (Entschädigung für nutzlos aufgewendete Urlaubszeit).

[737] Art. 1382 CC spricht nur vom Schaden (*dommage*).

[738] Ausführlich dazu 3. Teil, 1. Kap., B., II., 2.

[739] Siehe oben 3. Teil, 2. Kap., B., II.

2. Immaterieller Schaden

Von entscheidender Bedeutung ist im Bereich der Verletzungen der Privatsphäre durch die Presse der Ersatz des immateriellen Schadens. Der Ersatz des immateriellen Schadens war in Frankreich schon immer möglich, da eine grundsätzliche Begrenzung auf den Ersatz des Vermögensschadens wie in Deutschland (§ 253 BGB) nicht existiert.[740] In Deutschland dagegen bedurfte es deshalb erst einer Rechtsfortbildung, um auch den immateriellen Schaden einer Persönlichkeitsrechtsverletzung ersetzen zu können.[741] Entsprechend restriktiv ist das deutsche Recht beim Ersatz von immateriellen Schäden auch heute noch im Vergleich zum französischen Recht.

a) Voraussetzungen

Seit der Entscheidung des Kassationshofes aus dem Jahre 1996[742] steht fest, daß einzige Voraussetzung für den Ersatz eines Schadens die Verletzung des Privatlebens ist. Verletzung bedeutet dabei Eingriff, der nicht gerechtfertigt ist, etwa durch das öffentliche Interesse oder die Einwilligung des Verletzten.[743] Der Kläger muß also weder darlegen, daß den Handelnden ein Verschulden trifft, noch daß die Verletzung zu einem Schaden geführt hat. Dahingehend besteht eine Vermutung. Allein das Vorliegen der Rechtsverletzung führt zum Schadensersatz. Dabei gehen die französischen Gerichte davon aus, daß jedenfalls ein immaterieller Schaden immer entsteht, weil das Opfer einer Verletzung des Privatlebens grundsätzlich unter dem Eingriff leidet.[744] Nicht beantwortet ist damit die Frage, wie hoch der Schaden ist. Die Schadenshöhe wird vom Richter eigenständig bestimmt, so daß das Opfer damit nicht belastet Die deutschen Gerichte dagegen sind mit der Gewährung von Schadensersatz für immaterielle Schäden sehr zurückhaltend. Die Anforderungen an die Voraussetzungen eines solchen Anspruches sind im Gegensatz zum normalen

---

[740] Siehe oben 3. Teil, 1. Kap., B., III., 1., a).
[741] Ausführlich 1. Teil, 2. Kap., C., II.
[742] Cass. civ., Urt. v. 5.11.1996, JCP 1997, II, 22805, Anm. *Ravanas*.
[743] Vgl. dazu ausführlich *Laulom*, Anm. Cass. civ., Urt. v. 5. 11.1996, D. 1997, jur., 403, (405).
[744] Ausführlich zu diesem Urteil vgl. 3. Teil, 1. Kap., B., II., 2.

Schadensersatzanspruch gem. § 823 Abs. 1 BGB deutlich erhöht[745]: Voraussetzung ist nicht nur eine Verletzung, sondern eine schwerwiegende Verletzung der Privatsphäre. Ferner ist nicht nur Verschulden, sondern schweres Verschulden notwendig. Außerdem ist der Anspruch grundsätzlich subsidiär, d.h. es darf keine andere Ersatzmöglichkeit bestehen. Grund für die erhöhten Anforderungen ist die fehlende gesetzliche Grundlage für den Ersatz des Nichtvermögensschadens aufgrund einer Persönlichkeitsverletzung.

Was die Rechtsverletzung betrifft, so unterscheiden sich Frankreich und Deutschland insofern, als in Deutschland nur ein Eingriff in die Intimsphäre immer auch zu einem Ersatzanspruch führen wird. Beim Eingriff in die Privatsphäre findet regelmäßig eine Einzelfallentscheidung statt, die nicht immer zu einem Ersatzanspruch führen muß. Damit ist Frankreich, was die Zuerkennung des Schadensersatzes betrifft, deutlich großzügiger.[746]

Verstärkt werden diese Unterschiede durch den Verzicht auf den Nachweis von Verschulden in Frankreich, während Deutschland hier sogar ein schweres Verschulden fordert. Auch das Vorliegen eines Schadens wird in Frankreich vermutet, während in Deutschland Beweis geführt werden muß. Dagegen ist die Subsidiarität des Anspruchs im Bereich der Privatsphäre insofern kein Hindernis, als in der Regel, neben dem Ersatz des immateriellen Schadens keine weiteren Ansprüche in Betracht kommen.

Im Ergebnis will Frankreich dem Kläger den Zugang zum Ersatz des immateriellen Schadens erleichtern, während Deutschland bemüht ist, dies als Sonderfall restriktiv zu behandeln.

b) Höhe des Ersatzes

Die Höhe des Schadensersatzes ist ein Spiegelbild der Anforderungen an den Anspruch: Während in Frankreich auch Kleinstbeträge wie die Gewährung eines *franc symbolique* möglich sind[747], bewegt sich die Betragsspanne in

---

[745] Vgl. ausführlich 3. Teil, 2. Kap., C., II.

[746] Auch bezüglich der Rechtswidrigkeit einer Verletzung ist Deutschland weniger streng als Frankreich, so daß im Ergebnis in Frankreich ein größerer Schutz des Privatlebens besteht.

[747] Siehe oben 3. Teil, 1. Kap., B., III., 1., b).

Deutschland erst ab ca. 3.000,- DM aufwärts[748]. Geringere Beträge wären aufgrund der hohen Anforderungen an den Anspruch nicht angemessen.
Was die Bestimmung der Höhe der Beträge betrifft, so haben sich in beiden Ländern etwa die gleichen Bewertungskriterien entwickelt: Dies beginnt bei der Intensität der Verletzung, dem Verbreitungsgrad des Mediums und dem Verhalten des Opfers selbst. Auch wenn das Verschulden des Verletzers in Frankreich vom Opfer nicht mehr zu beweisen ist, so nehmen die Gerichte im Rahmen der Bewertung des Schadens hierauf Rücksicht.
Im Ergebnis bedeutet das, daß die Gerichte in Frankreich all das, was das Opfer im Rahmen des Anspruchs nicht mehr darzulegen braucht, bei der Bemessung der Anspruchshöhe berücksichtigen müssen.

c) Entwicklungen im Schadensrecht

Der Aspekt des Verschuldens führt sogleich zu der nächsten Überlegung, nämlich dem Strafcharakter, den die Gewährung eines immateriellen Schadensersatzes haben kann. Der Kassationshof sprach in der Entscheidung aus dem Jahre 1996[749] der monegassischen Prinzessin 80.000,- FF Schadenersatz zu. Der ebenfalls betroffene Freund der Prinzessin erhielt für die gleiche Verletzung nur 1,- FF. Hintergrund dafür war, daß der Verlag das Privatleben der Prinzessin schon öfter verletzt und diese sich immer dagegen gewehrt hatte.[750]
Hieraus ergibt sich, daß die französischen Gerichte bei der Gewährung immateriellen Schadensersatzes auch Strafgedanken heranziehen. Zwar wird dies in den französischen Entscheidungen nicht ausdrücklich erklärt, ergibt sich aber, wie gesehen, aus den Entscheidungen selbst.[751] In Deutschland hingegen stellte der BGH in der Entscheidung *Caroline von Monaco I*[752] ausdrücklich darauf ab, daß der Ersatz des immateriellen Schadens neben der Genugtuung des Opfers

---

[748] Siehe oben 3. Teil, 2. Kap. C., III., 2.
[749] Cass. civ., Urt. v. 5.11.1996, JCP 1997, II, 22805, Anm. *Ravanas*.
[750] Vgl. *Ravanas*, Anm. Cass. civ., Urt. v. 5.11.1996, JCP 1997, II, 22805, Rn. 10.
[751] In der Entscheidung TGI Nanterre, Urt. v. 19.3.1997, LP 6/1997, n° 142, I, 75, klingt an, daß die Verstärkung des Schadens und damit die Erhöhung des Schadensersatzes in der wiederholten Verletzung des Privatlebens begründet sind.
[752] Vgl. BGH, Urt. v. 15.11.1994, NJW 1995, 861, (865).

auch der Prävention dient. Dies sind beides Gedanken, die dem Strafrecht, nicht aber dem Zivilrecht entlehnt sind.
In Deutschland haben diese Erwägungen z.T. zu einem Aufschrei der Literatur geführt, die die Nonkonformität der Argumentation mit dem Zivilrecht beklagt hat.[753] In Frankreich dagegen scheinen derartige Erwägungen für weniger Furore zu sorgen[754]: Dies mag zum einen daran liegen, daß das französische Zivilrecht die *astreinte* kennt, also eine Art Privatstrafe, die zur Sicherung der Vollstreckung von Entscheidungen gedacht ist. Die vom Schuldner zu zahlende Summe fließt dem Gläubiger und nicht wie in Deutschland, dem Staat zu.[755] Auch gab es die Privatstrafe im französischen Recht unter Geltung des *ancien droit* schon einmal.[756] Eine neuerliche Berufung würde eher zur Wiedereinführung, denn zu einer Neuerung führen.[757] Da das französische Recht auch immer schon den immateriellen Schaden anerkannt hat, scheint die Erwägung, unter dem Deckmantel dieses Schadens auch Strafaspekte einzuführen[758], einen weniger großer Schritt als in Deutschland zu bedeuten. In Deutschland war schon der Ersatz des immateriellen Schadens bei schweren Persönlichkeitsverletzungen eine große Neuerung.
Mit der Lockerung der Anforderungen an den Ersatz des immateriellen Schadens nach Art. 9 CC und damit einer Abkehr vom Deliktssystem der Artt. 1382, 1383 CC stehen derlei Erwägungen noch weniger Hindernisse im Wege als zuvor.

---

753 Siehe oben 3. Teil, 2. Kap., C., III., 1.
754 Vgl. dazu *Starck/Roland/Boyer*, S. 67 f., Rn. 118; für selbstverständlich erachtet den Strafcharakter auch *Jourdain*, Anm. Cass. civ., Urt. v. 5.1.1996, D. 1997, som. com., 289, (290).
755 Zur *astreinte* vgl. auch *Stürner*, AfP 1998, 1, (6).
756 Vgl. *Starck/Roland/Boyer*, S. 67 f., Rn. 118, die darauf hinweisen, daß es die Privatstrafe im römischen Recht gab und daß diese sich im sog. *ancien droit* als *action criminelle privé* fortsetzte, die den Ersatz von immateriellen Schäden für Familienmitglieder von Bluttaten ermöglichte.
757 In diesem Sinne *Kayser*, *La protection de la vie privée par le droit*, S. 367, Rn. 197 m.w.N.
758 *Kayser*, *La protection de la vie privée par le droit*, S. 366, Rn. 197 spricht sogar ganz offen von der Straffunktion als zweiter Funktion des Ersatzes eines immateriellen Schadens neben der Kompensation; vgl. auch TGI Nanterre, Urt. v. 19.3.1997, LP 6/1997, n° 142, I, 75.

II. Andere Rechtsschutzmöglichkeiten

Grundsätzlich sind neben dem Schadensersatz im Hauptsacheverfahren noch andere Ansprüche bzw. Rechtsschutzmöglichkeiten denkbar. Allerdings entsprechen sich diese Möglichkeiten in Deutschland und Frankreich nicht immer, so daß eine Gegenüberstellung nur teilweise möglich ist.

1. Unterlassung gem. § 1004 BGB analog

Wie oben schon im einstweiligen Rechtsschutz erörtert, findet der in Deutschland gängige Unterlassungsanspruch gem. § 1004 BGB analog i.V.m. § 823 Abs. 1 BGB und Artt. 1 und 2 GG in Frankreich kein direktes Pendant.[759]
In Deutschland hat dieser Anspruch seinen Platz, wenn für die Zukunft verbindlich festgestellt werden soll, daß eine bestimmte Äußerung nicht mehr verbreitet werden darf. Dies kann im Ausnahmefall dazu führen, daß ein ganzes Werk nicht mehr verbreitet werden darf, wenn sich die Art der Äußerung durch das ganze Werk zieht. Das bedeutet ferner, daß sie auch sinngemäß nicht mehr wiederholt werden darf, wodurch das Opfer für die Zukunft umfassend gesichert ist.[760]
In Frankreich hingegen kommt auch im Hauptsacheverfahren nur in Betracht, die Verbreitung eines Werkes ganz zu verbieten oder Passagen zu streichen. Dies kommt im Ergebnis einer Unterlassung für die Zukunft gleich, ist aber ausschließlich auf die konkrete Verletzung beschränkt. Vergleichbare Äußerungen können auf diese Weise für die Zukunft nicht verhindert werden.

---

[759] Siehe oben 2. Teil, 3. Kap., A., IV.,1., b), cc).
[760] Siehe oben 2. Teil, 2. Kap., A., I., 2.

2. Verbreitungsverbot, Streichung von Passagen gem. Art. 9 Abs. 2 CC

Wie oben bereits ausgeführt, kommen nach Art. 9 Abs. 2 CC im Bereich der Verletzung des Intimlebens die Anordnung von Streichungen von Passagen, in sehr schweren Fällen auch ein Verbreitungsverbot in Betracht.[761] Grundsätzlich sind derlei Maßnahmen im Hauptsacherechtsschutz nur möglich, wenn es sich um Verletzungen des Intimlebens im Bereich von Buchveröffentlichungen handelt. Für Periodika wird Hauptsacherechtsschutz, der nicht auf Schadensersatz gerichtet ist, immer zu spät kommen.
In Deutschland sind derlei Maßnahmen nur als Hilfsansprüche zur Sicherung der Unterlassungsverfügung bekannt. Besteht also die Sorge, das Presseunternehmen werde das Verbot nicht berücksichtigen und z.B. ein Buch weiterhin verbreiten, so kann das Gericht die Beschlagnahme anordnen. Da aber in der Regel die gerichtlichen Verfügungen beachtet werden, spielen diese Möglichkeiten nur eine theoretische Rolle.

3. Veröffentlichung des Urteils gem. Art. 9 CC oder Artt. 1382, 1383 CC

Eine große Rolle spielt in Frankreich im Hauptsacherechtsschutz die Veröffentlichung des Urteils.[762] Die Veröffentlichung des Urteils wird grundsätzlich als Naturalrestitution angesehen und meist neben der Verurteilung zu Schadensersatz ausgesprochen. Die Anordnung der Veröffentlichung steht im Ermessen des Richters, der die Maßnahme unter dem Gesichtspunkt der Genugtuung für das Opfer auswählt.
In Deutschland ist nur die Veröffentlichung eines Unterlassungsurteils praktisch relevant.[763] Diese Möglichkeit unterliegt nach dem BGH recht strengen Voraussetzungen. Die Veröffentlichung eines Schadensersatzurteils ist bislang nur ein einziges Mal angeordnet worden.[764] Dabei handelte es sich um ein Urteil aus

---

[761] Siehe oben 3. Teil, 1. Kap., B., III., 2., b).
[762] Ausführlich 3. Teil, 1. Kap., B., III., 2., a).
[763] BGH, Urt. v. 25.11.1986, NJW 1987, 1400 - *Oberfaschist*.
[764] OLG Köln, Urt. v. 2.7.1980, AfP 1980, 227 mit kritischer Anmerkung *Sedelmeier*.

dem Bereich der rufschädigenden Äußerungen, nicht aber aus dem Bereich der Verletzung der Privat- oder Intimsphäre.

B. Bewertung und Ausblick

I. Schutzmöglichkeiten

Das Opfer einer Verletzung des Privatlebens ist in Frankreich im Hauptsacherechtsschutz deutlich besser gestellt als in Deutschland. Dies beruht auf der Ausformung des Art. 9 CC als subjektives Recht. Nach dem Willen des Kassationshofes kann jede Verletzung, sei es des Privat- oder des Intimlebens, zu einem Schadensersatzanspruch führen.[765] Die Anforderungen an einen solchen Ersatz sind wesentlich niedriger als in Deutschland. Das Opfer einer Verletzung ist damit in Frankreich extrem gut gestellt: Die Schwierigkeiten, Verschulden und Schaden zu beweisen, sind ihm aufgrund der bestehenden Vermutung abgenommen. Es obliegt daher dem Presseunternehmen, das Gegenteil zu beweisen. Dies wird, jedenfalls was das Bestehen eines immateriellen Schadens betrifft, kaum möglich sein, da die den Schaden begründenden Gefühle der Sphäre des Opfers entspringen. Damit ist der Erfolg einer Klage, sollte der Eingriff nicht ausnahmsweise gerechtfertigt sein, sozusagen vorprogrammiert. Ein solches Urteil wird in der Regel auch veröffentlicht, womit wird dem Opfer eine zweite Art des Schutzes zu Teil wird.
Deutschland ist hingegen weniger opferfreundlich. Natürlich kann das Opfer einer Verletzung der Intimsphäre Schadensersatz verlangen und wird ihn auch bekommen. Schon im Bereich der Privatsphäre ist dies nicht mehr ganz so sicher. Eine Veröffentlichung des Urteils kommt generell nicht in Betracht. Damit sehen die Schutzmöglichkeiten deutlich schlechter aus als in Frankreich. Dabei darf aber nicht vergessen werden, daß der Unterlassungsanspruch sozusagen in jedem Fall einer rechtswidrigen Verletzung besteht. Dadurch wird das Opfer vor einer Wiederholung der begangenen Verletzung, aber auch vor ähnlichen, zukünftigen Eingriffen geschützt. Dies sieht Frankreich hingegen nicht vor.

---

[765] Siehe oben ausführlich 3. Teil, 1. Kap., B., II., 2.

Nur der Unterlassungsanspruch als umfassende Schutzmöglichkeit kann es rechtfertigen, daß Deutschland andere Arten des Rechtsschutzes restriktiv handhabt.

II. Harmonisierung

Im Zuge von Harmonisierungsgedanken kann man sich dennoch fragen, was gegen eine Ausweitung des Ersatzes von immateriellen Schäden in Deutschland spräche. Dies führte zu einer Angleichung an das französische System. Das Opfer einer weniger schwerwiegenden Verletzung der Privatsphäre hätte sicherlich ein legitimes Interesse an dem Ausgleich eines - in jedem Fall erlittenen - Schadens. Warum sollte dieser nur ersetzt werden, wenn er das Ausmaß eines schwerwiegenden Schadens erreicht hat? Ist es dem Opfer zumutbar, gewisse Eingriffe zu dulden, wenn es sich nicht im einstweiligen Rechtsschutz schon wehren konnte? Und warum sollte das Opfer eines schwerwiegenden Eingriffs auf einen Ersatzanspruch verzichten müssen, weil der Verlag nur fahrlässig gehandelt hat? Ein immaterieller Schaden tritt beim Opfer unabhängig von der Verschuldensform ein. Oftmals ist das Opfer auch allein auf den Hauptsacherechtsschutz angewiesen, wenn, wie im Fall von Veröffentlichungen in Zeitungen oder Zeitschriften, der einstweilige Rechtsschutz nur begrenzte Mittel anbietet. Die Zurückhaltung der deutschen Rechtsprechung ist im Hinblick auf eine fehlende gesetzliche Grundlage beim Ersatz von immateriellen Schäden nachvollziehbar. Gerade deswegen zeigen sich aber Lücken im System des deutschen Rechtsschutzes, die - wie der Vergleich mit dem französischen Recht ergibt - mit einigen Änderungen zu schließen wären.

1. Veröffentlichung des Urteils

Doch bevor über eine Ausweitung des Rechtsschutzes in Deutschland in schadensrechtlicher Hinsicht nachgedacht wird, könnte zwecks Stärkung der Opferposition auch eine Veröffentlichung des Unterlassungsurteils in Betracht kommen. Dabei handelte es sich um eine Art Beseitigungsanspruch analog § 1004 BGB. Dagegen spricht jedoch, daß die Verletzung der Privat- oder Intimsphäre durch eine Veröffentlichung des Urteils nicht beseitigt werden kann, weil die Verletzung, anders als im Ehrenschutz nicht mehr rückgängig gemacht werden kann. Im Gegenteil, durch eine erneute Veröffentlichung einer wahren Tatsache, über die aber nicht berichtet werden darf, würde diese in den Köpfen der Leser eher verstärkt. In Frankreich beziehen sich die veröffentlichten Entscheidungen nicht so konkret auf den zugrundeliegenden Sachverhalt. Veröffentlicht wird hier in erster Linie der Umstand, daß ein Schadensersatzanspruch besteht. Dafür ist die Wiederholung der konkreten Äußerung nicht erforderlich.

Fraglich ist daher, ob nicht auch in Deutschland zur Verstärkung der Opferposition die Veröffentlichung des Schadensersatzurteils bzw. dessen Rubrums und Tenors in Betracht kämen. Ansätze dieser Art hat es im Rahmen der Verletzung der Privat- oder Intimsphäre jedoch noch nicht gegeben. Ein derartiger Anspruch könnte zum Zwecke der Naturalrestitution verlangt werden.[766] Eine Wiederherstellung des ursprünglichen Zustandes kann damit zwar nicht erreicht werden, insofern kann auch eine Veröffentlichung nicht Naturalrestitution im engeren Sinne sein. Es könnte sich allenfalls eine Art Wiedergutmachung handeln, die in Verbindung mit der zugesprochenen Ersatzleistung dem Opfer Genugtuung bringt. Die Veröffentlichung der Entscheidung erfüllt damit in etwa die gleiche Funktion wie der Geldersatzanspruch selbst.

Ein Problem in der deutschen Rechtsprechung ergäbe sich aber daraus, daß Schadensersatz grundsätzlich nur in den schweren Fällen der Verletzung des Persönlichkeitsrechts gewährt wird, so daß auch nur in diesen Fällen eine Veröffentlichung überhaupt in Betracht käme. Die Fälle, in denen die Verletzung unter dieser Grenze bliebe, wären weiterhin allein auf den Unterlassungsanspruch für die Zukunft angewiesen, so daß die erste Verletzung durch die Presse ungesühnt bliebe.

Es stellt sich jedoch die Frage, ob eine solche Veröffentlichung überhaupt notwendig ist, da sie immer nur neben dem Geldersatz stehen kann. Sie ist insofern kein Mittel, das geeignet ist, den Geldersatz zu ersetzen, wie dies z.B. im Rahmen von Ehrverletzungen durch Veröffentlichungen von Widerruf möglich ist.

Für die grundsätzliche Möglichkeit der Veröffentlichung des Urteils spricht jedoch, daß ihr - wie der Geldentschädigung - eine genugtuende Funktion innewohnt. Die Möglichkeit der Veröffentlichung hat also zur Folge, daß die Beträ-

---

[766] Vgl. grundsätzlich BGH, Urt. v. 25.11.1986, NJW 1987, 1400 - *Oberfaschist*.

ge im Rahmen der Geldentschädigung reduziert werden können. Ferner ist die Möglichkeit für den Leser interessant. Er erfährt, daß eine von ihm häufig frequentierte Zeitschrift häufiger zur Zahlung einer Geldentschädigung verurteilt wird. Dies trägt möglicherweise zur Veränderung des Leseverhaltens bei, so daß die Presseunternehmen gezwungen sind, genauer zu recherchieren und die der Pressefreiheit Grenzen setzende Privatsphäre zu respektieren. Presseunternehmen könnten es nunmehr auch nicht mehr bewußt in Kauf nehmen, die Privatsphäre zu verletzen, da sie - anders als vorher - mit unangenehmen Konsequenzen rechnen müßten.

Insgesamt könnte daher die Möglichkeit der Veröffentlichung von Rubrum und Tenors eines Geldersatzurteils dazu beitragen, die Rechtsschutzmöglichkeiten positiv zu beeinflussen.

2. Ausweitung des Geldersatzanspruches auf alle immateriellen Schäden

Um aber nicht nur die Opfer von schweren Verletzungen des Privatlebens in den Genuß der Veröffentlichung des Schadensersatzurteils kommen zu lassen, müßte der Ersatz von immateriellen Schäden ausgeweitet werden. Dem Opfer könnte geholfen werden, wenn grundsätzlich jede rechtswidrige Verletzung der Privatsphäre als Verletzung eingestuft würde und die Anforderungen an das Verschulden reduziert würden.[767] Da eine anderweitige Ersatzmöglichkeit für das Opfer nicht in Betracht kommt, wären im Bereich des Schutzes der Privatsphäre die normalen Anforderungen an einen deliktischen Anspruch erreicht. Damit wäre der Weg frei für den Ersatz jedes immateriellen Schadens durch Verletzung der Privatsphäre. Auch kleinere Beträge könnten nun im Rahmen der Geldentschädigung gewährt werden.

Hingegen sollte bei der Bemessung des immateriellen Schadens der Gewinn des Presseunternehmens nicht berücksichtigt werden. Hier spricht viel für die von *Canaris*[768] propagierte Trennung zwischen Gewinnabschöpfung und immateriellem Schaden[769]. Eine Gewinnabschöpfung für den Fall einer vorsätzlichen

[767] Für reduzierte Anforderungen an das Verschulden wohl auch *Prinz/Peters*, S. 500, Rn. 755.

[768] *Canaris*, S. 85 ff.

[769] Für eine Trennung zwischen der Gewinnabschöpfung und dem immateriellen Schaden auch *Hoppe*, ZEuP 2000, 29 ff.; G. *Wagner*, ZEuP 2000, 200 ff.

Rechtsverletzung durch das Presseunternehmen könnte nach Bereicherungsrecht gem. §§ 812 Abs. 1 Satz 1 Alt. 2, 819 Abs. 1, 818 Abs. 4, 281 BGB vorgenommen werden.[770]

Davon unabhängig könnte für jeden Fall der Verletzung der Privatsphäre ein deutlich geringerer Anspruch auf Geldentschädigung für den erlittenen immateriellen Schaden bestehen. Vorteil dieser Trennung wäre eine dogmatisch saubere Lösung, die einer von einigen als bedenklich empfundenen Entwicklung zum Strafschaden nicht bedarf. Der Ersatz des immateriellen Schadens wäre damit frei von anderen Wertungen, wie der Gewinnerzielungsabsicht des Unternehmens.

Gem. § 253 BGB sind jedoch grundsätzlich nur Vermögensschäden ersetzbar. Der Ersatz von Nichtvermögensschäden bedarf einer gesetzlichen Normierung. Aufgrund der fehlenden gesetzlichen Normierung hat der BGH in seiner Entscheidung *Caroline I* [771] den Anspruch auf Ersatz des immateriellen Schadens auf Artt. 1 und 2 Abs. 1 GG gestützt und nicht wie in früheren Jahren auf § 847 BGB. Daraus begründet sich auch die Beschränkung auf schwere Fälle der Verletzung des Persönlichkeitsrechts.

Dem ist jedoch mit *Canaris* entgegenzuhalten, daß es eines solchen Rückgriffs nicht bedurft hätte, sondern allein eine Analogie zu § 847 BGB ausgereicht hätte[772], um den immateriellen Schaden ersetzen zu können: Denn wenn das Persönlichkeitsrecht schon über § 823 Abs. 1 BGB geschützt wird, so ist es nur konsequent, die Anwendung des § 847 BGB auf alle von § 823 Abs. 1 BGB geschützten Rechtsgüter auszudehnen. Einer Sonderstellung des Persönlichkeitsrechts zur Begründung des Ersatzes eines immateriellen Schadens bedarf es insoweit nicht. § 253 BGB steht einer solchen Analogie nicht entgegen. Eine Ausdehnung des Rechtsschutzes auf alle immateriellen Schäden wäre insofern auch ohne Änderung des § 253 BGB möglich. Ferner sind auch die Funktionen des vom BGH geschaffenen Geldentschädigungsanspruchs - Genugtuung und Prävention - mit den des Schmerzensgeldes[773] vergleichbar, so daß insofern keine Notwendigkeit für die Schaffung des neuen Instituts bestand. Da immate-

---

770 So der Vorschlag von *Canaris*, S. 85 ff.; eine andere Möglichkeit der Gewinnabschöpfung besteht über § 687 Abs. 2 BGB, vgl. *Wagner*, ZEuP 2000, 200, (224).

771 BGH, Urt. v. 15.11.1994, BGHZ 128, 1 = NJW 1995, 861.

772 *Canaris*, S. 85, (99 f.)

773 Zu den Funktionen des Schmerzensgeldes *Palandt/Thomas*, § 847 BGB, Rn. 4.

rielle Schäden durch die stark entwickelte Medienwelt im Laufe der letzten 50 Jahre einen immer größeren Stellenwert erzielt haben und die rechtliche Einbeziehung des allgemeinen Persönlichkeitsrechts in den Schutzbereich des § 823 Abs. 1 BGB beweist, daß die rechtliche Lage nicht mehr mit der des Gesetzgebers von 1900 vergleichbar ist, wäre eine derartige Ausweitung des Rechtsschutzes eine wünschenswerte Reaktion auf veränderte Umstände. Zwar sähe sich die Presse nunmehr einem deutlich strengen Rechtsschutz ausgesetzt, allerdings werden auch die Grenzen des Rechts im Bereich des Persönlichkeitsrechts und insbesondere im Bereich der Privatsphäre immer deutlicher gesteckt, so daß der Journalist die Grenzen seines Berichtsspektrums durchaus erkennen kann. Die Regelung in Deutschland besitzt zwar noch nicht die Klarheit, die das französische Recht besitzt, dies ist aber gerade Ausfluß der Wertschätzung der Pressefreiheit in Deutschland und kann daher nicht gegen eine Ausweitung der Haftung sprechen. Aus diesem Grunde wäre eine Haftung für jeden Eingriff in die Privatsphäre der Presse zumutbar.

Auch dem Einwand, daß es nunmehr zu einer uferlosen Ausdehnung des Geldersatzes kommen könnte und damit zu zahllosen Prozessen[774], ist entgegenzuhalten, daß ein derartiger Rechtsschutz durchaus realisierbar ist, wie sich aus dem Rechtsvergleich mit Frankreich ergeben hat. Schließlich ist im Bereich der materiellen Schäden im Hinblick auf eine Prozeßflut ebenfalls keine Mindestgrenze für den Ersatz vorgesehen.

Der immer höhere Wert von Persönlichkeitsrechten und insbesondere des Privatlebens, der sich auch in einer fortschreitenden Kommerzialisierung manifestiert, kann nicht geleugnet werden. Gegnern der Ausweitung des immateriellen Schadens ist entgegenzuhalten, daß die Kommerzialisierung auch nicht dadurch aufgehalten werden kann, daß bestimmte Bereiche des Privatlebens eingeschränkten Schutz genießen.[775] Im Gegenteil: Gerade die Schutzlücken bieten für Presseunternehmen Veröffentlichungsmöglichkeiten, die sie zu ihren kommerziellen Zwecken nutzen können. Insofern ist die Forderung nach umfassenden Schutzmöglichkeiten für jede Art der Verletzung nur konsequent.

---

[774] Vgl. *Larenz*, Bd. 1, § 28, III, S. 477 m.w.N.
[775] Kritisch zur Kommerzialisierung *Larenz*, Bd. 1, § 28 III, S. 477.

3. Ablehnung der Schaffung eines subjektiven Rechts

Zum Schutze der Privatsphäre ein subjektiven Rechts vergleichbar mit Art. 9 CC einzurichten, bietet sich im deutschen Recht dagegen nicht an. Die Einbettung der Geldentschädigung in den deliktischen Rechtsschutz verbietet einen Verzicht auf die deliktischen Komponenten wie Verschulden und Schaden.
Der von der französischen Rechtsprechung gewählte Weg ist insofern auch nicht überzeugend: Die Idee, daß im Rahmen des einstweiligen Rechtsschutzes allein der Beweis einer Rechtsverletzung ausreichend ist, um Maßnahmen anordnen zu können, ist richtig: Aufgrund der Eilbedürftigkeit derlei Verfahren kann es dem Opfer einer Verletzung nicht zugemutet werden, umfassenden Beweis zu erbringen. Im Hauptsacherechtsschutz ist eine derartige Beweiserleichterung jedoch nicht überzeugend. Hier steht dem Opfer grundsätzlich nichts im Wege, die deliktischen Voraussetzungen zu beweisen. Eine Besserstellung im Bereich des Schutzes des Privatlebens gegenüber anderen Rechtsgütern ist nicht gerechtfertigt. Warum sollte das Opfer einer Körperverletzung Verschulden, Schaden und Kausalität beweisen müssen, während das Opfer einer Verletzung des Privatlebens davon befreit ist? Warum eine derartige Privilegierung des Opfers im Bereich des Privatlebens notwendig ist, beantworten die französischen Gerichte leider nicht. *Le Tourneau* und *Cadiet* versuchen, den Ansatz mit der Notwendigkeit zu begründen, das Rechtswidrige zu beseitigen, was seinerseits den Beweis eines Schadens nicht erfordere.[776] Dieser Ansatz ist im Rahmen des einstweiligen Rechtsschutzes überzeugend, nicht aber im Hauptsacherechtsschutz. Hier geht es doch in der Regel um den Ersatz eines Schadens. Auf einen Beweis kann daher nicht verzichtet werden.
Im Ergebnis werden auch die französischen Gerichte nicht umhinkommen, jedenfalls die Höhe eines Schadens zu bewerten. Spätestens an dieser Stelle müssen dann Elemente wie das Verhalten des Opfers und eine mögliche Einwilligung einfließen.[777] Auch ist bei der Prüfung von Art. 9 CC das Informationsrecht der Öffentlichkeit zu berücksichtigen, wodurch der Eingriff grundsätzlich

---

[776] Le *Tourneau/Cadiet*, S. 252, Rn. 786.
[777] Ähnlich *Laulom*, Anm. Cass. civ., Urt. v. 5.11.1996, D. 1997, jur., 403, (405).

gerechtfertigt sein kann.[778] Damit ist Art. 9 CC jedoch weiterhin in den deliktischen Rechtsschutz eingebettet, der konkurrierende Rechte berücksichtigt.
Die Qualifizierung als subjektives Recht ist damit im Ergebnis weniger wert, als dies im ersten Augenblick scheint: Es handelt sich allein um eine Beweiserleichterung für das Opfer, deren symbolische Wirkung jedoch nicht zu vernachlässigen ist.
Im deutschen Recht würde die Ausgestaltung des Schutzes der Privatsphäre als subjektives Recht vergleichbar mit Art. 9 CC der Stellung der Pressefreiheit nicht gerecht. Da auch das französische System im Ergebnis nicht ohne die Regeln des deliktischen Rechtsschutzes auskommt, ist eine Lösung aus dem Deliktssystem weder sinnvoll noch erforderlich.

C. Ergebnis

Festzustellen ist also, daß das Opfer einer Verletzung der Privatsphäre hinsichtlich eines Schadensersatzanspruches in Frankreich deutlich besser gestellt ist als in Deutschland. In Deutschland ist der Rechtsschutz in diesem Bereich lückenhaft, da sich Schadensersatz nur in besonders schweren Fällen der Verletzung realisieren läßt und auch eine Veröffentlichung des Urteils bislang nicht in Betracht kommt.
Eine Ausweitung der Entschädigungsmöglichkeit auf weniger schwerwiegende Fälle wäre jedoch denkbar und stellte sich als eine Harmonisierungsmöglichkeit des Rechts dar: Wenn das Persönlichkeitsrecht - außerhalb dessen, was der Gesetzgeber vorgesehen hat - durch § 823 Abs. 1 BGB geschützt sein soll, ist auch denkbar, daß an diesen Schutz keine erhöhten, im Deliktsrecht sonst nicht zu findenden Anforderungen zu stellen sind. Eine solche Rechtsfortbildung wäre durch eine analoge Anwendung des § 847 BGB durchaus möglich.

[778] Vgl. *Laulom*, Anm. Cass. civ., Urt. v. 5.11.1996, D. 1997, jur., 403, (405).

4. Teil: Internationale Zuständigkeit

Werden Presseerzeugnisse, deren Inhalt das Persönlichkeitsrecht bzw. die Privatsphäre verletzt, international, d.h. in Frankreich und Deutschland grenzüberschreitend vertrieben, stellt sich für den Betroffenen die Frage, in welchem Land er Rechtsschutz suchen kann. Ob ein Land Rechtsschutz gewährt, hängt von den jeweiligen Regelungen der internationalen Zuständigkeit ab. Die Wahl oder Akzeptanz der internationalen Zuständigkeit der Gerichte eines bestimmten Staates präjudizieren nicht nur weitgehend die Entscheidung über das anzuwendende Verfahrensrecht und die gerichtlichen Gepflogenheiten einschließlich des Rechtsklimas, sondern bei fehlender Rechtswahl - über das Internationale Privatrecht der *lex fori* - auch das anzuwendende Sachrecht.[779] Da sowohl das Internationale Privatrecht als auch das Sachrecht in den einzelnen Staaten unterschiedlich geregelt ist, ist die Frage nach den Regelungen der internationalen Zuständigkeit für den Verlauf des Prozesses und dessen praktische Durchführung von entscheidender Bedeutung.

Die folgende Darstellung wird sich in erster Linie an der Rechtsprechung für das Persönlichkeitsrecht orientieren, weil Rechtsprechung und Literatur insoweit nicht zwischen den einzelnen Bestandteilen des Persönlichkeitsrechts differenzieren. Am Ende dieses Teils wird jedoch nach einer adäquaten Regelung für den Spezialfall der Verletzung des Privatlebens durch die Presse gesucht.

---

[779] *Linke*, S. 42, Rn. 111.

1. Kapitel: Europäische Zuständigkeitsregelungen

Zur Begründung der internationalen Zuständigkeit der Gerichte in Deutschland und Frankreich kommen in erster Linie die Normen des EuGVÜ[780] in Betracht. Dieses Übereinkommen regelt in sachlicher Hinsicht die internationale Zuständigkeit und Vollstreckung von Urteilen im Rahmen von Zivil- und Handelssachen. Zu den Zivilsachen gehören auch die hier behandelten Verletzungen des Persönlichkeitsrechts durch die Presse. Das EuGVÜ geht den nationalen Rechtsnormen grundsätzlich vor und ist daher vorrangig zu untersuchen.[781] Voraussetzung für die Anwendbarkeit des Übereinkommens ist, daß es sachlich, zeitlich und persönlich-räumlich eröffnet ist. Ist dies der Fall, ist die internationale Zuständigkeit entsprechend den nachfolgenden Ausführungen zu bestimmen. Keine gesonderte Untersuchung erfährt hier das Luganer Übereinkommen[782], das zwischen den EU- und den EFTA-Staaten gilt, da dieses im wesentlichen die gleichen Regelungen beinhaltet.[783]

A. Wohnsitzzuständigkeit gem. Art. 2 EuGVÜ

Durch Art. 2 Abs. 1 EuGVÜ wird ein Gerichtsstand ohne Rücksicht auf die Staatsangehörigkeit des Beklagten an dessen Wohnsitz eröffnet, sofern dieser im Hoheitsgebiet eines Vertragsstaates liegt. Die Bestimmung des Wohnsitzes richtet sich gem. Art. 52 EuGVÜ nach der *lex fori*, d.h. nach dem Recht am Ort des Gerichts, das über die Frage zu entscheiden hat. In den Rechtsordnungen der früheren EuGVÜ-Mitgliedsstaaten, zu denen auch Deutschland und Frank-

---

[780] Brüsseler EWG-Übereinkommen über die gerichtliche Zuständigkeit und die Vollstreckung gerichtlicher Entscheidungen in Zivil- und Handelssachen v. 27. September 1968 i.d.F. des 3. Beitrittsübereinkommens vom 19. November 1996, abgedruckt in *Jayme/Hausmann* Nr. 72; (das 4. Beitrittsübereinkommen - Beitritt von Finnland, Österreich und Schweden - ist für die Bundesrepublik am 1.1.1999 in Kraft getreten).

[781] Vgl. nur *Wieczorek/Schütze/Hausmann*, Anh. I § 40, vor Art. 2, Rn. 20; ferner *Schlosser*, Art. 2 EuGVÜ, Rn. 4.

[782] Luganer Übereinkommen über die gerichtliche Zuständigkeit und die Vollstreckung gerichtlicher Entscheidungen in Zivil- und Handelssachen vom 16. September 1988, abgedruckt in *Jayme/Hausmann* Nr. 77.

[783] Vgl. nur *Thomas/Putzo*, EuGVÜ Vorb., Rn. 17.

reich zählen, ist der Begriff des Wohnsitzes im Kern identisch[784]: Abgestellt wird auf eine dauerhafte Niederlassung und den Schwerpunkt des Lebens einer Person. Im Bereich der Pressedelikte wird Beklagter oftmals eine juristische Person sein. Nach Art. 53 EuGVÜ ist zur Bestimmung des Gerichtsstands einer juristischen Person auf deren Sitz abzustellen. Zur Bestimmung des Sitzes hat das angerufene Gericht sein internationales Privatrecht anzuwenden. In Deutschland wie auch in Frankreich ist zur Bestimmung des Sitzes einer Gesellschaft die sogenannte Sitztheorie anwendbar: Entscheidend ist danach der Hauptsitz der Gesellschaft.[785] Es gilt der tatsächliche Sitz der Hauptverwaltung, der nicht unbedingt dem satzungsmäßigen Sitz entsprechen muß.[786]
Am Gerichtstand des (Wohn-) Sitzes ist die Zuständigkeit des Gerichts für alle Klagen ohne Einschränkungen eröffnet.[787] Die örtliche Zuständigkeit der Gerichte wird von Art. 2 Abs. 1 EuGVÜ nicht bestimmt. Diese muß durch die Vorschriften der nationalen Rechtsordnungen ermittelt werden.[788]

B. Gerichtsstand der unerlaubten Handlung gem. Art. 5 Nr. 3 EuGVÜ

Art. 5 Nr. 3 EuGVÜ eröffnet für Verfahren, die eine unerlaubte Handlung als Gegenstand haben, oder eine Handlung, die einer solchen gleichgestellt ist, einen Gerichtsstand am Gericht des Ortes, an dem das schädigende Ereignis eingetreten ist. Es stellt sich daher zuerst die Frage, was unter unerlaubter Handlung im Sinne des EuGVÜ zu verstehen ist.

---

[784] *Stein/Jonas/Schumann*, § 13 ZPO, Rn. 21.
[785] *Stein/Jonas/Schumann*, § 17 ZPO, Rn. 10.
[786] *Wieczorek/Schütze/Hausmann*, Anh. I, § 40 Art. 2, Rn. 19; *Thomas/Putzo*, Art. 2 EuGVÜ, Rn. 6.
[787] *Wieczorek/Schütze/Hausmann*, Anh. I, § 40 vor Art 2, Rn. 12.
[788] *Wieczorek/Schütze/Hausmann*, Anh. I, § 40 vor Art. 2, Rn. 18; *Thomas/Putzo*, Art. 2 EuGVÜ, Rn. 3.

I. Begriff der unerlaubten Handlung

Was unter den Begriff der unerlaubten Handlung bzw. einer Handlung, die einer solchen gleichgestellt ist, fällt, muß nach einer Entscheidung des EuGH[789] autonom ausgelegt werden, d.h. nach Sinn und Zielsetzung des Übereinkommens und nicht nach dem innerstaatlichen Recht eines beteiligten Staates: Der Begriff der unerlaubten Handlung im Sinne von Art. 5 Nr. 3 EuGVÜ bezieht sich auf alle Klagen, mit denen eine Schadenshaftung des Beklagten geltend gemacht wird und die nicht an einen „Vertrag“ im Sinne von Art. 5 Nr. 1 EuGVÜ anknüpfen.[790] Danach umfaßt die unerlaubte Handlung alle Fälle der Verschuldenshaftung, die nicht vertraglicher oder vertragsähnlicher Natur sind[791], also auch eine Verletzung des allgemeinen Persönlichkeitsrechts[792] bzw. des Privatlebens.

An diesem Gerichtsstand kann der Kläger jede Art von Klage aus Delikt geltend machen.[793] Dies gilt neben den Schadensersatzansprüchen auch für die funktionell gleichgestellten Ansprüche auf Unterlassung.[794] Nicht geltend gemacht werden kann hingegen nach überwiegender Meinung der Gegendarstellungsanspruch, dessen Qualifikation bis heute umstritten ist.[795]

---

[789] EuGH, Urt. v. 27.9.1988, RIW 1988, 901 - *Kafelis/Schröder*; Vorlagebeschluß BGH, Beschl. v. 27.4.1987, RIW 1987, 623 = WM 1987, 883.

[790] EuGH, Urt. v. 27.9.1988, RIW 1988, 901; *Stein/Jonas/Schumann*, § 32 ZPO Rn. 6; *Kropholler*, Art. 5 EuGVÜ, Rn. 56; ablehnend *Geimer*, NJW 1988, 3089; *Gottwald*, IPRax 1989, 272; *Schlosser*, RIW 1988, 987.

[791] *Wieczorek/Schütze/Hausmann*, Anh. I, § 40, Art. 5, Rn. 51.

[792] EuGH, Urt v. 7.3.1995, EuZW 1995, 248; OLG München, Urt. v. 17.9.1986, RIW 1988, 647.

[793] Vgl. *Geimer/Schütze*, Art. 5 EuGVÜ, Rn. 174.

[794] Dazu *Geimer/Schütze*, Art. 5 EuGVÜ, Rn. 174; ähnlich *Kropholler*, Art. 5 EuGVÜ, Rn. 57.

[795] Für eine Einordnung als deliktischer Anspruch: *Stadler*, JZ 1994, 662; *Wieczorek/Schütze/Hausmann*, § 32 ZPO, Rn. 18; *Thümmel/Schütze*, JZ 1977, 786, (788); dagegen die wohl noch herrschende Meinung: BGH, Urt. v. 6.4.1976, BGHZ 66, 182, 193 ff.; OLG Frankfurt, Urt. v. 21.6.1985, NJW-RR 1986, 606; *Wasserburg*, S. 467.

II. Ort, an dem das schädigende Ereignis eingetreten ist

Der EuGH hat in der Entscheidung *Bier/Mines de Potasse d`Alsace*[796] festgestellt, daß der Ort, an dem das schädigende Ereignis eingetreten ist, sowohl der Handlungs- als auch der Erfolgsort einer Tat sein kann. Handlungsort meint dabei den Ort des ursächlichen Geschehens, Erfolgsort den Ort, an dem der Schaden eingetreten ist.[797] Der Grund für eine Aufsplitterung des Gerichtsstandes und das daraus resultierende Wahlrecht des Klägers ist die Erwägung, daß in bestimmten Fallgestaltungen eine besonders enge Beziehung zwischen einer Streitigkeit und dem zur Entscheidung berufenen Gericht möglich ist.[798]
Der Handlungsort ist im Presserecht nicht leicht zu lokalisieren, weil es sich bei den Pressedelikten um mehraktige Handlungen handelt (Recherche, Schreiben eines Artikels, Druck, Veröffentlichung, Verbreitung), so daß hier mehrere Orte in Betracht kommen. Auch der Ort der Rechtsgutsverletzung bzw. des Schadens ist nicht leicht zu bestimmen, weil das Persönlichkeitsrecht als solches nicht greifbar ist, so daß kein sichtbarer Schaden entsteht.
Allerdings hat der EuGH für den Fall der Ehrverletzung durch die Presse mittlerweile konkretisiert, auf welche Orte für die Begründung der internationalen Zuständigkeit von Art. 5 Nr. 3 EuGVÜ abzustellen ist. Ob diese Konkretisierung auch für die hier näher untersuchten Fälle der Verletzung des Privatlebens gilt, wird später behandelt.[799]

---

[796] EuGH, Urt. v. 30.11.1976, EuGHE 1976, 1735, (1746) = NJW 1977, 493 = RIW 1977, 356.
[797] Dazu *Geimer/Schütze*, Art. 5 EuGVÜ, Rn. 181; *Kropholler*, Art. 5 EuGVÜ, Rn. 62.
[798] *Kropholler*, Art. 5 EuGVÜ, Rn. 63; *Hohloch*, IPRax 1997, 312, (313); a. A. *Holl*, EuZW 1995, 765, (767), der den Deliktsgerichtsstand durch das Erfordernis des Schutzes des Geschädigten gerechtfertigt sieht. Dieser soll Wiedergutmachung da verlangen können, wo ihm Unrecht zugefügt wurde.
[799] S.u. 4. Teil, 4. Kap., B., 3.

1. Konkretisierung von Handlungs- und Erfolgsort im Presserecht durch den EuGH

a) Sachverhalt der Entscheidung Shevill ./. Presse Alliance SA

Anlaß der Konkretisierung von Handlungs- und Erfolgsort im Presserecht war die Entscheidung des EuGH *Shevill./.Presse Alliance SA.*[800] Dieser Entscheidung lag folgender Sachverhalt zugrunde: Eine Engländerin namens *Fiona Shevill* mit Wohnsitz in Yorkshire und die Firma *Chequepoint* waren von der französischen Zeitung *France Soir* in der Ausgabe vom 23.9.1989 mit Geldwäschegeschäften in Verbindung gebracht worden. Frau *Shevill* arbeitete während dieser Zeit in Paris vorübergehend in einer der Wechselstuben der *Chequepoint SARL.* Die Gesamtauflage der fraglichen Ausgabe von *France Soir* betrug in Frankreich etwa 252.000 Exemplare. Ca. 15.500 Stück wurden außerhalb Frankreichs vertrieben, davon 230 in England und 5 in Yorkshire.
Der gesamte Artikel stellte sich in der Folgezeit als falsch dar. Die Herausgeberin von *France Soir*, die *Presse Alliance SA*, veröffentliche am 23.11.1989 eine Entschuldigung und einen Widerruf. In der Zwischenzeit hatten Frau *Shevill*, die *Chequepoint SARL* und zwei weitere Gesellschaften der *Chequepoint*-Gruppe auf Schadensersatz wegen Verleumdung vor englischen Gerichten geklagt. Die zunächst auf alle vertriebenen Exemplare der Zeitung gerichtete Klage wurde später auf die 235 Exemplare beschränkt, die in England und Wales verkauft worden waren.
Die Beklagte zweifelte an der Zuständigkeit der englischen Gerichte. Allerdings hielten sich sowohl der *High Court* als auch *der Court of Appeal* in diesem Rechtsstreit für zuständig. Erst das *House of Lords* setzte das Verfahren aus, da es der Ansicht war, daß der Rechtsstreit Probleme mit der Auslegung des EuGVÜ aufwerfe. Um die Zuständigkeit der Gerichte klären zu können, legte es daher dem EuGH die Frage zur Vorabentscheidung vor, wie die Wendung in Art.

[800] EuGH, Urt. v. 7.3.1995, NJW 1995, 1881= Rev. crit. DIP (85) 1996, 487, Anm. *Lagarde* = D. 1996, 61, Anm. *Parléani* = JDI 1996, 543, Anm. *Huet* = EuZW 1995, 248; *Huber*, ZEuP 1996, 295; *Kreuzer/Klötgen*, IPRax 1997, 90; *G. Wagner*, RabelsZ 62 (1998), 243; zur Vorinstanz *Huber*, IPRax 1992, 263.

5 Nr. 3 EuGVÜ „Ort, an dem das schädigende Ereignis eingetreten ist" auszulegen ist. Ferner wollte das Gericht wissen, ob es zur Feststellung seiner Zuständigkeit nach Art. 5 Nr. 3 EuGVÜ besonderen Regeln für die Beurteilung des schädigenden Charakters des Ereignisses und hinsichtlich des Beweises des Schadens unterliege, die von denen des nationalen Rechts abweichen.

b) Entscheidung des EuGH

Das Gericht beantwortete die Frage nach dem „Ort, an dem das schädigende Ereignis getreten ist" folgendermaßen: Im Fall einer Ehrverletzung durch Presseartikel, die in mehreren Vertragsstaaten verbreitet werden, sei der Ort des ursächlichen Geschehens nur der Ort der Niederlassung des Herausgebers der streitigen Veröffentlichung. Dieser Ort stelle den Ort dar, an dem das schädigende Ereignis seinen Ausgang nahm und von dem aus die ehrverletzende Äußerung gemacht und in Umlauf gebracht wurde. Der EuGH entschied ferner, daß das Gericht des Ortes, in dem der Herausgeber niedergelassen ist, für den gesamten durch die unerlaubte Handlung entstandenen Schaden zuständig sei.
Der Schadenserfolg sei an dem Ort verwirklicht, an dem die schädigenden Auswirkungen des haftungsauslösenden Ereignisses zu Lasten des Betroffenen einträten. Im Fall grenzüberschreitender Ehrverletzung durch Presseerzeugnisse werde die Beeinträchtigung der Ehre und des Ansehens einer Person durch eine ehrverletzende Veröffentlichung an den Orten verwirklicht, an denen die Veröffentlichung verbreitet werde, wenn der Betroffene dort bekannt sei. Es seien somit die Gerichte jedes Vertragsstaates, in dem die ehrverletzende Veröffentlichung verbreitet und das Ansehen des Betroffenen nach dessen Behauptung beeinträchtigt worden sei, für die Entscheidung über die in diesem Staat am Ansehen des Betroffenen entstandenen Schäden zuständig. Diese Zuständigkeit beziehe sich jedoch im Interesse einer geordneten Rechtspflege nur auf den Schaden, der in dem Staat des jeweilig angerufenen Gerichts entstanden sei.
Der Kläger habe daher ein Wahlrecht, entweder den gesamten Schaden bei dem Gericht am Wohnsitz des Beklagten oder am Ort der Niederlassung des Herausgebers geltend zu machen oder nur einen Teil des Schadens am jeweiligen Erfolgsort einzuklagen.

Die zweite dem EuGH vorgelegte Frage beantwortete das Gericht mit dem Hinweis, daß das Übereinkommen nicht der Vereinheitlichung der Verfahrensregeln diene. Es sei ständige Rechtsprechung, daß hinsichtlich der Verfahrensregeln auf die für das nationale Gericht geltenden nationalen Rechtsvorschriften zurückzugreifen sei, soweit deren Anwendung die praktische Wirksamkeit des Übereinkommens nicht beeinträchtige.
Im Ergebnis entschied der EuGH also, daß Handlungsort eines Pressedeliktes der Niederlassungsort des Herausgebers ist. Der Erfolgsort hingegen liegt - jedenfalls im Rahmen einer Ehrverletzung - am Verbreitungsort des Druckwerks, sofern der Geschädigte dort bekannt ist. Die Kognitionsbefugnis des Gerichts am Erfolgsort ist auf den dort entstandenen Schaden begrenzt. Diese Entscheidung des EuGH wurde durch die Literatur in den Mitgliedsstaaten unterschiedlich aufgenommen, z. T. beruhte dies auch auf den Positionen, die sich zu dieser Frage in den jeweiligen Staaten etabliert haben.

2. Konkretisierung des Handlungs- und Erfolgsorts im Presserecht in Frankreich

In Frankreich wurde die Entscheidung des EuGH weitgehend positiv aufgenommen.[801] Obwohl der EuGH den Handlungsort abweichend vom französischen Recht bestimmt hat[802] - in Frankreich wird der Veröffentlichungs- oder Erscheinungsort für maßgeblich erachtet -, ist in der Sache *Shevill ./. Presse Alliance SA* die Idee der französischen Rechtsprechung und Literatur berücksichtigt worden, die Kognitionsbefugnis der Gerichte am Erfolgsort zu beschränken: Diese Idee hat erstmalig das *Tribunal de grande instance* (*TGI*) in Paris im Jahre 1974 angewandt.[803] Die Idee der Beschränkung der Kognitionsbefugnis wurde dann für den Fall von Persönlichkeitsverletzungen durch die Presse im Jahre 1984 durch das *TGI* und in der nächsten Instanz durch die *Cour d'appel (CA)* von Paris in der Entscheidung *Caroline von Monaco./.Burda* aufgegriffen. Dies

[801] *Lagarde*, Rev. crit. DIP 85 (1996), 486; die Rechtsprechung, z.B. CA Paris, Urt. v. 5.11.1997, D. 1997, inf. rap., 261; kritisch *Huet*, JDI 1996, 543; *Parléani*, D. 1996, 61.
[802] Vgl. *Luciani*, S. 157, Rn. 151.
[803] TGI Paris, Urt. v. 7. und 19.6.1974, Rev. crit. DIP (63)1974, 696.

hat in Frankreich die Entwicklung der Rechtsprechung im Rahmen von Art. 5 Nr. 3 EuGVÜ maßgeblich bestimmt.[804]

Caroline von Monaco wandte sich in dieser Entscheidung gegen Veröffentlichungen in der Zeitschrift *Bunte*, durch die sie sich in ihrem Recht auf Achtung der Privatlebens und dem Recht am eigenen Bild verletzt fühlte. Die Zeitschrift wurde damals sowohl in Deutschland als auch in Frankreich verbreitet. Die Klägerin verlangte Schadensersatz in Höhe von 200.000 FF und die Veröffentlichung des Urteils auf der Titelseite der *Bunten*. Der *Burda*-Verlag bestritt demgegenüber die Zuständigkeit des französischen Gerichts und verwies auf die Zuständigkeit am Wohnsitz der Prinzessin bzw. am Sitz des Verlags. Die Vorinstanz (*TGI*) hatte in diesem Urteil bestimmt, daß die Herausgabe und die Verbreitung der Zeitschrift für die zivilrechtliche Haftung maßgeblich seien, daß aber die Verbreitung die wesentliche Handlung für den Eintritt des Schadens sei. Die Kompetenz des französischen Gerichtes gem. Art. 5 Nr. 3 EuGVÜ wurde daraufhin bejaht, weil Exemplare der deutschen Zeitung in Frankreich verbreitet wurden. Allerdings sollte eine Zuständigkeit nur für den in Frankreich erlittenen Schaden bestehen, weil die in Deutschland durch Herausgabe und Verbreitung entstandenen Schäden keine Kausalverbindung zu denen hätten, die durch die Verbreitung der Exemplare in Frankreich entstanden seien. Die begrenzte Zuständigkeit der französischen Gerichte wurde durch die *Cour d'appel* mit dem Argument bestätigt, daß der in Deutschland entstandene Schaden mit der französischen Zuständigkeit weder durch den Ort dessen Realisierung noch durch den Ort der schuldhaften Handlung verbunden sei.

Diese ursprünglich von *Lagarde* begründete Ansicht[805] zur Begrenzung des *forum shopping* - also der Wahl des Gerichtsstands - durch den Kläger hat sich in der französischen Rechtsprechung mittlerweile etabliert[806], während die Literatur diesbezüglich zum Teil kritisch eingestellt ist[807] und andere Wege beschreiten will.

---

[804] CA Paris, Urt. v. 19.3.1984, Gaz. Pal. 1985, 7; Vorinstanz TGI Paris, Urt. v. 27.4.1983, Rev. crit. DIP 1983, 672 mit kritischer Anm. *Gaudemet-Tallon*.

[805] *Lagarde*, Anm. TGI Paris, Urt. v. 7. und 19. 6. 1974, Rev. crit. DIP (63) 1974, 696, (700).

[806] CA Paris, Urt. v. 5.11.1997, D. 1997, inf. rap., 260; TGI Paris, Urt. v. 20.2.1992, JDI 1994, 168, Anm. *Huet*.

[807] *Mauro*, Anm. CA Paris, Urt. v. 19.3.1984, Gaz. Pal. 1985, 7, der sich gegen eine Spaltung der Zuständigkeit ausspricht, da sie dem Gedanken des EuGVÜ nicht entspreche. So auch *Reinmüller*, IPRax 1985, 233, (235).

So vertritt *Gaudemet-Tallon* die These, daß als Erfolgsort eines Pressedeliktes der Wohnsitz des Geschädigten in Betracht komme[808], während nach *Bourel* der Wohnort als alleiniger Anknüpfungspunkt für die Zuständigkeit der Gerichte anzusehen ist[809]. Eine dritte Auffassung möchte den Hauptschadensort zum Erfolgsort machen[810] und bezieht sich dabei auf die vom EuGH in der Sache *Shenavai* für vertragliche Schuldverhältnisse kreierte Idee[811].

3. Konkretisierung des Handlungs- und Erfolgsorts im Presserecht in Deutschland

In Deutschland ist kaum Rechtsprechung zu Art. 5 Nr. 3 EuGVÜ in Verbindung mit Presserecht vorhanden.[812] Die meisten Urteile betreffen nicht die internationale Zuständigkeit nach Art. 5 Nr. 3 EuGVÜ[813], sondern die nach § 32 ZPO. Allerdings wenden die Gerichte, soweit ersichtlich, die zu § 32 ZPO ergangene BGH-Rechtsprechung auch auf Art. 5 Nr. 3 EuGVÜ an, so daß diese hier zugrunde gelegt wird[814]: Danach ist Handlungsort im Rahmen von Pressedelikten der Erscheinungsort des Druckwerks, Erfolgsort der Ort der bestimmungsgemäßen Verbreitung. Bestimmungsgemäß heißt dabei, daß die Verbreitung vom Schädiger gesteuert wird und keine zufälligen Verbreitungen berücksichtigt werden. Eine Beschränkung der Kognitionsbefugnis am Erfolgsort kennt die deutsche Rechtsprechung nicht.
Eine in Deutschland zu Art. 5 Nr. 3 EuGVÜ bislang heftig diskutierte Frage ist, ob die Rechtsgutverletzung oder der Schaden für die Bestimmung des Erfolgsorts maßgeblich sein sollte. Dazu äußert sich die Literatur überwiegend - wie

808 *Gaudemet-Tallon*, S. 146, Rn. 193 und Anm. TGI Paris, Urt. v. 27.4.1983, Rev. crit. DIP 72 (1983), 672; in diesem Sinne auch *Luciani*, S. 162, Rn. 154.
809 Dazu *Bourel*, Rec. des Cours de la Haye, 1989, II, 391 ff.
810 *Huet*, Anm. TGI Paris, Urt. v. 20.2.1992, JDI 1994, 168 und Anm. zu EuGH Urt. v. 7.3.1995, JDI 1996, 543; ähnlich auch *Beraudo*, J.-Cl. Droit international., Fasc. 632, Rn 43.
811 EuGH, Urt. v. 15.1.1987, Rev. crit. DIP 76 (1987), 793.
812 Insoweit nur OLG München, Urt. v. 17.9.1986, RIW 1988, 647; OLG München, Urt. v. 17.6.1993, EuZW 1994, 191.
813 Vgl. zu Art. 5 Nr. 3 EuGVÜ: OLG München, Urt. v. 17.9.1986, OLGZ 87, 216, (217).
814 BGH, Urt. v. 3.5.1977, NJW 1977, 1590.

auch in der deutschen Rechtssystematik angelegt - zugunsten des Orts der Rechtsgutsverletzung.[815]

Nicht nur aus diesem Grunde sondern v.a. wegen der Beschränkung der Kognitionsbefugnis hat die Rechtsprechung des EuGH in *Shevill./.Presse Alliance SA* nicht nur Zustimmung in der deutschen Literatur erhalten.[816]

C. Einstweiliger Rechtsschutz

Im Bereich des Schutzes der Privatsphäre durch die Presse kommt dem einstweiligen Rechtsschutz eine besondere Bedeutung zu, weil in der Regel schnell gehandelt werden muß, um einen Schaden wenn nicht verhindern, dann doch wenigstens begrenzen zu können. Das EuGVÜ stellt mit Art. 24 keine eigene Regelung auf, sondern verweist auf die nationalen Regelungen der Mitgliedsstaaten.[817] Welche Regelungen diesbezüglich in Frankreich und Deutschland gelten, wird im nun folgenden Kapitel behandelt.

D. Ergebnis

Das Opfer einer Persönlichkeitsverletzung kann gem. Art. 2 Abs. 1 EuGVÜ am Sitz des schädigenden Presseunternehmens klagen. Ferner hat es im Rahmen der Zuständigkeit gem. Art. 5 Nr. 3 EuGVÜ die Möglichkeit, am Handlungsort, d.h. am Niederlassungsort des Herausgebers und am Erfolgsort, d.h. dem Verbreitungsort des Druckerzeugnisses, sofern der Geschädigte dort bekannt ist, zu klagen. Die Kognitionsbefugnis der Gerichte am Erfolgsort ist auf den dort entstandenen Schaden begrenzt.

---

[815] *Geimer*, Art. 5 EuGVÜ, Rn. 190; *Schwarz*, S. 159 u. 171; *Schlosser*, Art. 5 EuGVÜ, Rn. 19; anders *Kropholler*, Art. 5 EuGVÜ, Rn. 67, der auf den Ort des Erstschadens abstellt.

[816] Ablehnend *Kreuzer/Klötgen*, IPRax 1997, 90; *Rauscher*, ZZP int. 1996, 145; kritisch auch *Mansel*, RabelsZ 61 (1997), 756; zustimmend dagegen *Huber*, ZEuP 1996, 295; *G. Wagner*, RabelsZ 62 (1998), 243; *Kropholler*, Art. 5 EuGVÜ, Rn. 65.

[817] Vgl. *Kropholler*, Art. 24 EuGVÜ, Rn. 1, der jedoch eine einheitliche Regelung durch das Übereinkommen befürwortet.

Die Lösung der französischen Gerichte zu Art. 5 Nr. 3 EuGVÜ ist insoweit identisch, da sie dem EuGH als Vorlage diente. Allerdings haben die französischen Gerichte zur Bestimmung des Handlungsortes auf den Erscheinungsort und im Rahmen des Erfolgsortes nicht auf das Erfordernis der Bekanntheit des Geschädigten abgestellt.

Die deutschen Gerichte hingegen betrachten den Erscheinungsort als Handlungsort und den Ort der bestimmungsgemäßen Verbreitung als Erfolgsort. Dabei sind alle zuständigen Gerichte kompetent, über den Gesamtschaden zu entscheiden.

2. Kapitel: Französische Zuständigkeitsregelungen

In Fällen, in denen weder auf die Normen des EuGVÜ noch auf die des Luganer Übereinkommens zurückzugreifen ist, weil z.B. durch ein französisches Presseunternehmen in die Privatsphäre eines US-Amerikaners eingegriffen wurde, sind die Normen des nationalen Rechts zur Bestimmung der internationalen Zuständigkeit heranzuziehen. In Frankreich gelten dafür seit Erlaß des *Code Civil* im Jahre 1804 die Artt. 14, 15 CC, die regeln, daß immer, wenn an dem Rechtsstreit eine Partei mit französischer Staatsangehörigkeit beteiligt ist, die Gerichte Frankreichs zuständig sind.[818] Dieser „exorbitante" Gerichtsstand ist jedoch heute nur noch subsidiär anwendbar.[819] Mittlerweile gilt auch in Frankreich der Grundsatz, daß die Normen der örtlichen Zuständigkeit die Regeln der internationalen Zuständigkeit der Gerichte indizieren[820], die ansonsten nicht eigenständig geregelt ist.

A. Wohnsitzzuständigkeit gem. Artt. 42, 43 NCPC

Im französischen Recht wird zur Bestimmung des allgemeinen Gerichtsstands auf den Wohnsitz des Beklagten abgestellt. Art. 43 NCPC konkretisiert diesbezüglich, daß es für natürliche Personen auf deren Wohnsitz ankommt und sollte ein solcher weder in Frankreich noch im Ausland bekannt sein[821], auf den Ort des gewöhnlichen Aufenthalts. Eine Definition des Begriffs Wohnsitz findet sich in Art. 102 CC, der damit den Ort einer dauerhaften Niederlassung und den

[818] Dies führte in der Vergangenheit sogar dazu, daß sich die französischen Gerichte für nicht zuständig hielten, wenn es sich um einen Rechtsstreit ausschließlich unter Ausländern handelte, vgl. *Gaudemet-Tallon*, Encyclopédie Dalloz, Procédure II, Compétence Internationale, Rn. 13; vgl. dazu auch *Kubis*, S. 44 f.

[819] Vgl. *Gaudemet-Tallon*, Encyclopédie Dalloz, Procédure II, Compétence Internationale, Rn. 20; im Geltungsbereich des EuGVÜ sind Artt. 14, 15 CC durch Art. 3 Abs. 2 EuGVÜ ausdrücklich ausgeschlossen.

[820] Für Deutschland nur: *Stein/Jonas/Schumann*, § 32 ZPO, Rn. 4; für Frankreich: *Gaudemet-Tallon*, Encyclopédie Dalloz, Procédure II, Compétence Internationale, Rn. 21.

[821] *Gaudemet-Tallon*, Encyclopédie Dalloz, Procédure II, Compétence Internationale, Rn. 22.

Lebensmittelpunkt einer Person meint.[822] Bei juristischen Personen ist auf deren Verwaltungssitz abzustellen, Art. 43 Abs. 3 NCPC.

B. Gerichtsstand der unerlaubten Handlung gem. Art. 46 Abs. 3 NCPC

Art. 46 Abs. 3 NCPC eröffnet für den Bereich des Deliktsrechts einen Gerichtsstand wahlweise an dem Ort, an dem der Schaden verursacht oder an dem er erlitten wurde.

I. Deliktsrecht

In Art. 46 Abs. 3 NCPC ist ein weiter Begriff des Deliktsrechts zugrundegelegt, der sowohl die unerlaubte Handlung wie das Quasidelikt umfaßt.[823] Es handelt sich dabei um jede Tatsache, die entgegen dem Gesetz oder anderen Verhaltensregeln einen Schaden verursacht. Hierzu gehört auch der Bereich der Pressedelikte, z.B. in Form der Verletzung des Privatlebens einer Person.[824] Geklagt werden kann auf Schadensersatz, Beseitigung und Unterlassung. Der Gegendarstellungsanspruch kann nur am Gerichtsstand des Wohnsitzes geltend gemacht werden.[825]

II. Ort, an dem das schädigende Ereignis eingetreten ist

Das französische Recht unterscheidet in Art. 46 Abs. 3 NCPC zwischen dem *lieu du fait dommageable*, d.h. dem Ort, an dem das schädigende Ereignis stattfand (Handlungsort) und dem Ort, an dem der Schaden erlitten wurde, *lieu où le dommage a été subi* (Schadensort bzw. Erfolgsort nach französischem Ver-

---

822 *Muir-Watt*, J.-Cl. Droit international, Fasc. 543-10, Rn. 3.
823 Vgl. *Bayon*, J.-Cl. Procédure, Compétence territoriale, Fasc. 211, Rn. 99.
824 Dazu ausführlich: *Gaudemet-Tallon*, Encyclopédie Dalloz, Procédure II, Compétence Internationale, Rn. 36.
825 Vgl. *Koch*, S. 63.

ständnis[826]). Diese Zweiteilung und die daraus resultierende Wahlmöglichkeit des Klägers entspricht sowohl der Erwägung, daß die Gerichte beider Orte durch eine besondere Sachnähe mit der unerlaubten Handlung verbunden sind[827] als auch die Schutzbedürftigkeit des Opfers[828].

Das Gesetz hat die Fassung der Formulierung des Schadensortes erst durch das Dekret vom 12.5.1981 erhalten. Bis dahin lautete die Textfassung *lieu où le dommage est subi* (Ort, an dem der Schaden erlitten wird) statt wie in der jetzigen Fassung *a été subi* (erlitten wurde).[829] Diese Änderung des Gesetzestextes lag darin begründet, daß es Tendenzen in der Rechtsprechung gab, statt dem Ort des Schadenseintritts den Ort der Schadensperpetuierung, d.h. des Folgeschadens, z.B. in Form der Leiden des Opfers zur Begründung des Gerichtsstands gem. Art. 46 Abs. 3 heranzuziehen.[830] Dies entsprach zumeist dem Wohnsitz des Geschädigten, was vom Gesetzgeber jedoch nicht gewollt war.[831]

Die Rechtsprechung zur Konkretisierung von Handlungs- und Erfolgsort im Rahmen von Art. 46 Abs. 3 NCPC entspricht der der französischen Rechtsprechung zu Art. 5 Nr. 3 EuGVÜ: Danach ist Handlungsort der Ort der Veröffentlichung (*publication*) bzw. Herausgabe (*édition*)[832], Erfolgsort nach französischem Verständnis sind der oder die Orte der Verbreitung[833]. Die Literatur möchte dagegen z.T. auf den Wohnsitz des Geschädigten abstellen.[834] Dies lehnt die französische Rechtsprechung jedoch ausdrücklich ab.[835]

---

826 Das französische Deliktsrecht (Art. 1382 ff. CC) kennt die Rechtsgutsverletzung nicht, sondern stellt allein auf ein pflichtwidriges Handeln ab, so daß es im französischen Recht keinen dem deutschen Recht entsprechenden Erfolgsort gibt. Stattdessen wird als Verletzungserfolg der Schadensort als maßgeblich erachtet, vgl. dazu auch *Kubis*, S. 46 ff.

827 *Vincent/Guinchard*, S. 282, Rn. 353.

828 *Huet*, J.-Cl. Droit international, Fasc. 581-20, Rn. 41.

829 Zu der Änderung vgl. auch *Kubis*, S. 47.

830 *Bayon*, J.-Cl. Procédure, Compétence territoriale, Fasc. 211, Rn. 102 ff.; zur alten Rechtsprechung ausführlich RTDciv 1981, 441, Anm. *Normand*.

831 *Huet*, J.-Cl. Droit international, Fasc. 581-20, Rn. 42.

832 Dazu *Lagarde*, Anm. zu EuGH, Urt. v. 7.3.1995, Rev. crit. DIP 85 (1996), 487, 499; ferner *Kubis*, S.48; *Luciani*, S. 157, Rn. 151.

833 TGI Paris, Urt. v. 30.6.1984, Rev. crit. DIP 74 (1985), 144; *Luciani*, S. 157, Rn. 151.

834 *Bourel*, Rec. des Cours de la Haye, 1989, II, S. 255, (357), der am Gericht des Wohnorts die alleinige Kompetenz der Gerichte sehen will; *Gaudemet-Tallon*, Anm. zu TGI Paris, Urt. v. 29.9.1982 und 27.4.1983, Rev. crit. DIP 72 (1983), 670 und Anm. zu CA Paris, Urt. v. 19.3.1984 und TGI Paris, Urt. v. 30.6.1984, Rev. crit. DIP 74 (1985), 141, die den Wohnsitz des Opfers als Erfolgsort sieht.

835 CA Paris, Urt. v. 30.6.1984, Rev. crit. DIP 74 (1985), 141, (145).

Um im Fall mehrerer Erfolgsorte die Gefahr des *forum shopping* durch den Kläger zu verhindern, haben sich die französischen Gerichte auch für Art. 46 Abs. 3 NCPC der von *Lagarde*[836] begründeten Ansicht angeschlossen, daß die Kompetenz der Gerichte am Erfolgsort auf den dort erlittenen Schaden zu begrenzen ist[837]. Die Kompetenz der Gerichte am Handlungsort besteht jedoch für den gesamten Schaden des Opfers.
Ein einziges Urteil hat es bislang gegeben, in dem sich ein französisches Gericht in einem solchen Fall für den Gesamtschaden zuständig hielt: Das Gericht war aufgrund eines in Frankreich belegenen Erfolgsorts zuständig und urteilte auch über einen Schaden, der in Deutschland aufgrund der Verbreitung des Presseerzeugnisses entstanden war.[838] Dieses Urteil wird in der französischen Literatur verschiedentlich als „Versehen" bezeichnet.[839]

C. Einstweiliger Rechtsschutz

Die internationale Zuständigkeit für den einstweiligen Rechtsschutz, also Beschlagnahme, Sequestration, Verbreitungsverbot und Abschlagszahlung[840], richtet sich nach den Regelungen in der Hauptsache. Danach kann sowohl am Wohnsitz des Beklagten, als auch an dem Ort, an dem das schädigende Ereignis eingetreten ist, Klage erhoben werden.[841] Ob auch gem. Artt. 14, 15 CC eine einstweilige Verfügung aufgrund der Staatsangehörigkeit einer Partei beantragt werden kann, ist umstritten, wohl aber vor dem Hintergrund, daß es sich um einen „exorbitanten" Gerichtsstand handelt, abzulehnen.[842]

---

[836] *Lagarde*, Anm. zu TGI Paris, Urt. v. 19.6.1974, Rev. crit. DIP 63 (1974), 704.
[837] TGI Paris, Urt. v. 30.6.1984, Rev. crit. DIP 74 (1985), 144.
[838] TGI Paris, 23.6.1976, Rev. crit. DIP 67 (1978), 132, Anm. *Gaudemet-Tallon*.
[839] *Gaudemet-Tallon*, Encyclopédie Dalloz, Procédure II, Compétence Internationale, Rn. 36.
[840] Auch die Abschlagszahlung zählt, trotz ihres endgültigen leistenden Charakters, zu den Maßnahmen des einstweiligen Rechtsschutz, die von Art. 24 EuGVÜ umfaßt sind, vgl. *Kropholler*, Art. 24 EuGVÜ, Rn. 5.
[841] Vgl. *Estoup*, S. 27, Rn. 24; *Morbach*, S. 129.
[842] Vgl. *Kubis*, S. 187; *Kropholler*, Art. 24 EuGVÜ, Rn. 9; a.A. *Geimer/Schütze*, Art. 24 EuGVÜ, Rn. 23, die darauf hinweisen, daß eine solche Differenzierung zwar nicht in der Intention des Übereinkommens liege, auf dem Gebiet des einstweiligen Rechtsschutzes aber toleriert werde; differenziert *Gaudemet/Tallon*, S. 197, Rn. 271, die auf die Vollstreckungsmöglichkeit in Frankreich abstellen will.

D. Ergebnis

In Frankreich kann das Opfer einer Persönlichkeitsverletzung demnach gem. Artt. 42, 43 NCPC entweder am Sitz des beklagten Presseunternehmens oder gem. Art. 46 Abs. 3 NCPC am Erscheinungs- oder Verbreitungsort klagen. Am Verbreitungsort ist die Zuständigkeit jedoch auf den dort entstandenen Schaden begrenzt.

3. Kapitel: Deutsche Zuständigkeitsregelungen

Auch in Deutschland fehlen überwiegend eigene Regelungen für die internationale Zuständigkeit.[843] Es indiziert daher die örtliche Zuständigkeit die internationale. Die Regeln der örtlichen Zuständigkeit sind damit doppelfunktional.[844]

A. Wohnsitzzuständigkeit gem. §§ 12, 13, 17 ZPO

Das deutsche Recht eröffnet einen allgemeinen Gerichtsstand am Wohnsitz bzw. Sitz des Beklagten. Dabei bestimmt sich der Begriff des Wohnsitzes nach § 7 BGB: Danach begründet einen Wohnsitz, wer sich an einem Ort ständig niederläßt. Der Wohnsitz ist also der räumliche Schwerpunkt der gesamten Lebensverhältnisse einer Person.[845]
Am allgemeinen Gerichtsstand der §§ 12, 13, 17 ZPO kann über alle Klagen entschieden werden, sofern nicht ein ausschließlicher Gerichtsstand begründet ist. Ein solcher besteht für Klagen wegen Verletzung des Persönlichkeitsrechts nicht.

B. Gerichtsstand der unerlaubten Handlung gem. § 32 ZPO

§ 32 ZPO eröffnet einen Wahlgerichtsstand am Ort der unerlaubten Handlung.

I. Unerlaubte Handlung

Voraussetzung für die Eröffnung des Gerichtsstandes der unerlaubten Handlung ist das Vorliegen eines Sachverhaltes, der nach der *lex fori* als unerlaubte Handlung einzustufen ist.[846] Unter den Begriff der unerlaubten Handlung gem. § 32 ZPO fallen alle Delikte und Quasidelikte. Dazu zählt auch die Verletzung des

---

[843] Vgl. *Schütze*, S. 71, Rn. 51; *Linke*, S. 43, Rn. 114.
[844] *Linke*, S. 43, Rn. 115.
[845] Vgl. nur *Palandt/Heinrichs*, § 7 BGB, Rn. 1 m.w.N.
[846] Vgl. *Schwarz*, S. 54.

Persönlichkeitsrechts.[847] Die Klagen können auf Schadensersatz, Widerruf oder Unterlassung gerichtet sein.[848] Möglich ist auch das Erheben einer vorbeugenden Unterlassungsklage, auch wenn der Wortlaut der Vorschrift das Gegenteil vermuten läßt.[849] Allerdings ist der Gerichtsstand für den presserechtlichen Anspruch auf Gegendarstellung nach noch herrschender Meinung nicht eröffnet, da es an der deliktischen Natur des Anspruchs fehle.[850]

II. Der Ort der unerlaubten Handlung

Der Ort, an dem die unerlaubte Handlung begangen wurde, ist jeder Ort, an dem auch nur eines der wesentlichen Tatbestandsmerkmale der unerlaubten Handlung in Erscheinung getreten ist.[851] Dafür reicht allein eine Vorbereitungshandlung, z.B. die Recherche, jedoch nicht aus.[852] Grund für diese Regelung ist, daß der Geschädigte dort Abhilfe begehren können soll, wo Unrecht getan wurde[853], denn es sei dem Geschädigten nicht zumutbar, dem Schädiger an dessen Wohnort zu folgen. Ferner spricht auch der Gesichtspunkt der Sachnähe für diesen Gerichtsstand.[854] Auch in Deutschland spaltet sich der Begehungsort der Tat in einen Handlungs- und einen Erfolgsort. Diese haben für den Bereich der Pressedelikte folgende Konkretisierung erfahren: Wie bereits oben erläutert[855] hat der BGH für diese Fallgestaltung ausdrücklich bestimmt, daß Begehungsort der

---

[847] Vgl. nur *Zöller/Vollkommer*, § 32 ZPO, Rn. 5.
[848] *Zöller/Vollkommer*, § 32 ZPO, Rn. 14.
[849] *Zöller/Vollkommer*, § 32 ZPO, Rn. 14; *Stein/Jonas/Schumann*, § 32 ZPO, Rn. 26; jedenfalls für eine analoge Anwendung auch *MünchKomm/Patzina*, § 32 ZPO, Rn. 29.
[850] *Zöller/Vollkommer*, § 32 ZPO, Rn. 12; *MünchKomm/Patzina*, § 32 ZPO, Rn. 13; *Stein/Jonas/Schumann*, § 32 ZPO, Rn. 4; *Thomas/Putzo*, § 32 ZPO, Rn. 3; a. A. *Stadler*, JZ 1994, 642; *Wieczorek/Schütze/Hausmann*, § 32 ZPO, Rn. 18.
[851] *Stein/Jonas/Schumann*, § 32 ZPO, Rn. 29; *Zöller/Vollkommer*, § 32 ZPO, Rn. 16.
[852] *Staudinger/v. Hoffmann*, Art. 38 EGBGB, Rn. 256 a); *Thomas/Putzo*, § 32 ZPO, Rn. 1; *Zöller/Vollkommer*, § 32 ZPO, Rn. 16.
[853] *Geimer*, S. 393, Rn. 1497.
[854] BGH, Urt. v. 3.5.1977, NJW 1977, 1590; *Stein/Jonas/Schumann*, § 32 ZPO, Rn. 1; *Schwarz*, S. 57; *Geimer*, S. 393, Rn. 1497 der dem Gesichtspunkt der Beweisnähe nur eine untergeordnete Rolle zubilligt, da es sich nur um einen konkurrierenden Gerichtsstand handelt.
[855] 4. Teil, 1. Kap., B., II., 3.

Erscheinungsort des Druckwerks sein soll[856], daß aber auch am Verbreitungsort geklagt werden könne[857]. Die Verbreitung von Druckerzeugnissen, deren Inhalt unerlaubt in das Persönlichkeitsrecht des Verletzten eingreife, stelle noch einen Teil der Verletzungshandlung selber dar.[858] Die Literatur hingegen stellt zur Bestimmung des Handlungsortes z.T. auf den Verwaltungssitz des Verlages ab[859] oder sucht nach völlig neuen Lösungen[860].

Der Erfolgsort ist nach dem BGH ebenfalls der Verbreitungsort[861], weil hier das Persönlichkeitsrecht des Geschädigten wirklich gestört werde[862]. Damit die Anzahl der möglichen Gerichtsstände in § 32 ZPO im Bereich der Pressedelikte den Kläger nicht über Gebühr begünstigt, hat der BGH bestimmt, daß allein der Ort der *bestimmungsgemäßen* Verbreitung als Erfolgsort in Betracht komme.[863] Es komme dabei auf die Intention des Verlegers oder Herausgebers an. Die nur zufällige Kenntnisnahme durch den Leser reiche für eine Verbreitung nicht aus, denn der Herausgeber könne sich in solchen Fällen nicht auf die Anwendung bestimmter Rechtsordnungen einstellen.

Die Möglichkeit, im Rahmen des Erfolgsorts auf den Wohnsitz des Opfers abzustellen, was z.T. auch zur Begrenzung der Zuständigkeit diskutiert wird[864], hat der BGH in dieser Entscheidung ausdrücklich abgelehnt.[865] Grund dafür war u.a., daß Zweifel an der Störung des Persönlichkeitsrechts am Wohnsitz des Opfers bestünden, wenn das Druckwerk an diesem Ort nicht bestimmungsgemäß verbreitet werde. Ferner würde dann das Recht am Wohnsitz des Opfers über

---

[856] Für Internetdelikte ist der Begehungsort der Ort der Eingabe ins Netz, vgl. *Coester-Waltjen*, S. 175, (179).

[857] BGH, Urt. v. 3.5.1977, NJW 1977, 1590.

[858] BGH, Urt. v. 3.5.1977, NJW 1977, 1590.

[859] *Wieczorek/Schütze/Hausmann*, § 32 ZPO, Rn. 40; dazu ausführlich *G. Wagner*, RabelsZ 62 (1998), 243, (280 ff.).

[860] Nach *Kubis*, S. 162 ff. soll einzig der Handlungsort Berücksichtigung finden: Als Handlungsort definiert er zum einen den Wohnsitz des Opfers im Verbreitungsgebiet, zum anderen das Hauptverbreitungsgebiet als Schwerpunkt der unerlaubten Handlung.

[861] Für Internetdelikte ist der Erfolgsort jeder Ort, an dem die verletzende Nachricht abgerufen werden kann, vgl. *Coester-Waltjen*, S. 175, (184); ausführlich zum Gerichtsstand der unerlaubten Handlungen im Internet *Bachmann*, IPRax 1998, 179 ff.

[862] BGH, Urt. v. 3.5.1977, NJW 1977, 1590, (1591); *Geimer*, S. 397, Rn. 1514 f.

[863] BGH, Urt. v. 3.5.1977, NJW 1977, 1590; *Geimer*, S. 397, Rn. 1515.

[864] *Staudinger/v. Hoffmann*, Art. 38 EGBGB, Rn. 259 b).

[865] BGH, Urt. v. 3.5.1977, NJW 1977, 1590, (1591).

das anwendbare Recht bestimmen. Dies sei aber bedenklich, da der Herausgeber mit der Anwendung dieses Rechtes nicht rechnen müsse.

C. Einstweiliger Rechtsschutz

Die internationale Zuständigkeit im Rahmen des einstweiligen Rechtsschutzes richtet sich gem. § 937 Abs. 1 ZPO nach den Regelungen der Hauptsache. Die Hauptsachezuständigkeit richtet sich dabei nach den Artt. 2 ff. EuGVÜ sowie der ZPO, weil Art. 24 EuGVÜ das nationale Recht unberührt läßt.[866] Danach können einstweilige Verfügungen[867] auf Unterlassung am Sitz des Beklagten gem. §§ 12, 13, 17 ZPO oder gem. § 32 ZPO am Ort der unerlaubten Handlung beantragt werden.

D. Ergebnis

In Deutschland kann also das Opfer einer Persönlichkeitsverletzung entweder gem. §§ 12, 13, 17 ZPO Klage am Sitz des beklagten Presseunternehmens erheben oder aber gem. § 32 ZPO am Erscheinungs- oder bestimmungsgemäßen Verbreitungsort des Druckerzeugnisses.

---

[866] Vgl. dazu *Kropholler*, Art. 24 EuGVÜ, Rn. 6.
[867] Vgl. dazu *Kropholler*, Art. 24 EuGVÜ, Rn. 5; *Geimer/Schütze*, Art. 24 EuGVÜ, Rn. 2.

4. Kapitel: Rechtsvergleich und Ausblick

In diesem Kapitel soll aufgezeigt werden, inwieweit sich die französische und deutsche Rechtsordnung einander angenähert haben und inwiefern Differenzen bestehen, die möglicherweise überwunden werden können. Ziel ist dabei herauszuarbeiten, wie eine Regelung der internationalen Zuständigkeit im Bereich des Persönlichkeitsschutzes vorzugsweise ausgestaltet sein sollte. Dabei wird der Fall der Verletzung der Privatsphäre durch die Presse besonders berücksichtigt.

A. Vergleich der Rechtsordnungen

Im folgenden soll untersucht werden, inwieweit zwischen den Regelungen des EuGVÜ und den nationalen Zuständigkeitsregelungen bzw. der dazu bestehenden Rechtsprechung im Bereich des Persönlichkeitsrechts ein Gleichklang besteht. Dabei auftauchende Differenzen sollen bewertet werden.

I. Wohnsitzzuständigkeit

Im Bereich der Wohnsitzzuständigkeit gibt es innerhalb der Regelung des EuGVÜ und den nationalen Zuständigkeitsregelungen keine Unterschiede. Der Begriff des Wohnsitzes ist gleich. Zur Bestimmung des Sitzes einer juristischen Person verweist die Norm des Art. 53 EuGVÜ auf das internationale Privatrecht der Vertragsstaaten, trifft also keine eigenständige Regelung. Die Regelungen des Internationalen Privatrechts zur Bestimmung des Sitzes einer juristischen Person sind in Deutschland und Frankreich ebenfalls gleich: In beiden Staaten wird zur Bestimmung des Sitzes die Sitztheorie angewandt.
Im Ergebnis besteht daher Einklang zwischen diesen Regelungen. Dies trifft auch auf den Umfang der Klagemöglichkeit zu, die umfassend an diesem Gerichtsstand gegeben ist.

II. Gerichtsstand der unerlaubten Handlung

Hinsichtlich des Anwendungsbereichs der Normen betreffend die Zuständigkeit am Gerichtsstand der unerlaubten Handlung bestehen keine Unterschiede. Ausnahmslos ist insbesondere der Schutz der Persönlichkeit vor Verletzungen durch die Presse umfaßt, d.h. es können Schadensersatz und Unterlassungsklagen an diesem Gerichtsstand erhoben werden. Allein der presserechtliche Anspruch auf Gegendarstellung fällt in Deutschland und Frankreich[868] nicht unter diesen Gerichtsstand. Differenzen bestehen jedoch in der Konkretisierung des Orts der unerlaubten Handlung im Presserecht, also von Handlungs- und Erfolgsort.

1. Die Ansätze zum Handlungsort

a) Erscheinungsort

Der Handlungsort für Pressedelikte wird von der Rechtsprechung in Deutschland und überwiegend auch in Frankreich am Ort der Erscheinung angesiedelt.[869] Erscheinen meint dabei das öffentliche Zugänglichmachen des Druckerzeugnisses[870], d.h. den Beginn der öffentlichen Verbreitung mit Willen des Verfügungsberechtigten[871]. Nicht gemeint ist damit der Herstellungsort (Druckort) des Presseerzeugnisses.[872]

---

868 Vgl. dazu ausführlich *Koch*, S. 63.

869 BGH, Urt. v. 3.5.1977, NJW 1977, 1590; dafür auch *G. Wagner*, RabelsZ 62 (1998), 243, (282); in der französischen Literatur *Lagarde*, Anm. EuGH, Urt. v. 3.5.1995, Rev. crit. DIP 85 (1996), 487, (499); *Huet*, Anm. EuGH, Urt. v. 3.5.1995, JDI 1996, 543, (546), der sich aber auch den Druckort als Handlungsort vorstellen könnte.

870 *Wenzel*, S. 494, Rn. 11.36.

871 *Löffler/Sedelmeier*, § 8 LPG, Rn. 17; *Soehring*, S. 495, Rn. 29.5.

872 *Löffler/Sedelmeier*, § 8 LPG, Rn. 17.

b) Verbreitungsort

Eine weitere Möglichkeit wäre, den Verbreitungsort als Handlungsort anzusehen. So klingt dies auch beim BGH[873] an, der allerdings daneben noch auf den Erscheinungsort abstellt. Bei der Verbreitung handelt es sich um die letzte gesteuerte Handlung des Presseunternehmens die in der Schädigung des Opfers endet. Damit ist die Verbreitung ein wesentliches Handlungselement. Beim Abstellen auf den Verbreitungsort fielen Handlungs- und Erfolgsort zusammen.

c) Niederlassungsort des Herausgebers

Das Urteil des EuGH hat hingegen auf den Niederlassungsort des beklagten Herausgebers abgestellt. Der Herausgeber ist die Person, die die geistige Oberaufsicht bei Erscheinenlassen eines Druckwerks führt.[874] Da die Stellung des Herausgebers gesetzlich nicht definiert ist, kann sie sehr unterschiedlich geregelt sein. Der Herausgeber kann Herr des Unternehmens bzw. zugleich Verleger sein, ebenso bloßer Titularherausgeber (Werbezweck) ohne echte Aufgabe und Befugnis.[875] Deswegen ist dieser Begriff nicht immer ganz eindeutig.[876] Trotzdem wird in der Mehrzahl der Fälle der Niederlassungsort des Herausgebers mit dem Verwaltungssitz des Medienunternehmens zusammenfallen[877], wie dies auch in dem vom EuGH zu entscheidenden Fall war. Denkbar sind aber auch Fälle (z.B. regionale Niederlassungen), bei denen der Herausgeber nicht am Hauptsitz des Medienunternehmens, sondern am Sitz der verantwortlichen Redaktion, als über den Inhalt des Presseerzeugnisses entscheidende Instanz, angesiedelt ist.[878] Mit der Wahl des Niederlassungsortes des Herausgebers muß es dem EuGH damit wesentlich auf die Verantwortlichkeit für den Inhalt angekommen sein.

---

873 BGH, Urt. v. 3.5.1977, NJW 1977, 1590.
874 *Löffler/Sedelmeier*, § 8 LPG, Rn. 64; *Tilch*, Bd. 2, G-Q, S. 443.
875 *Tilch*, Bd. 2, G-Q, S. 443.
876 *Huet*, Anm. zu EuGH, Urt. v. 7.3.1995, JDI, 1996, 543, (546); *G. Wagner*, RabelsZ 62 (1998), 243, (280 ff).
877 So im Bereich des IPR auch *Ehmann/Thorn*, AfP 1996, 20, (23); *Staudinger/v. Hoffmann*, Art. 38 EGBGB, Rn. 482.
878 Vgl. *G. Wagner*, RabelsZ 62 (1998), 243, (281).

d) Verlagssitz

Aufgrund seiner Eindeutigkeit vertreten insbesondere Stimmen in der deutschen Literatur, zur Bestimmung des Handlungsortes auf den Verlagssitz abzustellen.[879]

Der Verleger bewirkt das Erscheinen und Verbreiten von Druckwerken.[880] Deshalb könne hier Verhaltenssteuerung bezüglich des Herstellungs- und Vertriebsprozesses der Publikation ausgeübt werden.[881] Manchmal ist aber auch der Begriff des Verlagssitzes nicht eindeutig: Manche Unternehmen besitzen neben ihrer Zentrale noch verschiedene Niederlassungen mit eigener verlegerischer Tätigkeit.[882] So z.B. die großen US-amerikanischen Nachrichtenmagazine, die spezielle Europaausgaben haben, die dort gedruckt und publiziert werden, während das Presseunternehmen seinen Sitz in den Vereinigten Staaten hat.[883] In einem solchen Fall besteht zwischen Verlagssitz und einzelnen Niederlassungen ein räumlicher Unterschied. In der Regel wird das Abstellen auf den Verlagssitz jedoch eine große Rechtssicherheit mitsichbringen.

e) Stellungnahme

Um eine angemessene Lösung in diesem Konflikt zu finden, müssen insbesondere zwei Kriterien berücksichtigt werden. Zum einen ist dies der Begriff des Handlungsortes, dessen Rechtfertigung in der Verhaltenssteuerung liegt, die mit den Regeln des Deliktsrechts bezweckt wird, und zum anderen ist dies der Sinn und Zweck der Norm des Art. 5 Nr. 3 EuGVÜ: Art. 5 Nr. 3 EuGVÜ ist ein konkurrierender Gerichtsstand, der das Opfer einer unerlaubten Handlung privilegieren möchte und sich zugleich unter dem Gesichtspunkt der Sach- und Beweisnähe rechtfertigt.

---

879 *Ehmann/Thorn*, AfP 1996, 20, (23), allerdings zum Handlungsort im IPR; so auch *Firsching/ v. Hoffmann*, § 11, Rn. 26.
880 *Wenzel*, S. 513, Rn. 11.84.
881 *Ehmann/Thorn*, AfP 1996, 20, (23).
882 *Löffler/Sedelmeier*, § 8 LPG, Rn. 23.
883 Dieses Beispiel zitiert nach *G. Wagner*, RabelsZ 62 (1998), 243, (283), der auf das Impressum von *Time* verweist: „Time is published and printed weekly .... in Switzerland, the UK, the Netherlands and South Africa".

Unter dem Gesichtspunkt der Verhaltenssteuerung kann als Handlungsort zum einen der Ort in Betracht kommen, an dem die Verantwortlichkeit für den Inhalt eines Druckwerks liegt. Dort, wo die Entscheidung über die Veröffentlichung von Fotos oder von Artikeln getroffen wird, liegt der Ort, an dem Verhaltenssteuerung durchgeführt werden kann und sich die Zuständigkeit am Handlungsort rechtfertigt. Dies aber kann nur der Ort der konkret verantwortlichen Redaktion sein und nicht der Ort, an dem sich die Zentrale eines Medienunternehmens angesiedelt hat, sofern diese Orte räumlich getrennt sind. Der Ort des geistigen Ursprungs ist der Niederlassungsort des Herausgebers.

Allerdings ist mit der Entscheidung über den Inhalt des Druckwerks noch keine unerlaubte Handlung begangen. Entscheidend ist weiter, daß das Druckwerk dem Leser zugänglich gemacht wird. Dort wo die Entscheidung über die Verbreitung getroffen wird, kann ebenfalls Verhaltenssteuerung durchgeführt werden. Dies ist aber i.d.R. der Verlagsort.

Zuletzt käme unter dem Gesichtspunkt der Verhaltenssteuerung noch der Verbreitungsort in Betracht. Dagegen sprechen jedoch praktische Gesichtspunkte: Im Fall internationaler Verbreitung gäbe es eine Vielzahl von Gerichtsständen. Wenn der EuGH an der Beschränkung der Kognitionsbefugnis festhielte, stünde dem Opfer außer dem Sitz des Presseunternehmens kein Ort zu Verfügung, an dem es den Gesamtschaden einklagen könnte. Ließe man aber umgekehrt die Beschränkung der Kognitionsbefugnis entfallen, so wäre die Wahlmöglichkeit des Opfers so groß, daß es über Gebühr bevorzugt würde und sich die Pressefreiheit an den schärfsten Regelungen messen lassen müßte. Ein Abstellen allein auf den Verbreitungsort kommt daher nicht in Betracht.

Demnach kämen unter dem Gesichtspunkt der Verhaltenssteuerung entweder der Ort der Niederlassung des Herausgebers oder der Verlagssitz in Betracht. Problematisch daran ist, daß diese Orte in der Vielzahl der Fälle mit der Zuständigkeit am Sitz gem. Art. 2 Abs. 1 EuGVÜ zusammenfallen.

Für die Berücksichtigung des Erscheinungsortes spricht dagegen der Umstand, daß Art. 5 Nr. 3 EuGVÜ grundsätzlich neben dem immer eröffneten Gerichtsstand am (Wohn-) Sitz des Beklagten eine weitere Möglichkeit zur Klage schaffen will.

Der EuGH hat in seiner Entscheidung *Shevill./.Presse Alliance SA* klar erkannt, daß Art. 5 Nr. 3 EuGVÜ in Pressesachen i.d.R. seine eigenständige Bedeutung

verliert, sich aber dennoch dafür entschieden, zur Bestimmung des Handlungsorts auf den Niederlassungsort des Herausgebers abzustellen. Diese Entscheidung wäre allenfalls dann zu rechtfertigen gewesen, wenn Art. 5 Nr. 3 EuGVÜ eine Gesamtzuständigkeit an den Erfolgsorten begründet hätte. Dann wäre die Beschränkung des Handlungsortes nicht weiter ins Gewicht gefallen. Da der EuGH die Kognitionsbefugnis der Gerichte am Erfolgsort jedoch weitgehend beschränkt hat, und die Handlungsortzuständigkeit keine neue, eigene Zuständigkeit neben der aus Art. 2 EuGVÜ begründet, ist Art. 5 Nr. 3 EuGVÜ im Ergebnis zu Lasten des Geschädigten bedeutungslos geworden.
Es stehen sich daher bei der Bestimmung des Handlungsortes die Gesichtspunkte der Verhaltenssteuerung und der Begünstigung des Klägers gegenüber. Sowohl für den Niederlassungsort des Herausgebers bzw. den Verlagssitz, als auch den Erscheinungsort des Druckerzeugnisses als Handlungsort sprechen gewichtige Gründe.
Deutschland und Frankreich haben bislang den Erscheinungsort favorisiert. Der Niederlassungsort des Herausgebers dagegen hat sich in der Rechtsprechung bislang nicht etabliert. Es wäre daher für den Gleichlauf der Zuständigkeitsregelungen auf internationaler und nationaler Ebene und auch für die Akzeptanz der Rechtsprechung des EuGH förderlicher gewesen, auf den Erscheinungsort als Handlungsort abzustellen, wie dies die Generalanwälte in der Sache auch vorgeschlagen haben.[884]

2. Die Ansätze zum Erfolgsort

a) Vergleich

Den Erfolgsort lokalisiert der EuGH am Verbreitungsort eines Druckerzeugnisses, sofern der Geschädigte dort bekannt ist. In Frankreich hingegen wird allein auf den Verbreitungsort abgestellt, während in Deutschland zur Verbreitung hinzukommen muß, daß diese bestimmungsgemäß erfolgt.
Damit hat die Rechtsprechung einheitlich - entgegen der in Deutschland und

[884] Im Ergebnis auch *Coester-Waltjen*, S. 175, (183).

Frankreich mittlerweile herrschenden Ansicht in der Literatur - nicht den Wohnsitz des Verletzten, sondern den Verbreitungsort als Erfolgsort favorisiert, weil dort die Leser den Inhalt des Druckwerks zur Kenntnis nehmen.
In Deutschland wird dem EuGH vorgeworfen, in der Entscheidung *Shevill./.Presse Alliance SA* nicht zwischen der Rechtsgutsverletzung und dem Schadenseintritt unterschieden zu haben[885], während diese Unterscheidung in Frankreich unbekannt ist.
Der EuGH hat in seiner Entscheidung ausgeführt, daß Erfolgsort der Ort sei, an dem sich der Schadenserfolg verwirklicht habe.[886] Der Schadenserfolg sei an dem Ort verwirklicht, an dem die schädigenden Auswirkungen des haftungsauslösenden Ereignisses zu lasten des Betroffenen einträten.[887] Diese Stellungnahme des EuGH spricht, entgegen der bisher herrschenden deutschen Meinung[888], für die Berücksichtigung des Schadensortes als Erfolgsort. Allerdings hat der EuGH im konkreten Fall zur Bestimmung des Erfolgsorts in England darauf abgestellt, daß das Druckerzeugnis verbreitet wurde *und* daß der Geschädigte dort bekannt sei. Damit hat der EuGH aber zwei unterschiedliche Kriterien nebeneinandergestellt: Der Ort der Verbreitung ist - jedenfalls nach deutschem Verständnis - der Ort der Rechtsgutsverletzung, denn hier wurde das Rechtsgut Ehre verletzt. Das Kriterium der Bekanntheit zielt aber auf den Eintritt eines Schadens ab: I.d.R. wird dem Opfer auch da, wo es bekannt ist, aufgrund der Verletzung seiner Ehre auch ein Schaden entstehen.[889] Damit hat der EuGH in seiner Entscheidung zur Begründung des Erfolgsortes im konkreten Fall den Ort der Rechtsgutsverletzung mit dem Schadensort kombiniert.

b) Stellungnahme

Der EuGH hat durch diesen Ansatz dazu beigetragen, die Möglichkeiten des *forum shopping* zu begrenzen. Denn mit der Kombination der Orte fallen als

---

885 So vor allem die Kritik von *Rauscher*, ZZP int. 1996, 145, (152).
886 EuGH, Urt. v. 7.3.1995, NJW 1995, 1881 ff., Punkt 27.
887 EuGH, Urt. v. 7.3.1995, NJW 1995, 1881 ff., Punkt 28.
888 *Geimer*, Art. 5 EuGVÜ, Rn. 190; *Staudinger/v. Hoffmann*, Art. 38 EGBGB, Rn. 255a); *Huber*, ZEuP 1996, 295, (301); für die Berücksichtigung der Rechtsgutsverletzung bzw. des Orts des ersten Schadenseintritts: *G. Wagner*, RabelsZ 62 (1998), 243, (273); so auch *Kropholler*, Art. 5 EuGVÜ, Rn. 67.
889 Vgl. auch *Coester-Waltjen*, S. 175, (183).

Gerichtsstand sowohl der Ort der Rechtsgutsverletzung weg, an dem kein Schaden entstanden ist, als auch der Ort des sogenannten „Folgeschadens", der mit dem Ort der Rechtsgutsverletzung nicht verknüpft ist. Ob der EuGH diese Entscheidung allerdings bewußt getroffen hat, ist eher zweifelhaft. Denn mit den Begrifflichkeiten der Deliktssysteme der Mitgliedsstaaten hat er sich - obwohl in der Fragestellung des *House of Lord's* angelegt - offensichtlich nicht auseinandergesetzt. Dadurch fehlt es auch nach wie vor an der erforderlichen Rechtssicherheit in Bezug auf die Auslegung des Begriffs „Ort, an dem das schädigende Ereignis eingetreten ist". Sicher ist allerdings dennoch, daß es nicht allein auf den Ort der Rechtsgutsverletzung ankommen kann. In einem solchen System hätte die Beschränkung der Kognitionsbefugnis auf den am Erfolgsort bestehenden Schaden keinen Raum, denn dabei wird ersichtlich an den Schadensort angeknüpft. An den Ort der Rechtsgutsverletzung anzuknüpfen, die Kognitionsbefugnis aber auf einen Teilschaden zu begrenzen, würde dagegen keinen Sinn machen.

Es bleibt damit nur die Interpretationsmöglichkeit, daß es dem EuGH ausreicht, wenn ein Erstschaden (allerdings kein reiner Vermögensfolgeschaden[890]) in einem Staat entstanden ist, um die Zuständigkeit zu begründen. Dafür spricht die abstrakte Beschreibung des Schadensorts in der Entscheidung *Shevill./.Presse Alliance SA*. Oder aber es muß hinzukommen, daß an diesem Ort auch eine Rechtsgutsverletzung eingetreten ist. Dafür spricht jedenfalls die konkrete Beschreibung des Erfolgsortes. Ein Gerichtsstand, der das *forum shopping* begrenzt und zugleich mit der unerlaubten Handlung tatsächlich verknüpft ist, muß aber auf den Ort der Rechtsgutsverletzung Rücksicht nehmen.[891] Nur diese ist auch für den Schädiger vorhersehbar und ihm daher auch zurechenbar. Daher muß der EuGH bei Persönlichkeitsrechtsverletzungen bei der Kombination der Orte zur Ermittlung des Erfolgsorts bleiben.

---

[890] So entschieden in EuGH, Urt. v. 19.9.1995, JZ 1995, 1107, Anm. *Geimer* = EuZW 1995, 765, Anm. *Holl*; siehe auch *Hohloch*, IPRax 1997, 312.

[891] Nur für die Berücksichtigung des Ortes der Rechtsgutsverletzung spricht sich aus: *Rauscher*, ZZP int. 1996, 145, (163).

3. Beschränkung der Zuständigkeit

Der EuGH hat zur Begrenzung des *forum shopping* im Fall von internationaler Verbreitung von Presseerzeugnissen bestimmt, daß die Gerichte am Erfolgsort nur für den vor Ort eingetretenen Schaden zuständig sind. Eine Kompetenz für den Gesamtschaden besteht lediglich am Handlungsort.

a) Vergleich

Mit dieser Idee hat der EuGH eine Ansicht aufgegriffen, die sich in Frankreich schon länger etabliert hat. In Deutschland dagegen besteht die Zuständigkeit für den Gesamtschaden an allen Gerichtsständen, also auch am Erfolgsort. Eine Rechtfertigung für den Ansatz der Beschränkung der Zuständigkeit besteht in der Gefahr des *forum shopping* durch den Kläger.[892] Diesem stünden andernfalls an allen Erfolgsorten Gerichtsstände für die Geltendmachung des Gesamtschadens zur Verfügung.[893] Er könnte sich auf diese Weise aus dieser potentiellen Vielzahl den günstigsten Gerichtsstand in Bezug auf die Beweisregeln, das Internationale Privatrecht und das materielles Recht aussuchen. Dies wird für unbillig gehalten, da es nicht Intention des EuGVÜ war, eine große Anzahl von Gerichtsständen zu schaffen, sondern lediglich einen zusätzlichen am Tatort der unerlaubten Handlung.
Die Vielzahl der Gerichtsstände ist noch unbefriedigender, wenn sich im Bereich des Internationalen Privatrechts das Wahlrecht des Klägers fortsetzt, wie das z.B. in Deutschland der Fall ist. Aufgrund der Wahlmöglichkeit zwischen dem Recht am Handlungs- und Erfolgsort im internationalen Privatrecht wird im Ergebnis eine doppelte Privilegierung des Klägers durchgeführt, die einseitig zu Lasten des Schädigers und damit der Pressefreiheit geht. Die Pressefreiheit müßte sich nun an den schärfsten Rechtsordnungen messen lassen. Diese

---

[892] So *Huber*, ZEuP 1995, 295, (307); a.A. *Kreuzer/Klötgen*, IPRax 1997, 90, (96), die den Zweck, das *forum shopping* zu begrenzen, für nicht ausreichend halten, um die Aufsplitterung der Gerichtsstände zu rechtfertigen.
[893] Vgl. *Rauscher*, ZZP int. 1996, 145, (159).

ließen sich nur noch durch die Vorschriften des *ordre public* korrigieren.[894] Der Persönlichkeitsrechtsschutz wie auch die Pressefreiheit sind aber beide besonders schutzwürdige Güter. In Deutschland sind sie in Art. 1 und 2 Abs. 1 GG bzw. Art. 5 GG, in Frankreich in Art. 9 CC bzw. im Gesetz *„sur la liberté de la presse"* vom 29.7.1881 (Pressegesetz) und auf europäischer Ebene durch Art. 8 EMRK bzw. Art. 20 Abs. 1 S. 2 EMRK geschützt. Eine einseitige Privilegierung des Persönlichkeitsschutzes ist daher nicht gerechtfertigt. Die Lösung des EuGH kann hier einen gewissen Ausgleich schaffen, indem sie die Auswirkungen des *forum shopping* wenigstens räumlich begrenzt.

Dennoch ist diese Lösung nicht gegen jeden Zweifel erhaben. Gegen sie spricht, daß der Geschädigte nun gezwungen ist, eine Vielzahl von Entscheidungen herbeizuführen, wenn er nicht am Handlungsort klagen möchte. Dies gilt vor allem für Personen, die über die Grenzen hinaus bekannt sind und die deswegen auch an jedem Verbreitungsort einen Schaden erlitten haben.[895] Weniger betrifft dies Personen, die nur an ihrem Wohnsitz bekannt sind und dort den einzigen Schaden erlitten haben. In solchen Fällen - und dazu gehörte auch der Fall *Shevill* - schränkt die Ansicht des EuGH die Klagemöglichkeiten des Opfers keineswegs ein.[896]

Die Lösung des EuGH ist z.T. auch deswegen verschiedentlich heftig angegriffen worden, weil alle Gerichtsstände des EuGVÜ gleichwertig seien und eine Beschränkung der Kognitionsbefugnis systemfremd sei.[897] Ferner sei eine Teilbarkeit des Schadens im Bereich der Ehre nicht durchzuführen[898]: Die Rechtsprechung stoße bereits auf ihre Grenzen, wenn sie einen Schaden im Bereich der immateriellen Rechtsgüter bewerten solle. Diesen Schaden weiter aufzusplitten, sei kaum realisierbar. Auch sei nicht wenigen Vertragsstaaten eine territorial beschränkte Schadensbestimmung fremd.

---

[894] Zu diesem Problemkreis ausführlich *G. Wagner*, RabelsZ 62 (1998), 243, (263) ff.

[895] Vgl. *Parléani*, Anm. EuGH, Urt. v. 7.3.1995, D. 1996, 61, (64).

[896] So *G. Wagner*, RabelsZ 62 (1998), 243, (280).

[897] Dazu ausführlich *Kreuzer/Klötgen*, IPRax 1997, 90, (95); gegen eine Aufspaltung der Gerichtsstände auch *Huet*, JDI 1996, 543, (548).

[898] Vgl. *Mansel*, RabelsZ 61 (1997), 756, (757).

b) Stellungnahme

Richtig ist, daß durch die Entscheidung des EuGH die gewünschte Privilegierung des Opfers im Bereich der unerlaubten Handlung - jedenfalls soweit es dabei um die Verletzung der Ehre durch Massenmedien geht - im Ergebnis abgeschafft ist.[899] Ein Wahlrecht in Bezug auf den Gerichtsstand am Handlungsort und den am Erfolgsort gibt es nun nicht mehr: Der Gerichtsstand am Handlungsort fällt mit dem am Sitz des Beklagten zusammen. Der Gerichtsstand am Erfolgsort ist auf den dort erlittenen Schaden begrenzt. Im Ergebnis wird der Geschädigte also gezwungen, am Sitz des Beklagten Klage zu erheben, wenn er sich die Prozeßführung nicht unnötig erschweren will. Damit ist aber Art. 5 Nr. 3 EuGVÜ so gut wie überflüssig.
Richtig ist auch, daß es problematisch ist, Teilschäden auf dem Gebiet des Ehrenschutzes zu bewerten.[900] Damit wird den Gerichten die Rechtsfindung auf dem schon per se problematischen Gebiet der immateriellen Schäden erneut erschwert. Auch kennt das EuGVÜ, wie auch die Rechtssysteme der anderen Mitgliedsstaaten - außer Frankreich - die Schadenspaltung nicht. All das sind begründete Argumente gegen die Lösung des EuGH.
Von der Entscheidung des EuGH profitiert im Ergebnis die Pressefreiheit, die nunmehr nicht mehr dem strengsten, d.h. dem Kläger günstigsten, Recht unterworfen ist: Dadurch, daß an den Erfolgsorten nur der dort entstandene Schaden eingeklagt werden kann, regiert jede Rechtsordnung nur auf ihrem Gebiet und greift nicht in die Schutzsysteme anderer Staaten ein. Der Ausgleich zwischen dem Persönlichkeitsrecht des Geschädigten und der Pressefreiheit des Schädigers wird auf dem betroffenen Gebiet, aber auch nur da bewertet. Sinnvoll auf internationalprivatrechtlicher und materiell-rechtlicher Ebene wäre es dann auch, das dort geltende Recht anzuwenden.[901] Auf diese Weise könnte ein Gleichgewicht zwischen der Pressefreiheit und dem Persönlichkeitsschutz des einzelnen wieder hergestellt werden.
Die Entscheidung des EuGH kann deshalb auch nicht isoliert von der rechtlichen Situation in Europa betrachtet werden. Das internationale Privatrecht und

---

[899] So auch *Kreuzer/Klötgen*, IPRax 1997, 90, (96).
[900] A.A. *Huber*, ZEuP 1996, 295, (306).
[901] Dazu *G. Wagner*, RabelsZ 62 (1998), 243, (284).

das materielle Recht im Bereich des Persönlichkeitsrechts sind uneinheitlich. Solange sich hier in der Ausgestaltung Differenzen finden, ist *forum shopping* für den Kläger interessant und führt im Ergebnis zu einer Privilegierung des Persönlichkeitsschutzes gegenüber der Pressefreiheit.[902] Um diese Problematik zu lösen, ist der Weg des EuGH in der derzeitigen Situation der Richtige.[903] Anders wäre dies zu beurteilen, wenn das Kollisionsrecht zumindest innerhalb Europas eine einheitliche Regelung erführe. Dann hätten im Ergebnis alle angerufenen Gerichte, also auch die der Erfolgsorte, ein bestimmtes Recht anzuwenden. Je nach Ausgestaltung dieser Kollisionsregel wären ein oder eventuell zwei Rechte berufen, zwischen denen möglicherweise gewählt werden könnte. Da dies unabhängig vom Gericht des Staates geschähe, das angerufen würde, verringerte sich der Reiz eines *forum shopping* auf die Verfahrensregeln des jeweiligen Staates. Dadurch wäre die Pressefreiheit in einem europäisches Rechtssystem nicht unzumutbar beschränkt.
Soweit die Lösung des EuGH eher als Zwischenlösung auf dem Weg zu einem einheitlichen Europa betrachtet wird, ist mit ihr gut umzugehen.[904] Sie macht aber innerhalb Europas die Vereinheitlichung wenigstens des Kollisionsrechts im Bereich der Persönlichkeitsrechtsverletzungen nicht entbehrlich.[905]

B. Ausblick: Übertragbarkeit der Entscheidung Shevill ./. Presse Alliance SA

Die Entscheidung des EuGH *Shevill ./. Presse Alliance SA* behandelte den Fall einer Schadensersatzklage wegen Verletzung der Ehre durch die Presse. Die erste Frage, die sich nunmehr fast zwangsläufig anschließt, ist die nach der Möglichkeit der Übertragung der Entscheidung auf andere Klagearten und Verfahren, die im Bereich der Persönlichkeitsverletzungen durch die Presse eine Rolle spielen. Die zweite zu behandelnde Frage betrifft die Möglichkeit der Ü-

---

902 So auch *Parléani*, Anm. EuGH, Urt. v. 7.3.1995, D. 1996, 61, (65).
903 Uneingeschränkte Zustimmung gibt es *von G. Wagner*, RabelsZ 62 (1998), 243, (284); *Huber* ZEuP 1996, 295; *Lagarde*, Anm. zu EuGH, Urt. v. 7.3.1995, Rev. crit. DIP 85 (1996), 487, (498).
904 A.A. *Coester-Waltjen*, S. 175, (182 ff.), die die Einschränkung der Kognitionsbefugnis für verfehlt hält.
905 In diesem Sinne *Parléani*, Anm. EuGH, Urt. v. 7.3.1995, D. 1996, 61, (65).

bertragung der Entscheidung auf die Fälle der Verletzung des Privatlebens durch die Presse.

I. Übertragung der EuGH-Entscheidung auf andere Klagearten und Verfahren

Der Fall *Shevill./.Presse Alliance SA* betraf eine Schadensersatzklage. Innovativ an der Entscheidung des EuGH war die Beschränkung der Kognitionsbefugnis der Gerichte am Erfolgsort auf den dort erlittenen Schaden. Damit stellt sich die Frage, ob die Grundsätze dieser Entscheidung auch auf andere Klagearten und Verfahren, wie z.B. die Unterlassungsklage oder den einstweiligen Rechtsschutz übertragen werden können. Beides ist im Rahmen der Verletzung des Persönlichkeitsrechts bzw. des Privatlebens von besonderer Relevanz.
Die Frage nach der Übertragbarkeit ist bisher kaum behandelt worden. Nur *Schlosser* vertritt ausdrücklich die Ansicht, daß die Rechtsprechung des EuGH auf Unterlassungs- und Beseitigungsklagen und Anträge auf entsprechende einstweilige Verfügungen ausgedehnt werden müssen.[906] Dagegen ist einzuwenden, daß es zumindest im Rahmen des einstweiligen Rechtsschutzes nicht sein kann, daß ein Antragsteller gezwungen wird, mehrere Anträge auf einstweiligen Rechtsschutz zu stellen, wenn er am Erfolgsort Rechtsschutz begehrt: Auf diese Weise würde ihm eine schnelle Rechtssicherung unzumutbar erschwert.[907] De facto bliebe dann nur die Möglichkeit der Antragstellung am Sitz des Antragsgegners. Damit hätte der Gerichtsstand des Art. 5 Nr. 3 EuGVÜ im einstweiligen Rechtsschutz keine Bedeutung mehr. Im Ergebnis wird daher eine Übertragung der Rechtsprechung auf den einstweiligen Rechtsschutz abzulehnen sein.
Ob eine Übertragbarkeit auf Beseitigungs- und Unterlassungsklagen im Hauptsacheverfahren in Betracht kommt, ist ebenfalls fraglich. Dagegen spricht, daß die Argumentation des EuGH stark am Schadensfall und dessen Bewertung orientiert war - d.h. Gründe der Sachnähe in den Vordergrund gerückt hat. Gerade um Schadensbewertung geht es aber bei der Beseitigungs- und Unterlassungs-

---

906 *Schlosser*, Art. 5 EuGVÜ, Rn. 20.
907 Im Ergebnis ablehnend für den Bereich der Internetdelikte *Bachmann*, IPRax 1998, 179, (187).

klage nicht. Das andere Argument, die Begrenzung von *forum shopping*, hat jedoch auch in dieser Konstellation Bestand, so daß zum Schutze der Pressefreiheit eine Übertragung denkbar ist.

II. Übertragung auf die Verletzung des Privatlebens durch die Presse

Ganz nah liegt es, die Entscheidung des EuGH nicht nur auf den Bereich der Ehrverletzung zu beschränken, sondern auf andere Persönlichkeitsverletzungen, wie der Verletzung des Privatlebens durch die Presse, auszudehnen. Das Privatleben ist ein Teil des allgemeinen Persönlichkeitsrechts[908] bzw. in Frankreich ein besonders geschütztes Persönlichkeitsrecht[909]. Dieser Teil ist insbesondere für die (Boulevard-) Presse von Bedeutung. Deshalb besteht hier eine besondere Gefahrenlage für die potentiell Geschädigten, also Personen, die im öffentlichen Interesse stehen. Eine Übertragung der Rechtsprechung entspricht daher mit großer Wahrscheinlichkeit der Intention des EuGH.[910]

Die französische Rechtsprechung hat mittlerweile zu diesem Bereich eine Entscheidung gefällt. In einem Urteil der *Cour d'appel* von Paris[911] hatten die monegassischen Kläger den in England lebenden Autor eine Artikels, der in einer englischen Zeitung veröffentlicht wurde, wegen Verletzung des Rechts auf Achtung des Privatlebens und Verletzung des Rechts am eigenen Bild verklagt. Die Kläger machten dabei geltend, in Frankreich durch die Verbreitung der Zeitung einen Schaden erlitten zu haben. Das Gericht wandte die Grundsätze der Entscheidung des EuGH an und entschied, daß der Verbreitungsort des Druckwerks der Schadensort sei, wenn in das Privatleben oder das Recht am eigenen Bild eingegriffen werde. Das Gericht sei aber in seiner Kompetenz auf den in Frankreich erlittenen Schaden beschränkt.

Anders als im Urteil des EuGH[912] verlangte der *Cour d'appel* für die Begründung des Erfolgsortes nicht, daß die Kläger am Verbreitungsort bekannt seien.

---

[908] Vgl. 1. Teil., 2. Kap., B.

[909] Vgl. 1. Teil., 1. Kap., B.

[910] Für eine Übertragung auf die Privatsphäre sprechen sich aus: *Lagarde*, Anm. EuGH, Urt. v. 7.3.1995, Rev. crit. DIP 1996, 487, (499, 501); *Huet*, JDI 1996, 543, (546) und JDI 1998, 136, (138).

[911] CA Paris, Urt. v. 5.11.1997, D. 1997, inf. rap., 260.

[912] EuGH, Urt. v. 7.3.1995, NJW 1995, 1881 ff., Punkt 29.

Dieses Element, das sich auf die materiellrechtliche Seite des Rechtsstreits beziehe, sei für die Bestimmung der Zuständigkeit der Gerichte ohne Bedeutung.[913] In der französischen Literatur ist auch *Huet* der Ansicht, daß für die Zuständigkeit des Gerichtes im Rahmen der Verletzung des Privatlebens nicht darauf abgestellt werden könne, daß der Geschädigte dort bekannt sei.[914] Eine Begründung wird dafür jedoch nicht geliefert.

Fraglich ist also, ob das Element der Bekanntheit des Opfers geeignet und erforderlich ist, die Zuständigkeit der Gerichte zu begrenzen. Bei der Verletzung der Ehre ist die Entscheidung des EuGH, am Verbreitungsort des Druckwerks die Bekanntheit des Geschädigten zu verlangen, entweder nicht[915] oder positiv[916] kommentiert worden. Es stellt sich daher die Frage, welchen Stellenwert die Bekanntheit einer Person in Bezug auf einen möglichen Schaden bei Verletzung der Ehre oder bei Verletzung der Privatsphäre hat. Vorwegzuschicken ist dabei, daß in der Mehrzahl der Fälle, in denen das Persönlichkeitsrecht durch die Presse verletzt wird, eine Person am Verbreitungsort auch bekannt sein wird. Andernfalls bestünde dort kein besonderes Interesse der Leserschaft, Details aus dem Leben dieser Person zu erfahren. Dennoch gibt es Fälle, z.B. im Bereich von Straftaten, in denen über bislang Unbekannte berichtet wird, die sich z.B. durch eine mutmaßliche Täterschaft ins Rampenlicht gestellt sehen. Hier ist fraglich, ob das Kriterium der Bekanntheit zur Begrenzung des Gerichtsstandes erforderlich ist.

Grundsätzlich ist zu dem Kriterium der Bekanntheit zu sagen, daß dem Geschädigten sicherlich ein größerer Schaden an Orten entsteht, an denen er bekannt ist, als an solchen, an denen er unbekannt ist. Denn nur an solchen Orten wird er auch eine Reaktion auf den Artikel oder das Foto spüren. Aber ist es auszuschließen, daß der Geschädigte an Orten, an denen er nicht bekannt ist, keinen Schaden erleidet, so daß auch die Eröffnung des Gerichtsstandes nicht erforderlich ist? Für die Ehre mag sich das noch mit dem Argument begründen lassen, daß niemand seine Ehre oder einen Ruf zu verlieren habe, wenn er beides mangels Bekanntheit gar nicht aufbauen konnte. Allerdings sind auch Aussagen

---

913 CA Paris, Urt. v. 5.11.1997, D. 1997, inf. rap., 260.

914 *Huet*, JDI 1996, 543, (546) und JDI 1998, 136, (138).

915 In der deutschen Literatur gibt es zu diesem Themenkomplex keine Ausführungen.

916 *Huet*, Anm. EuGH, Urt. v. 7.3.1995, JDI 1996, 543, (546); wohl auch *Lagarde*, Anm. EuGH, Urt. v. 7.3.1995, Rev. crit. DIP 85 (1996), 487, (501).

vorstellbar, die unabhängig von einem Ruf oder der Ehre einer Person per se für jedermann ehrverletzend sind. In diesem Fall hätte die Aussage auch ohne Bekanntheit des Betroffene schädigende Auswirkungen. In Betracht kann in solchen Fällen naturgemäß nur ein immaterieller Schaden kommen, da materielle Schäden von dem Verhalten anderer Personen abhängen, die mit dem Verletzten in irgendeiner Verbindung stehen (Kündigung des Arbeitsverhältnisses, Gewinneinbußen).

Im Rahmen der Verletzung der Privatsphäre kann nichts anderes gelten. Wenn z.B. eine Person ohne ihre Zustimmung nackt abgebildet wird, kann nicht das Kriterium der Bekanntheit darüber entscheiden, ob ein Schaden entstanden ist oder nicht bzw. ein Gerichtsstand eröffnet ist. Ein immaterieller Schaden in Form von Leiden oder Scham entsteht unabhängig von der Reaktion anderer. Er erfordert daher keine Bekanntheit. Darüber hinaus ist auch die konkrete Anwendbarkeit des Kriteriums zweifelhaft: Es ist nicht klar zu definieren, wann eine Person in einem Staat bekannt ist. Ist es erforderlich, daß die Presse über die Person häufiger berichtet, so daß sich ein Großteil der Bevölkerung ein Bild machen kann? Muß die Person dort ihren gewöhnlichen Aufenthalt haben, wie dies im Fall *Shevill ./. Presse Alliance SA* war? Oder aber reicht es, daß eine lockere Beziehung zu dem Staat, z.B. in Form von Urlaubsaufenthalten besteht?

Diese Fragen erklären von selbst, daß das Kriterium der Bekanntheit nicht geeignet ist, einen Gerichtsstand zu definieren und im konkreten Fall zu begrenzen. Erforderlich sind nämlich leicht handhabbare Kriterien, die schnell zu prüfen sind und eine gewisse Rechtssicherheit schaffen. Gerade das tut das Kriterium der Bekanntheit nicht.

Eine Übertragung des Kriteriums der Bekanntheit zur Eröffnung eines Gerichtsstandes auf die Verletzung des Privatlebens ist daher abzulehnen.

C. Ergebnis

Auf der Suche nach einer europäischen Lösung für die Zuständigkeit bei Pressedelikten, insbesondere im Fall der Verletzung der Privatsphäre bietet sich folgendes Modell an:

Eine Klage kann sowohl am Sitz des Beklagten gem. Art. 2 EuGVÜ als auch am Gerichtsstand der unerlaubten Handlung gem. Art. 5 Nr. 3 EuGVÜ erhoben werden. Dabei sollte Handlungsort der Erscheinungsort des Druckerzeugnisses sein. Grund dafür ist, daß dieser sich nicht in jedem Fall mit der Zuständigkeit am Wohnsitz des Beklagten deckt und somit der Gerichtsstand eine eigenständige Bedeutung behält. Der andere Grund ist die Akzeptanz durch die Mitgliedsstaaten (Deutschland, Frankreich), die unabhängig von europäischen Zielvorgaben in ihrer Rechtsprechung auch auf diesen Ort abstellen.
Als Erfolgsort kommt der Ort der Verbreitung des Druckerzeugnisses in Betracht. Ausgeschlossen werden müssen dabei Orte, in denen eine nur zufällige Verbreitung stattfindet, da es dort an der Vorhersehbarkeit der Rechtsgutsverletzung durch den Schädiger fehlt.
Die Beschränkung der Zuständigkeit am Erfolgsort auf den dort erlittenen Schaden ist grundsätzlich abzulehnen, da sie eine systemwidrige und für den Kläger kaum zumutbare Beschränkung der Klagemöglichkeit bedeutet. Solange allerdings eine Vereinheitlichung des Kollisionsrechts bei Eingriffen in das Persönlichkeitsrecht nicht stattgefunden hat, bedarf es zum Schutze der Pressefreiheit einer solchen Beschränkung. Andernfalls müßte sich die Presse auf die schärfsten geltenden Regelungen an den Verbreitungsorten einstellen, so daß im Ergebnis die Pressefreiheit dem Schutz der Persönlichkeit weichen müßte. Da es sich bei beiden Gütern um essentielle Grundfreiheiten handelt, muß hier ein Ausgleich geschaffen werden.
Um die Pressefreiheit auch gegen andere Eingriffe zu schützen, kann die Beschränkung der Kognitionsbefugnis auch auf andere Klagearten als die Schadensersatzklage, also Unterlassung und Beseitigung ausgedehnt werden. Im Rahmen des einstweiligen Rechtsschutzes stellt die Beschränkung der Kognitionsbefugnis jedoch eine unzumutbare Belastung für den Kläger dar, der, wenn er am Erfolgort klagen wollte, eine Vielzahl von einstweiligen Verfügungen beantragen müßte.
Eine Übertragung der Rechtsprechung des EuGH auf die Verletzung des Privatlebens durch die Presse ist möglich. Allerdings sollte dabei auf das Erfordernis der Bekanntheit am Schadensort verzichtet werden. Gerade im Bereich der Verletzung des Privatlebens durch die Presse sind Fälle denkbar, in denen ein Schaden unabhängig von der Bekanntheit des Betroffenen entsteht. Ferner fehlt

es dem Kriterium an Rechtssicherheit und damit an Klarheit, die für die Eröffnung eines Gerichtsstandes notwendig ist.

5. Teil: Das Kollisionsrecht

Je stärker sich die Gesellschaft zur globalen Informations- und Kommunikationsgesellschaft entwickelt, desto größer sind auch die Gefahren für das Individuum, nicht nur im engsten Lebensbereich Opfer einer Verletzung des Privatlebens durch die Presse zu werden, sondern auch in anderen Staaten. Bei der Suche nach Rechtsschutz stellt sich dann neben der Frage nach der internationalen Zuständigkeit der Gerichte, die nach dem anwendbaren Recht. Zur Ermittlung des anwendbaren Rechts muß der der Rechtsstreitigkeit zugrundeliegende Lebenssachverhalt, d.h. die Verletzung des Privatlebens qualifiziert werden, also unter den im Tatbestand einer Kollisionsnorm enthaltenden Anknüpfungsgegenstand subsumiert werden.[917] Dabei kann bereits hinsichtlich einer Sachnorm fraglich sein, unter welche Kollisionsnorm sie einzuordnen ist.[918] Anschließend muß die Kollisionsnorm angewandt werden, was insbesondere bei Streudelikten nicht unproblematisch ist.

Die Ausführungen im folgenden Teil beziehen sich teilweise auf den gesamten Bereich des Persönlichkeitsrechts und nicht nur auf die Verletzung des Privatlebens, da insoweit oftmals im Internationalen Privatrecht nicht differenziert wird.

---

[917] *Junker*, S. 133, § 6, Rn. 151; *Firsching/v. Hoffmann*, S. 198, § 6 A. I., Rn. 1.
[918] *Firsching/v. Hoffmann*, S. 198, § 6 A. II.1., Rn. 2.

1. Kapitel: Kollisionsrecht in Frankreich

A. Qualifikation

Frankreich besitzt mit Art. 9 CC[919], also dem Recht auf Achtung der Privatlebens, eine eigene Schutznorm für ein Persönlichkeitsrecht. Es handelt sich dabei um ein sogenanntes subjektives Recht (*droit subjectif*), daß das Privatleben eines jeden Menschen schützt. Dieses Recht wird in der Regel verletzt, wenn die Presse mittels eines Artikels oder eines Fotos Details aus dem Privatleben eines Menschen preisgibt. Verletzt werden können jedoch auch die Artt. 1382, 1383 CC, die in Frankreich die Grundnormen des deliktischen Rechtsschutzes darstellen. Durch diese Zweigleisigkeit des Rechtsschutzes ist die Qualifikation von Ansprüchen aus Persönlichkeitsrechtsverletzungen nicht unumstritten.

I. Verletzung des Privatlebens

Die erste Schwierigkeit im Rahmen der Qualifikation liegt darin, Art. 9 CC im französischen Recht einzuordnen. Aufgrund der nicht eindeutigen Rechtsnatur der Norm[920] und des Schutzgutes, d.h. des Privatlebens, hat insbesondere die Literatur verschiedene Qualifikationsansätze gefunden.

1. Lex rei sitae

Die Ausgestaltung des Rechts auf Achtung des Privatlebens als subjektives, absolutes Recht könnte eine Vergleichbarkeit mit dem Eigentumsrecht nahelegen und daher zu einer Subsumtion unter die *lex rei sitae* führen, d.h. unter das Recht des Belegenheitsortes. Dafür spräche der zumindest auch vermögenswerte Charakters des Persönlichkeitsrechts, der sich darin äußert, daß entgeltliche Verträge über Teile des Persönlichkeitsrechts gemacht werden[921], wie z.B. eine

---

[919] Art. 9 CC Abs. 1: „*Chacun a droit au respect de sa vie privée.*“
[920] Vgl. zum subjektiven Recht und den Problemen der Definierbarkeit z.B. *Ferid/Sonnenberger*, Bd. 1/1, S. 204 ff., Rn. 1 C 1 ff.
[921] *Audit*, S. 514, Rn. 617.

Lizenzgebung im Bereich der Bildberichterstattung. Dies hätte zur Folge, daß das Recht am Wohnsitz des Opfers verortet würde.[922]
Allerdings ist nach herrschender Ansicht die Einordnung unter die *lex rei sitae* mit dem französischen Recht nicht vereinbar.[923] Argument dafür ist, daß niemand über seinen Körper und seine Persönlichkeit so verfügen könne, wie über eine Sache, was seinen Grund in der Untrennbarkeit von Person und Persönlichkeit habe. Ferner liege der Schwerpunkt dieses Rechtes nicht auf dem vermögenswerten, sondern auf dem nicht vermögenswerten Charakter.[924] Die Einordnung unter die *lex rei sitae* wird daher grundsätzlich abgelehnt.

2. Das Personalstatut

Aufgrund der untrennbaren Verbindung eines Menschen mit seiner Persönlichkeit und folglich auch mit den Persönlichkeitsrechten wird ferner die Subsumtion unter das Personalstatut vertreten[925], d.h. die Anwendung des Heimatrechts des Opfers. Diese Einordnung würden schon die Begrifflichkeiten - Persönlichkeitsrecht und Personalstatut - nahelegen.[926] Ferner würden i.d.R. unter dem Personalstatut die Rechte zusammengefaßt, die keinen vermögenswerten Charakter hätten, wie z.B. das Namensrecht[927], so daß auch das Recht auf Achtung des Privatlebens nach Art. 9 CC hier seinen Platz haben könnte.
Diese Ansicht hat sich ebenfalls nicht durchsetzen können: Dadurch, daß das Persönlichkeitsrecht des einzelnen im Kontext mit anderen Grundfreiheiten, wie z.B. der Pressefreiheit stehe, bestünde immer die Gefahr, daß das Recht der *lex fori*, also das Recht am Gerichtsstand, das Heimatrecht des Opfers korrigierte. Sei es, daß ein unzureichender Schutz des Opfers durch dessen Heimatrecht durch die Anwendung des französischen *ordre public* verstärkt würde, sei es daß ein stärkerer Schutz des Opfers durch dessen Heimatrecht zugunsten der

[922] Vgl. *Audit*, S. 514, Rn. 617.
[923] *Légier*, J.-Cl. Droit international, Fasc. 553-1, Rn. 124.
[924] Vgl. *Bourel*, Rec. des Cours de la Haye, 1989, II, S. 311, Rn. 56.
[925] Dazu *Légier*, J.-Cl. Droit international, Fasc. 553-1, Rn. 124; *Bourel*, Rec. des Cours de la Haye, 1989, II, S. 315 ff., Rn. 61 ff.
[926] *Audit*, S. 514 f., Rn. 618.
[927] Vgl. z.B. *Holleaux, Foyer, Geouffre de la Pradelle*, S. 504, Rn. 1101; *Légier*, J.-Cl. Droit international, Fasc. 553-1, Rn. 123.

Pressefreiheit durch die französische *lex fori* abgeschwächt würde.[928] Das nationale Recht wäre also immer einer Korrektur durch das Recht am Gerichtsstand, d.h. den französischen *ordre public* als sogenanntes *loi de police* unterworfen. So wäre es letzlich müßig, das nationale Recht noch zu untersuchen[929], da das französische Recht sich im Ergebnis immer durchsetzte. Es bedürfe daher eines Rechtes, welches gleichermaßen eine Verbindung zum Verletzten wie auch zum Verletzenden hätte.[930]

3. Lois de police et de sûreté

Die herrschende Meinung in der Literatur unterstützt die Subsumtion von Art. 9 CC unter die sogenannten *lois de police et de sûreté* bzw. die *lois d'application immédiate.*[931] Unter *lois de police et de sûreté* versteht man erweiternd die positive Wirkung des *ordre public.*[932] Inländische Normen, die öffentlichrechtlichen Charakter haben oder die besondere sozial- oder wirtschaftspolitische Ziele verfolgen, werden bevorzugt angewandt.[933] Konkret hieße das, daß die Persönlichkeitsrechte aufgrund ihrer Rechtsnatur die Anwendung konkurrierender ausländischer Normen nicht zuließen.[934] Im Ergebnis wären die Normen des französischen Persönlichkeitsrechtsschutzes also immer anwendbar. Als Grund dafür wird angeführt, daß die fraglichen Rechte einen fundamentalen Charakter hätten[935] (z.B. Erwähnung in Art. 12 der UNO-Menschenrechtskonvention vom 10.12.1948 und Art. 3 der EMRK vom 4.11.1950) und zudem unverfügbar seien. Außerdem liege ihre Beachtung im öffentlichen Interesse, da ihre Verletzung strafrechtlich sanktioniert sei.[936] Die Wechselwirkung

---

928 Vgl. *Audit*, S. 515, Rn. 618; *Edelmann*, Anm. Cass. civ., Urt. v. 13.4.1988, JDI 1988, 752, (759).
929 So geschehen in der Entscheidung: CA Paris, Urt. v. 20.12.1976, D. 1978, 373, Anm. *Agostini*.
930 Vgl. *Luciani*, S. 114, Rn. 113.
931 Z.B. *Batiffol/Lagarde*, Bd. 2, S. 20, Rn. 392; ausführlich dazu *Mestre*, S. 239 ff., (240), Rn. 3 ff.
932 *Gleichauf*, S. 324.
933 In diesem Sinne *Batiffol/Lagarde*, Bd.1, S. 421, Rn. 251; ausführlich dazu *Luciani*, S. 116 ff., Rn. 115 ff.
934 Vgl. *Edelmann*, Anm. Cass. civ., Urt. v. 13.4.1988, JDI 1988, 752, (759).
935 *Bourel*, Rec. des Cours de la Haye, 1989, II, S. 318, Rn. 64; *Audit*, S. 516, Rn. 620.
936 *Audit*, S. 516, Rn. 620.

der Persönlichkeitsrechte mit der Grundfreiheit der Pressefreiheit führe dazu, daß das örtliche Rechtssystem sich als minimaler und maximaler Schutz durchsetzen würde, der für ein anderes System keinen Platz ließe.[937]
Problematisch ist diese Ansicht jedoch, wenn es darum geht, Persönlichkeitsverletzungen, die im Ausland geschehen sind, zu sanktionieren.[938] Denn dann griffe das französische Rechtssystem durch die Anwendung des eigenen Rechts in das ausländische Rechtssystem ein, das möglicherweise auf eine andere Art den Ausgleich zwischen Persönlichkeitsschutz und Pressefreiheit sucht. Gegen eine solche Einordnung spricht ferner, daß die *lois de police* das öffentlichen Interesse, die Persönlichkeitsrechte aber ein rein privates Interesse schützen.[939] In der Praxis hat sich daher diese Ansicht ebenfalls nicht durchsetzen können.

4. Die lex loci delicti commissi

Die Rechtsprechung geht daher einen anderen Weg: Sie orientiert sich nicht an der Norm des Art. 9 CC, sondern betrachtet die Persönlichkeitsverletzung als solche und qualifiziert diese mit Blick auf die Normen der Artt. 1382, 1383 CC[940] deliktisch. Dies war schon seit langem die einzige Technik, Persönlichkeitsrechte zu schützen und ist auch die herrschende geblieben[941]: Bevor der Gesetzgeber zum Schutz der Privatsphäre Art. 9 CC eingeführt hat, wurde der einzelne nur durch die Artt. 1382, 1383 CC, d.h. Normen des Deliktsrechts geschützt.[942] Mit Einführung von Art. 9 CC haben die Gerichte die Art. 1382, 1383 CC jedenfalls immer auch neben Art. 9 CC angewendet[943], so daß auch der Rückgriff auf die *lex loci delicti commissi* immer möglich war. Die Eigenständigkeit, die Art. 9 CC als subjektives Recht mittlerweile erlangt hat, hat

[937] Vgl. *Audit*, S. 516, Rn. 620; in diesem Sinne auch *Légier*, J.-Cl. Droit international, Fasc. 553-1, Rn. 125.
[938] *Audit*, S. 516, Rn. 620.
[939] *Légier*, J.-Cl. Droit international, Fasc. 553-1, Rn. 125.
[940] Artt. 1382, 1383 CC sind Grundlage für Schadensersatzansprüche: Art. 1382 CC lautet: „*Tout fait quelconque de l'homme, qui cause á autrui un dommage, oblige celui par la faute duquel il est arrivé, à le réparer.*"
[941] Vgl. dazu *Légier*, J.-Cl. Droit international, Fasc. 553-1, Rn. 126; ausführlich auch *Luciani*, S. 131, Rn. 123 ff.
[942] Vgl. dazu 3. Teil, 1. Kap., A.
[943] *Bourel*, Rec. des Cours de la Haye, 1989, II, S. 323, Rn. 70.

daran nichts geändert, da Art. 9 CC nach h.M. zum Delitkssystem gehört.[944] So hat der Kassationshof im Jahre 1988 ausdrücklich entschieden, daß im Rahmen von Persönlichkeitsverletzungen das Deliktsstatut anwendbar sei und nicht das Personalstatut[945]:

„Die Folgen einer Verletzung des Privatlebens einer Person oder der Verletzung des Rechts am eigenen Bild richten sich nach dem Recht des Ortes, an dem die Tat begangen wurde, und nicht nach dem Personalstatut des Betroffenen."[946]

In dem Fall ging es um die ehemalige Kaiserin des Irans, *Farah Diba*, die u.a. mit Badeanzug bekleidet in ihrem Garten mit kurzem Begleittext in der Zeitschrift *Jours de France* abgebildet war. Das Gericht erkannte auf Verletzung des Privatlebens und Verletzung des Rechts am eigenen Bild und verurteilte das Presseunternehmen zu Schadensersatzzahlungen. Der Kassationshof verwarf dabei ausdrücklich das Vorbringen des Presseunternehmens, daß das Personalstatut der Kaiserin anwendbar sei und bestätigte die Anwendung der Tatortregel. Dies sollte jedenfalls für die Rechtsfolgen einer Verletzung des Persönlichkeitsrechts gelten.
Damit stellte sich in der Literatur die Frage, ob gegebenenfalls die Beurteilung des Bestehens des Persönlichkeitsrechtes, anders als die Rechtsfolgen der Verletzung, unter das Heimatrecht des Verletzten zu subsumieren sei.[947] Dafür könnte sprechen, daß Art. 9 CC sonst, außer für die Bestätigung der Existenz der Persönlichkeitsrechte und der Kompetenzen, die er dem Richter einräumt, jedenfalls im Kollisionsrecht keine eigenständige rechtliche Rolle spielen würde.[948] Allerdings spricht nichts dafür, daß der Kassationshof mit seiner Formulierung diese Differenzierung vornehmen wollte und eine Statutenspaltung bezweckt hat: Der Bezug nur auf die Rechtsfolgen einer Persönlichkeitsrechtsver-

---

944 Vgl. die Ausführungen im 3. Teil, B., II., 2.
945 Cass. civ., Urt. v. 13.4.1988, JDI 1988, 752, (753), Anm. *Edelmann*; Rev. crit. DIP 77 (1988), 546, Anm. *Bourel*.
946 Übersetzung der Verfasserin: „*Les conséquences de l'atteinte à la vie privée d'une personne ou de la violation du droit qu'elle possède sur son image relèvent de la loi du lieu où les faits ont été commis et non de la loi personnelle de l'intéressé.*"
947 Diese Differenzierung vertreten *Holleaux, Foyer, Geoffre de la Pradelle*, S. 505, Rn. 1106.
948 Dazu *Bourel*, Anm. Cass. civ., Urt. v. 13.4.1988, Rev. crit. DIP 77 (1988), 546, (549).

letzung ist vielmehr damit zu erklären, daß der Kassationshof auch die in Art. 9 Abs. 2 CC vorgesehenen Maßnahmen des Richters wie Sequestration und Beschlagnahme, die ja nicht schon per se deliktsrechtlicher Natur sind, deliktsrechtlich qualifizieren und damit aus dem System einer eigenständigen Qualifikation im Rahmen von Art. 9 CC entfernen wollte.[949] Eine Differenzierung zwischen Bestehen der Persönlichkeitsrechte und der Sanktion einer Verletzung scheint ferner auch deswegen nicht zu überzeugen, weil schon der Gedanke der Sanktion voraussetzt, daß ein Recht anerkannt wird.[950] Hierbei auf ein anderes Rechtssystem zurückzugreifen, ist systemfremd. Es ist daher vorzugswürdig ein einheitliches Recht anzuwenden. Da der Weg der deliktischen Qualifikation von Persönlichkeitsverletzungen das Opfer auch nicht benachteiligt, sondern im Gegenteil eine einheitliche Beurteilung aller Maßnahmen nach einem Recht gewährleistet, ist es für einen umfassenden Persönlichkeitsschutz nicht notwendig, auf das Institut des subjektiven Rechts des Art. 9 CC einzugehen.[951]
Damit ist die Qualifizierung von Ansprüchen aus Persönlichkeitsverletzungen bzw. aus Verletzungen des Privatlebens insoweit geklärt, als sie, was das anwendbare Recht betrifft, strukturell in die deliktische Haftung fallen. Dies gilt neben Ansprüchen auf Schadensersatz auch für Ansprüche auf Unterlassung und Beseitigung.[952] Anwendbar ist daher nach der höchstrichterlichen Rechtsprechung in allen diesen Fällen die *lex loci delicti commissi.*

II. Verletzung des Rechts am eigenen Bild

Das Recht am eigenen Bild ist wohl neben dem dem Recht auf Achtung des Privatlebens das am deutlichsten ausgeprägteste Persönlichkeitsrecht in Frankreich.[953] Der Berechtigte hat einen Anspruch darauf, daß sein Bild weder in seinem Privatbereich aufgenommen, noch daß es - gleichgültig, ob im privaten o-

---

[949] *Bourel*, Anm. Cass. civ., Urt. v. 13.4.1988, Rev. crit. DIP 77 (1988), 546, (549).
[950] *Bourel*, Anm. Cass. civ., Urt. v. 13.4.1988, Rev. crit. DIP 77 (1988), 546, (549).
[951] Kritisch *Edelmann*, Anm. Cass. civ., Urt. v. 13.4.1988, JDI 1988, 752, (765), der bemängelt, daß die Persönlichkeitsrechte auf diese Weise materialisiert würden.
[952] Vgl. *Heldrich*, FS Zajtay, S. 215, (221).
[953] *Ferid/Sonnenberger*, Bd. 1/1, S. 357, Rn. 1 D 248.

der öffentlichen Bereich aufgenommen - veröffentlicht wird, ohne daß seine Zustimmung vorliegt.[954]
Die Qualifikation des Rechts am eigenen Bild und damit auch die Ermittlung des anwendbaren Rechts sind wegen dessen umstrittener Rechtsnatur nicht unproblematisch: Auf der einen Seite steht das Recht am eigenen Bild als nichtvermögenswertes Recht, d.h. als Ausfluß des Persönlichkeitsrechts; auf der anderen Seite steht die Verwertung von Bildern der eigenen Person, die durchaus vermögenswerten Charakter hat.[955] Umstritten ist ferner, wie das Recht geschützt werden soll: Einerseits könnte es sich um ein subjektives Recht handeln, andererseits könnte Rechtsschutz im Rahmen der deliktischen Haftung gewährleistet werden.[956]
Der Kassationshof hat in seiner Entscheidung vom 13.4.1988 - trotz einer möglichen Doppelnatur des Rechtes - klargestellt, daß dem Recht am eigenen Bild keine Sonderstellung eingeräumt wird[957], sondern auch hier eine Einordnung unter die *lex loci delicti commissi* erfolgt.[958] Damit besteht in Frankreich im Rahmen des Rechts auf Achtung des Privatlebens und des Rechts am eigenen Bild ein einheitliches System zur Ermittlung des anwendbaren Rechts, nämlich die Subsumtion unter die *lex loci delicti commissi.*

B. Die Tatortregel

I. Die Entwicklung der Rechtsprechung

In Frankreich, wie auch sonst in Europa, beherrscht die Tatortregel - *lex loci delicti commissi* - die Anknüpfung von deliktischen Tatbeständen. Danach wird das Recht des Ortes angewandt, an dem die deliktische Handlung begangen

[954] *Ferid/Sonnenberger* Bd. 1/1, S. 357, Rn. 1 D 248.
[955] Dazu *Gaillard*, D. 1984, chron., 161, (162).
[956] *Gaillard*, D. 1984, chron., 161.
[957] So aber der Vorschlag von *Gaillard*, D. 1984, chron., 161, (163), der das Recht am eigenen Bild als vermögenswertes Recht ausgestalten will und es, vergleichbar dem Urheberrecht, schützen möchte, indem er für die Frage des Bestehens des Rechtes das Recht des Ursprungslandes (Wohnsitz des Berechtigten) und für das Ausmaß des Schutzes das Recht des Staates anwenden will, in dem Rechtsschutz verlangt wird.
[958] Cass. civ., Urt. v. 13.4.1988, JDI 1988, 752, (753), Anm. *Edelmann*; Rev. crit. DIP 77 (1988), 546, (547), Anm. *Bourel.*

wurde.[959] Diese Regel findet sich in Ansätzen schon in der Antike und konkreter im Mittelalter.[960] Eine gesetzliche Stütze findet sie in Art. 3 CC, der den *lois de police et de sûreté* territoriale Geltung verschafft. In Frankreich ist der *renvoi* grundsätzlich beachtlich, es sei denn, er widerspricht dem Sinn der Kollisionsnorm.[961] Dies ist wohl im Rahmen des Deliktsrechts nicht der Fall, da zwar auf Sachnähe abgestellt wird, dies aber nur eine generelle Regel und keine Einzelfallregelung ist.[962]

1. Die Entscheidung *Lautour*

Im Jahre 1948 hat sich der Kassationshof in der Entscheidung *Lautour* ausdrücklich für die Tatortregel ausgesprochen[963] und damit in dieser Frage bestehenden Kontroversen ein Ende bereitet. In dem Fall kollidierte ein mit Benzin gefüllter französischer Lastwagen mit einem Zug in Spanien und explodierte. Dabei wurde der französische Fahrer eines anderen französischen Lastwagens getötet. Trotz der zahlreichen Verbindungen zum französischen Recht, hat der Kassationshof spanisches Recht als Recht des Tatorts für anwendbar erklärt und damit allen Bestrebungen zur Auflockerung des Deliktsstatuts eine klare Absage erteilt.

Weiterhin Unklarheit herrschte jedoch in den Fällen der sogenannten Distanzdelikte, in denen nicht nur ein einziger Tatort vorhanden ist, sondern Handlungs- und Erfolgsort auseinanderfallen. Der Kassationshof spricht bei der Bestimmung des Tatorts nur vom Ort, an dem das schädigende Ereignis (*fait dommageable*) stattfand. Die Bezeichnung *fait dommageable* ist aber nicht eindeutig, denn sie kann sowohl den Handlungsort, als auch den Erfolgsort umfassen. Diese Unsicherheit ist insbesondere relevant in den Fällen der hier behandelten Verletzungen des Persönlichkeitsrechts durch die Presse, wenn z.B. ein Artikel mit Informationen über das Privatleben einer Person in Deutschland

---

959 Vgl. nur *Loussouarn/Bourel*, S. 195, Rn. 178.
960 Dazu näher *Légier*, J.-Cl. Droit international, Fasc. 553-1, Rn. 7.
961 *Batiffol/Lagarde*, Bd. 1, S. 506, Rn. 311.
962 Vgl. *Batiffol/Lagarde*, Bd. 1, S. 506, Rn. 311; ähnlich auch *Audit*, S. 195, Rn. 223.
963 Cass. civ., Urt.v. 25.5.1948, Rev. crit. DIP 1949, 89, Anm. *Batiffol*; JCP 1948, II, 4532, Anm. *Vasseur*; *Ancel/Lequette*, S. 145, Nr. 19.

mit Informationen über das Privatleben einer Person in Deutschland erscheint aber auch in Frankreich verbreitet wird.
Problematisch ist bei der Darstellung der französischen Rechtsprechung und einem Vergleich mit der deutschen Rechtsprechung, daß sich die Deliktssysteme unterscheiden, was sich auch auf die Terminologie im Kollisionsrecht auswirkt: Die Franzosen haben ein Generalklauselsystem (Artt. 1382, 1383 CC) und unterscheiden hierbei nur zwischen *faute* (etwa Vorwerfbarkeit, objektiv-pflichtwidrige Handlung oder Unterlassung und Rechtswidrigkeit), *causalité* (Ursächlichkeit, die mehr als pragmatisches Zurechnungssystem gesehen wird) und *dommage* (Schaden).[964] Im einzelnen geschütze Rechtsgüter wie in § 823 Abs. 1 BGB gibt es nicht, folglich auch keine Rechtsgutsverletzung. Die aber ist in Deutschland im Rahmen von Distanzdelikten allein maßgeblich zur Bestimmung des Erfolgsorts. Die Franzosen hingegen stellen für die Bestimmung des Erfolgsorts auf den Schadensort ab: Dadurch können sich Unterschiede ergeben, wenn der Schaden an einem anderen Ort als die Rechtsgutsverletzung eintritt. Da jedoch auch die Franzosen Folgeschäden nicht berücksichtigen, sind die Differenzen, wie im folgenden zu zeigen ist, nicht wesentlich. Wenn in den Ausführungen zum französischen Recht vom Erfolgsort die Rede ist, so ist damit der Erfolgsort nach französischem Recht gemeint, d.h. der Schadensort.

2. Die Entscheidung *Banque Veuve Morin Pons*[965]

In dieser Entscheidung aus dem Jahre 1983 schien der Kassationshof für die Frage der Distanzdelikte Klarheit zu schaffen, als er für den Tatort ausdrücklich auf den Erfolgsort abstellte[966]:

[964] Vgl. *Hübner/Constantinesco*, S. 180, § 23, 5.b).
[965] *Banque Veuve Morin Pons ./. Javier Horn y Prado et Crédit Lyonnais.*
[966] Cass. civ., Urt. v. 8.2.1983, JDI 1984, 123, Anm. *Légier.*

„Das örtlich zuständige Recht, das über die deliktische Haftung bestimmt, ist das Recht des Ortes, an dem der Schaden eingetreten ist.“[967]
Allerdings handelte es sich in dem Fall nicht um ein Distanzdelikt, sondern um ein Platzdelikt, d.h. ein Delikt, bei dem Handlungs- und Erfolgsort örtlich zusammenfallen. Die Motivation des Kassationshofes, sich für den Erfolgsort auszusprechen, war deshalb nicht nachzuvollziehen. Die Literatur deutete dies zum Teil gerade als Argument dafür, daß die Frage nun endgültig geklärt sei[968]: Die Maßgeblichkeit des Erfolgsorts bei Distanzdelikten entsprach und entspricht noch heute im Ergebnis sowohl der Ansicht eines großen Teils der französischen Lehre[969] als auch der Rechtsprechung[970].

3. Die Entscheidung *Société Gordon*[971]

In einer Grundsatzentscheidung vom 14.1.1997 hat der Kassationshof folgendes festgestellt[972]:

„Das Recht, das für die deliktische Haftung anwendbar ist, ist das Recht des Staates, in dem das schädigende Ereignis stattgefunden hat; dieser Ort umfaßt neben dem Handlungsort auch den Ort, an dem sich der Schaden ereignet hat.“[973]

---

967 Übersetzung der Verfasserin: „*La loi territorialement compétente pour gouverner la responsabilité extracontractuelle est la loi du lieu où le dommage a été réalisé.*“
968 *Légier*, JDI 1984, 123, (131).
969 *Batiffol/Lagarde*, Bd.2, Rn. 561; *Weill*, Bd 1, S. 545; modifiziertere Systeme, die an den Erfolgsort anknüpfen: *Mayer*, S. 448, Rn. 685.
970 S. u. 5. Teil, 1. Kap., B., II.,1.
971 *Société Gordon and Breach Science Publisher et autres ./. Association The American Institute of Physics (AIP) et autres.*
972 Cass. civ., Urt. v. 14.1.1997, Rev. crit. DIP, 86 (1997), 504, Anm. *Bischoff*; D. 1997, jur., 177, Anm. *Santa-Croce*.
973 Übersetzung der Verfasserin:„*La loi applicable à la responsabilité extracontractuelle est celle de l'État du lieu où le fait dommageable s'est produit et ce lieu s'éntend aussi bien de celui du fait générateur du dommage que du lieu de réalisation de ce dernier.*“

In dem Rechtsstreit zwischen amerikanischen Herausgebern von Wissenschaftszeitungen, ging es um eine Schadensersatzklage der *Société Gordon* wegen unlauteren Wettbewerbs und unerlaubter vergleichender Werbung durch Veröffentlichung von Presseartikeln in den USA. Exemplare der maßgeblichen Zeitschrift wurden auch in Frankreich, und zwar durch Abonnement vertrieben. Der Kassationshof hat in seiner Entscheidung, die sich nur auf die in Frankreich verbreiteten Exemplare bezog, französisches Recht angewandt. Er ist dabei weder auf die Tatsache eingegangen, daß es sich um unlauteren Wettbewerb handelte, der innerhalb des Kollisionsrechts nach verbreiteter Ansicht nach eigenen Regeln angeknüpft wird (Recht des betroffenen Marktes[974]), noch auf die Möglichkeit der Auflockerung des Deliktsstatuts durch eine engere Verbindung zum amerikanischen Recht. Der Kassationshof hat sich ohne Spezifizierung der Handlung allein auf eine deliktische Haftung bezogen und dabei im Rahmen der Tatortregel die Gleichrangigkeit von Handlungs- und Erfolgsort bestimmt.[975] Wie diese Regel nun anzuwenden sei, ob die ermittelten Rechte kumulativ oder distributiv angewendet werden sollen, oder ob das Opfer ein Wahlrecht besitzt, hat der Kassationshof nicht entschieden. Die weitere Entwicklung der Rechtsprechung des Kassationshofes hat die Unsicherheiten im Internationalen Privatrecht auch nicht auflösen können.

4. Die Entscheidung *Mobil North Sea*[976]

a) Die These

In der neuesten Entscheidung des Kassationshofes ging es um die Haftung einer Prüfgesellschaft von Ölplattformen[977]: Die Ölplattform einer englischen Firma in der Nordsee (auf schottischem Territorium) war gesunken. Sie nahm, da eine vertragliche Haftung der Konstrukteure verjährt war, die Prüfgesellschaft in Anspruch, die Prüfungen in Frankreich, Deutschland, Belgien und England vor-

---

974 *Moreau-Bourles*, S. 741 ff.
975 Cass. civ., Urt. v. 14.1.1997, Rev. crit. DIP 86 (1997), 504 , Anm. *Bischoff*, 505, (508).
976 *Société Mobil North Sea limited et autres ./. SA Cie française d'entreprises métalliques (CFEM) et autres.*
977 Bull. civ. 1999, I, n° 153 = JCP 1999, II, 10183, Anm. *Muir-Watt.*

genommen hatte. Die englische Firma beabsichtigte durch eine Revision beim Kassationshof, die Anwendung des französischen Rechts und nicht des schotti schen Rechts zu erreichen, welches der *Cour d'appel* für anwendbar erklärt hatte. Der Kassationshof urteilte,

„daß die Lokalisierung von einigen Elementen der Handlung außerhalb von Großbritannien nicht bestimmend ist, und daß der *Cour d'appel* richtig festgestellt hat, daß das schottische Recht als Recht des Ortes, an dem sich der Schaden ereignet habe, anwendbar ist."[978]

Mit dieser Entscheidung scheint der Kassationshof wieder grundsätzlich auf das Recht des Schadensortes abstellen zu wollen. Wie die Entscheidung aber konkret im Kontext mit den vorhergegangenen Entscheidungen zu interpretieren ist, ist umstritten.

b) Die offenen Fragen

Bislang gingen die französische Rechtsprechung und die herrschende Meinung in der Literatur davon aus, daß im Rahmen der Tatortregel im Internationalen Privatrecht zur Bestimmung des anwendbaren Rechts das Recht des Erfolgsorts maßgeblich sei. Erstmals in der Entscheidung *Société Gordon* stellte der Kassationshof auch auf den Handlungsort ab. Diese Linie verfolgte er in der Entscheidung *Mobil North Sea* jedoch nicht konsequent weiter, sondern hielt wiederum den Schadensort für maßgeblich. *Audit* hält daher das Urteil *Société Gordon* für ein Versehen und spricht sich für die Berücksichtigung allein des Rechts des Erfolgsorts aus.[979] *Viney* dagegen entnimmt dem Urteil zwar eine grundsätzliche Anwendbarkeit des Rechts am Erfolgsort, hält es aber für möglich, daß auch das Recht des Handlungsortes anwendbar sein könne, wenn eini-

[978] Übersetzung der Verfasserin: „*Que de l'ensemble des ses constatations et énonciations dont il résulte que la localisation en dehors du Royaume Uni de certains éléments du fait générateur n'était pas déterminant, la cour d'appel a exactement déduit que la loi applicable était la loi écossaise, comme étant celle du lieu où s'était produit le dommage.*"

[979] *Audit*, Anm. Cass. civ., Urt. v. 11.5.1999, D. 1999, som. com., 295.

ge Elemente des Handlungsortes den Sachverhalt beherrschten.[980] Diese Beherrschung könnte sich aus einer besonderen Nähebeziehung zum Recht des Handlungsorts ergeben.[981] Auch *Muir-Watt* scheint aufgrund der vom Kassationshof angesprochenen Nähebeziehung differenzierte Lösungen für möglich zu halten. So könne es durchaus möglich sein, daß es keine einheitliche Regel zur Bestimmung des Tatorts geben werde, sondern daß je nach Delikt eine andere Lösung in Betracht käme.[982]

Auch nach dieser Entscheidung ist also weiterhin völlig offen, wie die Tatortregel anzuwenden ist und wie sich das Internationale Privatrecht in Frankreich weiter entwickelt. Da der Kassationshof mit der Entscheidung *Société Gordon*[983] jedoch eine Lösung für pressespezifische Delikte ausgesprochen hat, liegt der folgenden Darstellung neben anderen Entscheidungen aus dem Presserecht v.a. diese Entscheidung zugrunde.

II. Die Rechtsprechung bei Persönlichkeitsrechtsverletzungen durch die Presse

Die Bestimmung des Tatorts für die Anwendung der Tatortregel stößt bei Persönlichkeitsrechtsverletzungen durch die Presse auf besondere Schwierigkeiten. Dies liegt in der Natur des Pressedelikts, das eine Mehraktigkeit aufweist: Es besteht aus den Elementen der Recherche, des Schreibens, des Erscheinens, der Veröffentlichung und der Verbreitung des Presseerzeugnisses. Aufgrund dieser Mehraktigkeit, die sich an unterschiedlichen Orten lokalisiert, fällt die Einordnung der einzelnen Elemente in den üblichen Rahmen des Tatorts trotz einer Aufsplittung in Handlungs- und Erfolgsort nicht leicht. Weitgehende Übereinstimmung bestand bislang nur darin, daß die Erscheinung oder Veröffentlichung als Haftungsursache im Rahmen des Pressedelikts zu bewerten waren und daher im Rahmen der

---

980 Vgl. *Viney*, JCP 2000, I, 197, Rn. 2.

981 Auf die besondere Nähebeziehung zum englischen Recht hat der *Cour d'appel* in seiner Entscheidung Wert gelegt, vgl. *Viney*, JCP 2000, I, 197, Rn. 1.

982 *Muir-Watt*, JCP 1999, II, 10183, Rn. 12.

983 Cass. civ., Urt. v. 14.1.1997, Rev. crit. DIP 86 (1997), 504, Anm. *Bischoff*; D. 1997, jur., 177, Anm. *Santa-Croce*.

im Rahmen der Bestimmung des anwendbaren Rechts zum Recht des Handlungsorts führten.[984]
Zweifelhaft war hingegen die Einordnung des Elements der Verbreitung eines Presseerzeugnisses, da hier eine Annäherung an beide Orte denkbar erschien: Infrage kam die Einordnung als zweites kausales Element der Tathandlung neben der Veröffentlichung (*publication* oder *édition*), die zur Anknüpfung an den Handlungsort führt. Denkbar war es aber auch, den Verbreitungsort als Schadensort zu betrachten, d.h. als Erfolgsort.[985] Problematisch ist ferner, daß auch der Erfolgsort, nicht zweifelsfrei zu lokalisieren ist, da es sich hierbei um ein Rechtsgut ohne konkreten Belegenheitsort handelt: Ob dies der Ort der Verbreitung eines Artikels oder aber der Wohnsitz bzw. Lebensmittelpunkt des Opfers ist, ist umstritten.

1. Die Bestimmung des Tatorts durch die Untergerichte

Die Rechtsprechung, war bislang bei der Bestimmung von Handlungs- und Erfolgsort im internationalen Privatrecht nicht einheitlich[986]; nur mit etwas Phantasie deutet sich nach und nach eine Linie an:
In einem Urteil des *Tribunal de grande instance* (TGI) von Paris aus dem Jahre 1983 ging es um eine Verletzung des Privatlebens und des Rechts am eigenen Bild durch eine in Deutschland erscheinende Zeitschrift, die ebenfalls in Frankreich verbreitet wurde.[987] Hier stellte das Gericht fest, daß Veröffentlichung und Verbreitung der Zeitschrift die Haftungsursachen darstellten. Dies ließe vermuten, daß die Verbreitung als zweites Element der Handlung betrachtet wurde. Allerdings heißt es dann weiter: „Die Verbreitung sei dabei der wesentliche Akt der Realisierung des Schadens." Dies spricht wiederum dafür, daß das Gericht den Ort der Verbreitung mit dem Schadensort vermischt[988] und damit den

---

[984] Z.B. CA Paris, Urt. v. 11.5.1994, JDI 1995, 952, (956), Anm. *Edelmann*.
[985] Anm. *Gaudemet-Tallon*, CA Paris, Urt. v. 19.3.1984 und TGI Paris, Urt. v. 30.6.1984, Rev. crit. DIP 74 (1985), 141, (147); *Gaudemet Tallon* , TGI Paris, Urt. v. 19.9.1982 und 27.4.1983, Rev. crit. DIP 72 (1983), 670, (677).
[986] Vgl. auch *Luciani*, S. 152, Rn. 148.
[987] TGI Paris, 27.4.1983 - *Caroline v. Monaco ./. Burda GmbH*, Rev. crit. DIP 72 (1983), 671, (673), Anm. *Gaudemet-Tallon*.
[988] Dazu *Légier*, J.-Cl. Droit international, Fasc. 553-1, Rn. 128.

Verbreitungsort auch als Erfolgsort betrachtet hat. Der Verbreitungsort besitzt somit eine Doppelfunktion. Im Ergebnis hat das Gericht allerdings aufgrund der Verbreitung der Zeitschrift in Frankreich und dem daraus resultierenden Schaden französisches Recht für anwendbar erklärt.[989]

In einem Urteil der *Cour d'appel* von Paris aus dem Jahre 1989 wurde eine englische Zeitung mit einem Artikel, der die Privatsphäre des Prinzen *Karim Aga Khan* und seiner Familie verletzte, in Frankreich vertrieben.[990] Das Gericht hat, ohne dies ausdrücklich zu begründen, französisches Recht angewandt. Auch hier konnte sich die Anwendung des französischen Rechts entweder auf die Verbreitung in Frankreich oder einen dort erlittenen Schaden stützen.

Anders hat der *Cour d'appel* von Paris im Jahre 1994 entschieden. Dabei handelte es sich um die Vorinstanz des Urteils des Kassationshofes vom 14.1.1997. In der Entscheidung hat das Gericht zur Ermittlung des anwendbaren Rechts auf den Handlungsort abgestellt. Den Handlungsort hat das Gericht in Amerika angesiedelt, weil dort das Druckwerk geschrieben und verbreitet wurde. Eine Verbreitung in Frankreich fand in diesem Fall nur durch Abonnement statt. Erklären läßt sich die Maßgeblichkeit des Handlungsortes und damit die Abweichung der Rechtsprechung zu den vorherigen Fällen dadurch, daß die *Cour d'appel* nach der engsten Verbindung zur Tat gesucht hat.

Auffällig ist, daß die französischen Gerichte es bisher überwiegend vermieden haben, das Element der Verbreitung eines Druckwerks in die Tatortregel konkret einzuordnen. Festzustellen ist jedoch, daß eine Tendenz zur Einordnung der Verbreitung als Handlungsort[991] besteht. Dies folgt daraus, daß zumeist der Schadensort zwar am gleichen Ort liegt, aber gesondert erwähnt wird. Dieser Schadensort als Erfolgsort der unerlaubten Handlung schien bisher für die Rechtsprechung zur Begründung des anwendbaren Rechts maßgeblich zu

---

[989] So auch TGI Paris, Urt. v. 29.9.1982, Rev. crit. DIP 72 (1983), 670, (672) - *Romy Schneider ./. Heinrich Bauer Verlag*, Anm. *Gaudemet-Tallon*.

[990] CA Paris, Urt. v. 1.2.1989, D. 1990, jur., 48 - *Soc. Mail Newspaper PLC et autre ./. Prince Karim Aga Khan et autre*, Anm. *Agostini*.

[991] *Santa Croce*, Anm. Cass. civ., Urt. v. 14.1.1997, D. 1997, jur., 177, (179).

sein.[992] Nunmehr hat jedoch der Kassationshof eine eindeutige Position für die Pressedelikte vorgegeben.

2. Die Entscheidung *Société Gordon*

a) Die These

In seinem Urteil *Société Gordon* vom 14.1.1997[993] hat der Kassationshof neben der Gleichrangigkeit von Handlungs-und Erfolgsort ferner entschieden, daß

„ die Haftungsursache im Fall eines Pressedelikts in der Verbreitung der Zeitschiften besteht.“[994]

Damit ist nunmehr der Ort der Verbreitung als Handlungsort anzusehen und nicht, wie dies die Vorinstanz entschieden hatte, der Ort des Schreibens und der Veröffentlichung der Zeitschrift.[995] In der Entscheidung heißt es weiter, daß sowohl die Ursache des Schadens, also die Verbreitung, als auch die Realisierung des Schadens in Frankreich lägen. Daraus folgt, daß der Schaden örtlich mit der Verbreitung eng verknüpft ist und am gleichen Ort liegt. Der Kassationshof hat zwar nicht ausgeführt, worin der Schaden liegt, dadurch jedoch, daß er die enge Verknüpfung zur Verbreitung hergestellt hat, kann dies nur bedeuten, daß ein möglicher Schaden in der Kenntnisnahme der Leser hinsichtlich der in Streit stehenden Artikel besteht. Damit hat der Kassationshof in der lange umstrittenen Frage nach dem Handlungs- und dem Erfolgsort bei Pressedelikten erstmalig eindeutig Stellung bezogen.

---

[992] Anders CA Paris, Urt. v. 11.5.1995, JDI 1995, 952; *Bourel*, Rec. des Cours de la Haye, 1989, II, 255, (393), der in der französischen Rechtsprechung keine Linie zu endecken vermag; *Gaudemet-Tallon*, Rev. crit. DIP 67 (1978), 136, (138), die zwar die Tendenz zur Maßgeblichkeit des Erfolgsorts erkennt, dies aber auf das Element der Verbreitung stützt.

[993] Cass civ., Urt. v. 14.1.1997, Rev. crit. DIP 86 (1997), Anm. *Bischoff*; D. 1997, jur., 177, Anm. *Santa Croce*.

[994] Übersetzung der Verfasserin: „ *Le fait générateur de responsabilité dans le cas de délit commis par voie de presse est constitué par la diffusion des revues.*“

[995] CA Paris, Urt. v. 11.5.1994, JDI 1995, 952, (956), Anm. *Edelmann*.

b) Anwendung auf Persönlichkeitsrechtsverletzungen

Fraglich ist an dieser Stelle, ob sich die Rechtsprechung des Kassationshofes, die einen Fall des unlauteren Wettbewerbs unter Verwendung des Mediums Presse betraf, auch auf Persönlichkeitsverletzungen durch die Presse übertragen läßt.

Dafür spricht, daß das Gericht in seiner Entscheidung nur von „Delikten spricht, die durch die Presse begangen wurden", ohne das Verletzungsobjekt zu spezifizieren. Das Auseinanderfallen von Handlungs -und Erfolgsort ist gerade typisch für Pressedelikte, gleich welches Rechtsgut dabei verletzt wird. Es ist daher davon auszugehen, daß der Kassationhof eine für diese Problemstellung allgemeingültige Regelung treffen wollte.[996] Ferner spricht für die Übertragbarkeit der Entscheidung, daß der Kassationhof in der gesamten Grundsatzentscheidung um Allgemeingültigkeit bemüht war, was sich u.a. daraus ergibt, daß im ersten Teil der Entscheidung nur von der deliktischen Haftung gesprochen wird. Nicht zuletzt spricht für eine Übertragbarkeit der Entscheidung auf Verletzungen des Persönlichkeitsrechts durch die Presse die unsichere rechtliche Situation, wie sie bislang aufgrund der Rechtsprechung der Untergerichte bestand.[997]

Das Gericht hat im Ergebnis aus einem Distanz- oder Streudelikt ein Platzdelikt gemacht[998], d.h., daß Handlungs- und Erfolgsort am gleichen Ort belegen sind, so daß in diesem Fall eine Diskussion um den zur Rechtsfindung maßgeblichen Ort hinfällig geworden ist. Dabei ist davon auszugehen, daß die im Bereich des unlauteren Wettbewerbs ergangene Entscheidung auch auf den Bereich der Persönlichkeitsverletzungen durch die Presse zu übertragen ist. Damit hat der Kassationshof in einer lange umstrittenen Frage nach der Einordnung des Elements der Verbreitung im Rahmen von Handlungs- und Erfolgsort Klarheit geschaffen.

Er hat mit dieser Entscheidung eine Lösung zur Begrenzung der anwendbaren Rechte gefunden, indem er das Recht des Orts der Erscheinung bzw. Veröffentlichung ausklammert. Im Ergebnis wird damit allerdings lediglich ein mögliches

---

[996] Im Ergebnis auch *Bischoff*, Anm. Cass. civ., Urt. v. 14.1.1997, Rev. crit. DIP 86 (1997), 504, (514).

[997] S.o. Teil 5. 1. Kap., B., II. 1.

[998] *Bischoff*, Anm. Cass. civ., Urt. v. 14.1.1997, Rev. crit. DIP 86 (1997), 504, (513); *Santa Croce*, D. 1997, jur., 177, (178).

anwendbares Recht ausgeschlossen. In den Fällen der Verbreitung von Presseerzeugnissen in mehreren Ländern muß nunmehr auf jeden Schaden eine andere Rechtsordnung angewendet werden, d.h. es gibt kein Recht, das insgesamt über den Schaden entscheidet.[999]

III. Die Literatur bei Persönlichkeitsrechtsverletzungen durch die Presse

In der Literatur gibt es nur wenige Stimmen, die die Frage nach dem anwendbaren Recht in Fällen der Persönlichkeitsverletzung durch die Presse mit Rückgriff auf die traditionelle Tatortregel lösen wollen. Andere suchen neue Lösungsansätze für diese spezielle Deliktsform.

1. Einordnung unter die Tatortregel

So lösen *Batiffol/Lagarde* das Problem der Anknüpfung von Distanz- oder Streudelikten, indem sie auf die Maßgeblichkeit des Erfolgsorts abstellen.[1000] Begründung dafür ist, daß im Rahmen der deliktischen Haftung der Schadensersatz im Vordergrund stehe und nicht die Bestrafung für ein schuldhaftes Verhalten.[1001] Eingeschränkt wird diese Ansicht in dem Fall, daß die Heranziehung des Erfolgsortes zufälligen Charakter hat, d.h. wenn ein Schadenseintritt an diesem Ort für den Handelnden nicht vorhersehbar war.

Nicht ganz so klar in diese Linie einordnen läßt sich die Ansicht von *Holleaux/Foyer/Geouffre de la Pradelle*: Zwar stellen sie für die Folgen einer Verletzung des Privatlebens auf das Recht des Erfolgsorts ab, für die Voraussetzungen und den Umfang des Schutzes der Person soll hingegen das nach dem Personalstatut ermittelte Recht anwendbar sein.[1002]

---

999 *Bischoff*, Anm. Cass. civ., Urt. v. 14.1.1997, Rev. crit. DIP 86 (1997), 504, (513).

1000 *Batiffol/Lagarde*, Band 2, S. 246 ff., Rn. 561.

1001 *Batiffol/Lagarde*, Band, 2, S. 246, Rn. 561.

1002 *Holleaux/Foyer/Geouffre de la Pradelle*, S. 505, Rn. 1106.

2. Neue Lösungsansätze

Die Autoren, die sich mit der Problematik der Persönlichkeitsverletzungen durch die Presse ausführlicher auseinandersetzen, halten eine Einordnung unter die Tatortregelung für nicht geeignet.[1003] Sie haben daher neue Lösungsansätze entwickelt, die in zwei Strömungen unterteilt sind: Die Anknüpfung an den Verbreitungsort und die Anknüpfung an den Wohnsitz des Opfers.

a) Anknüpfung an den Verbreitungsort

Mestre plädiert dafür, zur Bestimmung des anwendbaren Rechts bei Verletzungen des Privatlebens durch die Presse an den Verbreitungsort anzuknüpfen. Er hält dieses Element neben den anderen Elementen des Delikts für das Bestimmende, weil nur aufgrund der Verbreitung der Öffentlichkeit das Privatleben einer anderen Person zugänglich gemacht wird.[1004] Dagegen habe z.B. der Ort des Schreibens eines Artikels nur zufälligen Charakter.
Dieser Ansicht hält *Bourel* entgegen, daß sie keine vernünftige Lösung biete, wenn mehrere Verbreitungsorte bestünden[1005]: Dann könnten die einzelnen Teile des Delikts zwar nach dem jeweils anwendbaren Recht beurteilt werden[1006], allerdings handele es sich eigentlich um ein einheitliches Delikt, das nicht auseinandergerissen werden dürfe. Diese Einheitlichkeit ergebe sich daraus, daß nur ein einziger Angriff auf das Privatleben einer Person vorliege, der nur durch einen Täter verursacht würde. *Mestre* hält es für möglich, dieses Problem durch die Anknüpfung an den den Ort der stärksten Verbreitung zu lösen[1007], zieht es

---

[1003] Z.B. *Bourel*, Rec. des Cours de la Haye, 1989, II, 255, (336).
[1004] *Mestre*, S. 254, Rn. 24.
[1005] *Bourel*, Rec. des Cours de la Haye, 1989, II, 255, (396); A.A. *Audit*, S. 498, Rn. 619, der sich dafür ausspricht, die einzelnen Schäden in den jeweiligen Ländern gesondert zu untersuchen.
[1006] So geschehen in einer Entscheidung des TGI Paris, Urt. v. 23.6.1976, Rev. crit. DIP 67 (1978), 132, - *Prinzessin Yasmina Aga Khan*, Anm. *Gaudemet-Tallon*.
[1007] *Mestre*, S. 255, Rn. 25.

aber vor, die Rechte einzeln anzuwenden, da es sich um mehrere autonome Delikte handele[1008].

b) Anknüpfung an den Wohnort des Opfers

Die zweite Strömung in der Literatur vertritt *Bourel*, der Persönlichkeitsverletzungen durch die Presse an den Wohnort des Opfers anknüpfen möchte.[1009] Dabei handele es sich sowohl um eine juristische als auch um eine soziologische Anknüpfung des Delikts. Juristisch, da der Wohnort der speziellen Natur des Delikts entspreche: Der Wohnort sei schließlich der bestimmende Faktor eines Angriffs auf die menschliche Person. Soziologisch, weil die geschützten Rechte neben der individuellen eine soziale Bedeutung haben: Das Opfer spüre am Wohnort am stärksten einen Angriff auf seine Rechte. Dabei soll es sich nicht um den Tatort im Haftungssinne handeln, obwohl der immaterielle Schaden naturgemäß am Wohnort eintrete, sondern die Anknüpfung an den Wohnort stelle einen Ersatz für die Tatortregel dar.[1010] Das Recht des sozialen Umfeldes des Opfers, in das der Angriff auf dessen Person eingebettet ist, sei jedenfalls das Recht des Ortes mit der engsten Verbindung zur Tat. Im Ergebnis solle also nur ein einziges Recht anwendbar sein, das die Tat insgesamt beurteilt. Auf diese Weise wäre eine feststehende Anknüpfung möglich, die Rechtssicherheit und Vorhersehbarkeit mitsichbringe.[1011]
Eine Mittelmeinung vertritt *Moreau-Bourles*[1012]: Sie möchte auf die Voraussetzungen der Haftung das Recht der Verbreitung anwenden, auf die Rechtsfolgen das Recht des Wohnsitzes des Opfers. Allerdings soll für den Fall, daß es für das Opfer günstiger ist, das Wohnsitzrecht auch für die Voraussetzungen der Haftung gelten.

1008 *Mestre*, S. 255, Rn. 26.
1009 *Bourel*, Rec. des Cours de la Haye, 1989, II, 255, (338).
1010 *Bourel*, Rec. des Cours de la Haye, 1989, II, 255, (357).
1011 *Bourel*, Rec. des Cours de la Haye, 1989, II 255, (337); ablehnend *Luciani*, S. 163, Rn. 156, die die Anwendung des Rechts am Wohnort des Opfers für den Beklagten für unzumutbar hält; nach ihrer Ansicht könne für Persönlichkeitsverletzungen kein einheitliches Recht gefunden werden, weshalb nur eine Kombination der Rechte geeignet sei, die Verletzung zu beurteilen.
1012 *Moreau-Bourles*, S. 766 ff. insb. (S. 768 u. 770).

C. Ergebnis

Frankreich qualifiziert die Verletzung des Rechts auf Achtung des Privatlebens sowie die Verletzung des Rechts am eigenen Bild deliktisch. Es gilt daher zur Ermittlung des anwendbaren Rechts die Tatortregel, d.h. das Recht am Tatort. Ob Tatort nur der Erfolgsort ist, wie bislang in Rechtsprechung und Literatur überwiegend angenommen wurde, oder ob in Einzelfällen, z.B. aufgrund einer besonderen Nähebeziehung oder für bestimmte Delikte auch das Recht des Handlungsortes angewandt werden kann, ist noch nicht abschließend geklärt.
Für Fälle von Pressedelikten hat der Kassationhof jedoch festgelegt, daß Handlungsort der Ort der Verbreitung eines Pressemediums ist[1013] und nicht der Ort der Veröffentlichung oder des Erscheinens. Der Handlungsort fällt danach immer mit dem Erfolgsort zusammen, da auch der Schaden nur da entstehen kann, wo die Leser Kenntnis nehmen, also am Ort der Verbreitung. Daher handelt es sich bei den Pressedelikten nicht mehr um sogenannte Distanz- oder Streudelikte, sondern um Platzdelikte. Da an jedem Verbreitungsort das dort geltende Recht angewandt wird, liegen im Ergebnis viele einzelne Delikte vor.
Die Literatur lehnt überwiegend eine Einordnung von Verletzungen des Privatlebens durch die Presse in die herkömmliche Tatortregel ab. Vertreten werden stattdessen die Anknüpfung an eine eigenständige Regel, die teils in der Anknüpfung an den Verbreitungsort[1014], teils in der Anknüpfung an den Wohnsitz[1015] gesehen wird.

1013 Cass. civ., Urt. v. 14.1.1997, Rev. crit. DIP 86 (1997), 504 , Anm. Bischoff; D. 1997, jur., 177, Anm. *Santa Croce*.
1014 *Mestre*, S. 254, Rn. 24 ff.
1015 *Bourel*, Rec. des Cours de la Haye, 1989, II, 255, (338).

2. Kapitel: Kollisionsrecht in Deutschland

A. Qualifikation

I. Verletzung des allgemeinen Persönlichkeitsrechts

Auch in Deutschland existieren Diskussionen um die Qualifikation von Ansprüchen aus Persönlichkeitsrechtverletzungen, d.h. Schadensersatz, Unterlassungs- und Beseitigungsansprüchen. Mittlerweile besteht allerdings weitgehend Einigkeit bezüglich deren deliktischer Qualifikation.[1016] Begründet wird dies mit der Funktion der materiellen Vorschriften über Persönlichkeitsschutz, die einen Ausgleich zwischen Persönlichkeitsrechten des Verletzten und Freiheitsrechten des Schädigers schaffen sollen. Es könne daher z.B. nicht einseitig auf das Personalstatut abgestellt werden, es sei vielmehr eine Kollisionsnorm anzuwenden, die den Ausgleich zwischen den Interessen der Beteiligten bezwecke.[1017] Dies träfe auf die Regeln zur Bestimmung des Deliktsstatuts zu.
Nicht ganz unumstritten ist hingegen die Qualifikation des presserechtlichen Gegendarstellungsanspruchs, der nach Ansicht von Teilen der Literatur anderen Regeln folgen soll.[1018]
Die Möglichkeit, Bestand und Inhalt der Persönlichkeitsrechte nach dem Personalstatut, also dem Heimatrecht des Verletzten, zu bestimmen, wird ebenfalls in Deutschland diskutiert, konnte sich jedoch nicht durchsetzen.[1019] Der Grund liegt darin, daß Persönlichkeitsrechte im Gegensatz zu sonstigen subjektiven Rechten (z.B. Eigentum) nicht durch Rechtsakt, sondern aufgrund des Menschseins erworben werden. Mit Gerechtigkeitsprinzipien sei es nicht zu vereinbaren, einem Ausländer aufgrund des Umstandes, daß sein Heimatrecht

[1016] Vgl. *Staudinger/v. Hoffmann*, Art. 38 EGBGB, Rn. 477 u. 480; *Kropholler*, § 53 IV, S. 456; *MünchKomm/Kreuzer*, Art. 38, Rn. 204; *Hohloch*, ZUM 1986, 165; *Schack*, UFITA 108, 51,(55); *Riegl*, S. 33 u. 233; *Looschelders*, ZVglRWiss 95 (1996), 48, (57); A.A. *Heldrich*, FS Zajtay, S. 218, der eine Differenzierung zwischen Schadensersatzansprüchen und Beseitigungsansprüchen für möglich hält.
[1017] *Looschelders*, ZVglRWiss 95 (1996), 48, (66); *Staudinger/v.Hoffmann*, Art. 38 EGBGB, Rn. 477 m.w.N.
[1018] Vgl. *Staudinger/v. Hoffmann*, Art. 38 Rn. 480; für eine deliktische Einordnung: *Hohloch*, ZUM 1986, 165; *Looschelders*, ZVglRWiss 95 (1996), 48, (67); *Thümmel/Schütze*, JZ 1977, 786, (787).
[1019] Hierzu ausführlich *Wagner*, JZ 1993, 1034; für eine solche Anknüpfung im Bereich des postmortalen Persönlichkeitsrechtsschutzes: *Gleichauf*, S. 318.

keine Persönlichkeitsrechte kennt, den Rechtsschutz nach dem dafür maßgeblichen Recht zu verwehren.[1020] Ferner seien die Persönlichkeitsrechte in einem solch starken Maße in die persönlichkeitsrechtlichen Haftungsnormen integriert, daß für eine vom Schutzstatut abweichende Sonderanknüpfung kein Raum sei.[1021]

So wird auch in Deutschland als im Rahmen der Persönlichkeitsrechte allein maßgeblich die *lex loci delicti commissi* betrachtet: Da die Persönlichkeitsrechte materiellrechtlich demselben Zweck, nämlich dem Schutz des sozialen Achtungsanspruchs des einzelnen dienten, sei auch auf der Ebene des Kollisionsrechts eine einheitliche Anknüpfungsregel zu beachten.[1022]

II. Verletzung des Rechts am eigenen Bild

Bei dem Recht am eigenen Bild handelt es sich um ein sogenanntes besonderes Persönlichkeitsrecht, weil es materiellrechtlich besonders ausgeformt ist: Es hat in den §§ 22, 23 KUG eine eigenständige Regelung erfahren. Auch die Verletzung des Rechts am eigenen Bild wird nach herrschender Meinung dem Deliktsstatut unterstellt.[1023]

B. Die Tatortregel

I. Die neue gesetzliche Regelung

1. Die Reform des Kollisionsrechts vom 1.6.1999

Auch im deutschen Recht gilt für deliktische Tatbestände die Tatortregel, d.h. die Anwendung des Rechts am Tatort. Diese ist jetzt erstmals in Art. 40 EGBGB kodifiziert, der Teil der am 1.6.1999 in Kraft getretenen Reform des deutschen Internationalen Privatrechts für außervertragliche Schuldverhältnisse

---

[1020] *Staudinger/v. Hoffmann*, Art. 38 EGBGB, Rn. 478.
[1021] *Wagner*, JZ 1993, 1034, (1041).
[1022] Vgl. *Staudinger/v. Hoffmann*, Art. 38 EGBGB, Rn. 480.
[1023] Dazu *MünchKomm/Kreuzer*, Art. 38 EGBGB, Rn. 208; BGH, Urt. v. 19.12.1995, NJW 1996, 1128, - *Caroline II*; OLG Hamburg AfP 1996, 69; OLG Köln, Urt. v. 22.5.1973, OLGZ, 1973, 330; Neumann-Klang, S. 200 ff.

und Sachen ist.[1024] Vor der Reform konnte das Opfer beim Auseinanderfallen von Handlungs- und Erfolgsort zwischen den möglichen anwendbaren Rechten das für ihn Günstigste wählen. Traf das Opfer keine Rechtswahl, so oblag es dem Richter, das günstigste Recht auszuwählen.
Seit der Einführung des Art. 40 EGBGB besteht grundsätzlich ein Vorrang zugunsten des Rechts am Handlungsort. Der Verletzte kann aber verlangen, daß das Recht des Ortes angewandt wird, in dem der Erfolg eingetreten ist. Dieses Bestimmungsrecht kann gem. Art. 40 Abs. 1 S. 3 EGBGB nur im ersten Rechtszug bis zum Ende des frühen ersten Termins oder dem Ende des schriftlichen Vorverfahrens ausgeübt werden. Das bedeutet, daß der Richter nun von der Ermittlung des für den Verletzten günstigsten Rechts befreit ist.
In Art. 40 Abs. 2 EGBGB hat der Gesetzgeber eine Sonderanknüpfung für das Recht des Staates des gemeinsamen Aufenthaltes von Ersatzpflichtigem und Verletztem zur Zeit des Haftungsereignisses festgelegt. Diese geht der Tatortregelung vor. Ferner ist über Art. 41 EGBGB das Recht des Staates berufen, mit dem eine wesentlich engere Verbindung besteht, als mit dem Recht, das nach den Art. 38 bis 40 Abs. 2 EGBGB maßgebend wäre. Der Gesetzgeber hat den *renvoi* im Rahmen der neuen Regelung nicht grundsätzlich ausgeschlossen, hält also die Lösung in Art. 4 EGBGB für angemessen.[1025] Allerdings widerspräche der *renvoi* einer Anknüpfung nach der engsten Verbindung, z.B. im Fall des gemeinsamen gewöhnlichen Aufenthaltes der Parteien. Demnach ist in solchen Konstellationen eine Einzelfallbetrachtung notwendig.
Der Gesetzgeber hat sich also für eine flexible Anknüpfung im Bereich des Deliktsrechts entschieden, die Rücksicht nimmt auf die engste Beziehung zu dem Recht eines Staates.

2. Persönlichkeitsrechtsverletzungen durch die Presse

Die Problematik der Persönlichkeitsrechtsverletzungen durch Presseerzeugnisse hat sich durch die Reform des Kollisionsrechts noch nicht erledigt, denn der Gesetzgeber

[1024] BGBl. 1999, Teil I, Nr. 26 ausgegeben am 31. 5. 1999, S. 1026.
[1025] Vgl. Wagner, IPRax 1998, 429, (431).

hat davon abgesehen, eine eigene Kollisionsnorm für Persönlichkeitsrechtsverletzungen zu schaffen. In der Begründung des Entwurfs heißt es dazu, eine Konkretisierung des für die Anknüpfung von Persönlichkeitsrechtsverletzungen maßgebenden Handlungs- oder Erfolgsorts erscheine nicht erforderlich. Die vorgesehene Sonderanknüpfung im Fall des Art. 40 Abs. 2 EGBGB und die Ausnahmeregel des Art. 41 EGBGB erlaubten es auch, der besonderen Interessenlage von räumlich weit aufgefächerten Persönlichkeitsrechtsverletzungen gerecht zu werden.

Dazu ist anzumerken, daß der gemeinsame gewöhnliche Aufenthalt der Parteien (Art. 40 Abs. 2 EGBGB) eine vernünftige Anknüpfung darstellt, in der Praxis zur Ermittlung des anwendbaren Recht aber wohl nur selten eine Rolle spielen wird, da in internationalen Sachverhalten diese Konstellation nicht häufig auftreten wird. Worin sonst eine wesentlich engere Verbindung im Sinne von Art. 41 EGBGB liegen soll, ist ebenfalls nicht klar. Ob dies z.B. der Wohnsitz des Verletzten oder der Verbreitungsort sein könnte, wird die Entwicklung zeigen. Eine solche Entwicklung ist jedenfalls möglich, da es sich bei den Beispielen in Art. 41 Abs. 2 EGBGB nur um Regelbeispiele handelt. Da jedoch das Gesetz in Bezug auf Persönlichkeitsrechtsverletzungen inhaltlich nichts wesentlich Neues regelt, wird die Rechtsprechung wohl auch weiterhin die Tatortregel wie bisher anwenden [1026], während die Literatur, wie auch schon in der Vergangenheit, z.T. neue Wege beschreiten wird.

II. Die Rechtsprechung bei Persönlichkeitsrechtsverletzungen durch die Presse

Die Rechtsprechung ist auf diesem Gebiet recht spärlich und zudem nicht hinsichtlich aller Fragen bei der Ermittlung des anwendbaren Rechts aufschlußreich.

[1026] So schon OLG Hamburg, Urt. v. 19.2.1970, UFITA 60, 322, (327); OLG Köln, Urt. v. 22.5.1973, OLGZ 1973, 330, (335); OLG Hamburg, Urt. v. 2.6.1977, UFITA 86, 280, (285); BGH, Urt. v. 3.5.1977, NJW 1977, 1590; BGH, Urt. v. 19.12.1995, NJW 1996, 1128 = BGHZ 131, 332, (335).

1. Bestimmung des Tatorts

Maßgeblich geprägt hat eine Entscheidung des BGH aus dem Jahre 1977 die Linie der Rechtsprechung bei der Bestimmung des Tatorts.[1027] Diese Entscheidung ist zwar zur internationalen Zuständigkeit der Gerichte ergangen, der BGH hat jedoch ausdrücklich einen Bezug zum Internationalen Privatrecht hergestellt, das den gleichen Regeln unterliegen soll: Danach ist Handlungsort einer unerlaubten Handlung im Rahmen einer Äußerung in Presseerzeugnissen[1028] der Erscheinungsort, Erfolgsort der Verbreitungsort des Druckwerks.[1029]

2. Beschränkung der Erfolgsorte

Um die Anzahl der Erfolgsorte gerade bei internationaler Verbreitung nicht ausufern zu lassen, hat das Gericht weiter bestimmt, daß ein Verbreiten nur dann vorliege, wenn der Inhalt der Zeitschrift dritten Personen bestimmungsgemäß und nicht bloß zufällig zur Kenntnis gebracht wird.[1030] D.h. es reicht nicht, wenn ein Urlauber eine Zeitschrift mit in die Karibik nimmt und dort den in Streit stehenden Artikel liest. Erforderlich ist vielmehr, daß das Presseunternehmen Einfluß auf die Verbreitung hat und folglich der Erfolgsort vorhersehbar ist.

Trotz dieses Kriteriums zur Einschränkung der Erfolgsorte können im Fall von internationaler Verbreitung eines Presseerzeugnisses immer noch sehr viele Verbreitungsorte, d.h. Erfolgsorte bestehen und damit viele verschiedene Rechte anwendbar sein.Wie in einer solchen Situation zu verfahren ist, ob das dem Kläger günstigste Recht auf den Gesamtschaden anwendbar ist[1031], oder ob der

---

[1027] BGH, Urt. v. 3.5.1977, NJW 1977, 1590, (1591).

[1028] Für Internetdelikte ist Handlungsort der Einspeiseort bzw. der Ort der Angebotskonzeption, Erfolgsort der Ort des Abrufens des Angebots; die Haftung des Access Providers bestimmt sich nach dem Recht des Serverstandorts, vgl. dazu ausführlich *Mankowski*, RabelsZ 63 (1999), 203, (257 ff.).

[1029] Vgl. BGH, Urt. v. 3.5.1977, NJW 1977, 1950; jetzt erneut bestätigt durch BGH, Urt. v. 19.12.1995, NJW 1996, 1128 = BGHZ 131, 332.

[1030] Vgl. BGH, Urt. v. 3.5.1977, NJW 1977, 1950.

[1031] Vgl. *Erman/Hohloch*, Art. 38 Rn. 45; *Thümmel/Schütze*, JZ 1977, 786, (787); *Schack*, UFITA 108, 51, (66), der aber die Verbreitungsländer als Handlungsorte ansieht.

eingetretene Schaden in jedem Staat nach dem eigenen Recht beurteilt wird[1032], ist bislang nicht entschieden. Die deutschen Gerichte haben bisher aufgrund der Inländerschutzklausel in Art. 38 EGBGB a.F. immer das deutsche Recht für anwendbar erklären können, unabhängig davon, ob ein anderes Recht günstiger gewesen wäre, weil Art. 38 EGBGB a.F. ausländische Ansprüche, die über das deutsche Recht hinausgehen, gegenüber Deutschen ausschloß. Auf diese Weise war eine Entscheidung darüber, was im Fall einer möglichen Anwendung von mehreren Rechten geschehen soll, nicht notwendig.[1033]

Dies wird sich jedoch in Zukunft ändern, da die Inländerschutzklausel des Art. 38 EGBGB a.F. in dieser Weise nicht mehr existiert: Art. 40 Abs. 3 EGBGB schränkt die Geltung von Anprüchen ausländischen Rechts zwar grundsätzlich noch ein, aber nur noch soweit sie

1. wesentlich weiter gehen als zum Ersatz des Schadens erforderlich oder
2. offensichtlich anderen Zwecken als einer angemessenen Entschädigung des Verletzten dienen oder
3. haftungsrechtlichen Regelungen eines für die Bundesrepublik Deutschland verbindlichen Übereinkommens widersprechen.

Da es sich bei Abs. 3 des Art. 40 EGBGB um eine spezielle *ordre public*-Norm handelt, kommen nur noch gravierende Verstöße gegen Grundsätze des deutschen Rechts in Betracht. Das bedeutet, daß die Gerichte nunmehr verpflichtet sind, das ausländische Recht zu ermitteln und anzuwenden, soweit es berufen ist. Was dennoch entfällt, ist die Entscheidung des Richters über das dem Verletzten günstigste Recht, da aufgrund der neuen Regelung eindeutig feststeht, welches Recht anwendbar ist - das des Handlungsortes oder, soweit vom Verletzten gewählt, das des Erfolgsortes. Im Rahmen einer Wahl des Erfolgsortes stellt sich bei mehrerem Erfolgsorten jedoch nach wie vor die Frage, wie die Rechte dieser Orte zu einander stehen. Denkbar wäre, daß der Verletzte nun ein

---

[1032] So wohl die herrschende Meinung in der Literatur: *Münch-Komm/Kreuzer*, Art. 38 EGBGB, Rn. 216; *Looschelders*, ZVglRWiss 95 (1996), S.48, (81); *Kegel*, S. 541; *Hillgenberg*, NJW 1963, 2198, (2200); für die Rechtsprechung: OLG Hamburg, 8.12.1994 (obiter), NJW-RR 1995, 790 = AfP 1996, 69 m. abl. Anm. *Ehmann/Thorn*, AfP 1996, 20.

[1033] So geschehen in der Entscheidung BGH, Urt. v. 19.12.1995, NJW 1996, 1128 = BGHZ 131, 332; OLG Köln, Urt. v. 22.5.1973, OLGZ 1973, 330, (335), damals noch unter der Geltung von Art. 12 EGBGB.

anwendbares Recht auswählen kann, oder daß sich das anwendbare Recht mosaikartig zusammensetzt.

III. Die Literatur bei Persönlichkeitsrechtsverletzungen durch die Presse

Die deutsche Literatur befaßt sich etwa seit den 80er Jahren intensiver mit dem Kollisionsrecht bei Persönlichkeitsrechtsverletzungen durch Massenmedien.[1034] Dabei gibt es eine Fülle von verschiedenen Ansätzen, insbesondere was die Beschränkung der Erfolgsorte betrifft, so daß hier nur versucht werden kann, einen Überblick zu verschaffen, um anschließend einen Vergleich zum französischen Recht zu ziehen.

1. Bestimmung des Tatorts

Grundsätzlich hält die deutsche Literatur an der Geltung der Tatortregel auch im Bereich der Persönlichkeitsrechtsverletzungen durch die Presse fest. So soll Handlungsort i.d.R. der Verlagsort[1035] bzw. Erscheinungsort sein. Umstritten ist jedoch, was als Erfolgsort gelten soll. Es gibt aber auch Stimmen, die gegen die Anwendung der Tatortregel und stattdessen für einen einzigen Anknüpfungsort plädieren, sei es, daß dieser der Lebensmittelpunkt des Verletzten[1036] oder der Verbreitungsort als Handlungsort sein soll[1037].

2. Beschränkung des Erfolgsorts

Da das Kriterium der Rechtsprechung, als Erfolgsort der Tat jeden Ort der bestimmungsgemäßen Verbreitung zu betrachten, in Fällen internationaler Presse-

[1034] *Wagner*, Das Internationale Privatrecht bei Persönlichkeitsrechtsverletzungen; *Schwiegel-Klein*, Persönlichkeitsverletzungen durch Massenmedien; *Riegl*, Streudelikte im IPR.
[1035] *Thümmel/Schütze*, JZ 1977, 786, (787); *Ehmann/Thorn*, AfP 1996, 20, (23).
[1036] Vgl. *Hohloch*, ZUM 1986, 176, (179), der eine ubiqitäre Anknüpfung für unnötig hält, weil das Opfer nicht mehr Schutz als in seiner Umwelt benötige.
[1037] So *Schack*, UFITA 108, 51, (64), der mangels Belegenheit der Persönlichkeit keinen Erfolgsort ausmachen kann; *v. Bar*, Waseda FS (1988), S. 575, (588).

erzeugnisse zur Geltung einer Vielzahl von möglichen Rechten führt, sucht die Literatur nach anderen Möglichkeiten der Beschränkung.

a) Gewöhnlicher Aufenthalt / engste Verbindung

Die wohl am stärksten verbreitete Ansicht will zur Ermittlung des Erfolgsorts an den gewöhnlichen Aufenthaltsort des Opfers bzw. dessen engste Verbindung zu einem Staat anknüpfen.[1038] Begründung dafür ist, daß dies der Ort sei, an dem das Verhältnis des Verletzten zu seiner sozialen Umwelt im Regelfall am stärksten beeinträchtigt wird.[1039] Ferner sei dies auch die einzige technische Möglichkeit, einen einheitlichen Anknüpfungspunkt zu finden[1040], da bei der Anknüpfung an die Verbreitung immer mehrere Rechte nebeneinander stünden, was aufgrund der Einheitlichkeit des Delikts nicht erwünscht sei.
Diese Ansicht hat die Rechtsprechung bisher ausdrücklich abgelehnt, weil die Anwendung des Rechts am Wohnort des Verletzten für den Haftenden, der sich nur auf die Normen der Verbreitungsgebiete einstellt, nicht vorhersehbar sei.[1041] Kritisiert wird ferner, daß dadurch die Berichterstattung erheblich erschwert würde, weil auf den gewöhnlichen Aufenthalt oder Lebensmittelpunkt jedes einzelnen Betroffenen Rücksicht genommen werden müßte.[1042] Die einheitliche Geltung der Standards am Verbreitungsort sei aber auch im Interesse einer gleichmäßigen Beurteilung von Persönlichkeitsrechtsverletzungen durch Massenmedien geboten.[1043]

1038 *Staudinger/v. Hoffmann*, Art. 38 EGBGB, Rn. 485; *Schwiegel-Klein*, S. 82, *Ehmann/Thorn*, AfP 1996, 20, (23); *Beitzke*, Rec. des Cours de la Haye, 1965, II, 67, (88); *Junker*, S. 390, Rn. 455; *Gleichauf*, S. 297; *Kropholler*, S. 457, § 53 VI.4, der an die engste Verbindung anknüpfen will; beides in Betracht ziehend: *Heldrich*, FS Zajtay, 215, (230, 232).
1039 Vgl. *Junker*, S. 390, Rn. 455; *Staudinger/v. Hoffmann*, Art. 38 EGBGB, Rn. 485.
1040 So *Staudinger/v. Hoffmann*, Art. 38 EGBGB, Rn. 485.
1041 In diesem Sinne BGH, Urt. v. 3.5.1977, NJW 1977, 1590, (1591); a. A. *Staudinger/v. Hoffmann*, § 38 EGBGB, Rn. 486, der argumentiert, auch ohne planmäßige Verbreitung am Wohnsitz des Verletzten sei das Risiko für den Haftenden kalkulierbar, da er den Lebensbereich der betroffenen Person kennt bzw. bei sorgfältiger Recherche kennen müßte.
1042 Vgl. *v. Bar*, Waseda-FS, S. 575, (588, 589).
1043 Vgl. dazu *Looschelders*, ZVglRWiss 95 (1996), 48, (79).

b) Erhebliche Verbreitung

Eine zweite Möglichkeit, die von *Wagner* vertreten wird, ist die Anknüpfung an den Ort der erheblichsten Verbreitung: Kriterium für die Beschränkung der Erfolgsorte ist die Quantität der Verletzung.[1044] Dies soll anhand von drei feststehenden Kriterien ermittelt werden[1045]: wählbar soll erstens das Recht des Staates sein, mit dem der Verletzte zum Zeitpunkt der Verletzung die engste Verbindung hatte, denn dort sei die Intensität der Verletzung besonders groß. In Betracht komme zweitens das Recht des Verbreitungsstaates, in dem das Hauptabsatzgebiet des Druckerzeugnisses liege (das Recht am Handlungsort solle dabei aber außer Betracht bleiben) und drittens käme es noch auf das Recht des Verbreitungsstaates an, in dem sich ein etwaiges Geschehen abspiele, auf das sich die in Frage stehende Äußerung beziehe. Auf diese Weise seien die möglichen Erfolgsorte auf die Wesentlichen reduziert, unter denen der Verletzte, neben dem Recht des Handlungsortes, wählen könne.[1046]
Gegen diesen Vorschlag spricht v.a. seine Komplexität bei der Ermittlung des anwendbaren Rechts.[1047] Zwar ist die Anzahl der möglichen Rechte aus guten Gründen reduziert, dennoch stehen dem Kläger möglicherweise vier verschiedene Rechtsordnungen zur Verfügung, die nicht immer leicht zu ermitteln sind. Dies wird in der Praxis kaum Resonanz finden. Dazu kommt die Überlegung, daß sich eine solche Regel aufgrund ihrer Komplexität auch international kaum durchsetzen ließe. Nur dann aber wäre der Weg für ein einheitliches Kollisionsrecht frei.

c) Einschränkung auf der Ebene materiellen Rechts

Ein weiterer Ansatz liegt darin, nicht schon auf kollisionsrechtlicher Ebene die Anzahl der Verbreitungsorte einzuschränken, sondern erst auf der Ebene des

---

[1044] So *Wagner*, S. 84 ff; ähnl. *v. Bar*, Waseda FS, 575, (590), der den Verbreitungsort als Handlungsort sieht.
[1045] Vgl. *Wagner*, S. 84 ff.
[1046] Vgl. *Wagner*, S. 78 ff.
[1047] Mangelnde Praktikablität wirft ihm vor: *Nixdorf*, GRUR 1996, 842, (844).

materiellen Rechts: So solle eine schwache Beziehung zu einem Land oder mangelnde Vorhersehbarkeit der Verbreitung auf der materiellrechtlichen Ebene, z.B. im Rahmen der Tatbestandsmäßigkeit oder der Vorwerfbarkeit des Eingriffs berücksichtigt werden.[1048] Allerdings würde auf diese Weise die Anzahl der Erfolgsorte nur minimal reduziert, so daß das Problem, wie mit einer Vielzahl von Erfolgsorten zu verfahren ist, bestehen bliebe. Eine andere Ansicht will zwar alle Verbreitungsorte zulassen[1049] (jedoch nicht das Recht des Handlungsortes), aber im Rahmen der Anwendung des Rechts am Erfolgsort die tatsächlichen Auswirkungen des am Handlungsort geltenden Rechts berücksichtigen.[1050] Auch dabei wird die Zahl der Orte, deren Recht anwendbar sein könnte, kaum reduziert.

d) Mosaikbeurteilung

Alle Ansichten, die den Erfolgsort nicht auf einen einzigen reduzieren (gewöhnlicher Aufenthalt, engste Verbindung zu einem Staat), stehen vor dem Problem, daß nun eine Vielzahl von Rechten auf die Persönlichkeitsverletzung anwendbar sein könnte. Um den Verletzten durch die Wahl des für ihn am günstigsten Recht nicht unangemessen zu bevorteilen[1051], wird eine räumliche Beschränkung der Geltung der anwendbaren Rechtsordnungen auf den Schaden im jeweiligen Verbreitungsgebiet vertreten, sogenannte Mosaikbeurteilung.[1052] Gegen diese Ansicht wird eingewandt, daß das Persönlichkeitsrecht als ideelles Recht unteilbar und eine Parzellierung von Ansprüchen aus der Verletzung eines einzigen Rechtsguts unbefriedigend sei.[1053] Entscheidend für die Mosaikbeurteilung spricht jedoch, daß jedes Recht grundsätzlich nur für die in seinem

[1048] So wohl *MünchKomm/Kreuzer*, Art. 38, Rn. 216.
[1049] *Looschelder*, ZVglRWiss 95 (1996), 48, (78).
[1050] *Looschelders*, ZVglRWiss 95 (1996), 48, 70, (75).
[1051] So aber *Thümmel/Schütze*, JZ 1977, 786, (787).
[1052] So *MünchKomm/Kreuzer*, Art. 38 EGBGB Rn. 216; *Kegel*, S. 541, *Looschelders*, ZVglRWiss 95 (1996), 48, (81); *Soergel/Lüderitz*, Art. 38 EGBGB, Rn. 38 Rn. 16; *Hillgenberg*, NJW 1963, 2198, 2200.
[1053] Dazu *Staudinger/v. Hoffmann*, Art. 38, Rn. 484; *Hohloch*, ZUM 1986, 165, (178); ähnlich auch *Nixdorf*, GRUR 1996, 842, (844), der argumentiert, eine Parzellierung widerspreche dem Anliegen des deutschen Internationalen Privatrechts, einheitliche Rechtsverhältnisse möglichst auch einheitlich, d.h. als Ganzes einer bestimmten Rechtsordnung zuzuordnen.

Geltungsbereich eintretenden Rechtsgutsverletzungen maßgeblich ist[1054]: Ist der Eingriff in das Persönlichkeitsrecht nach der einen Rechtsordnung für rechtmäßig zu erachten, so kann er in bezug auf die Verbreitung des Mediums im Geltungsbereich dieser Rechtsordnung aber nicht allein deshalb deliktische Ansprüche auslösen, weil das betreffende Medium in einem weiteren Staat verbreitet worden ist, nach dessen Recht die Verletzung rechtswidrig ist.[1055] Ein solches Ergebnis rechtfertigt auch das Argument der Unteilbarkeit des Persönlichkeitsrechts nicht.

Eine Ungereimtheit besteht bei der Mosaikbetrachtung jedoch noch in Bezug zum Recht des Handlungsortes. Dieses Recht ist nach herrschender Meinung berufen, über die Verletzung des Persönlichkeitsrechts insgesamt zu entscheiden, so daß auch ein Erfolg in einem anderen Staat, der nach dem dortigen Recht keinen Anspruch auslösen würde, nach dem Recht des Handlungsortes möglicherweise anders beurteilt würde. Dieses Argument kann jedoch dadurch entkräftet werden, dass das Recht des Handlungsortes dasjenige Recht ist, das durch die Handlung mit der ganzen Tat verbunden ist. Ferner steht es im Einflußbereich des Presseunternehmens und es erschiene daher unangemessen, dieses Recht zu Lasten des Opfers räumlich zu beschränken, zumal dann keine Rechtsordnung mehr insgesamt die Rechtsgutsverletzung beurteilen könnte.

Problematisch ist jedoch die mangelnde Praktikabilität der Mosaikbeurteilung.[1056] Die Gerichte wären dadurch berufen, in Fällen von internationaler Verbreitung eine Vielzahl von anwendbaren Rechten zu ermitteln und diese bruchstückhaft auf die Persönlichkeitsverletzung anzuwenden. Dies würde Prozesse dieser Art erheblich in die Länge ziehen und auch die Möglichkeit einer Teilschadensbewertung im Bereich der immateriellen Schäden scheint kaum praktikabel zu sein. Es wäre daher praxisnäher, eine Lösung zu finden, die nur ein einziges Recht als das Recht eines für die Tat charakteristischen Orts beruft.

[1054] Vgl. *MünchKomm/Kreuzer*, Art. 38 EGBGB, Rn. 52; *Kegel*, S. 541.
[1055] So *Looschelders*, ZVglRWiss 95 (1996), 48, (81).
[1056] *G. Wagner*, RabelsZ 62 (1998), 243, (277) ff.; *Ehmann/Thorn*, AfP 1996, 20, (23).

C. Ergebnis

In Deutschland werden Verletzungen der Privatsphäre bzw. des Rechts am eigenen Bild deliktisch qualifiziert. Es ist davon auszugehen, daß trotz der Reform des Kollisionsrechts der außervertraglichen Schuldverhältnisse und Sachen vom 1.6.1999 im Bereich des Persönlichkeitsrechtsschutzes keine wesentlichen Änderungen der Rechtsprechung erfolgen werden. Der Gesetzgeber hat nämlich davon abgesehen, eine eigene Kollisionsregel für Persönlichkeitsrechtsverletzungen zu schaffen. Die bisherige Rechtsprechung, die die Tatortregel dahingehend konkretisiert hat, daß Handlungsort der Erscheinungsort und Erfolgsort der bestimmungsgemäße Verbreitungsort ist[1057], kann aber auch unter der neuen gesetzlichen Regelung aufrechterhalten werden.
Allerdings hat die Rechtsprechung bis heute noch keine Lösung gefunden, wie im Fall mehrerer Erfolgsorte, d.h. mehrerer anwendbarer Rechte zu verfahren ist. Ob der Verletzte das günstigste Recht wählen kann, oder ob alle anwendbaren Rechte im Wege der Mosaikbetrachtung nebeneinander berufen sind, ist bislang nicht geklärt.
Die Literatur sucht daher nach anderen Lösungen zur Bestimmung des Erfolgsortes. Teilweise wird dabei auf den Ort des gewöhnlichen Aufenthaltes des Verletzten abgestellt[1058], zum Teil wird der Erfolgsort durch die Quantität der Verbreitung[1059] oder auf materiellrechtlicher Ebene[1060] begrenzt.

[1057] Vgl. BGH, Urt. v. 3.5.1977, NJW 1977, 1590.
[1058] So *Staudinger/v. Hoffmann*, Art. 38 EGBGB, Rn. 485, *Schwiegel-Klein*, S. 52; *Ehmann/Thorn*, AfP 1996, 20, (23); *Beitzke*, Rec. des Cours de la Haye, 1965, II, 67, (88); *Junker*, S. 390, Rn. 455;
[1059] *Wagner*, S. 84 ff.
[1060] Vgl. *MünchKomm/Kreuzer*, Art. 38, Rn. 216.

3. Kapitel: Rechtsvergleich und Ausblick

A. Qualifikation

In Frankreich wurde aufgrund der Einführung des Art. 9 CC viel über die Qualifikation von Ansprüchen aus Verletzungen des Privatlebens diskutiert. Vertreten wurde dabei insbesondere eine Subsumtion unter das Personalstatut[1061] und die sogenannten *lois de police et de sûreté*[1062]. Allerdings hat die Rechtsprechung entschieden, daß, wie auch schon in der Vergangenheit, einzig eine Einordnung unter das Deliktsstatut in Betracht kommt.[1063] Dies gilt gleichermaßen für Ansprüche aus der Verletzung des Rechts am eigenen Bild. So ist im Ergebnis festzuhalten, daß in Deutschland und Frankreich im Rahmen von Verletzungen des Privatlebens, wie für Verletzungen des Rechts am eigenen Bild, zur Ermittlung des anwendbaren Rechts gleiche Regeln gelten, nämlich die Anwendbarkeit der *lex loci delicti commissi*. Dies gilt sowohl für Ansprüche auf Schadensersatz als auch für Unterlassungsansprüche.

Auch die Frage nach dem Bestehen der Ansprüche soll in beiden Staaten dem Deliktsstatut unterfallen[1064] und nicht, wie vereinzelt vertreten wird, dem Personalstatut. So war die Entscheidung des Kassationshofs aus dem Jahre 1988, in der er sich für die Anwendbarkeit des Deliktsstatuts aussprach, eine Entscheidung, die den internationalen Entscheidungseinklang förderte: Denn nicht nur in Deutschland, sondern auch in den meisten anderen Staaten kommt das Deliktsstatut im Rahmen von Persönlichkeitsverletzungen zur Anwendung.[1065] Allerdings ist damit eine einheitliche Entscheidung solange nicht gewährleistet, wie das Deliktsstatut im Rahmen von Persönlichkeitsverletzungen nicht einheitlich angewandt wird, wie im folgenden zu zeigen ist.

[1061] Vgl. dazu die Ausführungen von *Légier*, J.-Cl. Droit international, Fasc. 553-1, Rn. 124; *Bourel*, Rec. des Cours de la Haye, 1989, II, S. 315 ff., Rn. 61ff.

[1062] Z.B. *Batiffol/Lagarde*, S. 20, Rn. 392; *Mestre*, S. 239, (240 ff.), Rn. 3 ff.

[1063] Cass. civ. , Urt. v. 13.4.1988, JDI 1988, 752, (753), Anm. *Edelmann*; Rev. crit. DIP 1988, 546, Anm. *Bourel*.

[1064] Für Deutschland: *Wagner*, JZ 1993, 1034 ; für Frankreich: *Bourel*, Anm. Cass. civ. 13.4.1988, Rev. crit. DIP 77 (1988), 546, (549).

[1065] Dazu *Heldrich*, in v. Caemmerer, S. 361, (374).

B. Die Tatortregel

I. Vergleich der gesetzlichen Regelungen

1. Vergleich

In Frankreich hat der Gesetzgeber das Kollisionsrecht im deliktischen Bereich nicht geregelt. Jedenfalls seit der Entscheidung *Lautour* im Jahre 1948[1066] regiert in Frankreich die Tatortregel, d.h. anwendbares Recht ist das des Tatorts. Für Distanz- oder Streudelikte besteht jedoch noch Unsicherheit, ob nur der Schadensort, wie bislang von der herrschenden Meinung angenommen, oder auch das Recht des Handlungsortes anwendbar sein kann. Denkbar erscheint eine Anknüpfung an das Recht des Handlungsortes z.B. in Fällen, in denen dieses eine besondere Nähebeziehung zur Tat begründet. Mangels einer Kodifizierung bzw. einer eindeutigen Rechtsprechung herrscht in Frankreich im Bereich des Internationalen Privatrechts viel Unsicherheit.

Im deutschen Recht besteht nach der Reform des Kollisionsrechts der außervertraglichen Schuldverhältnisse und Sachen vom 1.6.1999 die Gleichrangigkeit von Handlungs- und Erfolgsort nicht mehr: Der Gesetzgeber hat sich für den Vorrang des Handlungsortes entschieden, weil durch die Anknüpfung an den Handlungsort meist nur eine einzige Rechtsordnung zur Anwendung kommt. Auf diese Weise soll den Gerichten die Arbeit erleichtert werden, die bis dahin Gefahr liefen, mit der Ermittlung der Rechte an Handlungs- und Erfolgsort befaßt zu sein, um anschließend das dem Verletzten günstigste Recht anwenden zu können.[1067] Um Sicherheit in Bezug auf das anwendbare Recht zu schaffen und den Prozeß zu beschleunigen, hat der Gesetzgeber die Wahlmöglichkeit des Verletzten auf die erste Instanz bis zum frühen ersten Termin bzw. dem schriftlichen Vorverfahren begrenzt.

1066 Cass. civ., Urt. v. 25.5.1948, Rev. crit. DIP 1949, 89, Anm. *Battifol*; JCP 1948 II, 4532, Anm. *Vasseur*; *Ancel/Lequette*, S. 145, Nr. 19.

1067 Dazu *Wagner*, IPRax 1998, 429, (433), der bezweifelt, daß die primäre Anknüpfung an den Handlungsort den Richter tatsächlich entlasten wird. Denn der Günstigkeitsvergleich sei eine „unerhört effiziente Methode, um einem deutschen Gericht die Anwendung des deutschen Rechts zu ermöglichen."

2. Stellungnahme

Insgesamt ist die Lösung des deutschen Gesetzgebers sehr praxisorientiert, während der Kassationshof mit seinen Entscheidungen viel Unsicherheit ausgelöst hat. In Frankreich wäre deshalb eine Kodifizierung des Kollisionsrechts durchaus wünschenswert, weil die Rechtsprechung dort z.T. sehr uneinheitlich ist. Bislang hat der Gesetzgeber dazu verschiedentlich angesetzt, jedoch konnte keine der Gesetzesinitiativen zum Erfolg geführt werden.[1068]

II. Die Rechtslage bei Persönlichkeitsrechtsverletzungen durch die Presse

1. Handlungsort

a) Vergleich

Der Kassationshof hat im Rahmen von Pressedelikten den Verbreitungsort eines Druckerzeugnisses zum Handlungsort erklärt. Bis dahin bestanden in Frankreich Zweifel an der Rolle des Verbreitungsortes, der z.T. als Handlungsort, z.T. aber auch als Erfolgsort angesehen wurde. Die Rechtsprechung hatte bis dahin eher den Ort der Veröffentlichung bzw. Erscheinung als Handlungsort angesehen. Dies ist auch die Ansicht des BGH, der den Erscheinungsort zum Handlungsort erklärt hat.

b) Stellungnahme

Die Entscheidung des Kassationshofes bedeutet für die Praxis, daß in Frankreich nunmehr im Fall internationaler Verbreitung von Presseerzeugnissen keine Rechtsordnung allein berufen ist, über das gesamte Delikt der Persönlichkeitsverletzung zu entscheiden. Selbst wenn ein französisches Gericht aufgrund einer Zuständigkeit für den gesamten Schaden (z.B. am Ort des Sitzes des Her-

---

[1068] Dazu *Légier*, J.-Cl. Droit international, Fasc. 553-1, Rn. 34 mit Hinweis auf die Fundstellen der Gesetzesentwürfe: Rev. crit. DIP 1950, 111; Rev. crit. DIP 1970, 832; Rev. crit. DIP 1970, 835.

ausgebers nach Art. 2 Abs.1 EuGVÜ bzw. Art. 42 NCPC, am Ort der Niederlassung des Herausgebers nach Art. 5 Nr. 3 EuGVÜ oder am Erscheinungsort gem. Art. 46 Abs. 3 NCPC) über den gesamten Vorgang der Persönlichkeitsverletzung zu entscheiden hätte, so müßte im Rahmen des anwendbaren Rechts auf das Recht aller Verbreitungsorte abgestellt werden, wobei im Ergebnis jedes Recht nur für den Schaden, der auf seinem Geltungsgebiet entstanden ist, anwendbar wäre. Dies würde zu einer mosaikartigen Anwendung der Rechte führen, die dogmatisch eine saubere Lösung darstellt, da jedes anwendbare Recht nur für sein Gebiet gelten würde. Andererseits würde den Gerichten die Arbeit erheblich erschwert, da sie mit der Ermittlung und Anwendung einer Vielzahl von ausländischen Rechten konfrontiert wären.

Damit steht die Entscheidung des Kassationshofes, den Verbreitungsort als Handlungsort zu betrachten, in Kontrast zu der Entscheidung des EuGH im Fall *Shevill ./. Presse Alliance SA*[1069] und seiner eigenen Rechtsprechung im Rahmen der internationalen Zuständigkeit für ein Streudelikt[1070], wo eine Gesamtzuständigkeit am Ort der Niederlassung des Herausgebers bzw. am Erscheinungsort festgelegt wurde. Damit besteht in Frankreich kein Gleichlauf zwischen der Einordnung von Handlungs- und Erfolgsort im internationalen Privatrecht und der Einordnung im Rahmen der internationalen Zuständigkeit. Da die Bereiche vom Ansatz aber identisch sind, ist die unterschiedliche Bewertung der Rechtssicherheit nicht förderlich.

In Deutschland hingegen kann das Recht des Erscheinungsortes allein über den gesamten Schaden entscheiden, sofern eine Gesamtkompetenz für den Schaden aufgrund der Niederlassung des beklagten Presseunternehmens in Deutschland besteht. Dieses Recht am Handlungsort wäre zudem nach der neuen Regelung des Art. 40 Abs. 1 EGBGB immer dann berufen, wenn der Kläger das Recht am Erfolgsort nicht ausdrücklich wählt.

Im Ergebnis gestaltet sich damit in Deutschland die Rechtsanwendung bei Rückgriff auf das Recht des Handlungsortes wesentlich einfacher als in Frankreich. Aufgrund der bestehenden Wahlmöglichkeit des anwendbaren Rechts ist das deutsche Recht für den Verletzten auch günstiger.

[1069] EuGH, Urt. v. 7.3.1995, NJW 1995, 1881.
[1070] Cass. civ., Urt. v. 16.7.1997, D. 1997, inf. rap., 179, Anm. *Huet*, JDI 1998, 136.

2. Erfolgsort

a) Vergleich

Hinsichtlich des Rechts am Erfolgsort besteht hingegen eine Annäherung beider Rechtsordnungen: Diesen siedeln sowohl Kassationshof als auch BGH am Verbreitungsort des Druckerzeugnisses an. Anders als der Kassationshof, der hier den Ort des Schadeneintritts sieht, handelt es sich für den BGH jedoch um den Verletzungsort. Dies ist rechtssystematisch begründet[1071], macht aber im Ergebnis keinen Unterschied, solange es, wie hier, nicht um entfernte (Folge)-Schäden, sondern um die primäre Verletzung der Persönlichkeit geht: Dann liegen sowohl der Verletzungsort als auch der Schadensort am Verbreitungsort, denn dort nimmt der Leser von dem Artikel Kenntnis. Durch diese Kenntnisnahme tritt die Verletzung der Persönlichkeit ein und zugleich ein etwaiger immaterieller Schaden des Opfers.
Im Ergebnis liegt der Unterschied beider Rechtsprechungen darin, daß aufgrund der verschieden eingeordneten Handlungsorte (Erscheinungort/Verbreitungsort), aber der gleichen Erfolgsorte in Frankreich auf diese Weise ein Platzdelikt, in Deutschland ein Streudelikt entsteht.

b) Stellungnahme

Konsequenzen ergeben sich aus der Bewertung des Verbreitungsorts als Erfolgsort insbesondere in Verbindung mit der internationalen Zuständigkeit der Gerichte: In beiden Rechtsordnungen bedeutet dies in Bezug auf die Zuständigkeit der Gerichte, daß sich im Falle einer Gesamtkompetenz für den Schaden das anwendbare Recht aus allen Rechtsordnungen der Staaten zusammensetzte, in denen das Druckerzeugnis verbreitet wurde (Mosaikbetrachtung). Die Möglichkeit, daß allein das Recht eines Verbreitungsortes angewandt würde, das dem Verletzten am günstigsten wäre, scheint nicht sehr realistisch zu sein. Zwar wäre es für die Gerichte die einfachste Lösung, weil nur eine Rechtsordnung anwendbar wäre, allerdings hieße es gleichzeitig dem Verletzten eine Wahlmög-

---

[1071] Siehe die Ausführungen zu diesem Problem unter 5. Teil, 1. Kap., B., I.

lichkeit einzuräumen, die mit der ursprünglichen Tatortregel, die maximal an die Auswahl zwischen zwei Rechten gedacht hat, zu keiner Zeit bezweckt war.[1072]

In Deutschland wird die Zahl der Verbreitungsorte zumindest dadurch begrenzt, daß die Rechtsprechung sowohl im Rahmen der Zuständigkeit am Erfolgsort, als auch für das anwendbare Recht eine bestimmungsgemäße Verbreitung fordert.[1073] Fraglich ist in diesem Zusammenhang, ob dies auch in Frankreich gilt, denn der Kassationshof hat den Begriff der Verbreitung bislang nicht definiert. Aufgrund der Ausgestaltung als Platzdelikt spricht jedoch nichts dafür, daß eine zufällige, d.h. vom Presseunternehmen nicht gesteuerte Verbreitung zur Bestimmung des anwendbaren Rechts herangezogen werden könnte: Der Kassationshof versteht den Ort der Verbreitung ja nicht nur als Erfolgsort, sondern auch als Handlungsort.[1074] Das bedeutet, daß dieser Ort allein durch die Handlung des Presseunternehmens begründet wird. Damit ist kein Platz für Handlungen von Dritten, die das Druckwerk an andere Orte verbringen könnten, um so einen Verbreitungsort zu begründen. Es scheidet daher auch in Frankreich für die Bestimmung des Verbreitungsortes jede nicht bestimmungsgemäße Verbreitung des Presseerzeugnisses aus.

Im Ergebnis wird der Kassationshof also in jedem Fall einer Persönlichkeitsverletzung durch die Presse eine Mosaikbetrachtung vornehmen müssen, wenn der Gesamtschaden in Frankreich eingeklagt wird; in Deutschland ist dies nur der Fall, wenn der Verletzte ausdrücklich die Anwendung des Rechts des Erfolgsorts wählt.

C. Ausblick: Die Schaffung einer einheitlichen Kollisionsnorm

Solange das materielle Recht zum Schutz der Persönlichkeit nicht vereinheitlicht ist, wäre es der Rechtssicherheit und -klarheit förderlich, wenn jedenfalls für die europäischen Staaten im Rahmen des Persönlichkeitsschutzes eine einheitliche Kollisionsnorm bestünde.

[1072] Vgl. *Staudinger/v. Hoffmann*, Art. 38 EGBGB, Rn. 484; a.A. *Erman/Hohloch*, Art. 38, Rn. 9; *Thümmel/Schütze*, JZ 1977, 786, (787).

[1073] Vgl. BGH, Urt. v. 3.5.1977, NJW 1977, 1590, (1591).

[1074] Cass. civ., Urt. v. 14.1.1997, Rev. crit. DIP 86 (1997), 504, Anm. *Bischoff*; D. 1997, 177, Anm. *Santa-Croce*.

Bestrebungen dieser Art gibt es schon seit geraumer Zeit.[1075] Bislang konnte sich hier nur eine Einigung auf vertraglicher Ebene durchsetzten.[1076] Durch den Vertrag von Amsterdam, der eine Verbesserung der justitiellen Zusammenarbeit zwischen den Mitgliedsstaaten festschreibt, sind die Beratungen über die Einführung eines Übereinkommens über das auf außervertragliche Schuldverhältnisse anzuwendende Recht wieder aufgenommen worden.[1077]

I. Entwurf der Europäischen Gruppe für Internationales Privatrecht

Die Arbeitsgruppe der (privaten) Europäischen Gruppe für Internationales Privatrecht hat im September 1998 einen Vorschlag zur Vereinheitlichung des Kollisionsrechts der außervertraglichen Schuldverhältnisse gemacht.[1078]
In Art. 3 des Entwurfes wird die generelle Anknüpfungsregel aufgezeigt, die auf den Ort mit der engsten Verbindung zum Delikt verweist: Diese kann nach Art. 3 Nr. 2 des Entwurfes am gemeinsamen gewöhnlichen Aufenthalt der Parteien bestehen oder, wenn ein solcher nicht existiert, am Handlungs- oder Erfolgsort der Tat. In Art. 4 des Entwurfes werden für Spezialtatbestände Vermutungen für die engste Verbindung aufgestellt: Danach wird im Fall einer Verletzung der Privatsphäre, von Persönlichkeitsrechten oder Diffamierung auf das Recht des Staates abgestellt, in welchem der Schaden (Erfolg) eingetreten ist oder eintreten wird; es wird vermutet, daß der Schaden in dem Land eintritt, in dem die verletzte Person im Zeitpunkt des schädigenden Ereignisses ihren gewöhnlichen Aufenthalt hat (Art. 4 a)).
Bei der Fassung des Entwurfs hat sich damit die Meinung, die in Frankreich maßgeblich von *Bourel*[1079], in Deutschland von weiten Teilen der Literatur[1080]

1075 Dazu *Staudinger/v. Hoffmann*, Art. 38 EGBGB, Rn. 18.
1076 Römisches EWG-Übereinkommen über das auf vertragliche Schuldverhältnisse anzuwendende Recht vom 19.6.1980, abgedruckt in *Jayme/Hausmann*, Nr. 43.
1077 Vgl. *Staudinger/v. Hoffmann*, Art. 38 EGBGB, Rn. 18.
1078 *Proposition pour une convention européenne sur la loi applicable aux obligations non contractuelles - texte adopté lors de la réunion de Luxembourg du 25 - 27 septembre 1998*; zum Vorentwurf *Jayme*, IPRax 1998, 140, (141).
1079 *Bourel*, Rec. des Cours de la Haye, 1989, II, S. 255, (336), Rn. 90 ff.
1080 *Hohloch*, ZUM 1986, 165, (178); *Beitzke*, Rec. des Cours de la Haye, 1965, II, 67, (88); *Ehmann/Thorn*, AfP 1996, 20, (23); *Schwiegel-Klein*, S. 82; *Staudinger/v. Hoffmann*, § 38 EGBGB, Rn. 485, die aber bis auf *Hohloch* alle nur den Erfolgsort am Wohnsitz sehen und folglich die Möglichkeit der Anknüpfung an den Handlungsort bestehen lassen wollen.

vertreten wird, durchgesetzt, die für eine Anknüpfung an den gewöhnlichen Aufenthaltsort des Verletzten plädiert.

Im Ergebnis haben sich die Verfasser des Entwurfs damit von den Lösungen der Rechtsprechung in Deutschland und Frankreich gelöst und einen neuen Weg beschritten. Ob sich dieser Weg wird durchsetzen können, ist fraglich, denn er vernachlässigt die Tatortregel, die im Deliktsrecht traditionell die Kollisionsregel verkörpert. Der Entwurf gibt mit der Suche nach der engsten Verbindung der Tat, die vorzugweise im gemeinsamen Aufenthalt der Parteien und erst in zweiter Linie im Tatort gesehen wird, einer Tendenz der deutschen Rechtsprechung nach, die das Deliktsstatut schon seit längerer Zeit auflockert.[1081] In Frankreich hingegen sind solche Tendenzen nicht vorhanden, im Gegenteil, der Kassationshof schiebt derlei Versuchen der Untergerichte immer wieder einen Riegel vor.[1082]

Mit der Regel in Art. 4 a) des Enwurfes, d.h. der Anknüpfung von Persönlichkeitsverletzungen an den gewöhnlichen Aufenthaltsort des Opfers, haben die Verfasser des Entwurfes eine der Rechtsanwendung förderliche, weil einfache Lösung gefunden, da sie nur ein einziges Recht beruft. Die Anwendung dieses Rechtes scheint auch nicht an mangelnder Vorhersehbarkeit für die Presseunternehmen zu scheitern[1083], da diese den gewöhnlichen Aufenthalt des Betroffenen ermitteln können. Maßgeblich gegen diese Kollisionsregel spricht jedoch, daß nunmehr möglicherweise auf einen Sachverhalt unterschiedliche Rechte angewendet werden müssen, je nach dem, welchen gewöhnlichen Aufenthalt die betroffenen Personen haben. Auch damit wird, was sonst den Vertretern der Mosaikbetrachtung vorgeworfen wird[1084], ein einheitlicher Lebenssachverhalt auseinandergerissen. Zudem ist fraglich, ob der Wohnort des Opfers überhaupt der Ort ist, zu dem die engste Verbindung besteht. Die Vertreter dieser Ansicht argumentieren, daß die Beziehung des Verletzten zu seiner sozialen Umwelt am

---

[1081] Dazu z.B. *Kegel*, § 18, IV, 1.b), S.541 ff.; *Junker*, S. 382, Nr. 446 ff.; *Firsching/v. Hoffmann*, S. 404, Rn. 32 ff.

[1082] Cass. civ., Urt. v. 25.5.1948, Rev. crit. DIP 1949, 89, Anm. *Batiffol*; D. 1948, 357; JCP 1948, II, 4532, Anm. *Vasseur*; *Ancel/Lequette*, Nr. 19; dazu auch *Audit*, S. 639, Rn. 775 mit weiteren Nachweisen aus jüngster Zeit.

[1083] So aber BGH, Urt. v. 3.5.1977, NJW 1977, 1590, (1591), der u.a. deswegen eine Kompetenz der Gerichte am Wohnort des Verletzten ablehnte.

[1084] Dazu *Staudinger/v. Hoffmann*, Art. 38 EGBGB, Rn. 484 mit weiteren Hinweisen.

Wohnsitz des Rechtsgutsträgers am stärksten beeinträchtigt wird[1085]. Wird nun ein Presseerzeugnis am Ort des gewöhnlichen Aufenthalts des Opfers verbreitet, mag es sein, daß es die Auswirkungen der Tat am ehesten dort spürt und damit auch eine Rechtsgutsverletzung aus Sicht des Opfers dort eintritt. Findet jedoch am Wohnort des Verletzten keine Verbreitung statt, so wird das Opfer nach der oben geschilderten Ansicht keinerlei Auswirkungen der Tat, z.B. durch das Verhalten seiner Mitmenschen spüren.[1086] Dann wäre aber trotz möglicherweise massiver Eingriffe in das Privatleben durch das Presseunternehmen weder eine Verletzung noch ein Schaden entstanden. Es kann ist daher nicht überzeugend, daß der Wohnort des Opfers als engste Verbindung zur Tat für das anwendbare Recht maßgeblich sein soll.

II. Stellungnahme / Eigener Ansatz

Vielmehr kommt der Verbreitungsort des Druckwerks als Ort der engsten Verbindung zur Tat in Betracht: Hier handelt das Presseunternehmen und hier entsteht - unabhängig von der Kenntnis des Opfers von der Verbreitung - die Rechtsgutsverletzung bzw. der Schaden. Denn beide liegen darin begründet, daß die Leser des Druckwerks den Eingriff in die Privatsphäre des Verletzten zur Kenntnis nehmen.[1087] Beweggrund des Unternehmens ist es doch gerade, einen solchen Artikel zu drucken und dadurch die Leserschaft anzuziehen, das Produkt zu kaufen und zu lesen. Das Opfer nimmt Schaden, indem es in der all-

[1085] So *Staudinger/v. Hoffmann*, Art. 38 EGBGB, Rn. 485.
[1086] Ähnlich BGH, Urt. v. 3.5.1977, NJW 1977, 1590, (1591).
[1087] Ähnlich *Looschelders*, ZVglRWiss. 95 (1996), 48, (76 ff.), der jedoch den Verbreitungsort als Erfolgsort betrachtet und bezüglich der Lokalisierung der Rechtsgutsverletzung zwischem dem Schutz des einzelnen als Individuum und dem Schutz des einzelnen in seiner Beziehung zur Umwelt unterscheidet: Individualitätsverletzungen lokalisiert er nach dem Recht des Staates, auf dessen Gebiet sich der einzelne aufgehalten hat, als die verletztende Handlung in seine Sphäre eingedrungen ist, die Störung des Anerkennungsverhältnisses soll sich nach dem Recht des Ortes richten, an dem die betreffenden Tasachen Dritten unmittelbar zur Kenntnis gebracht werden; Vgl. auch *Staudinger/v. Hoffmann*, Art. 38 EGBGB, Rn. 483, der den Erfolgsort auf diese Weise charakterisiert, aber im Ergebnis doch für eine Anknüpfung an den gewöhnlichen Aufenthalt des Trägers des verletzten Rechtsgutes plädiert; BGH, Urt. v. 3.5.1977, NJW 1977, 1590, (1591), der auch auf die Kenntnis der Leser für die Rechtsverletzung abstellt.

gemeinen Meinung herabgewürdigt wird, bzw. Teile des Privatlebens öffentlich werden, die aus Sicht des Opfers nicht in die Öffentlichkeit gelangen sollten. Dem Verletzten geht es darum, daß die Öffentlichkeit keine Kenntnis von seinem Privatleben hat. Nur davor soll er bewahrt werden. Die Verbreitung eines verletztenden Druckwerks und die daraus resultierende Kenntnis der Leser ist daher der Umstand, der die engste Verbindung der Tat zur Rechtsordnung eines Staates schafft. Der Wohnort des Verletzten hingegen ist in dieser Beziehung nur nachrangig.

Der Ort der Verbreitung ist zudem ein Ort, auf den auch die Rechtsprechung bislang rekurriert hat: Die französische Rechtsprechung ist inzwischen zu dem Ergebnis gelangt, daß dies der Handlungsort ist und daß dort auch der Schaden eintritt[1088]. Auch die deutsche Rechtsprechung hat den Verbreitungsort bislang immer als Erfolgsort charakterisiert[1089]. Fraglich ist in daher nur, ob der Verbreitungsort der einzige Anknüpfungspunkt sein sollte, wie dies der Kassationshof zuletzt entschieden hat, oder ob der Verbreitungsort als Erfolgsort neben dem Handlungsort als Erscheinungsort stehen sollte.

1. Der Verbreitungsort als alleiniger Anknüpfungspunkt

Im Grunde hat der Kassationshof Recht, wenn er den Handlungsort am Verbreitungsort ansiedelt: Nur durch die Verbreitung eines Druckwerkes wird die Kenntnisnahme durch die Leserschaft ermöglicht, die Veröffentlichung bzw. Erscheinung allein reichen dafür noch nicht aus.[1090] Sie fallen daher eher unter die Kategorie der Vorbereitungshandlung, denn eine konkrete Gefährdung des Rechtsguts geht davon noch nicht aus. Auch der BGH erkennt, daß die Verbreitung Teil der Handlung ist, denn es heißt in der maßgeblichen Entscheidung[1091]:

[1088] Cass. civ., Urt. v. 14.1.1997, Rev. crit. DIP 86 (1997), 504, Anm. *Bischoff*; D. 1997, 177, Anm. *Santa-Croce*.

[1089] BGH, Urt. v. 3.5.1977, NJW 1977, 1590; BGH, Urt. v. 19.12.1995, NJW 1995, 1128.

[1090] In diesem Sinne auch *Santa Croce*, Anm. zu Cass. civ., Urt. v. 14.1.1997, D. 1997, jur., 177, (179); *Mestre*, S. 254, Rn. 24.

[1091] BGH, Urt. v. 3.5.1977, NJW 1977, 1590.

„Es kann keinem Zweifel unterliegen, daß die Verbreitung von Druckerzeugnissen, deren Inhalt unerlaubt in das Persönlichkeitsrecht des Verletzten eingreift, noch einen Teil der Verletzungshandlung selbst darstellt und deswegen den Tatbestand der unerlaubten Handlung (§ 823 I BGB) als eines seiner Teilstücke verwirklicht."

Zwar ging es in der Entscheidung um die internationale Zuständigkeit im Rahmen von § 32 ZPO, da das Gericht den Begehungsort im internationalen Zivilprozeßrecht aber genauso definiert wie im Internationalen Privatrecht, gilt die vorher getroffenen Aussage dort gleichermaßen. Im Ergebnis definiert also auch der BGH den Verbreitungsort als (einen möglichen) Handlungsort.
Ist aber auch der Erfolg der Handlung, nämlich die Kenntnisnahme der Leser dort belegen, liegt, wie auch nach Meinung des Kassationshofes, ein Platzdelikt vor.
Trotz der Logik, die für die Ansicht des Kassationshofes spricht, bestehen erhebliche Bedenken gegen diese Ansicht, zum einen, was das Zusammenspiel mit den Regeln der internationalen Zuständigkeit, zum anderen, was ihre praktische Durchführung betrifft. Im Rahmen der internationalen Zuständigkeit hat sich die Ansicht durchgesetzt, nach der es sich bei Persönlichkeitsverletzungen durch die Presse um Distanz- oder Streudelikte handelt: Die Gerichte müßten nach europäischem, deutschen und französischem Recht einen Handlungs- und Erfolgsort bestimmen und danach über ihre Zuständigkeit entscheiden. Anschließend wären sie aufgefordert, den gleichen Sachverhalt als Platzdelikt zu bewerten, um das anwendbare Recht zu bestimmen.
Die Alternative, auch die internationale Zuständigkeit nach der neuen Regel des Kassationshofes zu bestimmen, überzeugt ebenfalls nicht: Wenn es sich bei den Persönlichkeitsverletzungen um Platzdelikte handelt, für die die Gerichte am Verbreitungsort zuständig sind, so wäre es logisch, daß sich auch nur die Kompetenz der Gerichte auf den jeweiligen Verbreitungsort bezieht. Dann müßte der Verletzte, wenn er am Tatort klagen wollte, an jedem Tatort (Verbreitungsort) gesondert den dort erlittenen Schaden einklagen.[1092] Er wäre also gezwungen, im Falle internationaler Verbreitung eines Druckerzeugnisses eine Vielzahl von Klagen in verschiedenen Staaten zu erheben. Dies kann jedoch nicht die Inten-

[1092] So auch der Vorschlag von *Mestre*, S. 256, Rn. 26.

tion des Gerichtsstandes am Tatort sein, der als Wahlgerichtsstand dem Kläger eine zusätzliche Klagemöglichkeit bieten soll. Eine derartige Aufsplitterung grenzt jedoch schon an Verweigerung eines Gerichtsstandes und ist daher abzulehnen. Schon wegen des fehlenden Einklangs mit den Regeln der internationalen Zuständigkeit kann daher die Regel des Kassationshofes nicht überzeugen.
Gegen die Lösung, den Verbreitungsort als alleinigen Anknüpfungspunkt zu betrachten, spricht ferner, daß die Gerichte, soweit eine Gesamtzuständigkeit für den Schaden besteht, das anwendbare Recht mosaikartig zusammensetzen müßten. So müßte z.B. im Fall einer Zeitschrift, die einen persönlichkeitsverletzenden Artikel enthielte und in zwölf Staaten verbreitet würde, das Gericht das Deliktsrecht von zwölf Staaten ermitteln und anschließend feststellen, zu welchem Teil der Verletzte in dem jeweiligen Staat einen Schaden erlitten hat. Da die Anknüpfung allein an den Verbreitungsort nun die Regel wäre, müßten die Gerichte in jedem Fall einer grenzüberschreitenden Persönlichkeitsverletzung durch die Presse eine solche Mosaikbetrachtung vornehmen. Hier scheint aber für die Gerichte die Grenze des Zumutbaren erreicht.
Selbst wenn durch Beschränkung der Verbreitungorte auf materieller Ebene (z.B. im Rahmen der Tatbestandsmäßigkeit) die Orte ausschieden, zu denen nur ein geringer Bezug bestünde[1093], weil nur eine geringfügige Verbreitung stattfand, bliebe immer noch eine zu große Anzahl von Verbreitungsorten zu berücksichtigen: Auf diese Weise würden nur die Orte ausgeschlossen werden, zu denen eine mehr zufällige Verbindung besteht. Daneben blieben jedoch noch alle Orte bestehen, an denen das Presseunternehmen sein Produkt in nicht nur geringfügiger Weise bestimmungsgemäß verbreitet hat. Dieses Ergebnis ist aber im Hinblick auf die Ermittlung des anwendbaren Rechts weder für die Gerichte noch für den Verletzten ein befriedigender Zustand.
Eine zweite Möglichkeit wäre die Beschränkung auf einen einzigen Verbreitungsort: Hier böte sich der Ort mit der stärksten Verbreitung an, weil hier das Rechtsgut des Verletzten am stärksten beeinträchtigt ist. Dadurch würde jedenfalls ein Nebeneinander von verschiedenen Rechtsordnungen vermieden und es wäre eine für die Rechtsprechung praktikable Lösung gefunden. Problematisch ist jedoch, daß auf diese Weise wohl immer das Recht des Orts der Niederlas-

---

[1093] So aber *MünchKomm/Kreuzer*, Art. 38 EGBGB, Rn. 216, der den Verbreitungsort jedoch nur als Erfolgsort ansieht und dem Verletzten ein großzügiges Wahlrecht zwischen allen, mehreren oder einem Tatortrecht zubilligen will.

sung des Presseunternehmens anwendbar wäre, weil in der Regel dort der größte Absatzmarkt des Druckerzeugnisses besteht. Diese Lösung widerspricht dem Gerechtigkeitsempfinden, da sich das Presseunternehmen leicht auf die Anwendung seines Heimatrechts einstellen könnte, während das Opfer u.U. mit einer Rechtsordnung konfrontiert wäre, zu der es keinen Bezug hat. Damit würde aber das Presseunternehmen, in der Regel der stärkere Partner, bevorzugt. Es erscheint daher unbillig, allein an den Hauptverbreitungort anzuküpfen, da dies die Presseunternehmen gegenüber den Verletzten zu privilegiert.
Im Ergebnis führt eine alleinige Anknüpfung an den Verbreitungsort, selbst wenn er auf einen Ort oder jedenfalls zahlenmäßig beschränkt würde, nicht zu einer Kollisionsregel, die für die Praxis brauchbar ist und trotzdem die Interessen von Schädiger und Verletztem nicht vernachlässigt.

2. Anknüpfung an den Verbreitungsort als Erfolgort

Da eine Anknüpfung allein an den Verbreitungsort nicht zu brauchbaren Ergebnissen führt, liegt es nahe, die ursprüngliche Tatortregel, wie von der Rechtsprechung auch bisher vollzogen, in ihre Elemente Handlungs- und Erfolgsort aufzuteilen und diese Regelung leicht zu modifizieren. Handlungsort könnte danach, wie von der deutschen Rechtsprechung und dem EuGH bislang angenommen, der Erscheinungs- oder Verlagsort sein. Immerhin findet hier ein Großteil der Handlung statt, ohne die eine spätere Verbreitung des Druckerzeugnisses nicht möglich wäre. Ferner besteht an diesem Ort die Handlungszentrale, denn die Verbreitung, als letztes wesentliches Element in der Kausalkette, wird von hier gesteuert. Der Erfolgsort hingegen könnte weiterhin am Verbreitungsort lokalisiert werden, wo regelmäßig der Schaden des Opfers entsteht. Allerdings sollte er insoweit beschränkt werden, als nur noch der Hauptverbreitungsort des Presseerzeugnisses und nicht alle Verbreitungsorte in Betracht kommen. Auf diese Weise könnte der Erfolgsort auf einen einzigen reduziert werden. Dies wäre der Ort der stärksten Rechtsgutsverletzung, die repräsentativ für die Verletzungen an den anderen Verbreitungsorten stehen könnte. Das heißt nicht, daß an diesem Ort zwangsläufig der größte Schaden entsteht. Wo aber ein Schaden entsteht, ist konkret nicht vorhersehbar und von

Wo aber ein Schaden entsteht, ist konkret nicht vorhersehbar und von daher ein ungeeignetes Kriterium, um eine Kollisionsregel aufzustellen.

Damit der Hauptverbreitungsort nicht mit dem Ort der Niederlassung zusammenfällt und dem Verletzten de facto nur ein Recht zur Verfügung steht, müßte das Recht der Niederlasssung bei der Bestimmung des Hauptverbreitungsorts ausgeklammert werden.[1094] Auf diese Weise stünden dem Verletzten immerhin zwei Rechtsordnungen zur Verfügung, mit denen das Geschehen eng verbunden ist, unter denen er das für ihn günstigste Recht auswählen könnte. Dabei handelt es sich um Rechtsordnungen, zu denen grundsätzlich das Presseunternehmen eine engere Verbindung hat als der Verletzte, denn an dem einen Ort wird das Druckwerk veröffentlicht, an dem anderen verbreitet. Allerdings könnte dieses Manko durch das Wahlrecht des Verletzten wieder ausgeglichen werden.

Im Ergebnis wären dann nur noch zwei Rechtsordnungen potentiell anwendbar, so daß für den Verletzten eine Auswahl übersichtlich gestaltet wäre und die Gerichte im Ergebnis nur noch eine Rechtsordnung auf den Gesamtschaden anwenden müßten. Dies macht die Lösung für die Gerichte praktikabel und dient der Prozeßökonomie.

Dabei darf jedoch nicht übersehen werden, daß eine Beschränkung des Erfolgsorts auf den Ort der Hauptverbreitung auch Nachteile mitsichbringt: So werden durch diese Lösung die Rechte von Staaten mit einer größeren Bevölkerungsdichte eher zur Anwendung kommen als Rechtsordnungen kleinerer Staaten, die naturgemäß niedrigere Verkaufzahlen von Druckerzeugnissen haben. Allerdings bleibt noch immer der Rückgriff auf das Recht des Handlungsortes. In diesem Bereich wird kein Staat bevorzugt, so daß die Regelung in diesem Bereich jedenfalls neutral ist. Ein zweiter Nachteil liegt darin, daß mit der Anwendung eines Erfolgsortsrechts auf den Gesamtschaden eine Regelung existierte, die Schäden, die in anderen Staaten eingetreten sind, auch nach diesem Recht beurteilen würde. Es könnte damit eine Veröffentlichung als rechtswidrig beurteilt werden, die nach dem Recht des Staates nicht rechtswidrig wäre oder umgekehrt. Da jedoch die Mosaikbeurteilung in der Praxis gerade aufgrund der

[1094] So auch *Wagner*, S. 84 ff., der neben dem Hauptverbreitungort aber wahlweise an den Ort anknüpfen möchte, mit dem das Opfer zur Zeit der Tat am engsten verbunden ist und auch noch den Ort berücksichtigen möchte, in dem sich das Geschehen abspielt, auf das sich die infrage stehende Äußerung bezieht.

Aufsplitterung der Rechte nicht erwünscht ist, gibt es keine andere Möglichkeit, dieses Problem zu lösen.
Für diese Lösung spricht wiederum, daß sie auch mit den Regelungen über die internationale Zuständigkeit in Einklang stünde. Es handelte sich bei Verletzungen des Persönlichkeitsrechts also weiterhin nicht um Platz-, sondern um Distanz- bzw. Streudelikte. Dies hätte zur Folge, daß Handlungs- und Erfolgsorte sowohl in der internationalen Zuständigkeit als auch im Bereich des Internationalen Privatrechts dem gleichen System angehörten. Da nunmehr ein ausuferndes *forum shopping* des Verletzten ausgeschlossen wäre, bestünde keine Notwendigkeit mehr, die Kompetenz der Gerichte am Verbreitungsort auf den dort erlittenen Schaden zu reduzieren. Es könnten also alle Orte kompetenzbegründend sein, an denen ein Druckerzeugnis bestimmungsgemäß verbreitet würde, da alle Gerichte nunmehr entweder das Recht des Handlungsortes oder das Recht des Hauptverbreitungsortes, der nicht mit dem Recht des Handlungsortes identisch sein darf, anwenden würden. Dem Kläger käme eine Auswahl zwischen den möglichen Gerichtsständen entgegen, so wie dies durch das EuGVÜ oder auch die nationalen Regelungen der Deliktsgerichtsstände gedacht war, ohne daß dies auf der Ebene des anwendbaren Rechts ausuferte.
Im Ergebnis ist die Anknüpfung an den Hauptverbreitungsort als Erfolgsort zwar nicht ohne Einwände, allerdings scheint sie sich in einer Situation, in der kein Ansatz wirklich befriedigt, als das „geringere Übel" darzustellen.

III. Entwurf einer Kollisionsregel

Die Kollisionsregel, die auf der herkömmlichen Tatortregel aufbaut, könnte daher folgendermaßen lauten:

„Bei Verletzungen von Persönlichkeitsrechten (der Privatsphäre) durch die Presse ist Handlungsort der Erscheinungssort, Erfolgsort der Hauptverbreitungsort des Druckwerks. Sofern dieser mit dem Handlungsort zusammenfällt, gilt der Ort der zweitstärksten Verbreitung als Erfolgsort."

D. Ergebnis

Im Ergebnis sind Deutschland und Frankreich von einem einheitlichen Kollisionsrecht weit entfernt. Während in Frankreich überwiegend der Schadensort als Erfolgsort für maßgeblich gehalten wird, hat das neue deutsche Kollsionsrecht einen Vorrang des Handlungsortes erklärt.
Für den Bereich der Verletzungen des Persönlichkeitsrechts bzw. des Privatlebens durch die Presse ist in Frankreich nunmehr nur noch der Verbreitungsort eines Druckerzeugnisses für das anwendbare Recht maßgeblich. Bei einer internationalen Verbreitung muß also das Recht des jeweiligen Verbreitungsstaates angewendet werden. Eine einzige Rechtsordnung ist zur Lösung des Rechtsstreits nicht mehr berufen. Damit stehen die Gerichte vor großen praktischen Problemen bei der Anwendung ausländischen Rechts, die mit großer Wahrscheinlichkeit zu erheblichen zeitlichen Verzögerungen des Rechtsstreits führen werden.
In Deutschland hingegen kann das Recht des Handlungsortes (Erscheinungsort) den Rechtsstreit insgesamt entscheiden. Wählt der Kläger aber das Recht des Erfolgsorts, ist unklar, wie das Recht am Ort der bestimmungsgemäßen Verbreitung angewandt wird: Ob hier eine Mosaikbetrachtung vorgenommen wird oder das dem Kläger günstigste Recht auf den Gesamtschaden angewandt wird, ist noch nicht geklärt. Insofern ist die Situation im deutschen Recht von einiger Unsicherheit geprägt. Dennoch ist aufgrund der Wahlmöglichkeit des Klägers zwischen Handlungs- und Erfolgsortsrecht die deutsche Regelung für den Kläger günstiger. Nur hier hat er die Möglichkeit, wenn das Gericht nur für den Teilschaden am Erfolgsort zuständig ist, statt des Rechts am Erfolgsort auch das Recht des Handlungsorts zu wählen. In Frankreich hingegen käme immer nur das Recht am Erfolgsort in Betracht.
Aufgrund der unübersichtlichen Situation, die sich aus dem Zusammenspiel zwischen den Regelungen der internationalen Zuständigkeit und denen des Internationalen Privatrechts ergibt, wäre eine einheitliche europäische Kollisionsnorm wünschenswert. Diese Regelung sollte zugunsten der Rechtklarheit das Recht des Handlungs- und Erfolgsort eindeutig bestimmen. Sinn des Internationalen Privatrechts ist es, das anwendbare Recht zu ermitteln und nicht aufgrund

einer Flut von möglichen anwendbaren Rechten die Rechtsfindung unpraktikabel zu machen.

6. Teil: Zusammenfassung der Arbeit

Die Privatsphäre von Prominenten, aber auch von nicht im Lichte der Öffentlichkeit stehenden Bürgern befindet sich in der Presse immer mehr im Mittelpunkt des Interesses. Tabugrenzen fallen, weil Menschen bereit sind, sich dem Voyeurismus der Öffentlichkeit auszusetzen. Mitunter wird jedoch auch ohne Einwilligung des Betroffenen ein Eingriff in sein Privatleben vorgenommen. Diese Eingriffe beschränken sich nicht mehr auf eine Veröffentlichung im Lebensbereich des Betroffenen, sondern finden mitunter weltweite Verbreitung. Wie im Fall einer grenzüberschreitenden Verletzung des Privatlebens Frankreich und Deutschland das Opfer einer Verletzung durch die Presse schützen, bzw. wo die Grenzen eines solchen Schutzes liegen, sollte hier aufgezeigt werden:

Frankreich hat mit der Einführung von Art. 9 CC im Jahre 1970 eine Norm geschaffen, die explizit das Privatleben des einzelnen schützt. Diese inhaltlich recht offene Norm wurde mittlerweile von der Rechtsprechung konkretisiert, mit der Folge, daß der Bereich des Privatlebens in etwa mit dem von der deutschen Rechtsprechung als Teil des allgemeinen Persönlichkeitsrechts entwickelten Privatsphäre korrespondiert. Exemplarisch seien hier die Bereiche des Körpers, des Familien- und Gefühlslebens, der Glaubensfreiheit und des Vermögens aufgezählt.

Unterschiede ergeben sich insbesondere bei der Einordnung einzelner Elemente in den Bereich des Privat- oder Intimlebens. So wird das Vermögen in Frankreich als Teil des Intimlebens betrachtet, während es in Deutschland unter den Bereich der Privatsphäre eingeordnet wird. Diese unterschiedliche Einordnung wirkt sich insofern aus, als in Frankreich spezielle Schutzmaßnahmen, wie die Beschlagnahme oder ein Veröffentlichungsverbot nur angeordnet werden dürfen, wenn es sich um den Bereich des Intimlebens handelt, während in Deutschland diese Abgrenzung im Rahmen der Abwägung zwischen Persönlichkeitsrecht und Presse- bzw. Informationsfreiheit benötigt wird.

Sowohl in Frankreich als auch in Deutschland sind Eingriffe in das Privatleben unter bestimmten Voraussetzungen möglich. In beiden Ländern kann natürlich

eine Einwilligung in die Rechtsverletzung den Eingriff rechtfertigen. Anders als in Deutschland ist in Frankreich jedoch die Rechtswidrigkeit grundsätzlich indiziert. D.h., daß erst auf der Rechtfertigungsebene konkurrierende Rechte wie die Presse- oder Informationsfreiheit berücksichtigt werden. Im Ergebnis entfällt damit eine Abwägung, wie sie in Deutschland im Rahmen des allgemeinen Persönlichkeitsrechts mit seinen verschiedenen, unterschiedlich intensiven Schutzsphären stattfindet. Aus diesem Grunde findet eine Prüfung konkurrierender Rechte in Frankreich nicht zwangsläufig statt. So wurde im Fall der Veröffentlichung einer ernsthaften Krankheit des verstorbenen Präsidenten *Mitterand* von den Gerichten das Informationsrecht der Öffentlichkeit als Rechtfertigungsgrund i.d.R. noch nicht einmal in Betracht gezogen.
Die französische Rechtsprechung beschränkt die Fälle der Rechtfertigung auf wenige Konstellationen: In erster Linie muß die Information über das Privatleben notwendig sein. Das bedeutet, daß grundsätzlich nur über das öffentliche Leben von Prominenten berichtet werden darf, soweit dieses bewußt der Öffentlichkeit zugewandt ist. Der Bereich, den Deutschland mit dem Begriff Sozialsphäre kennzeichnet, also ein öffentliches Auftreten, das jedoch nicht bewußt der Öffentlichkeit zugewandt ist, erlaubt in Frankreich eine Berichterstattung nicht. Hier fehlt es regelmäßig an der Notwendigkeit der Berichterstattung, da ein reines Unterhaltungsinteresse der Leser - und darum geht es meist, wenn über Einkäufe oder Theaterbesuche von Prominenten berichtet wird - diese nicht begründen kann.
Durch diese unterschiedliche Konzeption des Schutzes wird der Pressefreiheit ein unterschiedliches Gewicht eingeräumt. Die französische Konstellation ist, was die Grenzziehung von Privatsphäre und Presse- bzw. Informationsrecht betrifft, zwar klarer, räumt dafür der Presse ein deutlich geringeres Gewicht ein als die deutsche Konzeption. Diese ist im Ergebnis in jedem Fall des Eingriffs gezwungen, die Presse- und Informationsfreiheit wenigstens in der Anspruchsprüfung zu berücksichtigen. Trotzdem kommt es natürlich auch in Deutschland im Rahmen von Verletzungen der Intim- oder Privatsphäre eher zu einem Überwiegen des Schutzes des allgemeinen Persönlichkeitsrechts.

Hat ein Eingriff durch die Presse stattgefunden oder steht dieser kurz bevor, so ist das Opfer gezwungen, schnell zu reagieren, um den Eingriff zu verhindern

oder wenigstens zu begrenzen. Es wird daher im Verfahren des einstweiligen Rechtsschutzes gegen die Veröffentlichung vorgehen, da Hauptsacherechtsschutz immer zu spät käme.
Art. 9 Abs. 2 CC bietet dem Opfer einer Verletzung des Intimlebens einen besonderen Schutz: So können immer wenn das Intimleben betroffen ist, durch den Richter starke Maßnahmen wie Beschlagnahme, Verbreitungsverbot oder der Rückruf eines schon verbreiteten Druckerzeugnisses angeordnet werden.
Ist lediglich das Privatleben betroffen, so kann einstweiliger Rechtsschutz über die Norm des Art. 809 NCPC beantragt werden, der allerdings in erster Linie die Abschlagszahlung als einstweilige Maßnahme zuläßt (Abs. 2). Lediglich in den Fällen, in denen die Verletzung des Privatlebens die gleiche Intensität erreicht wie eine Verletzung des Intimlebens, können ausnahmsweise auch die Maßnahmen des Art. 9 Abs. 2 CC angeordnet werden. Dies ist bislang in der Rechtsprechung jedoch nur ein einziges Mal vorgekommen.
Mit den Maßnahmen des Art. 9 Abs. 2 CC steht dem Richter ein starkes Schwert gegen die Presse zur Verfügung. Insbesondere die Möglichkeit eines Verbreitungsverbotes oder des Rückrufs von Druckerzeugnissen verbunden mit einer Zwangsgeldandrohung haben sich als wirksame Mittel gegen die Verletzung des Privatlebens erwiesen. Frankreich setzt mit seinen Sanktionen daher eher auf Abschreckung, während in Deutschland gegenüber der Presse deutlich moderatere Mittel ergriffen werden: So ist es insbesondere der Unterlassungsanspruch, der zumeist eine Veröffentlichung nicht verhindert, sondern für die Zukunft eine Wiederholung eines Eingriffs in die Privatsphäre vermeiden will. Eine Differenzierung zwischen Intim- und Privatsphäre findet bei der Ausübung des Unterlassungsanspruches nicht statt.
In Deutschland wird der direkte Eingriff in die Pressefreiheit z.B. durch ein Verbreitungsverbot, einen Rückruf oder die Streichung von Passagen i.d.R. als zu schwerwiegend empfunden, da sich, insbesondere im Bereich der Printmedien, ein solcher Eingriff als für das Presseunternehmen existenzgefährdend auswirken könnte. Überdies wird das Interesse der Leser an dem rechtmäßigen Teil der Veröffentlichung als zu stark bewertet, als daß eine gesamte Veröffentlichung verboten werden könnte. Derlei Maßnahmen kämen allenfalls im Bereich der Buchpresse in Betracht, wo Informationen nicht am nächsten Tag ver-

alten. Damit ist in Deutschland der Rechtsschutz des Persönlichkeitsrechts gegenüber der Presse eher präventiver Natur.
Diese Tendenz bestätigt sich auch durch die in Frankreich im Rahmen von Art. 809 Abs. 2 NCPC normierte Abschlagszahlung. Dort kann dem Opfer im Rahmen einer unstreitigen Verletzung des Privatlebens eine Abschlagszahlung auf den im Hauptsacherechtsschutz zu erwartenden Schadensersatz zugesprochen werden. Da dieser Betrag mitunter die Forderung bereits zu 100 % abdecken kann, ist das Opfer nicht in jedem Fall gehalten, Rechtsschutz im Rahmen der Hauptsache zu suchen. Auf diese Weise können Rechtsstreitigkeiten bereits im Verfahren des einstweiligen Rechtsschutzes erledigt werden.
In Deutschland hingegen kann Schadensersatz nur im Rahmen des Hauptsacheverfahrens zugesprochen werden, weil andernfalls die Hauptsache vorweggenommen würde.

Im Hauptsacherechtsschutz geht es also meist um Schadensersatz. Dabei spielt im Rahmen der Verletzung des Privatlebens vor allem der immaterielle Schaden eine Rolle. Der immaterielle Schaden konnte in Frankreich schon immer problemlos ersetzt werden, weil das Gesetz, anders als in Deutschland, keine Differenzierung zwischen Vermögens- und Nichtvermögensschäden kennt.
Die französische Rechtsprechung hat dem Opfer die Beweisführung im Rahmen des Hauptsacherechtsschutzes zudem erheblich erleichtert: Zur Geltendmachung eines Schadensersatzanspruches gem. Art. 9 CC ist nur noch erforderlich, daß das Opfer die Verletzung des Privatlebens beweist. Aus dieser Verletzung resultiert eine Vermutung für das Bestehen einer pflichtwidrigen Handlung (*faute*) des Presseunternehmens, des Vorliegens eines immateriellen Schadens und der Kausalverbindung zwischen beidem. Der Richter ist nur noch gehalten, die Höhe des bestehenden Schadens festzusetzen. Hier spielen allerdings die vorgenannten Elemente wiederum eine Rolle, so daß sich im Ergebnis lediglich die Aufgabe des Opfers im Prozeß vereinfacht hat. Für den Fall, daß der Eingriff nicht besonders schwer bzw. durch das Verhalten des Opfers provoziert war, besteht in Frankreich die Möglichkeit, auch geringe Beträge als immateriellen Schadensersatz zuzusprechen. Dies reicht bis zu der Summe eines symbolischen Francs, mit der lediglich dem Opfer eine gewisse Genugtuung verschafft werden soll.

Dagegen sind die Anforderungen bezüglich des immateriellen Schadensersatzanspruches in Deutschland wesentlich strenger: Hier bedarf es einer schweren Persönlichkeitsverletzung, damit überhaupt ein Ersatz für den immateriellen Schaden zugesprochen werden kann. Ferner bestehen für das Opfer keinerlei Beweiserleichterungen, so daß in diesem Bereich das französische Recht für das Opfer deutlich vorteilhafter ist, als das deutsche.
Darüber hinaus besteht in Frankreich die Möglichkeit, das Schadensersatzurteil veröffentlichen zu lassen. Diese Maßnahme wird i.d.R. zusammen mit der Verurteilung zu Schadensersatz ausgesprochen, so daß Frankreich hier um eine Rechtsschutzmöglichkeit reicher ist als Deutschland. Dies führt zu der Überlegung, ob nicht auch in Deutschland die Möglichkeit des Ersatzes eines immateriellen Schadens erleichtert werden sollte, da andernfalls im Rahmen der Verletzung der Privatsphäre deutliche Rechtsschutzlücken entstehen: Der Unterlassungsanspruch greift i.d.R. erst, wenn eine Verletzung stattgefunden hat. Der immaterielle Schaden ist in Deutschland nur in besonders schweren Fällen der Persönlichkeitsverletzung zu ersetzen. Eine solche Möglichkeit setzte sinnvollerweise voraus, daß eine Trennung zwischen Gewinnabschöpfung in Fällen vorsätzlicher Schädigung durch das Presseunternehmen und immateriellem Schaden vorgenommen würde, was zu dem Ergebnis führte, das die Beträge des Ersatzes von immateriellen Schäden nur einen moderaten Umfang annähmen. Zugleich könnte dann auch über die Möglichkeit der Veröffentlichung eines Schadensersatzurteils nachgedacht werden, wodurch eine zusätzlich Art der Naturalrestitution geschaffen würde.

Die Untersuchung des materiellen Rechts sowie des Verfahrensrechts führt damit zu dem Ergebnis, daß in Frankreich der Schutz des Privatlebens eine besondere Stellung genießt. Im materiellen Recht schlägt sich dies insbesondere in der vergleichsweisen schwachen Stellung der Presse- und Informationsfreiheit nieder. Fortgeführt wird dieser Ansatz im Bereich des einstweiligen Rechtsschutzes durch recht starke Sanktionen gegenüber der Presse, sofern eine Verletzung des Intimlebens vorliegt. Im Bereich des Hauptsacherechtsschutzes wird das Opfer einer Verletzung des Privatlebens durch Beweiserleichterungen gegenüber der Presse privilegiert.

In Deutschland zeigt sich demgegenüber ein wesentlich ausgewogeneres System zwischen Persönlichkeitsrecht und Presse, in dem der Pressefreiheit ein deutlich größerer Raum als in Frankreich zugebilligt wird: Im materiellen Recht zeigt sich dies im Rahmen der Abwägung zwischen Persönlichkeitsrecht und Pressefreiheit, die zwangsläufig im Rahmen jeder Anspruchsprüfung stattfindet. Im Bereich des einstweiligen Rechtsschutzes ist es vor allem der Unterlassungsanspruch, der in der Regel erst in die Zukunft wirkt und die bereits erfolgte Veröffentlichung nicht mehr berührt. Im Hauptsacherechtsschutz ist die Möglichkeit des Opfers, den immateriellen Schaden ersetzt zu bekommen, deutlich geringer als in Frankreich.

Um als Opfer die Vorteile des französischen Rechts nutzen zu können, wäre es jedoch erforderlich, daß ein Gerichtsstand in Frankreich eröffnet ist, der nach Möglichkeit auch die Anwendung des französischen Rechts auf den gesamten Schaden ermöglicht. Sowohl nach dem EuGVÜ als auch nach nationalem Recht in Frankreich und Deutschland ist ein Gerichtsstand am Sitz des Beklagten Presseunternehmens als auch am Tatort eröffnet. Allerdings erstreckt sich die Zuständigkeit bei Distanz- oder Streudelikten nur am Handlungsort auf den Gesamtschaden, am Erfolgsort ist sie auf den Teilschaden, der in dem jeweiligen Gebiet entstanden ist, beschränkt. Nach dem EuGH ist der Handlungsort der Niederlassungsort des Herausgebers, fällt also mit der Zuständigkeit am Sitz des Beklagten zusammen. Nach französischem Recht ist, wie auch in Deutschland, Handlungsort der Erscheinungsort des Druckerzeugnisses. Erfolgsort ist nach allen Rechtsordnungen der Verbreitungsort, wobei in Deutschland keine Beschränkung der Kognitionsbefugnis der Gerichte am Erfolgsort besteht.
Im Hinblick darauf, daß die Lösungen im Internationalen Privatrecht unterschiedlich sind, erscheint die Lösung des EuGH und des französischen Rechts, die Kognitionsbefugnis zu beschränken, vorläufig als vorzugswürdig. Ohne eines solche Beschränkung wären die Möglichkeiten des *forum shopping* des Opfers im Bereich der Pressedelikte zu ausladend. Daß *forum shopping* zu erheblichen juristischen Konsequenzen führen kann, ist im Ansatz schon beim Vergleich der immerhin verwandten Rechte in Deutschland und Frankreich ersichtlich geworden. Festzuhalten ist trotz alledem: *Forum shopping* ist eine legale Möglichkeit des Klägers, auf der Suche nach Rechtsschutz: Ziel sollte daher

nicht sein, *forum shopping* zu begrenzen, sondern die Möglichkeit, das anwendbare Recht zweifelsfrei und möglichst einheitlich bestimmen zu können: Dafür bedarf es aber eines einheitlichen Kollisionsrechts.

Das Kollisionsrecht ist bislang gerade was den Bereich der Persönlichkeitsverletzungen betrifft, unterschiedlich ausgestaltet: So gilt in Deutschland das, was auch im Rahmen der internationalen Zuständigkeit gilt. Die Tatortregel wird so ausgelegt, daß Handlungsort der Erscheinungsort und Erfolgsort der Verbreitungsort des Druckerzeugnisses ist. In Frankreich hingegen hat der Kassationshof im Jahre 1997 festgelegt, daß Handlungsort der Verbreitungsort ist, und daß auch der Schadensort ebendort belegen ist. Im Ergebnis besteht in Frankreich aus der Sicht des Internationalen Privatrechts im Fall der Verletzung des Privatlebens durch die internationale Verbreitung eines Druckerzeugnisses ein Platzdelikt. Das führt dazu, daß aus französischer Sicht bei internationaler Verbreitung kein Recht allein dazu berufen ist, über einen Rechtsstreit zu entscheiden. Vielmehr müssen, sofern in Frankreich eine Gesamtzuständigkeit für den Schaden besteht, die Rechte der anderen Staaten mosaikartig zusammengesetzt werden. Dies scheint aber eine für die Praxis unpraktikable Lösung zu sein. Es wäre der Rechtsfindung daher förderlicher, wenn eine Lösung im Bereich des Internationalen Privatrechts gefunden würde, die konkret ein oder möglicherweise zwei Rechte beriefe.

Eine solche Lösung hat sich auch in Deutschland noch nicht etabliert. Hier ist zwar das Recht am Erscheinungsort für den gesamten Schaden berufen, fraglich ist jedoch, wie die Rechte der verschiedenen Erfolgsorte, also der Verbreitungsorte zueinander stehen. Hier deutet sich bislang noch keine Lösung für die Frage an, ob die Rechte der Erfolgsorte mosaikartig zusammengesetzt werden sollen, oder ob möglicherweise der Kläger bestimmen kann, welches Erfolgsortsrecht über die Rechtsverletzung insgesamt entscheidet.

Die Notwendigkeit einer einheitlichen Kollisionsnorm mit klaren Regelungen zur Bestimmung des anwendbaren Rechts wird daher immer deutlicher: Eine Regelung, die auch mit der Lösung im Rahmen der internationalen Zuständigkeit im Einklang stünde, könnte daher folgendermaßen aussehen:

„Für Verletzungen des Persönlichkeitsrechts (der Privatsphäre) durch die Presse ist Handlungsort der Erscheinungsort eines Druckwerkes. Erfolgsort ist der Ort der stärksten Verbreitung eines Druckerzeugnisses, sofern dieser nicht mit dem Handlungsort übereinstimmt. Für diesen Fall gilt der Ort der zweitstärksten Verbreitung als Erfolgsort."

Durch diese Regelung könnte das anwendbare Recht eindeutig bestimmt werden, so daß auch *forum shopping* Auswirkungen nur noch im Rahmen des Verfahrensrecht zeigte. Daß es auch hier erhebliche Unterschiede gibt, hat der vorangegangene Rechtsvergleich gezeigt. Dies wäre für die Presseunternehmen aber weniger gravierend, als eine beständige Unsicherheit bezüglich des anwendbaren materiellen Rechts.

Nach dem bisher geltenden Recht ist festzuhalten, daß das französische Recht zwar opferfreundlicher ist, daß aber durch die von Frankreich gewählte Lösung im Internationalen Privatrecht das französische Recht allein niemals insgesamt über einen Rechtsstreit im Fall der grenzüberschreitenden Verletzung des Privatlebens entscheiden wird. In Deutschland hingegen bietet sich die Möglichkeit, über das Recht des Handlungsorts zu einer Anwendung allein des deutschen Rechts zu kommen. Dies hat sowohl für die Gerichte als auch die Parteien den Vorteil, daß eine vorhersehbare Lösung und zugleich ein relativ schnell zu erreichender Rechtsschutz ermöglicht wird.

Islamisches und arabisches Recht als Problem der Rechtsanwendung

Symposium zu Ehren von Professor Emeritus Dr. iur. Omaia Elwan
Veranstaltet vom Institut für ausländisches und internationales Privat- und Wirtschaftsrecht der Universität Heidelberg und der Gesellschaft für Arabisches und Islamisches Recht e.V.
Herausgegeben von Herbert Kronke, Gert Reinhart und Nika Witteborg

Frankfurt/M., Berlin, Bern, Bruxelles, New York, Oxford, Wien, 2001. VIII, 168 S.
Studien zum vergleichenden und internationalen Recht.
Herausgegeben von Bernd von Hoffmann und Erik Jayme. Bd. 60
ISBN 3-631-38077-1 · br. € 35.30*

Das Symposium „Islamisches und arabisches Recht als Problem der Rechtsanwendung" soll auf die Schwierigkeiten aufmerksam machen, die dann entstehen, wenn der einheimische Rechtsanwender fremde Rechtsnormen aus Staaten mit unterschiedlichem kulturellen, religiösen und rechtlichen Hintergrund anzuwenden hat. Die gesammelten Beiträge behandeln vornehmlich Fragen des Staatsangehörigkeits-, internationalen Verfahrens- und Privatrechts, des islamischen und arabischen Handels-, Wirtschafts-, Bank- sowie Familienrechts.

Aus dem Inhalt: A. S. El-Kosheri: Vers un droit uniforme arabe des affaires · D. Otto: Islamisierung des Rechtswesens in Pakistan und Bangladesch · H. Jung: Ägyptisches internationales Vertragsrecht · K. Bälz: Die islamische Scharia als Vertragsstatut? – Kollisionsrechtliche Aspekte des Islamic Banking · A. Börner: Probleme der internationalen Zuständigkeit und der Immunität in Arbeitsrechtsstreitigkeiten zwischen örtlich rekrutierten Mitarbeitern der Liga Arabischer Staaten und ihrem Arbeitgeber · F. Sturm: Probleme der Doppelstaatlichkeit in Europa unter Berücksichtigung der Angehörigen islamischer Staaten · K. Wähler: Islamische talaq-Scheidungen vor deutschen Gerichten · U. Spellenberg: Das Kollisionsrecht der Ehe in Kenia · S. Grapentin: Technologietransfer nach Ägypten: Die Regelungen des neuen Handelsgesetzbuchs

Kolibri 360 GmbH
Ferdinand-Jühlke-Straße 7
99095 Erfurt, Deutschland
produktsicherheit@kolibri360.de

Druck:
CPI Druckdienstleistungen GmbH
im Auftrag der
Kolibri 360 GmbH
Ferdinand-Jühlke-Str. 7
99095 Erfurt